우리가 집을 짓는 10가지 이유

옮긴이 **이재영**
고려대학교에서 독어독문학과 국어국문학을 전공하고 언론과 홍보, 마케팅 계통에서 일했다. 경제신문 기자 시절 경험을 바탕으로 사회와 경제 문제에 대한 글쓰기에 관심을 갖고 있다.
옮긴 책으로 《그레이트 빌더》 《빅 아카이브》 《다른 세계를 요구한다》 《유혹하는 플라스틱》 《나의 지구를 살려줘》 《30초 철학읽기》 《오늘부터 시작하는 친환경생활 250》 등이 있다.

우리가 집을 짓는 10가지 이유

1판 1쇄 인쇄 2014년 11월 11일
1판 1쇄 발행 2014년 11월 21일

지은이 로완 무어
옮긴이 이재영

펴낸곳 계단
펴낸이 서영준
등록 제25100-2100-283호
주소 서울시 마포구 독막로31길 17
전화 02-712-7373
팩스 02-6280-7342
이메일 paper.stairs1@gmail.com

책값은 뒤 표지에 있습니다.
ISBN 978-89-98243-03-6 03610

이 도서의 국립중앙도서관 출판시도서목록(CIP)은 e-CIP홈페이지(http://www.nl.go.kr/ecip)와 국가 자료공동목록시스템(http://www.nl.go.kr/kolisnet)에서 이용할 수 있습니다. (CIP제어번호: CIP2014031415)

우리가 집을 짓는 10가지 이유

로완 무어

이재영 옮김

계단

| 한국의 독자들에게 |

대부분의 건물은, 모두 다 그런 것은 아니지만, 실용적인 목적으로 지어진다. 살아가는 곳이나, 물건을 만들거나 보관할 곳, 사람을 만나거나 먹을 수 있는 곳이다. 하지만 비합리적이거나 감정적으로 건물이 지어지고 건물의 형태가 결정되기도 한다. 아마 힘과 부를 드러내는 가장 분명한 방법이기 때문일 것이다. 그러나 그 과정에는 보다 미묘하고 모순적인 충동이 관여하기도 한다.

이 책의 첫 번째 목적은 이런 감정의 힘이 건물에 어떻게 투사되는지 알아보는 것이다. 10개의 장은 각각 가정, 진실, 권력, 돈, 섹스, 희망과 같은 인간의 서로 다른 관심을 살펴보고, 특정 건축물에 이런 감정들이 어떻게 작동하고 있는지 그 방식을 알아볼 것이다.

또한 건물은 의뢰인이나 건축가, 건설회사에 의해서만 만들어지는 것이 아니다. 그것은 건물을 경험하고, 사용하고, 그 안에 거주하는 사람들에 의해서도 만들어진다. 이 책의 제목《우리가 집을 짓는 10가지 이유》의 '우리'는 건설과정에 전문적으로 개입하는 사람들만을 가리키는 것이 아니다. 건축적으로 형성된 공간을 점유하는 모든 사람들은 그 건물의 특성과 의미에 영향을 주게 된다.

건축물은 따라서 대개는 서로 알지 못하는 사람들 사이에, 그리고 설계한 사람과 거주하는 사람 사이에, 세대를 뛰어넘어서까지도, 서툴지만 강력한 의사소통 수단이다. 건물의 생명과 의미는 처음 만든 사람의 의도에서 크게 벗어나기도 한다. 그래서 건축은 시간의 흐름에 따라 움직이는 어떤 것이다.

이 책의 두 번째 목적은, 만든 사람과 사용자의 생각과 활동 사이에 존재하는 물질적 간극이라는, 건축의 특성을 살펴보는 것이다. 이는 예기치 못한 결과를 낳곤 한다. 예를 들어, 어떤 한 건물이 유한하고 완전해 보이더라도, 실제로는 언제든 변할 수 있다. 물리적으로뿐만 아니라 그것을 인식하는 방식에도 변화는 일어난다. 이런 불안정성과 불완전성이라는 속성은 일시적이고 우연한 특징이 아니고, 건축이라는 것의 본질일 뿐 아니라, 건축이 가진 힘과 매력의 핵심이기도 하다.

로완 무어

차례

| 일러두기 |

- 이 책은 Rowan Moore, *Why We Build* (Picador, 2012)를 완역한 것이다.
- 책과 신문, 잡지는《》, 글과 영화, 음악은〈 〉로 나타냈다.
- 인명을 포함한 외래어는 외래어 표기법에 따라 표기했다.
- 원문에서 이탤릭체로 강조한 부분은 서체를 달리하여 구분했다.
- 역자주와 편집자주는 각주에 표시했다.

1

욕망은 공간을 만들고, 공간은 욕망을 낳는다 … 돈

“그토록 화려해 보이던
건물들이 환상과 투기,
미래를 내건 피라미드식
세일즈의 입구가 돼버렸다.
이런 금융 모험은 오로지
건축이 갖는 힘 덕분에
발생한다. 그 힘은 미래를
채울 무언가를 앞서 보여줄
수 있다는 데서 나온다.
그래서 먼저 짓고 나중에
계획한다.”

헬리콥터 한 대가 사막 위를 날고 있다. 이런 소리는 으레 공격 작전을 연상시킨다. 미 해병, 사막의 폭풍, 프랜시스 포드 코폴라, 〈발퀴레의 기행〉, 새벽의 네이팜탄 냄새. 하지만 이번에는 보다 평화적이다. 털털거리는 날개 아래 매달린 것은 기자들이다. 셰이크 모하메드 빈 라시드 알-마크툼 전하의 공적을 기리기 위해 투입된 사람들이다.

그들 아래 셰이크의 업적이 펼쳐진다. 그 유명한 팜 주메이라 섬이다. 네덜란드의 엔지니어들을 데려와 새로운 해변 110킬로미터를 만들고, 고급 주택 8000채와 호텔 30여 개를 세운 곳이다. 셰이크는 몇백 년간 바다와 싸우며 익힌 기술을 이용해 과감한 도전에 나섰다. 조상들이 맞서왔던 바다를 개간해 야자나무palm의 몸통과 잎사귀 형상으로 거대한 거주지를 만드는 사업은 시작하기 전부터 세계적인 관심거리였다. 그곳에는 곳곳에 고층건물이 들어섰다. 지금도 중동에서 가장 큰 쇼핑몰이 있지만, 그보다 더 큰 것이 새로 지어지고 있었다. 세계에서 가장 높은 구조물인 부르즈 두바이는 마치 뱀이 자신의 껍질 속으로 돌아 들어가는 듯 스테인리스 강철 외피를 입고 올라가고 있는 중이었다. 비행 중인 저널리스트들은 하버 타워 현장을 둘러보고 있었다. 나중에 서구의 신문에 보도된 대로, 하버 타워는 부르즈 두바이보다 훨씬 큰 규모가 될 것이었다.

헬리콥터에서는 보이지 않는 것이 있는데, 바로 하수 문제였다. 두바이의 건물들은 하수를 정화조에 버리고, 그것들을 오만 쪽 사막에 있는 알-아위르 하수처리장으로 보낸다. 하지만 하수처리장은 도시의 성장 속도를 따라가지 못했다. 인도 출신 운전수들은 트럭을 세워놓고 하역 순서를 기다리느라 뜨거운 열기 속에 몇 시간씩 서 있곤 했다. (나는 그 헬리콥터의 탑승 초청에 응하지는 않았지만, 이 기다란 트럭 행렬을 본 적은 있다.)

기다림에 지친 일부 운전수들은 밤에 자신들의 화물을 빗물 배수관로에 버리곤 했다. 배수관로는 바다에 바로 연결돼 있었다. 하루는 한 요트클럽 주인이 하얀 배에 들러붙어있는 누런 물질과 냄새로 항의를 받았다. 그는 심야의 오물투기 장면을 사진에 찍어 언론에 제보했다. 당국은 이 문제를 처리하기는 했지만, 원인은 손도 못 대고 현상만 건드릴 뿐이었다. 법을 어긴 운전수들만 무거운 벌금을 문 것이다.

헬리콥터 비행과 하수 위기는 모두 2008년 10월에 있었던 일이다. 이 천상의 황홀과 지상 현실의 조합은 갈림길에 선 한 도시를 그대로 보여준다. 그 전에는 저널리스트들과 최신 유행을 좇는 건축가들이 에미리트에서 정기적으로 제공하는 놀랍고도 생생한 건축 이야기를 받아쓰느라 줄을 서 있었다. 이주노동자들의 처우에 관한 불평은 진보적 언론에서나 간혹 제기될 뿐이었다. 하지만 하수 문제가 터진 이후에는 달콤하긴 해도 논조가 덜 호의적인 기사들이 생산되었다. 버려진 건축 프로젝트들, 도널드 트럼프의 철수, 일거리가 없어진 외국 투자자들이 대출금을 상환할 수 없게 되자 페라리 승용차를 키까지 꽂아둔 채 공항 주차장에 남겨두고 두바이를 도망쳐나온 이야기 등. 그리고 팜 섬과 하버 타워의 개발사인 나킬은 수백 명의 직원들을 해고했다.

2008년 11월에 팜 섬의 끝에 있는 아틀란티스 호텔 개장 축하파티가 열렸다. 통나무 기둥과 휘황찬란한 샹들리에, 환상적인 거대 수족관과 바닷속 상어를 직접 볼 수 있는 관람실을 따로 갖춘 15억 달러짜리 건물이었다. 영국의 대중지 《썬》까지 천박한 취향이라고 비꼬는 불명예도 있었지만 어쨌든 파티는 사치의 극을 보여주었다. 카일리 미노그가 거액을 받고 초청되어 노래를 불렀고, 여러 유명인사가 참석했으며, 불꽃놀이는 베이징올림픽 때보다 일곱 배는 거창하게 치러졌다. 이벤트 비용은 총 1300만 파운드로 2000명의 손님들이 참석했으니 일인당 6500파운드(약 1400만원)가 들어간 셈이었다. 두바이 증권시장이 정점에서 70퍼센트나 폭락한 시점에서 너무나도 완벽한 허영의 이미지를 만들어냈고, 기자들은 결코 그런 기회를 놓치지 않았다. 이는 제국의 종말 파티였고, 로마인들이 눈앞에 야만족들이 쳐들어와 있는데도 빠져있었던 몰락 직전의 마지막 방종이었다. 이내 팜 섬과 아틀란티스 호텔 리조트가, 이름이 같은 고대도시처럼 가라앉으리라는 루머들이 난무했다. 두바이의 눈부신 성장에 유보시켜 놓았던 모든 불신, 즉 이 건물은 대체 누구를 위한, 그리고 무엇을 위한 것인가라는 질문이 되살아났다.

아틀란티스 호텔, 두바이, 2008년, WATG 설계, 외부와 내부 모습.

두바이는 실체가 없는, 요동치는 돈의 흐름으로 살아간다. 그래서 건설로 구체화시키려고 무던히도 노력했다. 건물은 하나의 전설이었고, 정체성의 근원이었고, 그 자체가 하나의 목표였다.

오늘날 에미리트의 성장을 가져온 것은 역설적이게도, 이웃보다 석유가 적다는 사실이었다. 어쩔 수 없이 미래 경제의 기반을 금융 서비스나 관광 등 다른 사업에 두어야만 했다. 말하자면 에미리트는 큰 나라들 사이의 길목이라는 유리한 위치를 영리하게 이용하는 아랍의 싱가포르가 되고자 한 것이었다. 두바이는 중동에서 상대적으로 안정적이고 평화적인 정세, 스스로를 이슬람과 서구 사이에서 조절할 수 있는 능력, 그리고 비즈니스 욕망을 적극적으로 펼치려는 의지를 자산으로 갖고 있었다. 또한 북유럽 관광객들이 겨울철에 햇살을 즐기기에 편리한 거리와 시간대에 위치하고 있다는 점도 있다. 범죄와 위험한 질병에서 안전하고, 고급 면세 쇼핑이 곁들여지면서 두바이는 휴가를 즐길 인기있는 나라가 될 수 있었다.

하지만 이런 자산은 강력하지도, 유일하지도 않았다. 유사한 장점을 가진 다른 도시들이 여럿 있었다. 두바이는 이런 무형의 자산을 유형으로 만들어야 했다. 브랜드를 만들고, 자신의 우월함을 납득시킬만한 이미지를 만들어내야 했다. 그 브랜드는 건설을 통해 만들었고, 아마 셰이크 모하메드도 만족했을 것이다. 람세스 2세에서 카자흐스탄의 누르술탄 나자르바예프 대통령에 이르기까지 다른 통치자들과 마찬가지로, 그도 무언가를 세우는 것을 좋아했다.

사형제의 셋째인 모하메드는 자신의 위치를 확보해야만 했던 통치자이기도 했다. 이 지역에서는 불과 100년 전만 해도 형제살해가 흔했다. 통치자가 여러 부인들로부터 아들을 여럿 두었기 때문에 일어날 수밖에 없는 문제들을 해결하는 보편적인 해결책이었다. 보다 문명화된 시대가 되자 모하메드는 인품의 힘으로 자신의 위치를 다졌다. 그는 1995년 황태자로 지명되어 두바이의 실질적인 지도자로 올라섰고, 맏형과 맏형의 아들 또한 사망하면서 그는 2006년 공식적인 통치자가 되었다. 그는 몇 가지 방식으로 자신의 권위를 쌓았다. 우선 영국 올더숏의 몬스 사관학교 졸업생으로, 28세 때부터 아랍에미리트연방의 국방장관을 맡아왔던 그는 국방에 조예가 깊었다. 1970년대에 두바이가 납치 항공기의 중간 체류지로 자주 거론될 때, 그는 인질범과 협상을 벌여 시간을 벌고 위협을 해소해, 리비아나 소말리아의 모가디슈로 날아가도록 설득했다.

그는 형제들과 마찬가지로 열정적으로 경주마를 소유하고 사육했다. 하지만 다른 형제들보다 더 큰 세계적 성공을 거두었다. 그는 120킬로미터 이상의 거리를 자동차로 달리는 내구 레이스의 레이서로도 뛰어났다. 또한 아랍 방언으로 구전되어온 전통시 나바티의 시인으로도 꾸준히 활동하고 있다. 그의 개인 웹사이트에는 "나바티 운문을 구사하는 가장 정교한 시인 중의 한 사람으로 널리 인정받고 있으며, …… 정치 분야에서는 발휘할 기회가 없던 셰이크 모하메드의 창의적이고 감성적인 본성을 시를 통해 표현하고 있다"고 나와 있다. 그는 이렇게 말한다.

> 굳건히 서서 정의를 위해 싸우는 자에게 승리를

또 〈연인들의 길〉에서는, '눈가를 검게 칠한 매의 눈과 같은 눈'에 대해 말한 후,

오 매여, 오로지 공격뿐이로구나
너의 먹잇감은, 잽싸게 낚아채면, 언제나 죽음뿐

처음에는 가명으로 출판했는데, "사람들이 자신의 시를 정말 좋다고 생각하는지 확인하고 싶어서"라고 그는 나중에 밝혔다. 오늘날 그의 시는 세계에서 가장 호화로운 경마대회인 두바이 월드컵을 비롯해 여러 공개 행사에서 종종 읊어지곤 한다. 국방과 승마, 시에도 일가견이 있지만 그는 사업가이자 건축가이기도 했다. 그는 1997년 문을 연 파도 모양의 600실급 주메이라 호텔을 개발했으며, 1999년에 문을 연 돛 모양의 부르즈 알 아랍도 그의 작품이다. 예전에는 그들 형제간의 경쟁을 경마장의 푸른 잔디밭에서 펼쳐지는 갈색, 파란색, 노란색 실크스카프를 맨 기수들의 움직임에서 알 수 있었다. 이제는 그 경쟁이 치솟는 고층 개발로 옮아갔다. 새로운 경쟁의 깃발이 현란한 세일즈 영상에 나오는 푸른 하늘, 흰 건물, 녹색의 조경으로 바뀌었다. 승리를 거둔 모하메드는 경쟁자로 다른 라이벌을 찾았다. 전세계의 여러 도시와 다른 아랍 토후국, 그리고 다른 국가다.

두바이는 쉽게 이해되고, 널리 알려져 있고, 금방 구할 수 있는, 빌딩에 얽힌 스토리를 제공하기 시작했다. 한 때 동방의 이야기는 아라비아 반도의 탐험가들이 열정적으로 발굴했었다. 리처드 버튼, 프레야 스타크, 거트루드 벨, 윌프레드 쎄시저 같은 이들이었다. 그들은 아랍어를 배우고, 현지 관습과 복장을 따랐으며, 갖은 난관과 고난을 견뎌내면서 서서히 부족민의 신뢰를 얻었다. 지금의 두바이는 여행자들의 이야기를 미리 만들어놓고 피디에프 파일과 유튜브를 통해 제공한다. 7성급 호텔, 팜 섬, 더 큰 팜, 그보다 더 큰 팜, 섬들로 만든 세계 지도, 사막 한가운데에 있는 눈 덮인 스키슬로프, 아틀란티스, 세계에서 가장 높은 빌딩, 그보다 더 높은 타워, 높이조차 알려지지 않은 더욱 더 높은 타워. 홍보비디오의 문구를 빌리면, 이 모든 것이 '세계인의 의식 속에 두바이'와 함께 떠오른다고 한다. 사실 그 프로젝트를 완성하는 것은 그리 중요하지 않다. 이 경이로운 소식을 들은 수십 억 명은 그런 것들이 실제 완공되었는지는 거의 알지 못한다. 끊임없이 변하는 두바이의 지도에서는 공사 예정지와 공사 중인 장소, 실제 완공된 건물의 구분을 찾을 수 없다.

우화와 건축, 보도자료가 함께 하면서 시너지가 만들어졌다. 모든 프로젝트가, '그런 얘기가 있던데' 아니면 '그래 보이던데'라는 식이었다. 팜 섬이 팜이라니까 팜이었다. 모든 프로젝트가 30초 설명을 통과했다. 모든 것이 어리둥절한 립 밴 윙클•에게도 초고속 엘리베이터를 타고 78층에서 85층을 사이를 지나며 설명해줄 수 있었다. 홍보비디오를 다시 끌어오면, 두바이는 '상상을 붙잡아 절대 흘려 보내지 않는 곳'이었다.

두바이에서 제조한 이미지가 처음으로 유명해진 것은 부르즈 알 아랍의 완공과 함께였다. 바다였던 곳에 지어진, 팽팽한 하얀 돛 모양의 세계에서 가장 높은 호텔인 이 건물은, 7성급에, 잠수함 여행을 연상시키는 해저 레스토랑을 갖추고 있고, 꼭대기의 헬기 착륙장에서는 안드레 아가시와 로저 페더러의 테니스 시합도 열렸다. 부르즈 알 아랍은 효과가 있었다. 하지만 그것은 자유를 갈망하며 바다를 건넜던 사람들을 위해서가 아니라, 자동차 번호판에 새겨 넣거나

• 미국의 작가 워싱턴 어빙의 단편소설 주인공으로, 립 밴 윙클은 산 속에서 하룻밤 자고 오니 20년이 흘러 세상이 전혀 다르게 변해 어리둥절해 한다.

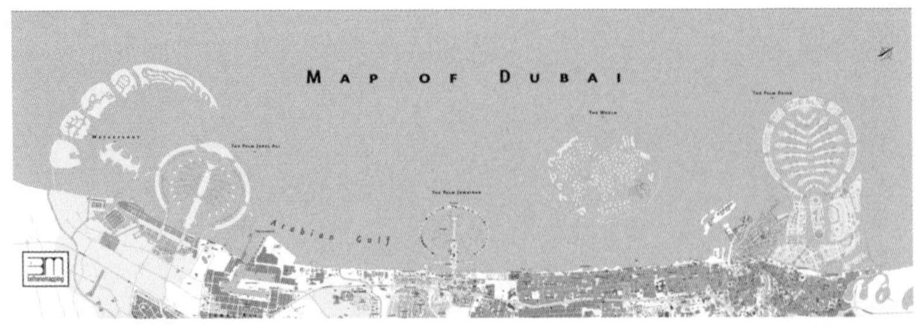

위 두바이 지도, 지어진 것과 지어지지 않은 프로젝트 모두를 보여준다.
아래 팜 주메이라.

기념품 상점에서 대량으로 복제해 팔 무언가가 필요했던 사람들을 위한 자유의 여신상이었다. 그 다음이 우주에서도 보인다는 인공섬 팜 주메이라였다. 부르즈 알 아랍은, 이미 익숙한 과시적인 호화 호텔의 극대판일 뿐이었다. 해안의 상징물로 사용된 돛이라는 모티브는 시드니 오페라하우스 이후 줄곧 사용된 닳아빠진 것이며, 부르즈를 낳은 시대정신은 거의 같은 시기에 지어진 영국 포츠머스의 스피내커 타워를 떠올리게 하지만, 그보다는 뭔가 황홀감이 덜하다. 하지만 팜은 진정으로 새로웠다. 거대한 공학 프로젝트, 대담한 부동산 개발 사업, 강렬한 시각적 효과를 하나의 단순한 컨셉트로 멋지게 결합한 인공섬이 바로 팜이었다.

팜의 건설은 2001년에 시작되어 2008년 무렵 대부분 완공되었다. 이 공사를 위해 나킬(아랍어로 '야자' 혹은 '야자나무palm')이라는 회사가 세워졌다. 회사의 슬로건은 '상상이 인간을 낳는 곳'이다. 완공되고 나서야 관심을 끌었던 부르즈 알 아랍에 비해, 팜은 지어지기 전부터 그 자신과 두바이를 유명하게 만들었다. 컴퓨터 그래픽의 마술이 큰 몫을 했다. 비록 정작 그것이 모습을 드러낼 때까지도 진짜 실현될지에 대한 전율이 뒤따르기는 했지만, 적어도 세계의 다른 지역 사람들에게 그것은 이미 그 자리에 존재했었다.

팜에는 나름의 논리가 있다. 그것은 70킬로미터밖에 안 되는 두바이의 해변으로는 관광지가 되겠다는 야심을 이루기에 충분치 않았기 때문이었다. 도시계획 전문가들에게 해안을 더 길게 만들 방법을 찾아보라고 주문했고, 그들은 육지에서 둑을 통해 이어지는, 둥근 막대사탕 모양의 원형 섬이라는 착상을 떠올렸다. 그리고 원 둘레에 작은 만을 파서 해안을 훨씬 더 길게 확장할 수 있는 방식도 고안했다. 그 쪼개진 형태를 팜 모양으로 하자는 아이디어를 낸 사람은 셰이크 모하메드인 것으로 알려져 있다. 이 방법으로 110킬로미터의 해변이 추가로 만들어졌다. 나킬은 이곳의 모든 집들은 시장에 나온 지 48시간 만에 매진됐고, 50만 달러였던 가격이 800만 달러까지 올라갔다고 했다. 팜은 모방작들을 부추겼다. 카타르에는 '펄 아일랜드'가 조성 중이며, 러시아 발트해 연안에는 불사조 모양의 군도, 레바논에는 삼나무 모양의 인공섬을 만드는 계획이 나왔고, 토론토 연안에는 단풍잎 모양으로 만든다는 루머도 있다. 가짜 섬이 전 세계 도시양식의 목록에 올라가게 된 것이다.

팜의 핵심 요소는 대담함, 깊은 인상을 주는 형상, 그리고 실제 만들어냈다는 것이다. 또한 이미지를 만들어낸 건축공학의 힘이다. 엉뚱해 보이는 발상을 실현하기 위해 대단한 공력을 쏟았다. 아울러 사막 한가운데에 눈덮인 스키슬로프를 만들겠다는, 자연에 역행했다는 특징도 빠트릴 수 없다. 바로 이 터무니없음이 힘과 매력이다. 마지막으로, 모래와 바닷물을 이용한다는 영리함도 있다. 두바이가 너무나도 많이 가지고 있는 이 두 가지 가치 없는 것들로, 가치 있는 해변을 만들어냈다. 여기서 하나의 공식이 만들어진다. 모래×바닷물×공학×마케팅=가치.

팜 주메이라는 '더 월드'라는 군도 조성에 들어갔고, 아직 완성되지도 않았는데, 각 섬들은 선별된 개인들에게 각각 400만 달러에서 1400만 달러의 가격에 팔려나갔다. 또한 주메이라보다 더 큰 팜 제벨 알리도 매립이 끝난 상태며, 미완의 팜 데이라는 예상 인구를 100만 명으로 잡고 있다. 땅을 물 속으로 연장하면서 동시에 물을 땅 위로 끌어올리는 계획도 잡혀있다. 총 연장 75킬로미터의 아라비아 운하다. 나킬은 또 워터프런트 설계에도 착수했는데, 맨해튼, 베이루트 혹은 홍콩보다 더 큰 '세계 최고의 지속가능 도시'를 만든다는 20년짜리 프로젝트다.

팜, 월드, 부르즈는 두바이의 야심을 광고하는 기사들을 쏟아냈다. 그것은 화려함을 낳았고, 화려함은 높은 가치라는 인식을 만들었다. 그런 인식은 또 다른 거대 건축을 위한 비용조달에 일조했다. 전설적인 프로젝트에는 다른 것도 곁들어진다. 공항에서부터 신문과 잡지, 두바이의 널찍한 간선도로인 셰이크 자예드 로드에 줄지어 선 게시판까지 광고를 보여준다. '인덱스, 주거 공간의 새로운 기준', '러브스토리, 알 바라리의 평생 저택', '스탤리언 부동산. 타고난 리더, 타고난 우월함', '살바토레 페라가모 펜트하우스, 성공한 사람을 위한 맞춤형 펜트하우스', '켄징턴 크리스털, 잘나가는 회사의 기준', '리미트리스, 도시에 인간을 불어넣었습니다' 여기에 쾌속정과 아름다운 여자라는 욕망의 이미지들이 건물 여러 층에 걸쳐 커다랗게 걸려있다.

이런 광고는 캘빈 클라인이나 코카콜라를 능가할 정도로 압도적이었다. 건설 이야기를 만들어 냈고, 곳곳에 산재하는 크레인과 먼지 구름, 건설 차량, 가설 울타리, 푸른 작업복을 입은 이주노동자들이 그 이야기를 뒷받침했다. 어쨌든 불가능하다고 생각했던 것들이, 정말로 진짜로 지어지고 있다는 사실이 중요했고, 그것이 도무지 믿기지 않는 두바이의 힘이기도 했다. 그것은 마치 도시 규모에서 펼쳐지는 텔레비전의 리얼리티쇼 같았다. 이 모든 것들 위로 부르즈 두바이의 날렵한 나선 골조가 내가 보증한다는 듯 올라가고 있었다.

부르즈 할리파, 두바이, 2010년 완공, 설계: 에이드리언 스미스와 스키드모어 오윙스 앤드 메릴SOM

위 올드 타운과 부르즈 할리파, 두바이. **아래** 두바이의 스카이라인.

두바이 스토리는 어느 정도는 무모함에 관한 것이었고, 또 난관을 극복해가는 힘에 관한 것이기도 했다. 두바이는 이런 힘을 과시할 기회를 적극적으로 찾았다. 바다에 만든 땅, 땅 위에 만든 바다, 사막의 눈언덕이 그 하나고, 역사와 신중함, 배려와 고상함을 밟고 일어선 성공이 다른 하나다. 실제로는 현대화된 미국식 기업주의의 작품이기도 한 부르즈 두바이는 '올드 타운' 근처에 들어서게 된다. 이 타운은 실제로는 두바이에 존재한 적이 없는, 고대의 아랍 도시를 새롭게 재현하기 위해, 아도베• 양식의 건물 모양을 벽면에 붙여놓았다. 서구에서라면 이런 어울림이 적절치 않다거나 우스꽝스럽다, 혹은 너무 통속적이다 라는 말을 들었을 것이다. 하지만 여기 개발업자들은 그렇게 할 수 있었기 때문에 당당히 그렇게 했다.

셰이크 자예드 로드를 따라 늘어선 타워들은 역사와 문화, 자연에 대한 침탈이다. 그 중에는18세기 프랑스 건축가 클로드 니콜라 르두를 모방해, 1980년대 포스트모더니즘을 반영한 듯한 건물이 있다. 베네치아의 종탑 캄파닐레를 흉내 낸 300미터짜리 건물도 있고, 크라이슬러 빌딩의 쌍둥이 모조품도 있는데, 하나를 지어놓고 보니 너무 좋아, 하나 더 지었다고 한다. 거대한 진주도 있고, 튤립에서 영감을 얻었다고 하는 타워도 있다. 햇빛을 따갑게 반사하는 건물외벽의 반사유리가 녹색, 핑크색, 금색, 청록색으로 혹사당하고, 방울과 발코니, 뭔지모를 잡다한 물체들이 용도와는 별 상관없이 건물에 붙어 있다. 두바이에는 아무도 사용하지 않는 발코니가 수천 개는 된다. 전통적인 통풍탑은 원래 예전 이란 지방에서 냉방장치로 고안된

• 모래와 진흙에 짚을 섞어 만든 벽돌로 집을 짓는 아랍의 전통 건축 양식이다.

것인데, 그 복제물을 에어컨이 설치된 오피스 구역과 주택 단지에서 볼 수 있다. 원래의 목적을 상실한 채, 그것들은 두바이의 당당한 외관을 함축적으로 말해준다.

두바이의 건축형식은 보도자료와 광고에 사용되는 형용사들과 똑같은 기능을 수행한다. 미래적, 전통적, 조형적, 꽃 모양의, 베네치아적인, 크라이슬러와 유사한, 이런 말들은 호화로운, 귀족적인, 전설적인, 궁극적인, 꿈, 워터프론트라는 표현을 대신한다. 그것들이 공간을 채웠다. 단지 낙관적으로 보이면 되고 어디선가 권위를 빌어올 뿐, 그 의미는 중요하지 않다. 그것들은 비어있는 것을 두려워하는 부동산에 느낌 비슷한 것을 심어놓는다.

팜, 월드, 부르즈는 아무 때나 울리긴 하지만 어쨌든 감정에 벨을 울렸고, 그것은 바다, 해변, 태양이 우리를 찾아올 때와 다르지 않다. 두바이에게 바다는 중요하다. 바다는 여행에 어울리고, 돛 모양의 호텔과 인공섬을 위한 배경과도 썩 잘 맞는다. 그러나 파도가 거의 없는 잔잔한 걸프만의 바다와 좁고 특색 없는 해변은 관광객뿐 아니라 두바이 사람들에게도 그리 매력적이지 않다. 설사 바다에 하수 방류가 없다 하더라도, 호텔 수영장이 더 재미있기 마련이다. 두바이 바다는 옷 벗고 물에 뛰어드는 곳이라기 보다는 오히려 하나의 상징에 가깝다.

두바이는 현실이 되었으면 하는 희망이 담긴 미래상을 만들어 그것을 신화로 포장했다. 이는 급속히 성장하는 도시로서는 필요한 조건이었을 것이다. 두바이는 아직 존재하지 않는 자신을 상상케 하고 그것을 팔아야 했다. '탁월함이란 새로운 현실이 되는 것'이라고 홍보문구는 말한다. 건물도 목표를 드러낸다. 사무실과 주택과 호텔이 지어진다면, 회사와 사람들이 건물을 채우게 될 것이다. 그 말을 믿는 것은 어렵지 않다.

셰이크 자신이 표현한 대로, 두바이의 철학은 먼저 짓고 나중에 계획하는 것이다. 만약 개발이 교통정체나 하수도 사태를 유발한다면, 새로운 도로와 하수처리장을 지으면 된다. 두바이가 환경적인 무절제나 자동차 우선정책, 또는 이주노동자의 처우 문제로 비난받는다면, 고도의 지속가능성을 갖춘 단지들과 보행자 친화적인 길, 노동자를 위한 시범주택을 만들면 된다. 인간애와 지속가능성은 새로운 유행어가 되었고, 최고라거나 워터프론트란 말과 나란히 판촉 문구에 들어갔다.

그리고는 모든 것이 멈추었다. "종말은 가깝고 매우 혼돈스러울 것"이라고 2007년 마이크 데이비스가 예언했던 그대로였다. 예측 가능한 수요보다 더 많은 건물이 두바이에 지어졌고, 또 지어지고 있다는 사실이 안과 밖 모두에게 분명해졌다. 또한 부동산 회사들이 자신들의 포트폴리오를 거의 환상에 가깝게 평가한 결과를 바탕으로, 위태위태한 액수의 대출을 받아 새로운 건설자금을 조달하고 있다는 점도 드러났다.

2008년에는 잠시, 두바이의 홍보 담당자들이 고층건물의 행진이 과연 계속될 것인지에 대해 질문을 받으면 규격화된 답변을 내놓곤 했다. 그들이 항상 전하라고 칭하는 셰이크 모하메드의 부가 워낙 엄청나, 그가 모든 것을 인수할 수 있다고 했다. 하지만 셰이크가 그의 사촌, 훨씬 더 큰 석유 부자이면서 보다 신중한 아부다비의 통치자 셰이크 할리파 빈 자예드 알 나흐얀에게 구원을 청하고 있다는 것이 알려졌다. 왕가의 재산 중 두바이의 항만사업은 저당잡히게 되었다. 오래 전부터 이웃 사촌동생의 오만함이 거슬렸던 아부다비 측은 이 기회에 주도권을 잡으려 했다. 2010년 초 부르즈 두바이가 마침내 개관했을 때, 아부다비의 통치자를 기념해 건물 이름이 부르즈 할리파로 바뀌었다.

끝없을 것 같았던 건설 중독에서 깨어나자, 억눌려 있던 의구심이 고개를 쳐들었다. 이미지 지상주의에는 비용이 따른다는 게 드러났다. 구글 어스로 보았을 때는 그토록 인상적이던 팜 섬이 지상에서는 오히려 평범했다. 거기서 보이는 것이라고는 높은 벽들에 꽉꽉 둘러싸인 단지뿐으로, 바다 전망을 차단하고 있었다. 섬의 이파리 쪽에 주택을 소유한 사람들도 바다가 그다지 보이지 않는다는 것을 알게 되었다. 교외 주거지로 들어오는 골목길이 바다 한쪽을 가리고 있었기 때문이었다.

이제 이런 질문을 던지기에 적당한 시점이 되었다. 실제로 두바이의 무엇이 그리 대단한가? 그곳의 허술한 기반시설과 연중 몇 달 동안 계속되는 끔찍한 더위는 차치하고라도, 그 거창한 프로젝트에 대한 과열된 흥분은 사실 일상의 경험과는 맞지 않는다. 두바이의 기본 요소들은 현대 미국 도시의 모습인 쇼핑몰, 고층빌딩, 고속도로, 테마파크, 교외 단지와 다를 바 없으며, 그 공간들 또한 예의 그런 건물들이 갖는 전형적인 형태에서 크게 벗어나지 않는다. 호텔, 사무실 현관, 쇼핑몰 인테리어, 차량의 내부까지 다르지 않다. 미국과 마찬가지로 그 건물들도 에어컨이 가동되고 있고, 관리되고 있으며, 안전하고, 표준화되어 있고, 깨끗하고, 잘 정돈되어 있어, 그야말로 매끄럽다. 거기에는 두바이가 만들어가고 있는 드라마나 대담함 같은 것은 없다. 게다가 두바이의 기반은 황량하기 그지 없다. 최첨단으로 관리되는 공간을 연결하는 시설은 혼돈 상태에 가깝다. 그래서 이곳에서 일하는 수많은 외국 비즈니스맨들은 자칭 신나는 도시라는 이곳의 지루함을 덜어 보려고, 사륜구동차를 몰고 사막의 모래언덕을 내달리며 주말을 보내곤 한다.

두바이를 실패로 치부하고 셰이크 모하메드의 위대한 도시 모험이 끝났다고 선언한다면 성급한 판단이 될 수 있다. 도시는 언제나 오르막 내리막을 왔다갔다 하며 성장한다. 뉴욕의 유명한 스카이라인도 1920년대 금융 광풍으로 생겨났다. 최근의 두바이 붐과 크게 다르지 않다. 도시는 월스트리트의 몰락에도 살아남았다. 현대의 중국 도시들은 90년대 말 아시아의 위기에 잠시 주춤했지만 다시 급속한 성장을 재개했다. 두바이에도, 없어서 그토록 두드러져 보였던 몇몇 기반 시설이 등장하기 시작했다. 도시의 메트로 시스템으로 두 개의 철도라인이 처음 개통됐다. 그러나 두바이의 건설 붐이 분별이라 부를 만한 것과는 거리가 멀다는 사실만은 분명하다. 두바이를 외부에서 지켜본 사람들은 건설의 속도와 그 제안의 터무니없음에 중독돼버렸다. 무언가를 짓는다는 단순한 사실이 이 도시에 한 가닥 권위와 목적을 부여했고, 그러자 바로 그 건설이 문제가 될 수도 있다는 가능성이 흐려져 버렸다.

그토록 확실해 보이던 건물들이 환상과 투기, 미래를 내건 피라미드식 세일즈의 입구가 돼버렸다. 이런 금융 모험은 오로지 건축이 갖는 힘 덕분에 발생할 수 있었다. 그 힘은 미래를 채울 무언가를 대변하고 앞서 보여줄 수 있기 때문이었다. 두바이는 건축에서 환상의 힘을 여실히 보여줬다. 그것은 건물에 대한, 판타지와 꿈의 거리, 그

건설 중인 두바이 메트로, 2008년.

리고 중력, 기술, 계산의 차이, 또 짓는다는 사실과 건물이라는 실체 사이가 역설적이게도 얼마나 가까운지 보여준다.

3차원 와이드스크린에 현란한 색깔의 컴퓨터 애니메이션으로 두바이는 단순한 사실 하나를 말한다. 건축은 순수한 이성과 기능에 관한 것이 아니라, 인간의 감정과 욕망에 의해 형성되는 것이며, 아울러 그 반대로 감정과 욕망을 만들어내기도 한다는 것이다. 두바이의 건축은, 셰이크의 권력에 대한, 영광을 위한, 최고를 향한 야망에 의해 생겨났고, 이어 다른 사람들의 돈, 사치, 흥분에 대한 욕망을 끌어들였다. 건축이 형태를 갖춰가면서 놀라움, 충격, 모방심, 환상과 같은 정서적 효과를 부추겼고, 그러면서 더 많이 짓고자 하는 충동은 한층 더 강해졌다.

건축은 안전을 바라는 것이든, 위엄, 안식처, 정착을 위한 것이든, 만드는 사람의 욕망에서 시작된다. 지어지고 나면, 건물은 사용하고 체험하는 사람들의 감정에 영향을 미친다. 그리고 그들의 욕망이 다시 건물을 바꾸고 변화시킨다. 욕망과 감정은 겹치는 개념이기는 하다. 그러나 '욕망'이 실재 또는 상상한 목표를 지향하는 적극적인 것이라면, '감정'은 우리가 받는 느낌을 표현하는 보다 소극적인 의미라고 할 수 있다. 건축은 둘 다에 관여한다. 현재나 과거에나, 건축은 사람들의 희망과 의도 사이를 왕복하는 매개체다. 건축이란 그것을 만드는 사고와 행동, 그리고 그 속에 거주하는 사고와 행동 사이의 물질적 간격이다.

사람들 대부분은 건축물이 단순히 기능만 담고 있는 게 아니라, 감정과 관련된 무형의 무언가가 있다는 것을 알고 있다. 꽤 많은 마을과 도시에 특별한 용도가 없는 탑이나 기념물이 있다. 또는 필요 이상으로 큰 건물이나 개인 주택, 그다지 효율적이지 않아 보이는 대담한 캔틸레버나, 턱없이 넓거나 좁게 기둥들이 배치된 구조물도 있다. 우리가 사는 도시에는 장식이나 조각 작품, 너무 많은 비용이 들어가 주인을 망하게 하거나, 처음 생각했던 목적으로는 전혀 사용된 적이 없거나, 아니면 용도가 끝난 지 한참 됐는데도 여전히 남아 있는 건물들이 있다. 어떤 집은 기능 외의 다른 어떤 이유로 그림이나 기념품, 항아리, 골동품, 햇빛가리개 등을 갖고 있기도 하다. 어떤 집은 100년은 되었을 텐데, 예전 기준의 단열이나 외풍 차단, 습기 조절 등으로 주인이 추가 비용을 치르고 있기도 하다. 두바이가 터무니없어 보인다 하더라도, 그것은 사람들이 자신들의 집을 넓히고, 새로 만들고, 보수하고, 가구를 들일 때, 순수하게 기능만을 고려하지 않고 내리는 결정들을 극대화한 것일 뿐이다. 두바이가 관심을 끈다고 하면, 그것은 우리가 늘 하고 있는, 통제되지 않는 충동들을 부추기고 있기 때문이다.

하지만 건축에 감정이 담겨있다고 말하는 것은 그저 운을 뗀 것에 불과하다. 그것이 어떤 형태를 띠며, 어떤 기이한 연금술을 부리기에 차가운 물질이 느낌을 흡수하고 발산하는 걸까? 무슨 변화가 일어나는 것일까? 의뢰인, 건축가, 건설업자, 사용자, 어느 쪽의 느낌이 더 중요할까? 의뢰한 정부나 기업, 혹은 우연히 지나가는 행인들도 중요할까? 어떤 부작용, 간접효과, 의도하지 않은 결과들이 일어나며, 어떤 오묘함이나 웃음거리가 발생할까?

건축 프로젝트는 대개 자금과 용도를 정량화해야 타당성을 획득할 수 있다. 그런데 우리가 무형의 무언가를 인식할 때면 종종 '감동적이다'라거나 '아름답다' 따위의 모호한 말들을 한다. 하지만 이런 식의 멋진 말에는 내용이 그리 많지 않다. 아름답다면 누구에게, 그리고 어떤 면에서 그러할까? 아마도 개인적인 취향 혹은 좋고 나쁨이라는 개념에 의존하고 있을 텐데, 우리는 그런 개념이 유래한 미학적 기준에 대해서도 잘 알지 못한다.

상업적 건물과 공공 건축물 모두 무형의 것은 '상징적' 혹은 '대단한'이라는 수식어로 정의한다. 이는 무형의 것을 뭉뚱그려 더 이상의 탐구를 가로막는 표현이다. 이런 말은 또한 건축물의 까다롭고, 다루기 힘들고, 뭐라 콕 집어 말하기 어려운 측면을 마케팅에 도움이 되는 다른 무엇으로 바꾸기 때문에 생겨나기도 한다. 뭔가의 '상징물'이라고 하면 부동산이나 사업체를 파는데 도움이 되기 때문이다. 다시 말해, 건물에서 무형의 것을 다른 형태로 사용하고 있는 것이다.

하지만 건축에서 감정이 만질 수 있는 것이 아니라 해도, 그것은 상당히 구체적이다. 특정 욕구와 감정은 어떤 건축물을 짓게 만들고, 반대로 그런 감정을 경험케 하기도 한다. 또한 이들 욕구와 감정은 특별한 방식으로 드러난다. 희망이나 섹스, 권력이나 돈에 대한 욕구, 집이라는 개념, 죽음에 대한 관념과 같은 것들이다. 이런 것들은 더 이상 모호하지 않고, 건축에서 뚜렷하고 분명하게 표현된다.

이 책은 살아있는 사람의 이러한 관심사가 건물이라는 죽어있는 물질과 상호작용하는 방식을 탐구한다. 또한 건축에 대한 통상적인 가정들에도 도전하고자 한다. 특히, 건설회사가 손을 떼고 나면 건물이 고정되고 완성되었다고 보는 관점에 대해서다. 건물은 안정적이지 않다. 그 구성요소들이 계속 조정되지 않는다면(사실 대개는 조정되지 않는다), 건물은 인식의 혼란이나 가치의 전도를 초래한다. 이런 불안정성을 염려할 수도 있지만, 하지만 그것 또한 건축이 갖는 매력의 한 부분이기도 하다.

만약 건축물을 인간의 충동과 일대일로 대응시켜 해석할 수 있다면, 나의 연구는 간단하지만 무척 따분할 것이다. 예를 들어, 감정을 나타내는 단어 하나하나를 물리적 특징과 연결시키면, 경사지붕은 집, 솟구치는 것은 희망, 큰 것은 권력이나 남근, 혹은 섹스가 될 수 있을 것이다. 하지만 욕망과 만들어진 공간은 서로서로를 변화시키고, 움직이는 것과 고정된 것이 서로 상호작용을 주고받으면서 상황은 복잡해진다. 역설이 생기고, 확실해 보이던 것들이 모호해진다. 건축물은 유동적인 감정을 다루는 강력한 수단이지만, 의외로 서툰 도구이기도 하다. 그래서 애초에 이루고자 했던 것과 반대의, 혹은 완전히 다른 효과를 낳곤 한다.

건축의 감성과 욕망을 살펴본다고 해서, 대다수의 건물들이 실용적인 목적을 갖고 있다는 단순한 사실을 무시하는 것은 아니다. 그러나 그 실용적 목적이란 것이 완벽하게 객관적이거나 차가운 계산만으로 완성되는 경우는 거의 없다. 짓고 거주하는 것은 결코 사소한 활동이 아니며, 그것을 냉정하게 수행하기란 더더욱 쉽지 않다. 오히려 기능, 예산, 내구성, 편안함, 유연성, 용도까지도 건축에서 표현되는 특성들 중 하나라고 보는 편이 옳을 것이다.

여기서 몇 가지 정의를 내릴 필요가 있다. '건축'이란 단순히 건물을 디자인한다기보다는, 공간을 만드는 것으로 보아야 한다. 여기에는 랜드스케이프, 인테리어, 각종 장치들까지 포함된다. 건축물은 그 자체가 목표라기보다는, 공간을 만들기 위한 하나의 도구다. 여기에는 공간의 내부와 외부, 주변의 모든 것들이 포함된다. '건축'에는 또한 가상의, 혹은 영화에서 보는 장소도 포함될 수 있다. 때로는 그것들이 우리가 실제 만질 수 있는 것보다 더 많은 것을 보여주기도 한다.

'짓는다'는 말은 건설회사와 노동자, 의뢰인, 건축가, 혹은 다른 전문가들이 실제 물리적인 건물을 만들어내는 활동을 뜻한다. 그러나 이 동사는 은유적으로도 쓰일 수 있다. 건축물을 사용하고 경험하는 사람들, 즉 우리 대부분이 물리적으로, 그리고 상상 속에서, 우리가 찾아낸 공간들에서 살아가면서 만들어가는 방식도 가리킬 수 있다.

이 책은 매뉴얼이 아니다. 여러분의 집을 어떻게 꾸미라든가, 또는 건축학도들이 어떻게 일에 착수하라는 말은 하지 않을 것이다. 도시 계획가들이 현명한 결정을 내리는 방법 따위는 더더욱 거론하지 않을 것이다. 혹여 이 책의 영향으로 '감정적' 건축이 출현하고, 개발업자들이 '느낌'을 운운하며 실없는 판매홍보를 하게 되지 않을까 오히려 염려된다. 여기서는 주로 재앙들에 대해 말할 것이다. 성공과 탁월한 성취도 군데군데 들어있다. 또한 잘 시작했으나 슬프게 끝난 프로젝트, 그리고 반대의 경우도 있다. 그러나 나의 기본적인 의도는 어떤 것이 좋고 나쁜지 점수를 매기려는 것이 아니라, 건축에서 인간의 충동이 펼쳐지는 여러 방식들을 알아보자는 것이다. 이 책은 가르치거나, 진단하거나, 훈계하지 않는다. 이 책의 목적은 보여주고, 살펴보고, 드러내는 것이다.

하지만 나 역시 이 책이 조금이나마 유용했으면 하는 생각도 있다. 건축과 개발의 실패작들은 종종 감정적인 선택이 실용성을 가장할 때 발생한다. 그런 상황에서 일이 어떻게 돌아가고 있는지 조금 더 쉽게 파악할 수 있도록 도와줄 수 있다면, 아마도 한 두 개의 실패 정도는 막을 수 있을지 않을까 싶다.

가장 먼저 등장하는 인물은 리나 보 바르디다. 이탈리아 태생의 브라질인으로, 오랫동안 20세기의 가장 저평가된 건축가 중 한 사람이었다. 그녀가 여기 등장하는 까닭은, 두바이 개발의 홍행사들과 마찬가지로, 그녀가 욕망에 대해 말했기 때문이다. 하지만 그녀에게 욕망이란 말은 쾌속정이나 돛 모양 호텔이 그려진 광고판을 의미한 것은 아니었다. 그녀는 과감한 표현을 좋아했으나, 두바이에서는 찾아보기 힘든 어떤 통찰이 있었다. 그녀는 건물이 단독으로 행동하는 것이 아니라, 주변 사람 및 사물과 상호작용하며, 우연과 시간과 삶에 열려야 한다는 것을 알고 있었다. 그녀는 사람들을 위한 무대를 만들면서 언제 극적이어야 할지, 언제 억제해야 할지를 알고 있었다.

두바이 이야기를 들으면, 건축에서 욕망이란 건축물의 외부 형태에 나타나는 광기가 아닐까 하는 생각이 들 것이다. 어처구니없게 크거나 기괴하게 해놓고 '상징적'이라고 추켜세우는 식 말이다. 어느 정도까지는 사실 그러하다. 도시 전체에 일종의 부조화가 쌓이면서 만들어지는 활기가 거기에는 존재한다. 그 도시에 살거나 아니면 단순히 방문했을지라도, 우리는 그런 흥분을 공유하고, 때로는 자부심을 느끼기도 한다. 만약 당신이 건축가라면(건축가들이 대개 그러하듯 스스로를 하찮게 여긴다 하더라도), 당신의 직업이 그런 성취에 일조할 수 있으리라는 설렘도 맛볼 수 있을 것이다.

그러나 문제는, 우리가 보고 있는 것이 누구의 욕망인가이다. 거대하고 기이한 대상물로부터 어떤 감흥이 느껴진다면, 누구보다 먼저 그것을 설계하고 지은 개발업자와 건축가들이 그런 설렘을 경험할 것이다. 다른 모든 사람들은 관중이며 구경꾼일 뿐이다. 호화로운 고층건물은 대다수의 사람들이 대부분의 시간을 보내는 공간에는 어떤 변화도 주지 못한다. 사람들의 삶이 머리 위의 차가운 컴퓨터와 상호작용하는 경우는 거의 없기 때문이다. 대신 일상적으로 접하는 쇼핑몰이나 건물의 로비는 우리에게 기억을 문밖에 두고 오라고 요구한다. 정체성, 욕망, 자극은 그곳에서 우리가 사야만 하는 물건이고, 맞춰야만 하는 감정인 것이다. 그것은 옷이나 레스토랑 식사가 미리 정교하게 정해져 있는 것과 같고, 사막의 스키슬로프를 타고 내려오거나, 부르즈 할리파를 올라가는 것도 역시 그렇다. 우리는 소비자라는 이름표 말고는, 그 건물에 어떤 기여를 해달라고 초대받지 않는다.

눈이 관여할 뿐 몸은 아닌 것이다. 또 대개는, 엘리베이터나 에스컬레이터를 이용하지 않고는 우리가 이런 건물 안에서 돌아다니는 것도 허용되지 않는다. 기후는 다루기 힘들어, 에어컨으로 몰아내야 한다. 냄새도 마찬가지다. 향을 구매해 풀어야 한다. 우리가 바깥의 열기와 먼지로부터 건물로 들어갈 때면, 이제는 당연하게 받아들이게 된 통과절차지만, 기계적인 촉촉함이 우리를 가볍게 감싼다. 그것은 우리에게 공기와 온도에도 비용이 들어갔으니, 그 비용을 지불한 사람들이 제시하는 계약조건에 동의해야 한다고 말하는 것이다. 건축가 렘 콜하스가 말했듯이, 조절된 공간은 조건부 공간이다.

괴상한 스카이라인도 공범이다. 황홀과 열정을 보여주는 기발한 외면적 제스처는 기분전환거리다. 만약 그것들이 거기에 없다면, 나머지 세상의 지루함이 너무나 도드라진다. 건물 외부의 건축형식과 건물 내부의 조절되고 세척된 공기는 서로 공모하고 있다. 이에 반해, 리나 보 바르디는 자신의 작업에 네 가지 '미묘한 실체'를 핵심으로 삼고 있다. 공기, 빛, 자연, 예술이다. 그녀는 공간에서 사람들의 움직임, 사람들이 서로서로 어울리거나 혹은 자연과 작용하는 방식, 사람들의 욕망과 기억에 관심을 가졌다. 건물들이 만들어지는 모습, 형태, 외양, 건축재료는 그 다음이었다. 그녀의 건축은 독특하지만, 궁극적인 목적은 그렇지 않다. 그것은 새로운 경험을 가능케 하거나, 기존의 경험을 심화시키며, 잃어버린 감각을 탐색하고 회복하는 장치다. 그녀는 이렇게 말한다. "사람이 건물에 들어가기 전까지는, 즉 계단을 올라가, 시간이 흐르며 발전하는 '인간의 모험'으로서의 공간을 점유하기 전까지, 건축은 존재하지 않는다."

그녀를 찍은 사진에는, 뚫어보는 듯한 눈길과 날카로운 이목구비, 갸름한 얼굴이 시간이 지날수록 한층 뚜렷해진다. 그녀는 필요에 의해서건 성향이 그래서건 쉼없는 삶을 살았다. "나는 젊기를 바란 적이 없다"고 그녀는 말한다. "내가 진정으로 바라는 것은 나 자신의 역사다. 스물다섯 살 때 회고록을 쓰고 싶었지만, 그때는 쓸 거리가 없었다." 1992년 사망할 무렵 그녀는 그것이 많았다. 그녀는 결코 건축설계에만 만족하지 않았다. 글을 쓰고, 삽화를 그리고, 그림도 그리고, 무대장치와 전시회와 가구를 만들고, 정치적 논쟁을 제기하며 파고들기도 했다.

그녀는 1914년 로마에서 아킬리나 보라는 이름으로 태어났다. 건축가 지오 폰티 밑에서 일하다가 밀라노에서 자신의 사무실을 차렸다. 번창하지는 못했는데, 1943년 사무실이 있던 건물이 폭격으로 파괴되는 바람에 폐업했다. 지하 공산당에 가입한 그녀는 이탈리아 레지스탕스를 도왔고, 《도무스》에서 편집자로 일했다. 거기서 그녀가 쓴 도시계획에 관한 글 중 하나가 게슈타포의 관심을 끌기도 했다. 전쟁이 끝난 후 이탈리아로 여행을 다니며 전쟁으로 파괴된 현장을 기록했다.

"햇살이 비치고, 파란 하늘에 행복이 넘쳤을 그 시절에, 나는 지하에 숨어 지내다 폭탄과 기관총을 피해 달리며 은신처를 찾았다. 그래도 나는 이 세상이 구원받을 것이며 더 좋아질 거라고 느꼈다. 그것이 삶을 바칠 만한 유일한 임무이며, 살아남을 수 있는 출발점이라고 생각했다." 1946년 그녀는 미술 비평가이자 그림 중개상이며,

자신을 투기꾼이라고 소개한 피에트로 마리아 바르디와 결혼했다. "그는 내가 로마예술학교를 다니던 10대 소녀 시절부터 존경하던 사람이었다." 결혼 후 그녀는 그와 함께 브라질로 건너갔다. 그 해에 그는 브라질의 미디어 재벌이자 노회한 사업가인 아시스 샤토브리앙을 만났다. 아시스가 상파울루에 건립할 새로운 미술관의 컬렉션 만드는 일을 도와달라고 피에트로를 초청했던 것이다.

유럽에 비하면 브라질은 "죽음의 벌판 위에서 빛을 발하는 등대와 같았다. …… 경이로운 그 무엇이었다." 그곳 브라질에는 "상상할 수 없는 어떤 당황스러움이 있었다. 거기에는 중산층은 없고, 단지 두 무리의 거대한 귀족들이 있었다. 토지를 소유한 커피 부호와 사탕수수 부호. 그리고 …… 인민들이었다." 브라질은 자신들 나름의 근대성을 규정하고 있는 나라로, 전쟁의 참상을 겪지 않고 번성했다. 그곳은 신생 국가로 자유를 누렸으며, 그것이 루시우 코스타, 오스카 니에마이어에 의해 현대 건축으로 표현되었다. 나중에는 새로운 수도 브라질리아의 화려한 기념물들로 이어졌다. 브라질은 또한 오래된 나라의 전설과 관습도 갖고 있었으며, 그것들은 다중적이고 다양하며 지역과 인종에 따라 독특했다. 특히 이곳의 동식물은 무성하고 생생했다. 리나 보 바르디는 그것을 사랑했다. 그녀는 이렇게 말했다. "우리가 태어날 때는, 선택의 여지가 없다. 나는 여기서 태어나지 않았지만, 이 나라에서 살기로 선택했다. 그래서 브라질은 나의 두 번째 조국이다. 이곳은 내가 '선택한 나라'이고, 나는 이곳의 모든 도시와 마을의 주민임을 느낀다." 브라질은 그녀에게 기회와 영감을 주었다. 그러나 이 나라의 정치적 파동들, 군사독재로의 전환과 민주주의로의 느린 진전은 그녀가 외면받은 길고 황량

한 기간을 낳았다.

그녀는 자신과 남편을 위한 집을 디자인하고, 글라스 하우스라 불렀다. 그곳은 그들의 가정이자 공동체 마당이었으며, '공개 주택'이었다. 이곳을 방문한 사람들 중에는 영화감독 로베르토 로셀리니, 조각가 알렉산더 칼더, 음악가 존 케이지도 있다. 집은 상파울루 끝에 위치한, 예전에 차 농장이었던 자연보호구역 자르딤 모룸비에 있는데, 그녀는 여기서 삶을 즐기며 생태관찰노트를 작성하기도 했다. "오셀롯, 아르마딜로, 작은 사슴, 기니피그, 주머니쥐, 나무늘보, …… 여기는 또한 새의 안식처다. 낮 동안에는 다람쥐뻐꾸기, 페이치카, 붉은부리개똥지빠귀와 회색개똥지빠귀, 아메리카아니뻐꾸기, 큰노랑배딱새, 티나무, 흰꼬리비둘기, 느시아제비, 밤에는 쏙독새, 붉은참새부엉이와 다른 야행성 조류들을 볼 수 있다. 수많은 개구리와 두꺼비들이 밤에 꽥꽥 울어댄다. 매우 아름다운 뱀도 있고 매미도 많다."

집의 전면부는 언덕 마루에 높은 기둥을 박고 그 위에 유리벽 박스를 올린 형태다. 자세히 보면 검소하지만 받쳐진 바닥 아래에 확보된 면적은 결코 작지 않다. 바닥을 뚫어 네모난 정원을 만들었는데, 그리로 햇볕이 비쳐 들어 나무 한 그루가 건물 가운데를 통과해 자라고 있다. 정원 옆에는 땅에서부터 위로 올라가는 계단이 있고, 90도로 꺾어지는 중간 계단참에서 한 번 멈춰 경치를 바라 볼 수 있는 전망을 제공한다. 다시 돌아서서 올라가면 조르지오 디 키리코의 모자이크를 지나 거실공간으로 들어선다. 거실 역시 구조는 소박하지만 공간은 넓다. 얇은 프레임을 댄 유리벽 너머로 보이는 언덕과 숲들이 이 방의 벽을 이룬다.

글라스 하우스, 상파울루, 리나 보 바르디, 1951년.

방에는 바르디 부부의 컬렉션이 소장돼 있다. 그림, 금테를 두른 성유 몇 개, 액자에 끼우지 않은 추상화들이다. 가구 중 일부는 강철관으로 된 것들로 그 중 몇 개는 리나 자신의 디자인이고, 일부는 오래된 목재로 만들어져 두껍고, 금박을 입혔는데, 어두운 색이라 그것들이 건물 자체보다 더 무거워 보인다. 조각품과 기이한 물체도 있는데, 사람이 만든 것도 있고 자연에서 가져온 것도 있다. 식물들, 카펫들, 책들, (실물보다 큰) 다이애나 황태자비의 고전적 입상, 그리고 금색 구슬이 하나 있다. 리나의 제자 중 한 사람은 이렇게 말했다.

> 월드컵의 줄리메컵처럼 생긴 값싼 유리병 하나가 바로크 천사상과 어깨를 맞대고 있다. 농부의 작은 벤치 하나가 르 코르뷔지에의 긴 의자와 사이 좋게 놓여있다. 아이의 생일선물인 조그마한 플라스틱 자동차 하나가 에르네스토 데 피오리의 조각상 발치 아래 놓여있다. 기타 등등.

창문 전체를 가릴 수 있는 크림색 비닐 커튼으로 전망을 차단하거나 열어젖히도록 했다. 바닥은 모자이크 타일로 되어 있는데, 수영장 혹은 티에폴로•의 하늘과 같은 파란색이다. 집안으로 더 들어가면 방들이 여럿 있다. 부엌과 침실, 그리고 그녀가 생각하는 공산주의에서는 배제하지 않았던 하인방도 있다. 여기서부터는 집이 더 이상 유리도 아니고 유동적이지도 않다. 오히려 전통적이라고 할 수 있을 정도로 단단한 벽과 녹색 덧문이 달린 창들, 그리고 가려진 뜰도 하나 갖추고 있다. 리나와 피에트로의 침실에는 르네상스 시기의

•• 18세기 이탈리아의 로코코 화가 조반니 바티스타 티에폴로.

〈성모 마리아와 아기 예수〉가 여분의 철제 침대 위에 걸려있고, 비행기 수하물 딱지가 그대로 붙어 있는 트렁크도 있다. 그들이 대서양을 건널 때 갖고 다니던 것으로, 마치 아직도 이동 중에 있는 듯하다. 건물은 실제로는 두 개의 집이 하나로 합쳐진 것이다. 밤을 위한 튼튼하고 전통적인 후면부와 낮에 머무는 가볍고 현대적인 전면부.

이 주택에는 20세기 건축의 가장 유명한 몇몇 작품의 메아리가 머물고 있다. 전면의 유리벽 박스는 루드비히 미스 반 데어 로에의 판스워스 하우스를 닮았다. 미국 일리노이 주 플라노에 있는 작은 주말별장인 그 집 역시 보 바르디의 집과 같은 해인 1951년에 완성되었는데, 투명한 유리벽 마감이다. 기둥 위에 올린 건물이라는 점에서는, 1929년 파리 외곽에 지어진 르 코르뷔지에의 빌라 사부아를 연상케 한다. 건물 가운데 부분에 나무를 품는 방식은 프랭크 로이드 라이트의 임기응변 모티브를 사용하고 있다.

그러나 다르다. 그것들과는 달리, 이 집은 예술 자체로 충족되는 작품이 아니다. 판스워스 하우스는 모든 디테일에 엄청난 비용을 들여 완벽을 기했지만 거주는 부차적이었다. 실제로 그것은 법정소송까지 가는 문제를 일으켰다. 빌라 사부아 역시 예술작품으로, 집 안의 모든 동선과 시야가 건물, 가구, 사람, 풍경을 조합한 하나의 의식적 구성이었다. 프랭크 로이드 라이트의 작품에서는, 모든 의자는 물론 문손잡이에까지 그만의 예술적 개성이 묻어있다. 의심의 여지가 없는 재능, 가장 존경받는 미국 건축가라는 위상은 물론이고, 그곳의 모든 표면에서 발산되는 소소한 천재성의 끊이지 않는 울림에 어쩔 수 없이 질려버린다. 그리고 판스워스 하우스, 빌라 사부아, 라이트의 여러 주택은 의뢰인의 희생을 요구했다. 이들 프로젝트들은 탕진

된 예산, 소송, 비용을 댄 사람들의 환멸과 고통으로 끝나곤 했다.

보 바르디의 주택은 형식과 구조가 목적이 아니라는 점이 포인트다. 외관은 도드라지지만, 건축의 주목적은 사람의 눈길을 끌기 위한 것이 아니다. "장식적이거나 구성적인 효과를 전혀 추구하지 않았다"고 그녀는 말했다. 유리로 된 전면과 벽으로 된 후면의 혼재는 미스 반 데어 로에라면 용납하지 못할 불일치며, 예술작품의 통일성을 지상과제로 삼는 어떠한 건축가라도 마찬가지였을 것이다. 하지만 글라스 하우스는 다른 사건과 경험이 일어나게 해주는 장치다. 유리벽의 목적은 두 생명 사이의 관계를 만들기 위한 것이었다. 외부의 동식물과 내부의 사람, 예술작품, 물체들 간의 관계다. 초목과 집의 내용물은 시간이 지나면서 모두 성장하고, 그에 따라 이 알뜰한 집은 풍성함으로 둘러싸이고 채워지게 된다. 바깥의 자연과 그 안의 사람들. 초기에 찍은 흑백사진에는 집이 풍경을 향해 밝게 서 있는 모습이 나와있다. 지금 그곳은 녹색에 휩싸여 있다. 집은 그대로이지만, 사람이 늙어가듯 집도 변했다.

시간의 흐름은 이 건물을 난처하게 만들지 않았다. 깨끗한 모더니즘 작품들은 종종 난감해지곤 한다. 베르톨트 루베트킨이 설계한 런던 동물원의 펭귄 풀과 하이포인트 타워는 1930년대 영국에서 가장 눈부신 건축물이었다. 그는 언젠가 나에게 자신의 작품을 다시는 보러가기 싫다고 말했다. "늙은 여자친구를 보는 것 같아요. 예전엔 아름다웠지만, 이제는 주름지고 이빨도 빠져버린." 보 바르디에게 변화는 예견된 것이었고 환영받는 것이었다. 그녀의 집은 늙어가면서 더 좋아진다.

작업을 위한 그녀의 초기 스케치를 보면, 건축구조는 흐리고 가는 선으로 그려진 반면, 사람과 식물, 물체들은 보다 완전하고 구체적으로 그려져 뚜렷하다. 그것은 마치 내부와 주변의 사물들에 묻혀 희미해질 집의 미래를 예견하는 듯하다. 이는 건물이 어떤 가치도 지니지 않는다는 의미가 아니다. 일반적으로 건물은 찾아오는 방문객을 그늘을 통과해 밝은 곳으로 이어지는 길로 안내한다. 그것은 관계를 제안하고 거기에 어떤 의견과 취향을 보탠다. 집이 달라지면 사물과 주위 환경에 대한 인식도 달라진다. 그러나 이 건물의 의도는 시간이 흐를수록 덜 두드러지는 것이었다. 여기서의 집은 마치 그 주변에 형성된 틀에서 찍혀 나온 조각상처럼 자연스럽다.

그녀의 건축은 먼저 가는 선들로 공기 중에 볼륨을 만들어낸다. 선이 휙휙 그어지며 삼차원의 공간이 만들어진다. 그곳에서 삶이 일어난다. 심지어 계단의 디딤판도 선 사이의 빈 공간으로 표현된다. 칼로 자른 듯한 선으로 구획된 모자이크 바닥은 하늘색 혹은 물색 평면(이제는 이차원)이다. 여기서 공기 중(혹은 물)이란 모두 가상이지만, 우리가 꿈 속에서 보는 듯한 기묘한 느낌으로 묘사되어 있다.

리나 보 바르디는 아직 이탈리아에 있을 때 '공중 건축airborne architecture'에 대해 글을 쓴 적이 있다. 자신의 기사에 이미지를 곁들였는데, 놀랍게도 빌라 사부아와 비행선을 결합한 그림이었다. 글라스 하우스는 그 아이디어를 실현한 셈인데, 꼭 그대로는 아니다. 집이 솟아오르는 자세를 취하거나 비행기의 형태를 빌리지도 않았다. 글라스 하우스는 환상이 아니다. 우리에게 그 형상을 받아들이라고 강요하지도 않는다. 집은 똑바로 서있어야 하고, 배관이 되고, 바깥 기후를 견디고, 사물을 수용하는 건물이어야 한다는 것을 그녀는 알고 있다. 그녀는 이렇게 말한다.

글라스 하우스의 스케치, 리나 보 바르디.

바람과 비로부터 물리적 보호를 제공하는 집을 만든다는 생각이다. 하지만 여기에는 하물며 폭풍에도 깃들어있는, 시와 윤리를 함께 가져갈 것이다.

그녀가 말한 '시'란, 공중에 뜬 듯 보이면서도 동시에 땅에 자리잡는 집의 능력, 또는 그녀가 인공물과 식물 사이에 수립한 친밀한 관계 같은 것을 의미한다. 집이 지어진 초기에 일러스트레이터이자 카투니스트인 사울 스타인버그가 방문했다. 그는 보 바르디와 마찬가지로 시간과 공간의 4차원을 한 줄에 버무려 넣는 방법을 알고 있었다. 그는 글라스 하우스가, 그녀가 의도했던 대로, "시적인 집"이라고 말했다.

두바이 부동산의 홍보문구는 꿈, 영감, 상상, 인간, 열정, 비전, 전설적 같은 단어들을 사용한다. 그것들이 주는 이미지는 욕망에 대한 것이다. 거대한 야자나무, 물 위의 거주지가 무엇보다 분명하게 보여주듯, 주택단지 자체는 꿈같은 반전과 부조화의 힘을 최대로 이용하고 있다. 똑같은 의미는 아니지만, 비슷한 단어들이 리나 보 바르디에 의해서도 쓰였고, 또 그녀에 관해서도 쓰였다. 그녀의 파란 바닥은 우리가 올라가 걸을 수 있는 하늘의 한 조각인양 마치 꿈만 같다. 이는 셰이크의 팜을 그녀 식으로 더 미묘하고 작게 구현한 것이다. 상상과 열정은 그녀의 디자인에서 보다 분명하게 드러난다. 두바이의 부동산 중개인들이 '인간'을 떠벌릴 때, 그녀는 자신의 후기 작업을 "사람들의 더 나은 웰빙을 위한 것"이라고 말했다. 저들이 '전설적'이란 말을 할 때, 그녀는 브라질 민중들의 전설에 자신을 담그고 있었다.

두바이의 단지와 글라스 하우스는 둘 다 외부로부터 풍성함을 빌어왔다. 두바이는 베네치아, 크라이슬러 빌딩, 돛, 꽃, 아랍의 옛 마을로부터 이미지를 갖고 왔다. 그들은 대리석과 이국의 물고기를 수입했다. 자르딤 모룸비에서 리나 보 바르디는 자신의 디자인을 바깥의 오셀롯과 노랑배딱새의 영역에 개방하고, 안으로는 바로크의 천사와 코르뷔지에의 가구, 플라스틱 자동차에 내주었다. 셰이크 모하메드는 자신이 시인임을 사람들이 알아봐주기를 중요하게 여겼다. 보 바르디는, 스타인버그가 동의한 대로, 그녀의 집을 시적이라고 생각했다.

셰이크와 보 바르디, 이 두 시인은 건축의 정서적 힘을 활용했지만, 그 방식은 정반대였고 전혀 다른 결과를 낳았다. 셰이크의 건축은 위에서 아래로 내려온다. 그것은 까마득한 거리에서, 친밀함이라곤 없는 감각과 시각을 통해 거의 일방적으로 소통한다. 그것을 '비전을 보여준다'고 말한다면, '시각적' 대상이라는 뜻에서만 그렇다. 그것은 기후, 자연, 그것을 보는 사람들의 기억과 정체성 등 외부의 모든 것을 아래에 둔다. 두바이 단지의 현장에 어떤 특징이 있었든 그것은 깨끗이 닦여져 버리고, 언제나 '새로운 현실'이 나타난다. 건물이 만들어지는 소재도 마찬가지다. 건축 제재와 기술은 나름의 특성이 있고, 그 나름의 분위기를 창조할 수 있다. 그리고 그것은 사용되는 방식에 따라 자신만의 아름다움을 만들어내고 독특한 분위기를 형성한다. 하지만 두바이에서 소재와 기술은 단지 목적을 위한 수단일 뿐이고, 오로지 규모와 위용을 만들어내는 역량만 평가를 받을 뿐이다.

글라스 하우스는 두바이의 건축이 배제했던 것을 기꺼이 받아들인다. 장소, 물질, 사람, 성장, 날씨, 우연, 시간의 흐름. 그렇다고 그것이 수동적이거나 활성이 없거나, 특별히 온순하지도 않다. 그것은 강력하며, 무언가를 새롭게 만든다. 하지만 그것이 만든 새로운 것은 그 주변에 있는 것들과 더불어 형성된다.

아무것도 없는 사막에 형성된 큰 도시와, 쾌적한 아열대 지역에 한 부부를 위해 지은 집 한 채를 비교하는 것은 공정하지 않다. (앞으로 보게 되겠지만, 보 바르디는 특권층이 아닌 사람들을 위해 도시에서 어떻게 일을 해야 하는지 알고 있었다). 그러나 건축에서 감정 또는 욕망에 대해 말할 때, 이 두 장소의 비교는 그것이 얼마나 반대로 형상화될 수 있는지 잘 보여준다.

고정된 집, 떠도는 소우주… 가정

2

"'집'이라는 말은 이중적이다. 물리적 거주지라는 뜻과 함께, 그 안에 살고 있는 가족도 의미한다. 다시 말해, 집은 건물이면서, 사람이고, 또한 그들 사이의 관계다."

한 건축가가 가끔 하던 이야기다. 어느 부부로부터 집을 증축하고 싶다는 의뢰를 받고 찾아간 그는 그들과 함께 저녁 식사를 했다. 그들이 필요한 것이 뭔지, 그리고 어떤 요구 사항이 있는지 잘 듣고, 남편과 아내의 의견도 각각 들었다. 저녁 식사가 끝나고 그는 전문가다운 조언을 제시했다. "두 분에게 증축은 필요 없습니다. 그냥 이혼하시면 됩니다."

이 말은 소프트웨어 기업가 래리 딘에게 수천만 달러를 절감해줄 수도 있었을 조언이다. 딘은 수돗물조차 들어오지 않는 집에서 자랐지만, 어린 시절의 가난을 극복하고 백만장자의 몇 십 배가 넘는 엄청난 거부가 되었다. 1992년 그와 그의 아내 린다는 미국 애틀랜타에 조지아 주에서 가장 큰 집을 지었다. 3천 제곱미터의 면적에 연어 무스 색깔의 저택이었다. 그곳을 설계한 건축가 빌 해리슨은, 손바닥만한 공간별로 '파베르제의 달걀'* 만큼이나 세세한 주의를 기울

* 19세기말에서 20세기 초에 러시아의 보석공예사 카를 구스타브 파베르제가 만든, 보석으로 장식된 달걀이다.

였다고 했다. 실내장식은 당시 스물한 살의 디자인 전공 학생이던 딘 부부의 아들 크리스가 맡았다. 인터뷰 자료를 보면, "여기서 네 아이들을 〈다이너스티〉 같은 분위기에서 행복하게 키우는 것"이 딘 부부의 꿈이었다고 한다.

딘 가든스Dean Gardens라 불리는 이 저택의 호화로움과 거기에 도입된 온갖 영감과 도용의 난잡함을 정당하다 평가하기는 어렵다. 하지만 다른 사람들의 말도 들어 보자.

> 브루넬레스키의 피렌체 성당 돔에서 영감을 얻었다는 로툰다•는 아마도 그 저택의 가장 극적인 요소일 것이다. 3층 반이나 되는 높이에 둥근 채광창으로 덮인 로툰다는 이 이례적인 집에 한 줄기 우아한 격조를 풍긴다.

또는,

> 거실의 유리벽을 통해 집 뒤편에 있는 조개껍질 형태의 수영장과 양식에 맞춘 정원들, 1만 2천 제곱미터의 인공호수와 그 너머의 강이 보인다. 이곳에 있는 프랑스 왕조풍의 가구들은 안락하면서도, 전체적으로는 격조있는 분위기를 갖추고 있다.

또는,

> 메인플로어의 동관 끝에 팔각형의 피코크 룸이 있다. 소형 그랜드피

• 그리스와 로마 신전에서 비롯된 양식으로, 바닥이 둥글거나 타원형이고 돔 지붕을 얹은 건물이나 방을 말한다.

아노와 카푸치노 바를 갖춘 이 독특한 공간은 큰 모임을 하기에 안성맞춤이다. 방에는 28×38센티미터의 아치형 창이 달렸는데, 각각의 무게가 0.5톤은 나가 보인다. 바닥에서 13미터 높이의 천장 중앙에는 길이 2.4미터의 조명기구 하나가 펜던트 같이 매달려있다. 천장벽화는 애틀랜타 출신의 제임스 채드윅이 그렸다. 방 중앙에 있는 테이블은 영국산 석회암으로 조각했는데, 무게가 180킬로그램이다. 그것은 집 아래 암반에 심은 강철 빔 위에 놓여있다.

여기까지는 딘 가든스라는 연회에서 자두 몇 알을 맛본 데 불과하다. 저택에는 또한 모로코풍 방, 이집트풍 고급객실, 오리엔탈 스위트, 하와이식 미술전시실, 1950년대식 식당으로 꾸민 게임룸, 공작석으로 꾸민 욕실, 실버 스위트, 라즈베리색 주방, "멋진 라커룸을 연상케 하는 설비가 있어 다분히 남성적인" 욕실이 딸린 정통 영국풍 침실도 있다.

딘 가든스는 〈시민 케인〉의 제너두를 변주한 것이거나, 또는 〈시민 케인〉의 실제 모델인 신문재벌 윌리엄 허스트의 허스트 캐슬에서 영감을 얻은 것으로 보인다. 제너두나 허스트 캐슬처럼 딘 가든스도 역사와 지리를 망라한 해적판의 집약체다. 이곳의 건축은 수천 년의 시간과 여러 대륙을 섭렵해 조합한 하나의 소우주로, 소유주의 개인적인 즐거움을 위해 세상의 이미지를 만든 것이다. 케인이나 허스트에 비해 딘이 보여준 유일한 인색함이라면, 역사적 건축물을 낚아채 자신의 집으로 통째로 들여오지 않았다는 정도다. 그는 단지 그것들을 모방했을 뿐이다.

딘 가든스의 한 가지 두드러진 특징은 인테리어 디자이너인 젊은

딘 가든스, 애틀랜타, 빌 해리슨 촬영, 1992년.
위 부부침실 **아래** 피코크 룸

크리스의 역할이었다. 그가 일을 맡으면서, 두 번째 부인이 될 정부가 노래 부를 오페라하우스 한 채를 아예 사버린 케인의 제너두와는 다른 모양이 되었다. 하지만 이 역시 가족애가 재능에 대한 냉정한 판단을 흐린 경우다. 케인의 정부 수전 알렉산더가 목소리를 유지할 수 없었던 만큼이나 크리스도 방을 꾸밀 수 없었기 때문이었다. 딘가든스는, 그가 24살에 현명하게도 디자인 일을 그만 두기 전에 맡은 두 번의 임무 중 첫 번째 일이었다. 그는 이때부터 이미 부조화의 길로 들어섰다.

진부한 호사로움이 학생 초현실주의자의 불안증 발작과 섞여있다. 그것은 케첩에 담가놓은 굴이자, 캐비어에 타바스코를 뿌린 아이스크림이었다. 거기에는 트리톤 유니콘 돌고래 주크박스 워터제트 토피어리 아스트롤라베 시누아즈리 태슬 플라운스 대리석 다마스크 가죽 추상화 트롱프뢰유 조각상 넉장포스터 표범가죽 얼룩말가죽 페디먼트 코린트식 이오니아식 도리스식 야자수 별 달 모스크 등불 네온 공 줄 공작 피아노 샹들리에 샹들리에 샹들리에 금 금 금 사자 장식된 낙타 한 마리가 있다. 거기에는 고통 받는 조각상도 하나 있다. 광택있는 검은색의 마네킹 토르소로, 피부에는 고양이와 바다동물들이 기어다니고, 잘려진 머리는 녹색 눈에 고양이 같이 생겼는데, 그 머리는 쭉 펼친 한쪽 팔꿈치 위에 놓여있다. 게임룸에는 사람 형상을 한 거대한 원뿔형 감자튀김 봉지가 짓궂게 윙크를 던지고 있다. '노스캐롤라이나의 예술가 제인 고코의 작품'이라는 부모용 침대는 청록색 식물에 휘감겨 있는데, 침대 아래쪽은 게의 집게발 같고, 여성 생식기 색깔의 끈끈한 꽃들이 피어 있다.

뒤늦게 밝혀지는 사정을 통해 우리는 크리스의 디자인이 부모의 결혼 상태에 대한 무의식적인 비판이었다고 추측할 수 있다. 린다는 현재까지 세 명인, 래리의 전처들 중 첫 번째일 뿐이었다. 그녀는 그 집으로 이사한 지 얼마 되지 않은 1993년 그와 헤어졌다. 그리고 그 후 17년간 그 집을 팔려는 노력이 이어졌다. 1994년에 마이클 잭슨이 그 집에 관심이 있다는 이야기가 돌았다. 아마도 이 집이 문제 있는 결혼의 사원이라는 것을 알았을 텐데도, 그는 약혼녀 리사 마리 프레슬리를 위한 깜짝선물로 저택을 구입하려 했었다. 하지만 뉴스가 새나가는 바람에 그의 계획은 무산됐다. '마음이 즐거운 자는 항상 잔치하느니라', 잠언 15장 15절을 인용한 이 문구가 저택 만찬테이블 위의 프레스코화에 적혀 있는데, 시간이 흐를수록 그 말은 더욱 공허하게 느껴졌다. 한쪽 편에는 회전목마가 오르락내리락 달리고, 봉제 인형들의 그저그런 티파티 테이블이 차려진 어린이방은 이제 적막감을 더해주는 곳이 되고 말았다.

그 집은 짓는 데 2500만 달러가 들었고, 유지비용으로 1800만 달러가 소요됐다. 집은 2010년에 마침내 팔렸다. 부동산 중개인의 찬사에 힘입어, 760만 달러에 거래가 이루어졌다. 가재도구들은 자선경매에서 처분됐다. 저택을 매입한 사람은 프로듀서이자 배우인 타일러 페리였다. 〈미친 흑인 여자의 다이어리〉 〈마디아 가족의 재결합〉 〈마디아의 동창회〉 〈마디아 감옥 가다〉 등의 영화에서 덩치 크고 공격적인 할머니 마디아의 여장 연기로 잘 알려진 흑인 배우다. 그의 계획은 딘 가든스를 허물고 대신 '지속 가능한' 무언가를 짓겠다는 것이었다. 래리 딘은 《뉴욕타임스》와의 인터뷰에서 자신이 여전히 행복하며 성공적이라고 생각하지만, 그 집은 자신의 실수였다고 망설임없이 솔직하게 인정했다.

우리는 딘의 결혼을 파탄낸 것이 무엇이든 그것이 저택을 구상하고 개발할 때부터 이미 싹트고 있었다고 추측할 수 있다. 그 집은 일종의 처방이었지만 치료하리라 기대했던 병을 더 악화시키고 만 것이다. 모티브들을 정신없이 모았던 것은 공허감을 채우기 위한 한 가지 방법이었던 것 같다. 래리와 린다가 집 짓기가 관계를 개선할 수 있다고 생각한 첫 번째 미국인은 아니지만, 그런 생각이 틀렸다는 것이 이 사례에서 분명하게 증명된 셈이다.

이런 끈질긴 신드롬의 중심에는 '집'이라는 말의 이중적 의미가 있다. 이 단어는 물리적 거주지라는 뜻과 함께 또한 그 안에 살고 있는 가족도 의미하고 있다. 그것은 곧 건물, 사람, 관계라는 뜻이다. 벽돌과 모르타르를 수선하면 피와 살을 고치는 것이라고 생각하는 것이다. 건물이 사람보다 다루기 쉽고, 그 결과가 보다 실질적이고 측정가능하며 가시적이기 때문에 더욱 그렇게 생각한다. 이런 건축 프로젝트는 실제 당면한 문제와는 전혀 관계가 없지만, 비용과 노력이 들어가면서 실제 무언가를 고치는 것 같은 진지한 외양을 제공한다.

딘 가든스가 어리석음의 목록에서 상위를 차지할 것 같지만, 건축 걸작의 역사에 비춰보면 그 순위가 한참 아래다. 수많은 진귀한 가옥들 중에는, 인간이기 때문에 겪게 되는 문제가 동기가 되어 꿈의 집을 짓고, 아픔을 치유하고 무질서를 바로잡는, 건축으로 우주를 창조하려는 시도가 상당히 많다. 대개는 목적 달성에 실패했지만, 아직까지 보존되고, 복원되고, 기록되고, 일반에 공개되고 있다. 그 중 하나가 런던 링컨스 인 필즈 12-14번지 존 손John Soane 경의 주택과 박물관이다. 이곳은 1792년부터 1824년까지 단계별로 지어졌고, 이후로도 몇 차례 보수되었다.

1753년 벽돌공의 아들로 태어난 존 손은 1837년 죽은 후에는 유행에서 멀어졌지만, 오늘날 가장 명석하고 독창적인 영국 건축가 중 한 사람으로 인정받고 있다. 그는 고전주의의 전통을 따랐다. 당시에는 고전주의가 시험대에 올랐는데, 여행과 고고학의 발달로 이전에 생각만 했던 시기에 비해 훨씬 다양한 양식들이 밝혀지고 있었기 때문이었다. 그는 두 가지 방식으로 대응했다. 보다 본질적인 고전주의 형식, 다시 말해 원형에 가깝고 이질적 장식이 없는 형식을 찾으려 한 것과, 고딕 및 다른 비고전주의 양식의 영향을 흡수하려 한 것이다.

그가 지은 가장 큰 건물은 잉글랜드 은행인데, 1930년대에 거의 파괴되어 버렸다. 이곳에서 은행원들은 로마 제국의 목욕탕 같은 둥근 천장이 있는 홀에서 일했다. 다만 건물의 구조를 가볍게 한 존 손의 기술 덕분에 거대한 로마의 원형에 비하면 거품처럼 섬세하고 자그마했다. 그는 또 덜위치 미술관에, 상부에서 자연광이 떨어지는 화랑을 디자인했는데, 이는 후세 미술관의 모델이 되었다. 20세기 들어 한때 영국을 뒤덮었던 빨간 공중전화박스인 K2와 K6는 존 손의 건축에서 직접적인 영향을 받은 것이다.

역사가 존 서머슨이 말하는 것처럼, 그는 "심지어 풍자를 할 때도 정중하고 온화했을" 지도 모른다. 그러나 어느 학생이 주장한 바에 의하면 이런 유쾌한 느낌은 뒤집혀 진다.

> 극단적으로 예민하고, 무서울 정도로 성급해서, 타인뿐 아니라 자신

에게도 위험하다. 상처받은 가슴, 남을 찌르는 말투, 비꼬는 마음. 타협을 모르는 자존심, 존중하지도 존중을 바라지도 않았다. 자기 가족들의 감정은 대수롭잖게 여긴다. 그리고 그 자신이 바로 이런 비이성적 충동의 희생자다. 이웃의 고난에는 일말의 동정도 없으면서, 자신의 어려움에는 미친 듯이 절망한다.

존 손은 링컨스 인 필즈 12번지 건물로 시작해, 뒤이어 다른 집을 구입해 리모델링했다. 자신과 아내 엘리자, 두 아들 존과 조지가 살기 위한 얼링의 피츠행어 저택이었다. 그는 명문가를 세우겠다는 꿈이 있었는데, 서머슨에 따르면, 피츠행어 저택을 '최고의 건축가 혈통을 위한 이상적인 환경'으로 여겼다고 한다. 그는 미술품과 골동품을 수집하기 시작했고, 그것을 아들의 영감과 교육을 위해 자신이 직접 디자인한 방에 설치했다.

1808년 그는 링컨스 인 필즈 13번지를 구입했다. 그리고 몇 년에 걸쳐 가족의 주 거주지이자 박물관으로 다시 지었다. 교육적인 환경에 대한 꿈을 버리지 않고, 피츠행어 저택(1810년에 매각)에서 자신의 컬렉션을 가져와 계속 늘렸다. 1823-4년에 그는 14번지를 재개발하고 자신의 박물관을 그 뒤편으로 확장하고, 앞쪽의 주택은 새롭게 지어 다시 팔았다.

이렇게만 놓고 보면, 존 손의 성취는 40년에 걸친 꾸준한 작업의 결과이며, 직업과 가정 생활의 행복하고 균형 잡힌 통합 속에 이루어진 것 같다. 하지만 실상은 달랐다. 그의 두 아들은 건축을 싫어했고, 특히 조지는 아버지와 크게 다투곤 했다. 아들 둘 다 적절치 않은 결혼을 했는데, 부모를 괴롭힐 요량이었다고 조지는 말했다. 그는 아내의 여동생을 임신시키는가 하면, 아버지의 건축이 보잘것없으며 표절이라고 공격하는 글을 익명으로 출판하고, 나중에는 빚 때문에 감옥에 들어가기도 했다. 그의 부인 엘리자는 1815년 사망했다. 존 손은 조지로 인한 스트레스 탓이라고 했다. 아들 존은 1823년 사망했다. 조지는 적의를 품은 채, 성공 못한 소설가로 살았다. 1833년 존 손은 개인법안•을 하나 내놓았다. 단순한 유언 수준을 넘는 확실하고 최종적인 법률문서로, 그 법안에 의하면 그의 집과 부속물이 국가의 기구가 되는 것이었다. 그것은 하원의원 윌리엄 코벳이나 제안자 자신조차 '너무나 부자연스러운 법안'이라고 불렀듯이, 아들에 대한 상속권을 아주 확실하게 박탈하는 장치였다. 지금은 주거건축 박물관인 링컨스 인 필즈의 건물은, 법안 제안 이후 25년 동안, 자신의 컬렉션과 가족에 대한 무너진 희망만 남은 한 홀아비의 집으로 있었다.

1794년의 그림 한 장은 앞으로 닥칠 문제의 원인을 어느 정도는 짐작하게 해준다. 존 손이 자기 작업을 그려주는 화가로 좋아했던 갠디가 그린 12번지의 아침식사 방 전경이다. 그림 속의 네 사람은 건물에 비해 작게 그려져 있는데, 작은 방을 실제보다 크게 보이도록 하기 위해서였다. 창 밖으로 보이는 풍경은 런던의 보통 집 뒤편에 있는 좁은 뜰보다 훨씬 무성하다. 방은 교육적인 것들로 가득하다. 유리케이스 안의 책들, 액자 그림, 벽감 속의 골동품들. 가구들은 벽에 붙어 정렬되어 있는데, 그 중 두 개의 의자를 경직된 자세로 아침식사를 하는 건축가와 아내가 사용중이다. 디자인은 얇게 베어

• 특정한 개인이나 단체에만 적용되는 법령이다.

링컨스 인 필즈의 12번지 집 아침식사 방, 런던, 존 손 디자인, 1792년. J.M. 갠디 그림.

낸 선과 띠붙임 장식, 나지막한 둥근 지붕, 그리고 이 방이 옥외인 것처럼 보이기 위해 격자구조와 꽃들을 그린 천장 장식 등으로 밝은 분위기를 연출해 존 손다운 특징을 그대로 보여준다.

갠디는 무모하달까 순진하달까, 여기에 단일시점 원근법을 부여했다. 존 손의 직선형 건축은 인물의 머리 바로 위에 수평으로 자리 잡은 정중앙 소실점으로 수렴하고 있다. 그리고 그 아래에 두 소년이 보인다. 똑같이 반바지와 연미복으로 단정한 어른스런 복장이며, 우아하지만 딱딱해 보이는 네모난 카펫 위에서 사마귀처럼 종종 걸음을 하고 있다. 한 명은 장난감 위로 몸을 구부리고 있어, 뒤에 보이는 가구가 가려지지 않게 그려져 있다. 엘리자가 한 아이에게 다정한 동작을 취하고 있다. 등을 보이고 있는 아버지 존은 찻잔 위로 앞쪽을 응시하는 듯하다. 인물들, 특히 아이들이 작게 그려져 있어 전체 구성과 조화가 잘 맞지 않는다. 그들이 거기 없었더라면 이 화가가 더 만족하지 않았을까 하는 생각이 든다. 달리 말하면, 갠디의 그림은 어린 조지와 존이 건축에 갇혀 있는 그림이라고도 볼 수 있다. 그들은 거기서 맹렬히 뛰쳐나가고자 했을 것이다.

이 이미지는 또한 이 집이 이후에 건축적으로 어떻게 변할지도 미리 보여준다. 교양에 도움이 될만한 문화적 산물을 활용하는 장식 스타일은 이미 그곳에 드러나 있다. 아침 식사를 하는 방은 이후 다시 나타날 간소화한 형식을 보여준다. 창문 너머 갠디의 풍경에는 화분들로 공원이 만들어져 있을 뿐 아니라, 공간 자체도 더 고상한 건축물에서 모티브를 빌려왔다. 곳곳에 보이는 아치와 둥근 천장은, 실제로는 목재와 회반죽으로 만들어졌지만, 쌓기구조에서 가져온 것이다.

이후 단계에서는 인공물이 급증했다. '벨베데레 아폴론' 석고상이나 신전의 엔타블러처* 단편들, 파라오 세티 1세의 석고관 같은 진짜 골동품들로 가득 찼다. 래리 딘과 마찬가지로, 존 손도 역사에 굶주렸다. 박물관에는 '수도사의 응접실'이 있고, 중세, 르네상스, 동양의 물건들도 전시했다. 존 손의 동시대 그림과 초상화는 고대의 그림들과 자리를 다투었다. 윌리엄 호가스의 그림 컬렉션은 나중에 개발된 14번지 주택에 있는 화랑에 걸려 있다. 이런 것들은 연달아 붙어있는 가림막을 열어야 비로소 완전히 볼 수 있다. 작품들이 걸려 있는 가림막 중 마지막 것을 열면, 고상한 스트립쇼인지, 발가벗은 님프 상 하나가 드러난다. 미래의 건축가를 교육하기 위한 건축 도면과 모델들의 컬렉션도 인상적이다.

그리 넓지 않은 이곳에 존 손은 궁전과 로마 목욕탕의 설계와 형식들을 우겨 넣었다. 그는 바로크 교회의 높은 제단에서 숨김 조명의 효과를 끌어와 부르주아적 인테리어에 적용했다. 그가 젊은 시절 장학금을 받아 공부했던 로마의 유적과 기념물도 축소되어 실내로 들어왔다.

존 손 박물관의 대부분은 실내다. 건물의 외부는 대단히 수수하여 그 안에 있는 인공적 풍경에 대해 우리에게 아무런 귀띔도 하지 않는다. 하지만 일단 안으로 발을 들여놓으면, 뒤에 남겨놓고 온 세계에 대해서는 감각을 잃게 된다. 구조적 장치들로 한껏 효과가 고조된 존 손의 건축과 고고학의 세계로 들어서는 것이다. 햇빛은 거의 볼 수 없고, 대신 숨겨진 광원으로부터 나오는 간접조명뿐이다. 빛

---

* 그리스 건축 양식에서 기둥 위에 수평으로 뻗은 지붕과의 연결 부위를 말한다.

링컨스 인 필즈 13번지 집의 돔 구역, 런던, 존 손 디자인, 1812년.

은 그가 설정한 조건에 의해서만 접할 수 있다. 그는 거울과 차단막, 개방부를 이용해 공간을 여러 겹으로 만들며 방들의 경계를 해체해 놓았다. 여기서는 언제나 한 장소에서 다른 곳을, 또 다른 곳을 보게 된다. 이곳에서는 런던이 세운 건축물 기준의 제약들은 녹아 없어졌다. 우리는 존 손의 건축이 작은 돔과 축, 구획지어진 기둥의 짝들로 우리의 방향감각을 회복시켜줄 때까지 길을 잃고 헤맨다. 빛도 또한 우리를 이끄는 역할을 한다. 때로는 왜곡되고 때로는 바로 보이는 거울로 우리는 감각을 잃는다. 우리는 거울에 비친 조각나고 뒤틀린 상들에 포획되어 건축가가 겹겹이 짜놓은 콜라주 속으로 얽혀 들어간다.

존 손이 래리 딘보다 더 불행했을 수 있다. 그러나 딘 가든스와 마찬가지로 그의 집도 하나의 개인적 우주요, 세상에 대한 이미지다. 그것은 자신이 자각하는 현실 세계라기보다, 가졌으면 싶은 그런 세계다. 두 집은 건축에서 끊이지 않는 어떤 은유, 즉 세계를 축소한 소우주로서의 건축물을 보여주는 사례다. 이는 미케네의 아가멤논 궁이나 티볼리에 있는 하드리아누스 별장에서도 찾아볼 수 있다. 15세기 건축가이자 이론가인 레온 바티스타 알베르티의 글도 같은 맥락이다. 그는 집이란 축소판 도시라고 말했는데, 이는 집과 도시가 인간의 육체에서 우주로 이어지는 유사성의 사슬을 엮는 고리라는 의미였다. 레오나르도 다 빈치가 원과 사각형 안에 벌거벗은 채 팔을 펼친 그 유명한 남자 그림을 그렸을 때, 그는 인간 육체의 근원적인 비율을 보여주고자 했으며, 그것이 모든 사물을 구성하는 비율이라고 생각했다.

우주로서의 집이라는 개념은 모든 사물에 내재한 기하학적 질서가 추상적으로 표현될 수도 있고, 물질을 통해 분명하게 구현되기도 한다. 그것은 르네상스 시대의 이론에도 존재하고, 정식교육을 받은 적은 없지만 열정이 대단한 사람들이 부서진 도기나 여타 쪼가리를 모아 손으로 지은 기가 막힌 구조물에서도 볼 수 있다. 이런 구조물은 흔치는 않지만, 세계 어디에나 빠짐없이 등장한다. 그것은 또한 가족사진 모음이나 벽난로 선반 위의 기념품에도 있고, 인테리어 잡지가 보장하는 약속에도 들어있다. 신문기사나 광고는 이 제품을 선택하면, 당신은 자신만의 우주를 만들 수 있다고 말한다.

세상을 꿈꾸는 것은 보편적인 바람이다. 그 세계는 만든 사람이 주인이고, 거기서는 모든 것이 바라는 대로 이뤄진다. 그래서 어린 아이들이 판지상자로 집을 짓고 그곳에서 어떻게 살지를 정하곤 한다. 그것은 또한, 기능적인 문제는 별개로 하고, 고객들이 건물을 의뢰하고 건축가들이 그것을 디자인하는 주된 이유이기도 하다. 사람과 문화가 더 많은 것을 알아갈수록 이 같은 우주창조자로서의 야심은 커져가고, 자신들의 영역에 작은 것에서 큰 것에 이르기까지 최대한의 지식, 역사, 지리, 과학, 종교를 넣으려 한다.

그러나 집이 우주적이기를 열망한다면, 그것은 또한 유목적이기도 하다. 한편에서는 뿌리내린 정적인 완성의 이미지를 창조하기 바라지만, 다른 한편으로는 옮겨 다니며 다른 장소들을 식민지로 만들어 접수하려는, 즉 어떤 도시나 영토라도 집으로 만들려는 욕구가 생긴다. 인류의 상당수는 옮겨 다니면서 살았고 현재도 그러하다. 베두인족, 마사이족, 로마니족, 행상인, 외판원, 이주노동자, 조지 클루니가 〈인 디 에어〉에서 연기했던 항상 여행중인 비즈니스맨도 있다. 사람들은 텐트, 보트, 이동식 주택, 이글루, 하숙집, 호텔에서 산다. 영국의 작가 조지프 콘래드는, 선원들에게 "집은 항상 그들과 함께 있다. 바로 배다. 그들의 나라도 마찬가지다. 그것은 바다다." 많은 도시 사람들이 어딘가 다른 곳에서 오고, 또 다른 곳으로 옮겨가거나 혹은 그러기를 바란다. 대다수 도시 거주자들은 일생 동안 몇 개의 다른 집에서 사는 것이 보통이다.

늘 움직이며 사는 사람들 가운데는 사막 거주민도 있다. 늘 가축을 끌고 풀 먹일 땅과 시장을 찾아 이동한다. 샤를 보들레르가 원조였던 플라뇌르도 있는데, 이들은 19세기에 흥미거리를 찾아 도시의 거리를 배회하는 신사들이었다. 누군가 표현하길 플라뇌르란, "의도적으로 목적없이 걸어다니는 행인으로, 의무감이나 약속시간 같은 것에 구애받지 않고, 도시의 다양한 풍미를 음미한다. 물론 미식가로서 까다로운 자신의 입맛을 시험하는 여유로운 시간들까지 포함해, 어떤 것도 허비하지 않는 사람"이다. 다른 표현을 인용하면, 도시란 "풍경처럼 열려있으면서, 방처럼 둘러싸고 있다."

초현실주의 작가이자 1920년대의 플라뇌르였던 루이 아라공 같은 사람도 여기에 포함될 수 있다. 그는 "마치 햇빛이 들지 않는 복도에는 단 한 순간도 머물 권리가 없다는 듯, 다소 부자연스러운 '통로passages'라는 이름이 붙은" 아케이드의 유리창에 자주 나타났다. 여기서 그는 책이나 우산을 파는 가게, 카페, 허름한 하숙집, 성인극장을 탐색하고 다녔다. 이렇게 스쳐지나는 장소들에서, 그리고 "밝은 무덤에서 감각적 쾌락의 그늘까지 어디나 비추는 빛"에서, 아라공은 즐거움을 맛보고 기호를 해독하면서, "자신의 내면을 헤아리기라도 하듯" 걸어다녔다. 이 "덧없는 것들을 숭배하는 성소들"에서 그는 자신을 발견하고 자신의 집을 지었다.

차이는 있다. 생존을 위해 돌아다니는 사막의 유목민이나 경제적 이주자들과, 기분전환을 위한 멋쟁이 시인은 다르다. 그것은 필요와 선택, 굶주림에서 벗어나는 것과 권태로부터의 탈출이라는 차이다. 돌아다니는 사람들이 정착 사회로부터 내몰리고 멸시받는다면, 그리고 '부랑자'와 '방랑자'가 대개 모욕적 의미라면, 시적인 여행자들은 특권과 과잉이라는 기반에 발을 디디고 있다. 그러나 이들 모두는 자신들이 따라가고 있는 길, 그것이 길거리 상점의 윈도우건 모래 언덕이건 뭐든 간에 그들 앞에 나타나는 지형지물들로 공간을 건설하는 능력을 보여준다. 그들에게는 가정을 만들 집이 필요 없다.

여행작가 브루스 채트윈은 《송라인》에서 오스트레일리아 원주민들이 자신들의 땅에 펼쳐 놓은 보이지 않는 길에 대해 말한다. "창조 신화는 전설적인 토템이 된 사람들에 대해 이야기한다. 그들은 꿈시대Dreamtime에 대륙을 돌아다니며 길에서 마주친 모든 새와 동물, 식물, 바위, 물웅덩이의 이름을 노래했다. 그런 노래로 세계가 존재하게 되었다."

원주민들은 유랑을 다니면서 이 신화를 재연하는데, 지형을 신화와 연결해주는 노래를 떠올리며 길을 찾는다. "원칙적으로는 오스트레일리아 전체가 하나의 악보로 읽힐 수 있다. 이곳에는 노래로 불리지 못하거나 불리지 않은 바위 하나 시냇물 한 줄기 없다. 우리는 이 노랫길을 일리아드와 오뒷세우스의 시구들이 국수발처럼 얽혀있다고 그려볼 수 있다. 이리구불 저리구불 감기면서, 그 안의 모든 '에피소드'가 지질학적으로 연결되어 있다. …… 우리가 숲 속 어디에 있건, 풍경 중 어떤 특징을 가리키며 같이 있는 원주민에게 '저기에는 어떤 이야기가 있나요?' 혹은 '저건 누군가요?'라고 물어본다고 하자. 그러면 그는 어느 선조가 그 길을 걸었느냐에 따라 캥거루라고 할 수도 있고, 작은 앵무새나 턱수염도마뱀이라고 대답하기도 할 것이다." 이들에게 사회 구조와 영토, 집단, 개인의 정체성은 노랫길로 만들어졌다. 실용적인 면만 보더라도, 그것은 우선 길찾기에 도움이 된다. 그것은 불모지에서 집을 짓는 방법이다.

그 노랫길을 예로 들면서, 쉼없는 여행자였던 채트윈은 자신의 개인적인 방랑벽을 보편적인 인간의 조건으로 해석했다. "모든 위대한 스승은, 인간이란 원래 '세상이라는 뜨겁고 척박한 황야 속의 방랑자'라고 말한다. 도스토예프스키의 대심문관처럼, 인간성을 재발견하기 위해 모든 애착을 벗고 길을 떠나라고 했다."

캐나다 건축센터에서 발간한 《여행》이라는 책에서는 이동식 주거를 채트윈보다 한층 구체적으로 묘사하고 있다. 예를 들어, 이 책은 이누이트가 장소에 붙이는 이름이 바람의 방향 또는 눈이 쌓인 형태를 가리켜 그곳의 위치를 묘사하는 방식을 언급한다. 그렇게 그들은 당혹스럽게 변하는 북극의 풍경에서 자신들의 장소와 길을 찾아낸다. 또 뉴펀들랜드와 캐나다 다른 지역의 어업 공동체들은 한때 목재로 틀을 짜 경사지붕에 유리창이 달린 주택에 살았다고 한다. 그것은 보통의 집들처럼 안정적이고 고정된 것처럼 보이지만 사실은 땅 위에 살짝 얹혀있을 뿐이었다. 어족자원이 줄어 새로운 어장을 찾아야 할 필요가 생기면, 그들은 집을 하나씩 얼음이나 눈 위로 끌거나 바다 위에 띄워 마을을 통째로 옮겼다. 1950년대부터 1970년대까지 도시에 가깝고 시설이 나은 마을로 이주하도록 권장하는 정부정책이 시행되자, 그들 중 상당수가 자신들의 집을 끌고와 공터에

갖다 놓았다. 각각의 집은 기념품, 가구, 난로와 같은 일상적인 도구와 함께 기억과 유대관계까지 갖고 왔다. 다만 주변 풍경과 다른 집들과의 관계만 새로울 뿐이었다.

암스테르담 남동부에는 1960년대 말에 베일머메르, 줄여서 베일머라고 하는 대규모 주거단지 개발계획이 있었다. 도시계획을 잘 하기로 유명한 네덜란드의 천재성을 보여줄 궁극의 사례라는 목표로, 당시의 이론들을 대담한 일관성과 결단력으로 적용하려는 시도였다. 수십만의 주민을 수용할 주택들이 지어졌다. 공장에서 대량생산된 벽과 창문을 사용해 거의 똑같은 10층짜리 콘크리트 건물들이 육각형 격자에 맞춰 배치되었다. 건물들 사이의 공간은 공원과 호수로 채워졌고, 자동차가 다니는 도로는 보행자로부터 분리하여 고가 형태로 건설되었다. 소비에트 모델에서 영감을 받았다는 건축가들은 공동생활을 북돋을 술집이나 보육센터, 문화센터와 같은 집단시설도 계획했다. 그것들은 현대의 기술이 창조할 새로운 사회에 거의 무궁무진한 여가시간을 제공할 것으로 기대됐다. 방 다섯 개짜리의 넉넉한 아파트식 연립주택들이 전형적인 네덜란드 가족의 수요에 맞춰 설계되었다. 위험요소를 없애고 불편을 해소하는 것이 가장 중요한 원칙 중 하나였다. 보행로를 포장해 주차장에서 아파트까지 깔끔하게 걸어갈 수 있도록 했고, 차량과 사람 통행을 분리했고, 각 아파트는 햇빛과 신선한 공기를 최대한 받을 수 있게 디자인했다.

그것은 낙관적이고 이상주의적인 초기 입주자들을 끌어들였지만, 문제들이 발생했다. 암스테르담 중심부로 이어지는 도시철도 건설이 실현되지 않자 베일머는 고립되었다. 적절한 쇼핑 공간도 지어지지 않았다. 공동시설 운영과 공원 유지에 들어갈 비용을 누가 부

위 물 위로 옮겨지는 주택, 캐나다 뉴펀들랜드의 트리니티 만, 1968년경.
아래 베일머메르, 암스테르담, 1970년경.

담할 것인가는 어느 누구도 생각하지 않았다. 공원은 황폐해지고, 쇼핑 공간은 주민들이 자발적으로 문을 열지 않는 한 계속 닫혀있을 판이었다. 건설 비용도 예상보다 높았다. 그에 따라 임대료가 보전 비용에 맞먹도록 올라갔다. 아파트들은 비워졌고, 전혀 입주되지 않은 곳도 있었다.

그러던 중 1975년, 네덜란드가 남아메리카 동북 연안에 있는 식민지 수리남의 독립을 인정했다. 그곳 사람들에게는 네덜란드 여권이 발행되었다. 그러자 경제적 기회를 찾아 네덜란드로 건너온 이주민들이 남아메리카에 남은 사람들과 맞먹을 정도로 많아졌다. 당연히 그들 중 상당수가 베일머의 비어있는 아파트로 들어갔다. 그곳이 '네덜란드 최초의 게토'가 되는 것을 막으려고 정부가 이주민들에게 주택공급 할당제까지 실시했으나 역부족이었다. 임대료가 감당할 수 없을 정도로 높자, 한 집에 너무나도 많은 사람이 몰려 살았다. 아파트 한 채에 어른 열두 명과 어린이 열둘이 사는 경우도 있었다.

새로운 거주자들은 전형적인 네덜란드 백인 가족을 위해 설계된 아파트를 자신들의 필요에 맞게 개조했다. 그들은 대가족이 살 수 있도록 벽을 트고 바닥을 파 집을 넓혔다. 그들 대다수는 시골 출신이어서 열대 마을에서 살던 식대로 살았다. 다만 보다 추운 기후에 적응할 뿐이었다. 가축이 아파트 안으로 들어오고, 실내 한복판에서 불을 피우고, 쓰레기는 쓰레기통이 아니라 발코니에서 땅바닥으로 던졌다. 차가 없어 텅 빈 주차장에 가톨릭 성당이 들어섰는데, 아파트에는 수리남인들의 종교 윈티의 임시 사원이 생겼다. 공원에서는 새울음 경연대회가 열려 어느 새가 가장 오래 노래하는지 내기를 했다. 아이들을 위한 체험 동물원과 농장이 등장하고, 그러면서 한 동안 베일머 치즈라는 것이 만들어졌다. 공동체 활동에 대한 건축가들의 꿈이 실현된 것이다. 그렇다고 그들이 애초에 생각했던 질서정연한 형태는 아니었다.

처음부터 문제였던, 아파트 단지와 단절된 교통망과 보잘것없는 기반 시설은 여전했다. 안정적으로 자리를 잡아 잘 살게 되면 누구나 이곳을 떠났다. 베일머는 점점 황폐해졌고 범죄는 늘어났다. 완벽한 안전과 편의를 자랑하던 보행로는 위험한 길이 되었고, 1층 가게들은 사창가나 마약굴로 전락했다. 최초 입주자들이 결함을 지적하면서 생겨난 아파트 단지의 악명은 갈수록 높아졌다. 인종주의자들은 이곳을 '흑인 게토'나 '원숭이 산'이라고 불렀다. 실력있는 건축가들이 단지 개선을 위한 마스터플랜을 제시하기도 했으나 실현되지는 않았다. 그러다 1992년 이스라엘 엘 알 항공의 747화물기 한 대가 엔진이 고장나 스히폴 공항으로 회항하려다 추락하면서, 육각형으로 지어진 단지 아파트 중 한 동에 비스듬히 충돌했다. 10층 건물 하나가 크게 파괴되면서 43명의 사망자가 발생했다(어쩌면 그 이상일 수도 있는데, 등록하지 않은 이주민들이 많아 정확한 파악이 어려웠다). 어쩔 수 없는 재난이었지만, 그 사건은 베일머메르가 불길한 곳이라는 이미지를 굳혀주었다. 비행기 추락에 의해 파손된 건물을 처리하면서 당국은 아예 단지를 철거하기 시작했고, 오늘날에는 아파트 건물 대부분이 사라져 버렸다. 그러나 그 과정에서 이 허물어진 곳에 재생의 기미가 보이기 시작했다.

아시아의 힌두교도들, 앤틸리스 제도 사람들, 아프리카의 가나 사람들, 수리남 사람들과 네덜란드의 백인들로 구성된 주민들은 자발적으로 하나의 공동체를 형성했다. 그 공동체는 공공기관과 협상할 수 있을 만큼 충분히 실질적인 조직이었다. 주말시장에도 많은 사람들이 모여들었다. '베일머에서 행복하게'라는 문화축제도 만들었는데, 너무 낙관적인 이름이 부담이 되었는지 16년 뒤에 폐지되었다. 이보다 성공적인 축제로 크바코가 있다. 비공식 축구 대회로 시작해 음악, 춤, 스포츠, 음식 행사로 발전해, 연간 40만 명이 참여하는 축제가 되었다. 범죄도 줄어 베일머가 지상낙원까지는 아닐지라도 예전 절망의 구렁텅이에서는 벗어나게 되었다.

베일머 이야기에서 우리는 원칙에 얽매여 만들어낸 개발 계획이 수리남의 독립이나 비행기 추락 같은 예기치 못한 일들에 의해 방향이 틀어지는 과정에 주목한다. 또 이주민들이 이런 가망 없어 보이는 장소에서 어렵게 작은 성공을 거두며 집을 만들어 나간 방식도 마찬가지다. 수리남 사람들에게는 베일머에서 처음 접한, 하나같이 똑같은 거대한 콘크리트 덩어리가 너무도 낯설어 집이라는 생각을 하기가 쉽지 않았을 것이다. 그렇다고 어떻게 살라고 말해주는 사람도 없었다. 높다란 고가도로가 가로지르는 베일머는 오스트레일리아의 황무지나 북극의 불모지만큼이나 황량했다. 한 가지 다른 점이 있다면 오스트레일리아나 북극의 원주민들은 수 세대에 걸쳐 바람에 날리는 흙먼지와 시시때때로 날리는 눈더미를 최대로 이용하는 방법을 배워왔다는 것이다. 베일머의 주민들은 불과 몇 십 년 안에 새로운 환경에 적응하기 위해 시행착오를 통해 살아갈 방법을 찾아내야 했다. 이는 집이라는 꽉 짜인 틀을 만들고 거기에 모든 것을 투자했던 래리 딘이나 존 손과는 정반대다. 베일머의 주민들은 그런 획일적인 구조가 있었지만, 그 주변에 자신들만의 우주를 만들어 냈다.

소설가이자 화가로, 예술에 관한 비평을 하면서 현실적인 사회주의 사상을 가진 존 버거는, 우주로서의 집이라는 개념이 인간성의 근본이며 세계관 형성에 필수적이라고 말했다. '전통' 사회에서는,

> 현실 세계에 집이 없는 사람은, 머무를 곳이 없을 뿐 아니라, 존재하지 않고 실제적이지도 않은 세상으로 흩어졌다. 집이 없으면 모든 것은 조각일 뿐이었다.

유목 생활을 하더라도 이런 우주에 대한 생각은 사라지지 않았다. 유목민들은 어디에 텐트를 치든 집이라는 느낌을 가질 수 있었다. 그러나 버거는, 이런 이동형 뿌리내림이 20세기의 난민들, 즉 경제적 압박에 떠밀려 자신들의 뿌리를 뽑아 낯선 도시로 옮아가는 사람들의 경험과는 다르다고 보았다. 이주한다는 것은 "항상 세계의 중심을 해체하는 것이며, 따라서 흩어지고 해체된 조각들 중 하나로 들어 간다는 의미"다. 그래서 새로운 중심을 찾고 자신들의 정체성을 유지하기 위해 도시 거주자들은 물리적 형식보다는 행동에 의존해야 한다. 그들이 만들어야 하는 '실질적' 집이란,

> 건물과는 별로 상관이 없다. 머리 위의 지붕과 사면의 벽은 마음 속에 자리잡은 신성함과는 다른 것이다. 난민들은 자신의 정체성을 유지하면서 어떻게든 거처를 만들어낸다. 무엇으로 짓느냐고? 습관과 반복이라는 원자재로 머물 곳은 만들어진다. 습관에는 말과 농담, 주장이나 행동, 심지어 모자를 쓰는 방식까지 포함한다. 식탁이나 침대, 방의 모서리, 길가 어느 술집 혹은 길모퉁이 같은 물리적 대상과 장소는 습관이 발생하

는 장면의 배경이 되지만, 실제 보존되는 것은 그런 것들이 아니라 습관이다.

다시 말하면, 사람은 정착하도록 태어났지만, 항상 움직이고 있다. 사람은 먼 과거에 땅으로부터 떨어져 나왔지만, 버거가 꿈꾸었던 공산주의 사회가 도래할 먼 미래에는 그리로 돌아갈 것이다. 그러기까지 그는 어느 누구의 것도 아닌 도시의 공간에 있는 자신을 자신만의 의식과 행동으로 위안하고 보상해야 한다.

버거는 '군중'에 대해 말하고 있다. 가지지 못하고 특혜 받지 못한 사람들, 특히 "도시의 집과 시골 별장, 차 3대, 여러 대의 텔레비전, 자신의 테니스코트와 와인저장고를 가진 부르주아"가 아닌 사람들이다. 그러나 그의 말은 부르주아적인 딘 가든스에도 여전히 적용될 수 있다. 가난한 애틀랜타의 거리에 자신만의 공간을 만들기 위해 "들이대고, 낚아채고, 사기치며" 무슨 짓이든 했던 래리 딘은 그곳을 떠났다. 그의 집은 세계의 중심을 찾기 위해 긁어 모은 것 투성이라고 볼 수 있다. 그리고 그것은 실패했다. 그 중심은 찾을 수 없는 것이었고, 벽과 지붕 같은 물질적 구조에 너무 과하게, 그리고 너무 직접적으로 투자했기 때문이었다. 우주로 지어진 그 집은 유목적인, 또는 적어도 일시적인 것이 되었다. 딘이 거기에 체류한 기간이 호텔방에 있었던 것보다 조금 더 길었을 뿐이었다.

버거가 이야기를 너무 신화화했을 수도 있다. '군중'과 '부르주아'에 대해 그랬듯이, '전통적' 사람들과 영혼 없는 대도시를 대비시킨 것은 지나친 양극화로도 보인다. 그러나 그는 거주의 본질을 분명하게 묘사했다. 그것은 정착을 열망하면서 동시에 일시적이라는 특성과 이동성을 내포한다고 보았다. 그것은 버거가 '실재'라고 부른 것으로, 우리를 이끌고 들어가거나 또는 연결시켜준다고 했다. 바로 세상과 우리 자신이 관계를 맺는 것이다. 또한 거주란 것이 벽이나 경계로 구분되는 물질적 대상으로서의 집과 완벽하게 상응하지는 않으며, 행동의 패턴 또는 외양으로 이루어지기도 할 뿐 아니라, 야외는 물론 도시에서도 일어날 수 있다고 했다.

집의 정적인 측면과 동적인 측면의 무게는 같다. 사실상 이 두 가지는 같은 것의 서로 다른 버전이다. 둘 다 자신의 장소와 길을 찾기 위해, 혼돈스런 세상을 재배열하려고 한다. 그리고 집은 언제나 어떤 면으로든 항상 불완전하다. 안정적이지도 않다. 그것은 완전한 일체감을 가져다 주지도 않는다. 우리가 도시에 살고 있다면 더욱 그렇다. 우리는 모르는 사람들이 우리를 위해 지은 거리와 건물에 살고, 또한 알지 못하는 대다수의 다른 사람들과 그것을 공유한다. 그들 역시 자신들만의 개인적인 우주를 찾고 있는 사람들이다. 건설업자건 동료 주민이건, 서로 다른 개인들의 욕망을 결코 완벽하게 맞출 수는 없을 것이다.

건축가와 도시계획 전문가들에게 거주의 본질(그들은 여기에 관심을 가져야 한다)은 몇 가지 난제를 던져 준다. 사실 그들은 어떤 것이라도 지을 수 있다. 그들은 사람들이 육체적으로나 정신적으로 들어가 살 수 있는, 생존을 위한 껍데기를 만들어야 한다. 그러나 그들이 어떤 식으로 살지는 예측할 수가 없다. 거주는 건물이 설계되고 건설된 방식과 정확히 맞아떨어지지 않기 때문에, 그들은 어떤 면에서 보면 잘못 지을 수 밖에 없다. 어떤 형태를 만들어야 하는데, 그러려면 무엇보다 특정한 삶의 방식을 예측해야 한다. 그것에는 신분이나 사회적 위계 같은 개념, 가정의 행복과 같은 생각들도 수반된다. 그러나 그들이 어떻게 하든, 생활은 제공된 형식을 이용하고, 뒤엎고, 잘못 사용하고, 무시하면서, 그 건축물의 안과 주변에서 이루어진다. 무관심은 선택의 문제지만, 부동산 개발업자나 투자자들에게는 흔히 볼 수 있는 태도다. 상당수의 도시건설이 거기에 거주할 사람들에게 애정이 별로 없는 사람들에 의해 이루어진다. 그들의 동기가 이윤이라면, 잠재적 구매자나 임차인의 수요와 욕구에 적어도 약간의 관심이나마 기울여야 마땅할 것이다. 그리고 도시가 도시계획가와 정치가에 의해 형성된다면, 그들은 공동의 선을 대변해야 할 것이다. 다수가 거주하는 공간을 만들어낸 성공적인 시도들에는 무관심도 없었지만 그렇다고 미리 어떤 지침을 정해놓지도 않았다. 그들은 제안하고 추천했다. 그리고 거기에 우연의 요소를 받아들였다. 그런 성공 가운데 하나가 빅토리아 시대의 웨스트 런던 확장이다. 여행작가이자 소설가인 조너선 레이번은 1974년 작 《소프트 시티》에서 다음과 같이 말하고 있다.

> …… 도시는 유연해지고 있다. 그것은 어떤 정체성을 만들어달라고 기다리고 있다. 좋은 쪽이든 나쁜 쪽이든, 당신이 들어와 살 수 있는 형태로 새로 만들고 통합해 달라고 당신을 초청한다. 바로 당신 말이다. 당신이 어떤 사람인지 알고 나면, 당신 주변으로 도시는 고정된 형태를 띠게 될 것이다. 도시가 어떤 곳인지 결정되면, 당신 자신의 정체성은 자연히 드러난다.

레이번은 자신의 도시 개념을 포괄적으로 이야기했다. 그러나 그가 특히 염두에 둔 것은 런던이었다. 그는 빌어오거나 적응하면서 도시를 여러 차례 변형한 런던의 능력을 높이 샀다. 고정돼 있지 않고, 지침이 없는 것, 이것이 바로 '유연함'의 핵심이다. 하지만 이 유연함이 중립성은 아니다. 그가 묘사한 런던에는 감추고 드러내면서 다양한 형식을 제공하는 제안의 성격이 있다.

건축 강사이자 작가인 프레드 스코트는 1840년대부터 1860년대까지 켄징턴, 노스켄징턴, 노팅힐, 노팅데일 지구가 만들어진 이야기를 전한다. 그는 수천 채의 집을 새롭게 만든 이 일을 세계적인 경이 가운데 하나이며, 피라미드에 맞먹는 건축적 위업이라고 생각한다. 또한 이전에 개발되지 않았던 아무것도 없던 땅에서 새로운 주민사회를 성공적으로 만들어낸 것도 놀랍다고 말한다. 이런 사업이 어렵다는 것은 잘 알려져 있다. 사실 도시계획의 역사에는 맨땅에서 새로운 도시들을 세우려는 수많은 실패들이 가득하다. 그러나 웨스트 런던의 이들 지역은 오늘날 세계에서 수요가 가장 많고, 또 비싼 지역에 속한다. 이런 사실 또한 성공을 보여주는 하나의 지표라 할 수 있다.

이곳의 주택은 하인들이 딸린 부유한 대가족에 맞춰 설계되었다. 집들은 식료품 저장실에서 응접실까지 위계적 · 기능적으로 차별화된 많은 방들을 갖추고 있다. 치장벽토로 장식된 정면은 규모와 장식에 따라 그 집에 거주하는 사람이 얼마나 중요한지 그리고 그 집에서 어떤 활동이 벌어지는지 말해주는 척도였다. 그러나 지난 150여 년간 이 집들은 연립주택으로 분할되어 있었다. 때로는 빈민을 위한 공동주택이 되기도 하고, 이민자와 보헤미안, 학생들의 숙소가 되었다가, 다시 괜찮은 곳이 되기도 하고, 나눠진 곳들을 합쳐 집으로 복구되고, 그러면서 몇몇 주택은 유럽에서 가장 부유한 사람들의 소유가 되기도 했다. 각각의 개별적 상황에 맞춰 만들어졌던 이 집들은 사회적 · 경제적 · 기술적 변화를 반영하고 있다.

이들 주택의 자산에서 과잉 혹은 여분, 즉 넉넉함을 빼놓을 수는 없다. 방은 필요 이상으로 크면서 많았고, 천장도 높았다. 또한 직사각형 모양으로 공간 곳곳에 적절하게 배치된 방들은 단순하면서도 크기와 방향이 다양했다. 또 이 집들은 유지보수가 필요 없을 정도의 최고 품질은 아니었지만, 모두 유연한 재료를 사용하여 만들어졌다. 치장벽토와 회반죽으로 마감하여 덧붙이거나 다시 칠할 수 있고, 바닥재가 나무로 되어 있어 다른 재료로 덮거나 덧씌울 수 있고, 벽돌과 목재로 벽을 만들어 놓았기 때문에 쉽게 걷어내거나 바꿀 수 있었다. 이런 작업이라면 건축에 종사하는 사람들이라면 누구나 쉽게 할 수 있는 일이었다. 이 건물은 유연했고, 공간은 느슨했으며, 엄격하게 정해지거나 분명하게 규정되어 있지 않았다.

장식도 한몫 했다. 조지 왕조의 선례를 따라, 테라스는 팔라디오식 전원주택의 통합된 입면으로 구성되어 있다. 삼각형의 박공으로 중앙부를 강조하고, 가장자리는 돌출한 베이로 구획지었다. 마치 수많은 가옥들을 한데 붙여놓은 대저택 같아 보이는 이 건물들은 귀족의 이미지를 차용한 부르주아의 모습이라 할 수 있다. 고전주의적 디테일도 적절하게 어울리며, 너무 전문적이거나 엄격해 보이지도 않는다. 이런 모습은 위엄이나 집다움, 역사 및 고대 유물과의 연결을 드러내는 밑그림이라 할 수 있다. 그렇다고 너무 구체적이지는 않아서, 사용자들마다 자신들만의 방식으로 그것들을 해석할 수 있

노팅힐 테라스의 정면 모습, 런던.

게 해준다.

건물은 또한 자로 그은 듯한 테라스의 끝에서 그 특징이 분명하게 드러나는데, 전면과 후면이 뚜렷한 대조를 이룬다. 돌처럼 보이기를 바라는 전면의 대칭형 치장벽은 뒤로 가면서 전혀 가리지 않은 벽돌로 바뀌며 후면의 연장공간으로 이어진다. 후면은 전체로서의 구성은 개의치 않는 듯 확장과 변경을 쉽게 할 수 있도록 되어 있다. 전면은 형식적인 반면 후면은 격식이 없다. 전면은 세상을 향한 얼굴이자 일종의 가면 혹은 위장이다. 내부의 정체성을 감추려는 게 아니라 오히려 그것이 활짝 필 수 있도록 돕고 있다.

이 지역의 성공은 주택 내부는 물론 바깥 거리에서도 찾을 수 있다. 이곳을 건설한 사람들은 어떤 필요를 감지하고, 큰 플라타너스

나무가 자랄 수 있도록 폭이 넓고, 가정적 · 상업적 · 사회적 · 사교적 욕구와 같은 도시의 다중적 용도를 모두 수용할 수 있는 유연한 거리를 만들었다. 공원을 여유롭게 만들어 거리와 광장, 건물 사이 공간을 단순하지만 효율적으로 배치했다. 시간의 흐름에 따라 빠르게 만들어진 이 지역은 런던을 가장 잘 드러내는 곳 중 하나가 되었다. 기네스 펠트로, 줄리아 로버츠, 스칼렛 요한슨의 잘 빠진 어깨 너머로 투기꾼들이 만들어 놓은 치장외벽이 보이는 장면이 없이는 제대로 된 로맨틱코미디가 아닐 정도가 되었다.

이런 집단적인 경이는 어느 한 명의 천재나 위대한 건축가가 주도한 작품이 아니었다. 그것은 실제든 추정이든 자신들의 이익을 추구한 부동산 개발업자들에 의해 만들어졌다. 주택과 거리, 광장은 미리 확정된 패턴에 따라 지어졌고, 그 패턴은 시장의 선호도에 반응하며 진화했다. 고대 로마에서 이탈리아 르네상스와 18세기 귀족들의 팔라디오식 저택을 거쳐 내려온 건축적 디테일은 그대로 복제되어 붙여졌다. 지금까지 전해지는 설계도면은 거의 없는데, 실제 그려진 적도 거의 없거니와 돈을 아끼기 위해 그리지도 않았다. 거기에는 또한 우연도 작용했다. 이 지역의 개발은 호황과 불황을 거치며 진행되었다. 상대적으로 순진한 사람들이 보다 약삭빠른 사람들에게 재산을 잃는 다윈주의적 생존 투쟁 과정이 있었다. 때로는 경기가 안 좋아 반쯤 지어진 테라스가 그대로 방치되기도 했다. 오늘날 가장 비싼 지역이 된 이곳이 한때 어땠는지, 1861년의 이야기를 하나 들어보자.

우울한 난파의 흔적, …… 벌거벗은 잔해, 부서진 장식, 갈라진 벽,

웨스트 런던 거리와 광장을 내려다 본 모습.

> 끈끈한 회벽이 여름의 열기와 겨울비에 손상된 채 여전히 그대로 있다. …… 모욕은 불행과 함께 찾아왔고, '관의 길'이라는 상스런 욕설이 죽은 거리에 붙여지고, 창문은 흉측한 몰골을 드러내고 있었다. '남은 토막'이란 말은 신사들의 저택으로 지어졌던 다른 지역에 해당하는 용어였다. 이곳은 모든 희망이 매몰된 공동묘지 같았다.

1860년대 말엽, 급격하게 팽창하던 런던 외곽에는 공급이 수요를 초과했다. 가격은 곤두박질쳤다. 일부 주택은 몇 년 째 비어 있었고, 상당수는 방을 잘게 쪼개 세를 들였다. 수십 년 동안 이곳은 침체를 이어갔고, 마침내 빈민가 임대주의 먹이감으로 전락했다. 그들 중 1950년대에 노팅힐에서 임대사업을 했던 폴란드인 피터 라쉬만의

위 1953년의 노팅힐 거리.
아래 2012년의 노팅힐 거리.

악명이 가장 높았다. 웨스트 런던 지역은 베일머 같은 곳이 되었고, 실패한 계획은 전용과 예상 밖 전개, 재앙과 실험, 인종폭동과 카니발의 공간을 낳았다. (따라서 만약 베일머가 계속 존속되었더라면, 웨스트 런던이 그랬듯이, 네덜란드의 콘크리트 괴물도 언젠가는 놀랍고 매력적인 모습이 될 수 있었으리라는 가능성을 배제할 수 없다. 그랬더라면 그 모든 것을 가능케 한 건축적 지혜에 대한 분석이 나왔을 것이다.)

빅토리아식 테라스는 조너선 레이번의 표현대로라면 무엇이든 가능했다. 그는 1970년대 허물어져가는 노팅힐을 "극단적으로 이질적이고", "지저분함조차 지루한", "무슨 일이라도 가능한 곳이자, 한 순간의 우연과 선택이 악몽이 되는 곳, 하지만 어떤 사람에게는 천국 같은 곳"이라고 표현했다. 그는 또, "흰 사탕같은 마감재로 치장한 건물들이 있는 래드브로크 그로브 주변 거리는 곳곳에 있는 기묘한 토끼집마다 사람들이 들어차 있었다. 도시 생활이라는 합의에 전혀 참여하지 않는 사람들이 그곳을 채웠다. 국가부조에 의존하거나 건설현장, 구슬꿰기, 양초제조 같은 잡화산업의 임시직으로 살아가는 빈민, 흑인, 무기력한 젊은이들이었다."

그런데 그 너저분함이 부동산 가치를 획득했다. 대학 졸업생들이 예전에 마약을 사러 다녔던 그 지역을 좋아하게 되면서 사회 생활 첫 번째 집을 이곳에서 마련했다. 1963년 프로퓨모 사건•의 지저분한 현장이었던 노팅힐은 1990년대에 또 다른 정치 스캔들의 무대가 되었다. 이번에는 당시 가장 인기 높은 장관이던 피터 만델슨이 자신의 급여 수준으로는 구입할 수 없을 것 같은 주택을 소유하고 있

• 영국 정계의 유망주였던 국방장관 존 프로퓨모가 고급 콜걸과 불륜 관계라는 사실이 밝혀져 사퇴했다.

다는 사실을 둘러싼 것이었다. 이런 일련의 로맨틱 코미디가 벌어지면서, 조너선 레이번이 "쓰레기와 넝마더미 속에 표지판이 서 있는, 제멋대로에, 이국적이고, 마구 개발된, 망가진 에덴"이라고 한 지역이 제인 오스틴의 생가가 있는 바스처럼 달콤하고 깨끗한 곳으로 바뀌게 되었다.

이곳은 통통하고 젊은 보수당 정부를 배출한 보육원이 되었고, 당의 지도부는 노팅힐 세트*를 형성하기도 했다. 여기에 사는 사람들은 이곳의 생활을 의기양양하게 자랑하는 책을 써냈다. 점점 더 부유한 사람들이 이곳에 살기 시작했고, 그에 따른 비용도 눈에 띄게 올라갔다. 금방 더러워지는 치장외벽은 항상 새로운 페인트로 칠해졌다. 보안시스템이 예전의 자유로운 보헤미안 사회를 걸어 잠갔다. 유연했던 도시는 현재 살고 있는 사람들의 단정한 헤어스타일이나 값비싼 자동차들처럼 딱딱하게 굳어갔다. 이곳은 애초에 지어질 때 의도했던 대로 상류층 지역이 되었다. 자연스레 부러움에 찬 반감을 사기도 하지만, 이 역시 이곳 건물들이 적응하는 또 다른 국면이라 볼 수 있다.

이 거리를 만든 사람들은 품위와 질서의 개념은 있었지만, 자신들이 만든 곳에서 일어날 삶이 어떠할지는 예측하지 않았다. 그들은 미래나 도시계획, 건축, 심지어 자신들이 하고 있는 일에 대해 어떤 이론도 갖고 있지 않았다. 그것은 제한된 비전과 의도로 만들어진 자율적 건축이었다. 그러면서도 미래의 사용자들, 즉 주택에 살 사람들이나 거리를 지나는 사람들의 필요와 욕구를 반영하고 있다. 그

* 데이비드 캐머런 총리가 이끄는 보수당 내에서 요직을 차지하고 있는 젊은 정치인들의 비공식 모임이다.

것은 어느 정도는 유목적이라고 할 수 있는 도시 거주자들에게 자신들만의 다양하면서도 서로 중복된 우주를 형성하도록 허용했다.

래리 딘이나 존 손 같은 경우는 집에 대한 개념이 병적이라고 볼 수도 있다. 그리고 그것은 마침내 존 손을 완전히 사로잡아, 윌리엄 코벳이 말했던 대로 그를 "부자연스럽게" 만들었다. 그가 살았던 시기는 건축가가 고상한 장인에서 조직적인 식업인으로 바뀌어가던 때였다. 그리고 그의 집이 가진 중요한 목적 한 가지는 건축적 지식을 저장하고, 기념하고, 전파하는 것이었다. 그것은 하나의 사적인 기관으로, 그의 말년에 다른 사람들에 의해 만들어진 전문기관인, 영국 왕립 건축가협회의 원형이었다. 그는 흔히 이 직업의 '아버지'로 불리는데, 부모로서 자신의 아들들에 대해 성공적이지 못한 점에 비춰서는 다소 어색하기는 하다. 영국의 건축가 직업이 개인적인 정서장애에서 태어났다고 말해야 하는지도 모르겠다. 또 어쩌면 그 직업의 유전자가 바로 그 부분에서 인간적인 면을 결여하고 있다고 말할 수도 있을 것이다. 즉, 존 손의 집과 박물관은 때로는 아름답기도 하지만, 전문성을 회피나 위안으로 삼고 있다는 말이다. 확실히 그런 지적은 지난 한 세기 반 동안의 여러 건축적 재난들을 설명해주기도 한다.

'집home'이란 말은 그 짧은 글자 안에 가족, 삶, 건물, 소속, 열망, 주택, 마을, 땅, 자산, 물리적 · 정신적 안식처, 사물을 담는 수용체이면서 동시에 거기에 담긴 사물이라는 다양한 개념을 갖고 있다. 그래서 이 말은 악용의 소지가 있다. 예를 들면 정치적 수사에도 이 말이 쓰인다. 존 버거는 집이 가정의 도덕, 혹은 호전적 애국주의가 내세우는 '조국' 따위의 모호한 개념을 어떻게 정당화하는지 명쾌하게 지적한 바 있다.

집이란 짧은 말에는 얼마나 많은 뜻이 들어있는지 모른다. 이런 압축성과 간편함은 자신들의 작업에 의미를 부여하고자 하는 건축가들에게도 매력적이었다. 가정사에 문제가 많았던 여러 건축가들은 집의 전도사로 입지를 굳혀왔다. 루드비히 미스 반 데어 로에와 프랭크 로이드 라이트는 둘 다 결혼 생활에 실패하고 가정을 버리는 행적을 남겼다. 미스는 판스워스 하우스, 라이트는 폴링워터라는 단독 주택으로 자신들의 대표작이자 걸작을 만들어 냈다. 그것들은 공간과 구조, 인간과 자연에 대한 현란한 에세이이자 경이로운 작품들로, 그 힘은 바로 그 건물이 집이라는 데서 비롯된다. 만약 그것들이 추상적인 조각품이거나, 우리가 그곳에 들어가 살 생각이 들지 않는다면, 관심은 훨씬 덜 했을 것이고, 단지 몇 십 년 혹은 몇 년 살다 사라졌을 것이다. 하지만 이제 그 건물들은 꼭 둘러봐야 하는 기념물이 되었고, 엄청난 자금을 들여 신중하게 복원되어, 열성적인 안내원들의 안내로 대중들에게 공개되고 있다. 그 건물은 집에 대한 이론을 전시하는, 야외에 놓인 박물관의 전시물이라고 할 수 있다.

르 코르뷔지에의 예도 있다. 그는 이본 갈리와 35년간 결혼 생활을 이어갔다. 하지만 그 결혼은 그의 불륜과 그녀의 알코올 중독, 부부의 불임, 그의 엄격한 어머니가 얽힌 관계였다. 1934년 코르뷔지에와 이본은 아파트 겸 스튜디오로 이사했다. 파리의 롤랑 가로 테니스장 인근에 있는 넌제세와 콜리라는 두 비행사의 이름을 딴 거리에 있는 그가 설계한 건물 꼭대기 층이었다. 그들은 그곳에서 죽을 때까지 살았다. 그녀는 1957년에 죽어서야 그곳을 떠났고, 그는 1965년에 죽

르 코르뷔지에와 이본 갈리의 침실,
넌제세에콜리 가, 파리, 르 코르뷔지에 설계, 1934년.

고 나서야 그 집을 나왔다. 그 집은 르 코르뷔지에가 자신의 인생을 어떻게 생각하는지 명시적이지는 않지만 적나라하게 드러내고 있다.

그곳은 한눈에 봐도 아름답다. 햇빛을 활짝 받을 수 있고, 파리가 한눈에 들어온다. 빛과 그림자가 미묘하게 겹치며 묘한 분위기를 자아낸다. 색이 칠해진 구역은 매일 아침 칠을 했던, 아마도 르 코르뷔지에가 했겠지만, 누군가의 안목으로 구성되어 있다. 중세 스타일의 장식 없는 계단을 올라가면, 코르뷔지에의 특징 중 하나인 옥상 정원이 나온다. 그곳은 유리 천장을 통해 실내와 실외가 겹쳐진다. 그가 직접 칠을 한 이 스튜디오는 넉넉하고 여유 있는 높이에 천장은 둥글고, 거친 석재가 드러난 경계벽을 따라 햇살 드는 창살이 둘러져 있다.

반면에 침실은 협소하고 제자리를 찾지 못하는 듯하다. 르 코르뷔지에는 순수한 산업적 산물이라는 면에서, 또 위생적 삶의 도구라서 이런 현대적 설비들을 좋아했다. 그런데 여기서 위생도기는 한마디로 퍼부어져 있다. 일부 칸막이로 가려지기도 했지만, 그냥 노출된 두 개의 세면기, 욕조, 샤워, 비데, 변기가 곳곳에 널려있다. 고정 선반들이 방을 더욱 가득 차 보이게 한다. 침대는 한 장의 널찍한 나무판인데, 난간 너머로 바깥 전망을 볼 수 있도록 가느다란 강철 튜브 위에 높게 올라 앉아있다. 휴식, 에로스, 다정함의 공간이어야 할 침실은, 여기서는 전혀 그렇지 않다. (코르뷔지에가 디자인한 다른 부부용 침대는 더 심하다. 그가 어머니를 위해 제네바 호숫가에 지은 집에는, 자신과 이본의 것으로 침대가 하나 있고, 그 위에 또 하나의 스파르타식 침상 한 쌍을 만들어 놓았다. 프랑스 리비에라 해안의 캅 마르탱에 지은 작은 움막 별장인 카바농에는 딱딱한 싱글 침대 하나뿐이다. 이본은 옆방인 카페에서 자야 했다.)

스튜디오가 고요하면서도 화려한데 반해, 침실은 마치 신경쇠약에라도 걸린 듯하다. 집에서 쉴 때보다 일할 때 더 편안해 했다는 걸 말해준다. 다큐멘터리에도 이런 내용이 나온다. 그러나 르 코르뷔지에는 미스나 라이트가 그랬던 것처럼 개인 주택을 유명한 예술작품으로 만드는 것에 그치지 않았다. 그는 미래의 도시에 대한 계획도 제안했다. 타워와 주택건물들로 배치된 주택들이 도시의 주된 형태이자 구성요소였다. 집이 도시의 주된 요소여야 하는 것은 아니었다. 초기의 대규모 도시계획은 공공공간과 기념물에 치중했다. 오스망 남작이 1850년대와 1860년대에 파리에 건설한 대로 체계나, 교황 식스투스 5세가 16세기 말에 만들었던 로마를 가로지르는 거리가 그 좋은 예다.

르 코르뷔지에가 집을 주된 요소로 선택한 이유는 집을 다시 설계하는 것이 사회를 개혁하는 열쇠라고 보았기 때문이다. 그는 이렇게 말했다. "집의 문제는 그 시대의 문제다. 오늘날 사회의 평형은 바로 거기에 달려있다. 이런 재생의 시기에, 건축은 첫 번째 임무로서 가치를 바로잡는 일, 즉 집의 구성 요소들을 바꿔야 한다." 집이란 기계처럼 실용적이고, 효율적이며, 아름다워야 한다고 했다. ("타자기만큼 쓸모있는 집을 갖고 있다면, 그는 자랑스러워할 만하다.") 이어서, "우리의 마음과 정신에서 집에 관한 죽은 개념을 모두 제거하고, 비판적이고 객관적인 관점에서 문제를 바라본다면, 우리는 '집-기계'라는 결론에 도달할 것이다. 그것은 대량생산되는 집으로, 생존에 필요한 작업 도구와 기구가 아름다운 것처럼, 건강하고(도덕적으로도 역시) 또한 아름다울 것이다." 이는 순전히 기능에 관한 생각만은 아니었다. “엄격하고 순수한 기능적 요소들에 예술가의 감성을 불어넣는 활기” 역시 한 부분을 차지한다. 하지만 비합리와 낭비, 혼돈, 감상주의는 배제했다.

르 코르뷔지에의 이론은 건축에서 가장 많이 거론되는 이야기다. 전후 복구사업에서 엄청난 수의 집들을 신속히 지어야 할 필요가 생기자, 유럽의 각국 정부와 건설회사들은 거대하고 반복적인 주택 건물과 타워라는 그의 아이디어에서 마음에 드는 것들을 많이 찾아냈다. 하지만 그의 계획에서 핵심적인 몇 가지 요소는 시간과 돈의 문제에 가려 무관심 속에 실종되었다. 그가 타워들 사이의 공간에 그려 넣었던 잘 관리된 공원과 운동장은 현실화되지 않았다. 하물며 “예술가의 감성”은 찾아보기 어려웠다. 그의 효율성은 받아들였지만, 그의 미적 안목은 배제했던 것이다.

아울러 르 코르뷔지에가 인간의 본성을 잘못 읽고 있었다는 것도 드러났다. 그는 “잘 짜인 계획이 대량생산을 기반으로 건설된다면 평온, 질서, 정돈의 정서를 만들어내며, 그에 따라 필연적으로 거주자에게 규율이 생길 것”이라고 생각했다. 그러나 인간성은 그가 바랐던 만큼 정서적인 것을 버릴 준비가 되어있지 않았다. 합리적인 디자인과 규율 잡힌 삶 사이에 필연적인 연결이란 없었다. 대신에 그의 이론을 느슨하게 따랐던 공공주택 프로젝트들은 이내 비인간적이고 무미건조하며, 기물파괴와 범죄의 온상으로 매도당했다.

이야기를 너무 단순화한 감이 있다. 그래서 행복하고 평화로운 코르뷔지에식의 타워 단지를 예로 들거나, 혹은 비참하고 곤궁한 삶이 가득한 전통 거리를 지적하는 사람도 있을지 모르겠다. 하지만 그래도 공정을 기하자면, ‘건강하고 아름다운’ 집을 지으면 사회가 더 낫게 변화할 수 있다는 그의 믿음이 틀렸다는 것이 입증되었다는 것이다. 래리 딘이나 존 손과 마찬가지로 그도 물질의 복원력을 과대평가했던 것이다.

건축물의 치유력을 신봉하는 어리석음을 곳곳에서 볼 수 있지만, 그래도 사람들은 이런 미신과 물신숭배에 거듭 빠져들곤 한다. 그런 사람들을 전적으로 그르다고만은 할 수 없다. 집이 가족을 바꿀 수 있다고 생각하는 것이 잘못이라고 한다면, 그렇지 않다는 생각 역시 틀렸기 때문이다. 즉, 삶의 배경인 건물은 우리와 무관하지 않다는 말이다. 부정적인 예를 들자면, 잘못된 건물은 고통과 좌절을 불러올 수 있다. 어딘가에 산다는 것이 순전히 기술적인 문제라는 세계는 가능하지 않다.

우리는 건물이 우리를 꾸며주고, 아름답게 해주고, 품위있게 해주고, 기분전환을 시켜주고, 즐겁게 해주기를 원한다. 우리는 건물이 무언가를 제안하고, 일이 돌아가게 해주기를 바란다. 우리는 건물이 우리에게 자유를 가져다 주기를 바란다. 래리 딘과 존 손, 수리남인들이 주거지에 쏟았던 열정은 그런 바람이 얼마나 강렬한지를 잘 보여준다. 안정적인 우주든, 유목적인 방랑이든, 집이라는 개념에는 하나의 기본적인 진실이 들어 있다. 바로 우리가 차지하고 있는 공간은 우리와 무관한 중립적 존재가 아니라는 것이다. 우리는 그 공간을 남의 일처럼 바라볼 수 없다. 우리가 그 공간에 있고, 우리가 그 공간을 만들며, 다시 그 공간이 우리를 만들기 때문이다.

아직도 여전히 알고 싶은 것은, 물리적 환경이 우리의 욕망과 상호작용하는 방식이다. 딘 가든스나 코르뷔지에의 대량 생산 주택이 신념과잉에 어설픈 면이 있었다면, 그것은 정확히 어디서 잘못된 것일까? 어떻게 하면 건설회사나 건축가가 물리적 대상과 인간성 사이에 보다 행복한 관계를 만들어낼 수 있을까? 딘 가든스, 존 손의 집, 르 코르뷔지에의 이론 이면에는 형식과 내용이 긴밀하게 함께 움직인다는 가정이 깔려 있다. 대저택에서 가족이 함께 산다면, 삶은 저절로 행복해질 거라든지, 잘 정돈된 설계의 집에서는 사람들도 규율이 생길 것이라는 식이다. (이와 유사한 개념이 세계 경제에도 한몫하고 있다. 어떻게든 집만 갖고 있으면 든든한 기반이 생긴다는 환상이 미국에 서브프라임 위기를 초래했다. 미국의 주택 및 도시 개발청 장관 숀 도노번의 말처럼, "만들어진 부동산이 경제 위기를 만드는데 일조했다.")

수리남 이주민들이 베일머메르를 자신들의 거주지로 만드는 과정은 래리 딘의 생각과는 정반대였다. 엄청난 노력이 따르기는 하지만, 건물이 없거나 있지만 적절하지 않더라도, 어디에나 자신들의 집을 만들 수 있다는 것을 보여준다. 노팅힐 이야기는 도시 계획과 설계가 결국엔 그곳에 담길 미래를 바꾼다는 것을 알려준다. 물론 그 과정에는 언제나 운과 예기치 못한 사건들이 따라다닌다.

래리 딘과 존 손, 르 코르뷔지에는 형식의 힘을 너무 과대평가했고, 생명과 물질 사이에 너무나도 직접적인 연관이 있을 거라고 생각해서 큰 실망을 맛봐야 했다. 물질과 사람 사이에 인과 관계가 있다면, 그것은 순환적이거나 상호적이지, 결코 직선적이지 않다. 건축에 진실이 있다면, 형태는 한눈에 분명하게 들어오지 않는다는 것이다.

3

진짜 같은 가짜 … 상징

"건물은 검은 것을 희다고 주장할 수 있는 강력한 도구이며, 허구를 현실로 제시할 수 있는 설득력있는 방법이다. 그래서 건축의 상징적 본질은 전시와 선전이라는 용어로 가장 잘 표현할 수 있다. 건물은 진실이건 아니건, 메시지를 내보내기 때문이다."

'집'이란 말이 사물을 담는 수용체이자 그곳에 담긴 사물을 의미한다는 것은, 건물이 상징이면서 동시에 도구라는 것을 말해준다. 건물에는 목적이 있고, 건물은 목적을 달성한다. '집'이 이처럼 극도로 압축된 형태의 이중성이 있다면, 다른 건축물 역시 마찬가지다. 사무실, 학교, 교회도 건물이면서 동시에 용도를 나타낸다.

건물이 상징이자 도구라는 것은 건축을 기만적이거나 변덕스럽게, 때로는 우스꽝스럽게 만든다. 어떤 건물이 실제로는 그렇지 않은데도 무언가를 하고 있는 것처럼 보이거나, 또는 심지어 자신의 명백한 목적을 방해하고 있는 듯 보이는 일도 있을 수 있다. 이것이 바로 래리 딘이 그토록 비싼 값을 치르며 깨달은 사실이다. 그의 집(건물)은 그의 집(가족)을 강화하기는커녕 가족을 해체해 버렸다.

재미있는 것은, 건축이 실용적이어야 한다고 하면서도, 그런 요구에 발이 걸려 계속 넘어지고 있다는 사실이다. 다이애나 황태자비의 의붓어머니인 스펜서 백작부인 레인은 보그너 레지스에 있는 그녀의 집에 전구를 갈아 끼울 필요가 있을 때마다 건축가를 호출하곤 했다. 그녀가 설계비를 전부 줄 때까지 건축가는 그 집에 가서 전구를 갈아 끼워 주었다. 그녀의 경우는 건축가의 역할을 극도로 기능적으로 보는 예외적 사례다. 거의 대부분의 건축가는 이런 관점에 공감하지 않는다. 일반적으로 그들은 자신들의 일이 주거와 관련된 문제에 무언가를 더하는 것이라고 생각한다. 건축가는 어떤 권위를 띠거나 장인의 분위기를 풍기려 하지만, 실제 물리적 사실은 그들을 속이기도 한다. 건물이 하기로 되어 있는 일과 실제 건물이 하고 있는 일은 서로 다르기 때문이다. 영국의 건축가 리처드 로저스는 이렇게 말한다.

> 우리가 찾는 것 중 하나는, 고전적인 건축과 달리, 완료 시점에 완전하거나 유한하지 않은 건축 형식이다. …… 우리는 사용자가 실제로 바꿀 수 있는 음악이나 시 같은 건축, 즉 즉흥성의 건축을 원한다.

로저스는 런던의 로이드 빌딩을 설계했고, 렌조 피아노와 함께 파리의 퐁피두 센터를 디자인했다. 그의 미학은 이런 즉흥성과 변화 개념에 바탕을 둔 것이다. 1986년과 1977년에 각각 완공된 두 건물은 내부에 장애물이 없는 공간을 만들기 위해 배관과 승강기, 에스컬레이터를 외부에 설치했다. 대부분의 건물은 사용자의 변화하는 요구에 맞춰 구조를 재배치하려면 건물 내 요소를 뜯어내거나 바꿔야 한다. 하지만 퐁피두 센터는 그럴 필요가 없어, 유연한 전시실 운영이 가능해졌고 칸막이 설치와 예술품 전시를 마음대로 할 수 있다. 에스컬레이터는 건물의 정면을 사선으로 올라가며 관람객을 안으로 맞는다. 60년대식 자유 개념을 여전히 발산하고 있는 퐁피두

위 퐁피두 센터, 파리, 피아노와 로저스 공동설계, 1977년.
아래 로이드 빌딩, 런던, 리처드 로저스 파트너십 설계, 1986년.

센터는 전통적인 미술관의 개념, 즉 고정적이고 요새화되고 묵직한 보물창고와는 반대의 것이 되고자 했다. 이 센터는 해방과 끊임없는 변화, 멈추지 않는 흐름을 보장했다.

드러난 파이프와 관들은 또한 매력적으로 보이기도 했다. 회백색의 질서정연한 파리 거리에서 그것들은 색채와 생명의 출현이자 혁명적인 선언이었다. 런던에서는 형태가 보다 두드러지고 광택이 더해져 복잡계를 만들어내고 있다. 한 평론가는 그것을 오토바이 엔진에 비유했으며, 또 다른 이는 '가우디의 안목'이라 평하기도 했다.

그러나 미국의 작가이자 환경운동가인 스튜어트 브랜드는, 퐁피두 센터는 "엄청난 유지보수를 요구"하며 "녹과 벗겨지는 페인트의 과도한 스캔들"이라고 말했다.

로이드 빌딩에 대해서는 이렇게 평했다.

> 지금까지 지어진 가장 비싼 건물 가운데 하나. 1988년의 조사에서는 입주자의 75퍼센트가 길 건너편에 있는, 1958년에 지어진 옛 건물로 돌아가고 싶어하는 것으로 나타났다. 이 건물의 과시적인 적응력은 모두 첨단기술과 거대한 규모 덕분이지만, 그 적응력이 그곳에서 일하는 사람들까지 생각하고 있는 것은 아니다.

(이는 그가 자신의 책 《건물은 어떻게 배우는가》의 미국판에서 한 말이다. 그의 영국측 출판사는 로저스의 변호사로부터 압력을 받아, 다른 건축가의 건물에 대한 좀 더 온건한 구절로 이 부분을 대체했다.) 달리 말하면, 겉으로 드러난 유연성과 실제 현실은 다르다는 것이 브랜드의 주장이다. 로이드 빌딩에 대한 로저스의 또 다른 말은 부지불식간에 외

양과 용도를 혼동하고 있다는 것을 드러낸다.

> 각 부분들을 이렇게 바꿔 배치하는 핵심적인 이유는, 각 기술적 요소들이 어떤 기능을 하는지 그 역할을 최대한 표현하려는 데 있다. …… 모든 개별 요소는 분리되어, 질서를 부여하는 데 사용된다. 숨기지 않고, 모든 것이 표현된다. 각 부분들을 제대로 이해하면 건물의 규모, 질감, 음영을 알 수 있다.

로저스는 무의식적으로 기능('기술적 요소')과 외관('규모, 질감, 음영') 사이를 왔다갔다 한다. 어떨 때에는 배관의 노출이 유연성 즉, 실용적인 어떤 것에 도움이 된다고 설명했는데, 이번에는 '표현'과 '인식'의 문제라고 말하고 있다. 말이 오락가락 하는 것을 보면, 이 빌딩 자체가 그것의 장치만큼이나 유연한 것 같다.

브랜드는 로저스의 고상한 건축을 꼬집다가, 한편에서는 '임시방편' 건축의 미덕을 극찬한다. 쉽게 확장 또는 변경할 수 있으며, 처음 지어졌을 때에는 예상 못했던 용도까지도 적용가능한 실용적 구조물을 말한다. 차고가 옷가게가 되고, 선적 컨테이너가 도서관이 되는 식이다. 그런 구조물의 설계자는 대개 알려져 있지 않으며, 전문 자격증이 없을 때도 있다. 그런 건물의 미학적 포부는 크지 않지만, 시간이 흐르면서 애착은 점점 커진다.

그는 단적인 예로 MIT의 두 건물, 빌딩 20와 미디어 랩을 비교한다. 빌딩 20는 "2만3000제곱미터에 펼쳐져 있는 3층짜리 목조 건물로 …… 1943년 레이더를 개발하기 위해 서둘러 지어졌으며, 처음부터 철거 계획이 서 있었다." 미디어 랩은 1986년 "급속히 발전하는

빌딩 20, MIT, 케임브리지, 매사추세츠, 1943년.

컴퓨터 및 통신 기술을 본격적으로 연구하는 사람들"을 위해 특별히 만들어졌다. 설계자는 I.M. 페이로, 몇 년 뒤 미국 건축가협회 조사에서 '가장 영향력 있는 현존 미국 건축가'로 뽑힌 인물이다.

빌딩 20는 처음 계획보다 수십 년 뒤인 1998년에야 철거되었다. 하지만 그곳에서 근무했던 사람들은 "지금까지 지어진 최고의 실험실 건물"이라고 말했다. '합판 궁전' 또는 '마법의 인큐베이터'라 불리기도 했는데, 이곳에서 전파통신, 언어학, 핵물리학, 우주선cosmic rays, 음향학, 식품공학, 스트로보 촬영술, 컴퓨터 공학에서 MIT가 이룬 수많은 위대한 업적들이 탄생했다. 그 비결은 '매우 실질적인 건물'이라는 점이라고 그곳에서 일했던 사람들은 말한다. 거기서는 "아무도 주변의 건축적 혹은 예술적 가치를 훼손할까 걱정할 필요가 없기" 때문이라는 것이다. 연구자들은 언제든 원할 때면 칸막

미디어 랩이 있는 위즈너 빌딩, MIT, 케임브리지, 매사추세츠, I.M. 페이 설계, 1986년.

이를 옮기고, 구멍을 뚫고, 벽에 못을 박아 장치를 설치하고, 창문을 열 수 있었다. 그들은 건물을 자신들의 실제 필요에 맞게 바꿀 수 있었다. 또 건물의 구석구석에 개인적 공간을 만들 수도 있었다. 빌딩 20의 또 다른 훌륭한 자산은 수평으로 펼쳐진 배치였다. 지나다 만나면 예기치 않은 미팅이 만들어지고, 즉석에서 함께 일할 수 있는 분위기가 조성됐다.

이와 대조적으로 미디어 랩은 "4500만 달러나 되는 허세, 연구에 맞지 않는 기능적 구조, 상황에 맞춰 바꿀 수 있는 유연성 부족"에 더해, "널찍하기만 하고 사람이 모이지 못하는 아트리움"이 오히려 "사람들을 서로 분리"시킨다고 브랜드는 혹평했다. "5층이나 되는 공간 어디에서도 사람들을 찾기 힘들다. 사람들이 있을만한 곳은 뿌연 유리창으로 내부가 철저히 가려져 있다." 미디어랩 건물의 경직

카 도로 궁전, 베네치아, 1421년 착공.

성은 "성장과 새로운 프로그램을 거의 불가능하게" 하며, "처음부터 학문의 칸막이화"를 강화시키는 방향으로 설계되어 있다고 말한다.

브랜드의 말은 일리가 있다. 실질적인 현명함과 허세 가득한 어리석음 가운데 하나를 선택하라면 후자에 설 사람은 많지 않을 것이다. 하지만 브랜드의 논지를 조금만 더 확장하면, 모든 건물들이 갭의 카키 바지 같을 수 있다. 실용적이지만 멋이 없다. 겉모습과 환상, 꿈이나 상징, 상상이 들어갈 여지가 없는 것이다.

이는 그가 베네치아의 15세기 궁전 카 도로Ca d'Oro를 묘사하는 데에서 분명해진다. 여기서 그는 건물의 측벽을 찬양했다. 자신이 중시하는 반응성과 유연성이 반영된, 벽돌 적응의 역사를 보여준다는 것이다. 그 말은 옳지만, 그는 이 건물의 정면에는 주의를 기울이지 않고 있다. 조각으로 장식된 대리석 커튼이 대운하에 비친 반사상 위로 걸린다. 이 파사드는 아주 호화롭지만 변화가 없고, 실용성과도 크게 관계가 없다. 원래 이것의 디테일은 금색 나뭇잎과 군청색 칠로 장식되어 있었다. 이런 장식은 염분이 많은 베네치아의 공기에 이내 떨어져 나갔다. 이곳의 주인은 그것들이, 즉 과시적 낭비가 초점이라는 것을 알고 있었다. 카 도로를 유명하게 만든 것은 기꺼이 적응하는 벽돌 측벽이 아니라, 의도적으로 값비싸게 치장한 파사드였다. 오늘날 수백만 명의 관광객들이 그것을 보려고 온다. 브랜드의 주장은 이런 현상을 설명하지 못한다.

건축의 상징적 본질은 전시와 선전이라는 용어로 가장 잘 표현할 수 있다. 건물은 진실이건 아니건, 메시지를 내보낸다. 카 도로는 마리노 콘타리니를 위해 지어졌다. 그의 가문은 수 세기에 걸쳐 여덟 명의 베네치아 총독을 배출했다. 역사학자 데보라 하워드가 말했듯이, 이 궁의 "터무니없이 호화로운 자태들"은 "그의 부와 신분의 과시"였다. 그녀는 이 건물이 또한 젊은 나이에 죽은 그의 아내에 대한 기념이기도 하리라 추측한다. 따라서 궁전은 주거용이면서 동시에 의전용으로, 그 용도에 맞게 설계된 것이다.

퐁피두 센터는 보수적 성향의 조르주 퐁피두 대통령이 의뢰하여 만들어졌다. 그는 자신이 진보적으로 보이기를 원했다. 1968년 5월의 학생소요 이듬해에 취임한 그의 핵심 과제는 질서를 회복하는 것이었다. 최근에 학생들이 뜯어내 경찰에게 던졌던 포장석들 위에 아방가르드적인 미술관이 건립되어야 한다고 선포한다면, 그의 목적은 혁명을 기념하는 것이 아닌 그것을 다스리는 것이 된다. 또한 건축을 맡은 장발의 젊은 건축가들이 학생 폭도들처럼 보인다면, 실제로 그랬지만, 그건 더 좋을 것이다. 이 건물은 전통주의자들에게는 걱정스럽게 보일 수도 있었다. 하지만 진정한 즐거움과 자유를 창출하고, 그 유명한 외부 에스컬레이터가 그러하듯, 사람들이 오래된 도시를 새로운 방식으로 차지하고 즐길 수 있도록 해줄 수도 있었다. 드골주의자 대통령의 관점에서는, 급진적인 정치보다는 급진적인 건축이 더 좋았다. 센터 앞에 만들어진 광장에서는 젊은 예술가들이 공을 저글링하거나 불을 먹을 테고, 그건 돌이나 화염병을 던지는 것보다는 나았다.

1688년 개장한 보험시장이 있는 런던 로이드 빌딩의 의뢰인도 보수적이었다. 너무 구식으로 보이기를 꺼리면서도 변화의 모습은 보이고 싶어 했다. 로저스는 퐁피두 센터와 로이드 빌딩에서 모더니즘적인 눈부신 외양을 빚어내면서, 자신이 뜻한 바의 일부를 달성하고 있다. 그리고 실제 그가 성취한 것은 선전 이상이었다. 퐁피두 센터는 그것이 위치한 마레 지역과 파리의 경험을 진짜 바꾸어 놓았고, 심지어 당시의 정치적 상황에도 안정을 가져다 주었다. 그것은 기성 사회와 젊은 건축가들 사이에 이루어진 하나의 협상이자 거래였다. 거기서 그들은 각자 자신들이 원하던 무언가를 얻어냈다.

건물이 얼마나 철저하게 진실을 호도할 수 있는지 보려면, 전연방 농업 박람회의 금칠을 한 전시관을 방문하면 된다. 모스크바 교외 오스탄키노에 있는 박람회장은 모나코 공국보다 넓다. 이는 포촘킨 마을*이라는 개념을 세계에 알렸던 러시아(소련)에서 기만적 건축의 돋보이는 사례 가운데 하나다. 박람회는 1935년 소비에트의 풍성한 농업 상황을 알리기 위해 기획되었다. 공산주의 정책이 초래한 일련의 기근 중 최악의 사태로 600-800만 명의 국민들이 굶어 죽은 지 불과 2년 뒤였다. 또한 각 지역별 정권을 유혈로 진압한 시기여서 소비에트연방 16개 공화국의 우애를 기념하기 위한 것이기도 했다.

처음에는 혁명 20주년을 맞는 1937년에 행사를 개최할 예정이었으나, 진척이 더뎌 1939년으로 연기되었다. 그랬는데도 실망스러웠다. 임시 목재 구조물이 너무 볼품없었던 것이다. 이 죄목으로, 그리고 정치적 연출을 잘못 잡는 바람에, 박람회의 건축가 비아체슬라프 올타르제프스키는 그 후 4년간 보르쿠타 강제노동수용소에 유배 당했다.

박람회는 2차 세계대전이 끝나고, 100만에서 150만 명이 죽은 1947년의 기근도 잦아든 뒤 다시 활력을 되찾았다. 박람회장이 마침

---

* 18세기말 러시아 예카테리나 2세가 크림 반도를 방문할 때, 그곳을 관장하던 그레고리 포촘킨이 눈가림을 위해 가짜 마을을 세워놓았다는 데서 유래한다.

내 완성된 것은 1954년이었다. 박람회장에는 엑스포 세계 박람회나 대박람회와 같은 식으로 웅장한 구조물들이 군데군데 들어섰다. 각 공화국이 전시관을 하나씩 지었고, 농업의 주요 분야인 곡물과 식육, 토끼 사육도 하나씩 전시관을 마련했다. 그런데 문제는 그 건물들이 전시물보다 더 중시되었던 것이다. 농업 기계화 및 전기화 전시관에는 여러 대의 콤바인 수확기가 놓여 있었는데, 금줄 세공으로 장식한 강철지지대 위에 올라앉은 번쩍이는 유리 돔에 의해 빛을 잃고 있었다. 또 그 옆에는 금색 깃발과 빛나는 다섯꼭짓점 별을 향해 올라가고 있는 튼튼한 노동자의 거대한 상과 트럼펫을 부는 아이들이 있어 기계는 초라하고 왜소해 보였다.

세계 박람회나 대박람회와는 달리, 농업 박람회의 건물들은 미래를 조망하려는 시도를 하지 않았다. 1851년 런던에서는 수정궁, 1889년 파리에서는 에펠탑, 1958년 브뤼셀에서는 원자 모형과 유사한 건물을 세계에 선보였다. 모스크바 박람회는 진정한 소비에트 건축을 찾기 위한 스탈린의 20년에 걸친 탐색의 결과물이었다. 그것은 그리스와 로마의 고전주의적 형식에, 아시아 고유의 세부장식을 더해 환상적이며, 미국의 초고층건물과 같은 거대한 규모를 자랑했다. 하지만 이 양식은 미래 아니면 최소한 현대에 대한 관심마저 크지 않았고, 오직 과거의 건축에서 모티브를 끌어오고 있을 뿐이었다.

공산당은 발표문에서, 그것의 목표가 '유산의 통달'이며, '민중들이 쉽게 이해하고 접근할 수 있는 명료성과 정확성'이고, '오늘날 소비에트 연방에서 볼 수 있는 영웅정신처럼 놀랍도록 단순한 예술'이라고 했다. 하지만 시간이 지나면서 민중에게 감명을 주려는 욕구가 단순성의 의무를 눌렀다. 모스크바의 유명한 메트로 역들에서 그

콤소몰스카야 메트로 역, 모스크바, 알렉세이 시추세프 외 설계, 1952년.

렇듯이, 모자이크, 대리석, 샹들리에, 로코코식 소용돌이 장식 등 귀족들의 무도회장에나 어울릴 퇴폐적 물건들이 도시의 집단적이고 기능적인 공간들을 장식하게 되었다. 스탈린의 공적인 인격과 마찬가지로 이러한 건축은 힘과 매력, 윙크하는 눈과 철권을 결합한 것이었다.

농업 박람회에서 전시관은 전시물을 수용하는 기능에 의해서만 제약을 받을 뿐, 그 스타일은 중구난방이었다. 볼품없다고 벌을 받았던 올타르제프스키가 머릿속에 떠올랐을 건축가들은 폭주했다. 그리스와 로마가 연상되고, 바빌로니아와 앗시리아도 등장한다. 건물들은 하나같이 뭔가로 가득 차 있었다. 기둥들이 빽빽하게 늘어서 있고, 깃발과 입상이 곳곳에 걸려있고, 곡물과 소비에트 별조각이 어디든 장식되어 있었다. 이런 군대식의 반복과 거만한 과잉이 바로 힘에 대해 말하고 있는 부분이다. 기둥들은 무엇을 얼마나 많이 받치게 되어 있든지(대개는 그다지 많지 않은데), 지지에 필요한 정도보다 더 크고, 빽빽하고, 개수도 많다. 원한다면 얼마든지 지출할 능력이 있는 권력에 의해 만들어졌다는 것을 여실히 보여준다.

이번에는 매력을 찾아볼 차례다. 첨탑과 둥근 지붕들이 만들어내는 환상적인 스카이라인, 장식물로 수 놓인 난간들, 어린이 그림책의 묘사임이 분명한 조각품이 있다. 흰색과 금색이 압도적이다. 구멍들마다 옥수수, 해바라기, 배, 포도, 호박 같은 통통하게 조각된 농산물로 가득하다. 과도한 풍요가 견디기 힘들 지경이다. 입상들은 의젓하고 잘 생겼으며, 건전하게 차려 입었다. 카렐리아-핀란드 전시관의 박공에는 사슬톱으로 나무를 자르고 있는 벌목꾼이 새겨져 있다. 그 전시관을 만들 재료인 목재를 얻으려는 것이리라.

문자주의가 횡행한다. 하지만 구멍은 숭숭 뚫려있다. 식육생산부 전시관의 기둥에는 황소가 올라타 있다. 시베리아 전시관의 엔타블러처는 농부와 사냥꾼, 여자 양치기, 광부가 지어 나르고 있다. 당시 이 공화국의 대다수를 차지했던 강제수용소의 수감자들에 대해서는 일언반구도 없다. 토끼 사육 전시관 위의 프리즈*에는 얕은 돋을새김으로 뛰어 놀고 있는 토끼들이 있다. 조각가가 토끼의 사육을 있는 그대로 표현하기가 쑥스러웠겠지만, 아마도 교미 전이나 직후의 모습으로 보인다.

박람회장의 중앙로는 거대한 분수 두 개가 차지하고 있다. 하나

* 그리스 로마 건축에서 기둥을 떠받치는 엔타블러처의 중간 부분

연방의 우정 분수, 전연방 농업 박람회, 모스크바, 1954년.

는 '돌꽃'으로, 바구니 가득 과일과 채소, 주전자, 물을 뿜는 거위들이 쌓아 올려져 있다. 또 하나는 '연방의 우정'으로, 열여섯 명의 금빛 여인들이 각각 소비에트연방의 공화국을 상징하고 있다. 여인들의 색상은 불꽃이라도 튈 듯 밝고 시럽처럼 상큼하다. 그들의 양팔은 평화의 몸짓으로 펼쳐져 있다. 가운데에는 황금색 밀 다발이 솟아있고, 꼭대기에는 고개 숙인 알곡 주변으로 물줄기가 포말을 일으킨다.

박람회장은 나중에 국가 경제성취 박람회로 이름이 바뀌면서, 우주탐사 같은 주제들이 더해졌다. 현재 이곳에는 사람들이 거의 찾지 않는 상품전시회가 가끔씩 열린다. 그러면서 장사의 퇴적물이 모인다. 모직제품, 전화기 부품, 기념품을 파는 칸막이 부스들이 거대한

우크라이나 전시관, 전연방 농업 박람회,
모스크바, 1954년.

기둥들의 기초 주변에 옹기종기 모여 있다. 흰 기둥들이 세워진 전시관 옆에는 교외 전시회의 주택들이 보인다. 행상들은 스폰지밥 네모바지나 슈렉에 나오는 캐릭터들과 사진 찍을 기회를 팔고, 그 뒤에는 레닌의 옛 동상이 외면당한 채 무기력한 모습으로 서있다. 이 장소는 철거되기에는 너무 거대하고, 하지만 이용하기에도 너무 크다.

전연방 농업 박람회의 건물들이 그토록 열의와 신념에 가득 차 내뱉었던 명백한 거짓말은, 소비에트의 농업이 생산적이고, 효율적이며, 풍성하다는 것이었다. 또한 연방의 공화국들이 행복하며 우애롭다는 것이었다. 그보다 더한 것도 있었다. 박람회는 스탈린주의의 정당성에 대한 일종의 선언으로, 그의 영도하에 개발된 양식들이 반영된 모스크바의 고층건물과 메트로의 확장판 형태가 바로 박람회에 표현되었다고 했다. 하지만 그것은 금방 사라져버릴 한 순간의 거품에 불과한 것으로, 당시 세계 거의 모든 나라에서 볼 수 있는 현대적 건축 양식과는 전혀 딴판이었다. 그토록 자신만만한 구조물을 보고 있노라면, 그것들이 완공되기 바로 전 해에 스탈린이 사망했으며, 그에 대한 숭배도 기울기 직전이었다는 사실이 실감나지 않을 정도다. 건축에서 흔히 그러는 것처럼, 그것은 사라져가는 존재를 축복하고 있다.

어떻게 보느냐에 따라 다르기는 하지만, 거기에도 하나의 진실은 있다. 전시관들 중에서 가장 빛나는 것은 중앙부의 돌꽃 분수 옆에 위치한 우크라이나관이다. 이 건물은 밀밭을 연상케 하는 빠르게 반복되는 수직선들로 장식되고, 왕관 같은 상부 구조를 갖고 있다. 건물의 위엄은 이전 전시관이 불충분하다고 선언했던 우크라이나 공산당 제1서기의 바람을 반영한 것이었다. 만약 누군가 여기서, 동지들의 건물들보다 더 빛나 보이기를 원했던 한 사람의 정치적 야심을 감지했다면, 그것은 옳았다. 그 제1서기는 니키타 흐루시초프였다. 그는 스탈린 사망 후 소비에트 연방의 지도자가 되었으며, 탈스탈린 운동을 주도했다. 적어도 이런 면에서 본다면, 그 전시관은 당시의 권력 구도를 충실하게 반영하고 있었다.

프로파간다로서의 건축이라는 주제는 매우 풍부하다. 개인적으로 눈길이 가장 많이 가는 곳은, 남한에서도 보이는 북한의 기정동이다. 제대로 갖춰진 잘사는 마을 같지만, 실제로는 벽만 세워져 있을 뿐 창문에 유리도 없고 방도 없다고 한다. 사람이 거주하는 듯 보이기 위해 가끔씩 불을 끄고 켜기도 한다. 이 마을에는 또 세계에서 두 번째로 높은 국기게양대(가장 높은 것은 아제르바이잔에 있다)가 서 있는데, 남한에서 세운 것보다 높게 하기 위해서였다. 건물이란 검은 것을 희다고 주장할 수 있는 강력한 도구이며, 허구를 현실로 제시할 수 있는 설득력있는 방법이다. 건축에서 프로파간다는 전부는 아닐지라도 아주 중요한 요소 중 하나다.

정치적 주장을 펴기 위한 건축은, 건축이 더 큰 무언가를 위한 일종의 부속물이 되어, 선전선동이나 홍보, 찬양, 메시지를 전하는 것이다. 지난 이십 년간 상징적 건물이라는 개념은 더욱 굳건하게 자리잡았다. 상징적인 건물이 도시에 관광이나 투자를 끌어들인다는 생각에서다. 1997년 지어진 빌바오의 구겐하임 미술관이 초기 사례 중 하나로, 가장 널리 알려져 있다. 초기부터 비평가들은 회의적이었지만, 또 그런 개념은 남발로 평가절하되는 화폐와 같다는 사실을 잘 알면서도, 끈질기게 버티고 있다. 만약 미국의 밀워키와 영국의

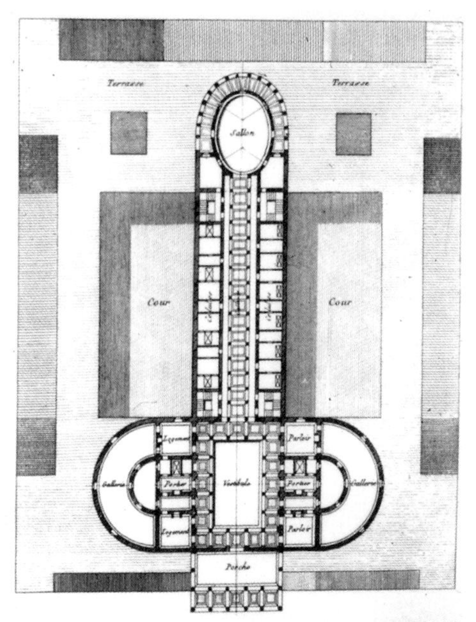

위 '시원한 목장의 외양간', 장-자크 르퀘 설계.

아래 오이케마Oikema 또는 쾌락의 집, 클로드-니콜라 르두 설계, 1775년경.

미들스버러, 멕시코의 과달라하라, 중국의 칭두가 저마다 상징적 건물을 가지고 있다면, 그것은 일견 흥미롭기도 하겠지만 다른 면으로는 여기도 마찬가지라는 뻔함을 벗기 어려울 것이다.

건축이 메시지를 전달하도록 사용되면, 언어와 유사한 특징이 나타난다. 하나의 건물은 한 단어 또는 한 문장이다. 한 단어만 나타내는 건물은 때로 극단으로 치닫기도 한다. 건축 비평가 찰스 젠크스는 한때 핫도그처럼 생긴 핫도그 가판대와 도넛처럼 생긴 도넛 가판대를 좋게 말한 바 있다. 그는 또한 18세기 프랑스 건축가들의 가상 프로젝트에 관심을 기울이기도 했다. 장 자크 르퀘의 소 모양 외양간이나 클로드-니콜라 르두의 남근 형태 사창가 같은 것들이다.

그러나 어느 건물의 메시지가 단어로 전환되면, 그 건물의 생명력은 고갈되고 만다. 말이나 글에 비해 건축은 오로지 장황한 문장만을 허용한다. 만약 거기에 들어가는 비용과 노동이 글로 쓸 수 있는 것들, 다시 말해 '도넛 사세요', '스탈린이 지배합니다', '빌바오에 투자하세요', '여기에 암소/섹스가 있어요'를 어눌하게 표현하는 정도라면, 그만한 수고를 들여야 할 가치가 있다고 하기는 어려울 것이다. 물론 젠크스의 핫도그 같은, 모방건축이라는 장르가 있기는 하다. 그러나 그것은 어디까지나 주변적인 장르일 뿐이다. 오직 우리가 거기에 그다지 이야깃거리가 없다는 것을 발견하기 전까지만, 우리의 관심을 끌 수 있는 개념이기 때문이다.

르퀘의 외양간과 르두의 사창가가 흥미롭기는 하다. 그러나 의도적인 일탈 정도로 이해될 때에나 그렇다. 아마 우리가 걸음을 멈추고 그 건물을 바라본다면, 상상력 하나 없는 이런 건물을 만들 사람이 정말 있을까 싶어서일 것이다. 살아 숨쉬는 생명체가 바로 옆에 있는데, 뭐 하러 생명도 없는 거대한 소 따위를 필요로 한단 말인가. 더구나 엄청나게 크게 만들어진 이 소는 진짜와 비슷하지도 않다. 형태 외에는 생명도, 크기나 비례도, 냄새나 체온과 같은 공통점을 전혀 찾을 수 없다. 결론은 이렇다. 볼 수만 있는 도넛보다는 먹을 수 있는 도넛이 우리에게 더욱 큰 즐거움을 준다는 것이다.

건물은 그것이 지어진다는 사실을 잊으면 안 된다. 건물은 시간과 물질을 요구한다. 땅에서 얻어낸 재료를 베고, 자르고, 엮고, 녹이고, 굽고, 적시고, 거르고, 전기를 넣어 날씨와 햇빛에 서있도록 만드는 작업이다. 재료는 나름의 특성과 한계, 아름다움, 고집이 있다. 그것들을 짜맞추는 데에는 힘과 기술과 노동이 들어간다. 건물에는 위험과 위협 요소도 있다. 건물을 짓는 과정에서 사람이 죽거나 불구가 되기도 하고, 프로젝트가 회사를 파산시킬 수도 있다. 건물은 가구가 갖춰지고, 장식된다. 하지만 대개는 원래 그것을 설계하고 지은 사람과 거의 관련이 없는 사람들에 의해 다시 장식되고 다시 물건이 놓여진다.

건물은 협업과 경쟁을 통해 만들어진다. 고객은 의뢰하고, 은행은 돈을 대고, 계획가들은 규제하고, 건축가와 공학자는 설계하고, 도급업자와 하도급업자는 짓고, 중개인은 판다. 법률가는 계약서를 쓰고, 배관공은 파이프를 설치하고, 비평가는 평론을 쓴다. 건물은 다른 창작물과 달리, 구멍을 파는 노동자부터 청구서에 지불하는 금융가에 이르기까지 다양한 폭의 부, 관심, 편의를 지닌 사람들이 관여한다. 그들 모두가 서로를 좋아하거나 이해할 것 같지는 않으며, 서로 알고나 있을지조차 의문스럽다. 그러나 그들은 함께 무언가를 만들어야 한다. 건물은 모두 어느 정도는 바벨탑이다.

그런 다음 누군가 그곳에 거주하며 사용한다. 의뢰인이 스스로 지은 집에 사는 경우는 매우 드물다. 대부분 다른 곳에 살거나 이미 죽어버린 개발업자의 의뢰로 지은 집을 사거나 빌린다. 학교에는 교사, 학생, 경비원, 학교를 방문한 학부모와 운영위원들이 그곳에 머물면서, 각자의 방식으로 그 건물을 이용하고 받아들인다. 건물은 도시와 풍경의 일부분이며, 지나가는 사람들과 이웃들도 그 건물을 경험한다. 그것은 삶의 배경 중 하나다.

사용자와 용도도 변한다. 사무실이나 공장에 들어오고 나가는 직원들, 매년 새로 입학하는 학생들, 병원에 있다가 자신의 집이나 무덤으로 가는 환자들. 1930년대에 앵글로색슨계 사무직의 취향에 맞춰 튜더 왕조풍으로 지어진 교외 지역에 지금은 동남아시아 중산층이 거주하고 있다. 학교가 아파트로, 발전소가 미술관으로, 교회가 모스크로 바뀌기도 한다. 건물은 변형되고 확장된다. 구조는 예전 그대로더라도 인식이 바뀌기도 한다. 양식은 유행을 탔다가 사라지곤 한다. 한 세대에서 답답하게 느껴졌던 구조물이 다음 세대에서는 사랑을 받을지도 모른다.

겉보기에는 확실하게 고정된 것 같지만 건물은 항상 움직이고 있다. 구상 단계에서 해체에 이르기까지, 건물은 만들고 사용하고 체험하는 사람들간의 협상의 산물이다. 건물도 나이들고 늙어간다. 건물은 그곳에 들어와 살 사람들에게 이렇게 살라고 삶의 방식을 제안하지만, 그것은 항상 바뀐다. 또 건물은 인과응보의 대상이나 조롱거리가 되기도 한다. 파산한 은행의 거대한 석조 주랑 현관, 쫓겨난 독재자의 현란한 궁전, 중간에 끊겨 어디에도 닿지 못하는 다리.

건설계약은 언제나 분명한 결과물과 완료 일정을 약속한다. 모든 당사자들이 일이 끝났다는 것에 동의하고, 다른 프로젝트를 할 수 있는 시점이 분명하게 적혀있다. 건축물의 창조에는 언제나 상세하게 설계하고, 측정하고, 나누고, 작업할 사람들이 필요하다. 잡지나 역사책에는 건물이 움직이지 않는 유한한 대상으로 묘사되어 있다. 건물 사진은 가장 완전하게 보이는 순간에 찍힌다. 카메라가 빛과 그림자를 보다 쉽게 다룰 수 있는 이른 새벽에 찍히기도 한다. 도로 표지판이나 다른 건물이나 사람들처럼 관련 없는 대상은 대부분 배제된다. 건축물이 가장 우선적으로 강조된다.

그렇게 해도 건물은 언제나 불완전하다. 아니 그보다는 건물과 함께하는 삶이 있어야만 완전하게 된다고 하는 편이 옳다. 이런 역설에서 건축의 많은 매력과 오해가 발생한다.

이 모든 것들이 건축과 의도, 건축과 진실의 관계를 특별하게 만든다. 건축은 원칙적으로는 어떤 생각에 밀접하게 부합하여 그것을 표현하는 능력을 갖지만, 그렇다고 건물이 문장은 아니다. 그것은 언어처럼 직선적이지 않다. 말의 유창함과 비교하면, 건물은 심하게 어눌하다. 그러나 책에는 들어가 살 수 없지만, 건물에는 그게 가능하다.

애초에 어떤 한 가지 의도로 건축은 시작되지만 영향을 미치는 수많은 사람들과 사건들 덕분에 처음과는 다른, 어떨 때는 반대의, 혹은 다양한 결과로 끝나기 일쑤다. 그것은 공언된 목표와는 다른 현실을 낳고, 아직 알려지지 않은 미래가 그 안에서 일어난다. 이것이 건축의 특성 중 하나인, 변형하는 방식이다. 따라서 상호 변화하는 복잡성이라는 특수한 형식을 거부하거나, 지나치게 언어와 같은 식으로 행동하려는 건물이 있다면, 그것은 잘못된 건축이라 할 수 있다. 예를 들자면, 다이아몬드처럼 보이고자 작정한 고급아파트, 또는 매사냥을 좋아한 아랍 족장에게 바쳐져, 날개 깃털처럼 보여야 한다고 주장하는 박물관 같은 것이다.

포르투갈 남부에는 공동 빨래터가 하나 있다. 어쩌면 있었다고 해야 할지 모르겠다. 결과적으로 세탁기의 완벽한 승리가 빨래터의 해체를 가져왔기 때문이다. 어쨌든 겉보기에 그것은 버스 정류장만큼이나 단순하다. 한 면이 개방된 긴 직사각형에, 하얀 회칠을 한 콘크리트 벽, 그리고 경사진 얕은 콘크리트 지붕이 있다. 중앙부의 기둥 하나가 개방된 면 위로 지붕을 받치고 있다. 창이나 문은 없고, 유리를 대지도 않았다. 그것은 흙길가에, 마구 자란 풀들 사이에 서 있다. 그것이 무엇인지 알려주는 표지판은 없다. 마을 외부에서 온 사람일지라도 그게 무엇인지 물어볼 필요조차 없다. 보기만 해도 뭐하는 곳이지 바로 알 수 있다.

지붕 아래에는 빨래를 하느라고 물을 휘젓지만 않으면, 래커칠을 한 듯 매끈한 표면의 물이 가득한 저수장이 있다. 위로는 모나지 않고 둥글게, 수평을 맞춘 테두리가 물을 가두고 있고, 한 쪽에는 넘친 물이 흘러나가도록 작은 구멍이 나있다. 벽에서 툭 튀어나온 두 개의 파이프가 밸브도 없이 저수장에 물을 댄다. 파이프의 아래쪽 주위에 물이 튄 자국들이 안개처럼 덩어리져 석회벽 위로 퍼져 있다. 한창 더운 한낮에는 이 그늘진 빨래터가 휴식의 물웅덩이고, 가난한 사람들의 알함브라 궁전이다. 깊이는 헤아리기 쉽지 않은데, 지붕의 콘크리트 처마와 함께 하늘 한 조각이 물에 반사되기 때문이다. 바

빨래터, 포르투갈 남부.

로 옆에서 보면 색이 없어 보이지만, 하늘이 비쳐 그런지 한층 깊은 푸른색이다.

저수장 테두리 바깥에 물길이 하나 있고, 그 바깥에는 안쪽으로 기울어진 콘크리트 선반이 있다. 선반에는 빨랫감을 얹어놓고 문지를 수 있는 네모난 대리석판들이 군데군데 놓여있다. 그것들은 판 하나 당 한 사람이 일하기에 충분한 간격을 두고 떨어져 있다. 구조물 전체로 보면 저수장 주변으로, 그리고 거기서 일하는 다른 사람들 주위로 움직이며 다닐 만한 공간이 나올만한 크기다.

이 기능적인 건축물은 이곳의 기후와 사회에 적절히 대응하고 있다. 만약 더 추운 곳이었다면 이런 방식이 아니었을 것이다. 빨래터에서 함께 일하는 것이 정상이고(혹은 이었고), 이런 공동 시설을 만들 충분한 인원을 가진 공동체가 만든 시설물이다. 규모는 세탁 활동에 맞춰져 있다. 콘크리트, 대리석, 물과 같은 재료는 필요에 따라 사용된다. 디테일은 상황의 수요에 맞게 거칠거나 정밀하다. 설계 당시 이 시설에 대한 인식이 어땠는지는 알기 어렵지만, 여기에 적용된 주된 원칙은 우아한 경제다. 이 빨래터는 소박하지만, 뜻하지 않게도 감각적이다.

의도적이든 아니든, 이 빨래터는 연결을 만든다. 차가운 물에서 시작해 뜨겁고 먼지 날리는 외부로 흘러가는 온도의 건축으로 존재하면서, 사람들을 기후와 연결한다. 이 이름 없는 작품은 현대 건축의 유명한 작품들이 그토록 찬양하고 있는 내부와 외부의 구분을 없애고 있다.

그것은 표현한다. 빨래터는 특정한 가치를 만들어내고, 그것이 만들어내는 시간과 공간의 어느 한 지점에 존재한다. 그것은 그 안에서 일어나는 활동에 의해 완성되며, 활동은 그것이 있어야 가능하다. 그것은 말을 하지 않는다. 무언가를 흉내 내지도 않는다. 빨래터는 빨래들처럼 보이려고 애를 쓰지 않는다. 다만 그곳에서 빨래를 빠는 행동이 빨래터를 만들고, 다시 빨래터가 빨래 빠는 행동을 결정한다.

건물은 그 내용물처럼 보여야 한다고 생각하기 쉽다. 예를 들면, 미술관은 예술작품처럼 보여야 하기 때문에 '창의적'이고 '조형적'이어야 하고, 공항은 마치 이륙 직전인 듯이 보여야 한다는 생각이다. 쇠락한 지역을 개발할 때는 솟구치는 희망의 선을 표현해야 한다는 식이다. 그러나 이런 생각은 너무 이상하다. 설사 그런 생각이 칭찬을 많이 받은 건축가들이 지은 크고 비싼 몇몇 건물의 바탕에 깔려 있다고 하더라도 마찬가지다. 르퀘의 소 모양 외양간을 조금만 생각해보면, 이런 생각이 얼마나 어리석은지 알 수 있을 것이다. 컨테이너가 그 안에 실린 물건처럼 생겨야 할 이유는 거의 없다. 운송수단처럼 지어진 건물이란 벽돌로 만든 배만큼이나 멍청하다. 딸기를 딸기 모양으로 된 접시에 담아 먹어야 하는 것은 아니다.

건축물이나 그릇은, 그것들이 어떻게 만들어지고 무엇으로 만들어졌는지에 따라, 그 역할에 대한 물리적 · 사회적 경험을 바꿔 놓는다. 본차이나에 담긴 음식은 플라스틱에 담긴 것과 같지 않으며, 흰 접시나 노란 접시, 금박 입힌 나뭇가지로 장식한 접시와 당근을 먹는 피터 래빗이 그려진 접시도 마찬가지로 다르다. 젓가락과 포크는 서로 다른 요리법과 서로 다른 에티켓을 의미한다. 건축물도 마찬가지다. 그것들은 서로 보완하고, 서로 영향을 준다.

두 개의 물 관련 작품들, 즉 포르투갈의 빨래터와 연방의 우정 분수 사이에는 건축의 많은 것이 흐르고 있다. 둘 다 뭔가를 표현하고 있지만, 하나는 사용을 통해서, 다른 하나는 신호를 통해서 하고 있다. 하나는 행동을 통해서, 다른 하나는 보는 것을 통해서 한다. 대부분의 건축물은 정도의 차이는 있어도 둘 다 하고 있다. 성 요한 네포무크라고도 알려진 뮌헨의 아잠 교회는, 확신을 주기 위해 지어졌는데, 규모면에서 보면 빨래터보다는 분수가 노리는 바에 가깝다. 그렇다고 선전이라고 하기에는 너무 단순하다. 이 성당은 건축에서 진실의 가변성을 보여주는 좋은 예라고 할 수 있다.

1733년부터 1746년에 걸쳐 도심에서 약간 떨어진 곳에 지어진 이 교회는, 신과 건축에 대한 헌신의 표현이자, 에기트 퀴린 아잠과 코즈마스 다미안 아잠 형제의 기도의 표현이기도 했다. 그들은 건축가이자 조각가, 미장이, 화가로서 서로 기술을 공유했으며, 18세기 바이에른의 환상적인 교회 건물을 함께 만들어 명성을 얻었다. 그러던 중 동생 에기트 퀴린이 자기 돈으로 땅을 구입하여 스스로 교회를 짓기 시작한다. 의뢰인의 변덕에 간섭받을 염려 없이 정확하게 자신들이 원하는 대로 짓고 싶었기 때문이었다. 그는 바로 옆의 집도 사서 파사드를 바꾸고 그곳에서 살았다. 집과 교회의 경계벽에 창을 달아 자신과 형의 창조물을 집에서 들여다 볼 수 있도록 했다.

아잠 교회는 존 손 경의 주택 혹은 박물관이나 딘 가든스와 마찬가지로, 자신만의 우주를 만들려는 강박의 산물이다. 하지만 그것은 신도들이 예배를 드릴 수 있는 공적인 용도도 함께 갖고 있으며, 교회와 뮌헨이라는 문화의 한 부분이기도 했다. 아잠 형제의 경력은 바이에른 선거인단이 주재하는 한 협회에 대한 봉사와 더불어 간다.

선거인단은 가톨릭교회의 지원을 받으며, 다분히 중세적인 세계관을 보전하는 데 열중했다. 당시는 과학혁명이 막 일어나고 있었고, 산업혁명이 다가오고 있었으며, 계몽주의가 곧 찾아올 참이었다. 그러나 아잠 형제와 그들의 후원자, 그리고 지배자들은 그 모든 것이 없어지기를 바랐다. 그들의 교회는 구질서에 대한 자신만만한, 또는 필사적인 주장이었다.

교회는 앞쪽으로는 6층짜리 주택의 평평한 앞면이 주욱 늘어서있는 길 한가운데까지 나와있고, 위로는 그 주택들의 지붕 바로 아래까지 올라가 있다. 흰색 외에도 핑크와 검붉은 빛이 도는 자주, 오렌지, 바닷빛을 띤 녹색이 부가적인 색으로 들어가 있는데, 순수한 색이 아니라 여러 색을 섞어 칠해져 있다. 치장벽에는 과일들이 장식용 천처럼 늘어져 공중에 매달려 있는데, 사실적이고 섬세한 형상은 장인의 솜씨를 보여준다. 과일들이 조금만 더 건물 바깥으로 튀어나왔더라면 마치 뚝 떨어져 내릴 것만 같다. 리본, 나뭇잎, 천사들이 마치 거품처럼 번져나가면서 옆에 있는 에기트 퀴린의 집 파사드로 이어져, 그 집까지 교회의 황홀경 속으로 끌어들이고 있다. 가장 낯선 것은 인도에 돌출해 나온 바위덩어리다. 마치 교회가 알프스 산비탈에 걸쳐져 있는 것만 같다. 모든 주변 환경이 우리가 알프스 (맑은 날에는 뮌헨에서도 보이기는 한다)에 있지 않다고 말하는 가운데, 툭 튀어나온 그 바위의 자연스러움은 비현실적인 느낌을 불러일으킨다.

여기까지는 전면일 뿐으로, 안으로 들어가기 전에 목을 고르는 것에 불과하다. 그런데 내부를 지배하고 있는 '공백에 대한 공포'•, 다

• 아리스토텔레스는 자연은 빈 곳을 채우려는 성질이 있다고 했다. 그 후의 사상과 예술에서도 이를 받아들여, 인테리어나 그림을 여백 없이 꽉 채우는 구성을 보인다.

성 요한 네포무크 또는 아잠 교회, 뮌헨, 에기트 퀴린 아잠과 코즈마스 다미안 아잠 설계, 1746년.

아잠 교회와 에기트 퀴린 아잠의 집의 자세한 모습.

메리온 광장, 더블린, 1762년 이후.

시 말해 뒤집은 돌 밑에 박혀있던 징그러운 벌레들 같이, 꿈틀거리는 장식으로 뒤덮인 표면을 묘사하기 전에, 독일의 다른 시대 다른 지역에서 나온 사상 하나를 먼저 소개하는 것이 좋겠다. 20세기 프랑크푸르트의 사상가 발터 벤야민은 이렇게 말했다. "건축이란, 배경으로 경험될 뿐 그 외는 아무 것도 아니다."

언뜻 들으면 이 말은 나를 의기소침하게 한다. 적어도 정신을 좀 차리라는 요구로 들린다. 벤야민의 말은 삶의 여러 행동과 드라마의 뒤편에, 신중하고 묵묵하게 서 있는 것이 건축의 역할이라는 뜻인 듯하다. 여러 시대에 걸쳐 건축가와 평론가들은 바로 그러한 근엄한 익명성의 건축, 즉 아잠 교회와는 정반대의 것을 추구해왔다. 철학자이자 때때로 건축가이기도 했던 루드비히 비트겐슈타인은 벽돌로 밋밋하게 지어진 더블린의 조지 왕조식 테라스에 대해 말하면서, 이런 건축은 "느낌이 좋은데, 특별히 중요한 할 말이 없다는 걸 잘 알고 있기 때문이다"라고 했다.

하지만 조금만 더 생각해봐도, 벤야민의 말은 나를 그렇게 억누르지 않는다는 것이 드러난다. 알프스도 배경이 될 수 있고, 리우 카니발이나 맨해튼의 스카이라인도 마찬가지고, 심지어 전쟁도 그러하다. 그리고 이 모든 것들이 연극이나 영화의 배경이 되어왔다. 〈메트로폴리스〉나 〈블레이드 러너〉는 스토리만큼이나 배경이 중요한 요소다. 건축이 배경이라면, 그것은 우리 삶에서 일어나는 사건들에 색을 칠하고, 형태를 부여하고, 억제하거나 부풀린다. 가장 기억에 남는 일은 그것이 일어난 장소와 연관되어 있다. 배경을 빼고는 생각이 떠오르지 않을 때도 있다. 사람들이 결혼식이나 기념행사를 어디서 할지, 생일 축하는 어디서 할지 고심하는 까닭이 바로 여기에 있고, 자신들이 사랑에 빠졌을 때, 슬픈 소식을 들었을 때 어디서 그랬는지 기억하는 것도 바로 이 때문이다. 그래서 건축이 배경이라면, 더 중요하지, 덜 중요하지는 않다.

단순하게 생각하면, 레스토랑이 스테인리스로 되어 있는지 아니면, 오동나무 판자나 벨벳 휘장, 혹은 플라스틱 마감인지도 거기서 일어난 일을 떠올리는 데 도움이 된다. 세라믹 타일은 욕실에서는 정상이지만, 식당에서라면 이상하다. 그 식당이 17세기 네덜란드나 이베리아 반도에 있지 않는 한 그렇다. 건축이 배경이라면, 그로 인해 나타나는 결과도 있다. 무엇보다도 먼저, 모든 건축 공간은 그 내부가 아무리 장엄하고 완벽하다 할지라도, 결국은 그 바깥에 무언가가 존재해야 완성된다. 아무 생각 없이 그 앞을 지나가는 어떤 사람일지라도 말이다. 건축가가 이렇게 건물 바깥을 잊고, 언제나 전경으로 나서려고만 애쓰고, 외부와 함께 어울릴 여지를 허용하지 않는다면, 그 건축물은 실패한다.

한편으로, 건축이 삶의 경험들과 얽힌다면, 의식도 없는 건물 소재들이 어떻게 그런 일을 하는지 당연히 물을 수 있다. 비활성 물질이 나타내는 효과를, 자기장이나 중력을 알기 전에 과학자들이 함부로 들이댔던 원격작용이라는 개념에 기대지 않고 설명할 수는 없을까? 또 어떻게 하면 건물의 기둥과 구멍마다 그런 것들이 깃들어 있다는 엉터리 심리학을 피할 수 있을까?

여기에 즉각적인 답은 없다. 그러나 느린 답을 찾으려면, 아잠 형제에게로 돌아가는 것이 도움이 된다. 그들이 스스로 무엇을 하고 있다고 생각했는지, 즉 도대체 어떤 진실이 이들 건축에 구현되었는지, 그리고 실제로 그들이 한 것은 무엇인지 살펴보는 것이다. 아마도 아잠 형제는 하나의 건물이 그것을 넘어선 어떤 현실을 표현할 수 있다는 데 추호의 의문도 갖지 않았을 것이다. 겉모습만 보더라도, 아잠 교회는 이전 수 세기 동안의 다른 교회들과 하나도 다르지 않다. 바로 조각과 그림에 나오는 천국의 이미지다. 먼저 이곳의 인테리어는 우리를 한 줄기 신성한 광채를 받고 있는 제단으로 이끈다. 그리고 착각을 불러일으키는 그림에 의해, 갈라진 듯 보이는 천정은 까마득한 하늘로 열려있고, 그 속에 성 얀 네포무크가 순교한 블타바 강에서 천사들에 의해 떠받들어져 구름을 타고 올라가고 있다. 제단과 둥근 천장 사이에 걸린 십자가에 박혀 있는 그리스도가 천상과 지상의 세계를 연결한다. 성인들의 조소상이 그 뒤를 보좌하며 떠있다. 천장과 벽을 구분하는 강렬한 수평선이 이 땅에서 태어나 죽을 수 밖에 없는 우리들과 저 너머 천상의 풍경 사이에 경계를 짓고 있다. 십자가에 묶여 있는 그의 중재와 교회의 도움을 받아야만 넘어설 수 있는 경계다.

여기까지는 너무나 명쾌하다. 그러나 또한 꽤나 진부하기도 하다. 여느 신학적 글 혹은 아마겟돈이 임박했다는 '휴거' 책들과, 아잠 교회를 구별해줄 만한 묘사가 앞의 글에는 거의 없기 때문이다. 이곳은 신앙에 대한 하나의 해설이다. 하지만 교회를 흥미롭게 만들어주는 것은, 특정 시간과 장소에 물리적 소재를 이용하여 표현한 이미지와, 그곳에 인간이 머문다는 사실이다. 유한한 생명에서 천상으로의 이행이라는 생각이 단순하게 보일지라도, 그것의 실현은 결코 그렇지 않다. 아잠 형제는 그때까지 알려진 모든 재료와 기술을 이용하고, 소재의 다양한 특성을 샅샅이 조사했다. 거기에는 공감과 반전, 경이로움이 있다.

이 교회는 벽으로 둘러싸인 홀과, 지붕을 지지하며 부속 공간을 만드는 기둥이라는, 오래된 기본 패턴을 따르고 있다. 하지만 무게와 구조에 대한 예상만은 혼동을 불러일으킨다. 벽들은 얇은 몰딩으로 만들어져 마치 종이 같아, 실체가 없는 듯 보인다. 그런가 하면 실체가 확실히 느껴지는 기둥들은 돌출해 있어, 지지받지도 않고 지지하지도 않는 듯한 형상이다. 건물을 지지한다는 적절한 공학적 역할을 박탈당한 채, 그것들은 장식의 부속물이 되어 있다. 마치 패션 화보 속의 건설노동자를 보는 것 같다. 이곳에서는 무겁고 둥근 것은 공중에 떠야 하고, 건물을 지탱하는 벽은 가볍고 얄팍해 보여야 한다는 것이 규칙인 모양이다.

외관과 실체는 게임을 한다. 대리석은 진짜도 있지만, 어떤 것은 가짜다. 그러나 어느 것이 진짜인지 가려내기가 쉽지 않다. 신도석과 고해실에 있는 나무도 분명 나무다. 그런데 때로는 나무라고 알아볼 수 없도록 과일과 꽃들의 화관으로 조각돼 있다. 햇빛은 노란 스테인드글래스와, 금박을 입히고 조각이 새겨진 창틀로 더 밝게 느껴진다. 천장에는 건물이 그려져 있는데, 그것이 아래로 내려오면서 삼차원의 형체로 변한다.

메아리가 공간을 가로질러 퍼져나가기 시작한다. 요동치는 코니스*의 조각된 장식매듭에서, 천사의 너풀거리는 옷자락, 철사로 만든 뻗어나가는 식물줄기까지 모두 S자 곡선이다. 천장에 그려진 두 줄기의 긴 연기가 아래에서 꼬여 올라오는 보리사탕 기둥을 이어받으면서, 바위는 증기가 되고, 다시 구름이 되어, 승천하는 성인을 싣고 올라간다. 또한 천장에는 한 무리의 시민들이 중부 유럽식 탑들이 있는 어느 도시, 아마도 얀 성인의 순교지인 프라하에 모여, 이 기적을 목격하는 장면이 그려져 있다. 그들은 천사와 성인보다 위쪽인 천상의 영역에 배치되어 있지만 분명히 지상의 인간들이며, 지상에서 보고 있는 신도들과 같은 인간들이다.

교회는 이제 개개의 물질과 이미지의 정체들이 사라졌다 다시 나타나는 거품방울로 만들어진 듯 보이기 시작한다. 하지만, 단지 그렇게 보이기 시작한 것뿐이다. 동작과 환상에 이 교회는 열광하지만, 그래도 아잠 형제는 차이와 위계에 대한 설명을 이어간다. 그들은 우리가 동물과 사물의 차이, 인간과 신의 차이를 잊지 않기를 원한다. 그들의 목표는 모든 지식을 녹여버리는 것이 아니라, 경험과 외양 사이에서 보이지 않는 것이 드러나는 공간을 창조하는 것이다.

---

* 기둥과 천장의 연결부위로 돌출된 부분

아잠 교회, 인테리어.

천국이라는 비물질이 물질에 구현돼 있다. 발뺌하고 눈치보는 불완전한 신도들의 육신이 모인 장소에서다. 교회는 젠트링어 거리에서 문 하나와 복도 하나만 거치면 다다를 수 있는 곳으로, 도로에서 불과 얼마 떨어져 있지 않다. 이것이 1733년에서 1746년의 바이에른에서 만들어진 천국의 모습이다. 이 시기와 이 장소는 다른 시기와 다른 장소들과의 관계 속에서 자신이 어디에 서있는지에 대해 자신만의 관점을 갖고 있다. 오직 자신만의 인상으로 건물과 인공물을 만들 수 있을 뿐이다. 설령 다르게 만들기를 원했다 해도, 달리 할 수가 없다.

아잠 교회는 따라서 하나의 불가능성, 즉 날짜가 찍힌 영원, 경계벽이 쳐진 무한, 거리주소가 적힌 천국이다. 어쩌면 아잠 형제는 자신들의 낙원을 그림으로만 표현해 관람자들의 물리적 공간에서 완전히 분리할 수도 있었을 것이다. 영화관에서 그러하듯 관람자들을 어둠 속에 밀어 넣을 수도 있었다. 그렇게 하면 사람들의 존재는 아주 작아지고, 이미지와 일상의 외부 공간 사이에는 단절의 구역이 형성된다. 그러나 그들도 자신들의 개념이 지닌 모순, 즉 가게 점원을 보는 것만큼이나 손쉽게 성인들을 만난다는 부조화를 제거할 수는 없었던 것 같다. 또 자신들이 창조한 이미지가 물질로 만들어져야만 한다는 사실을 회피할 수도 없었을 것이다. 질척한 회반죽이 굳어져 프레스코가 된다. 숨겨진 목재 뼈대들은 숲에서 잘려 나온다. 금속은 암석에서 추출되어 열을 가해 성형된다. 돌들은 잘려서 땀과 욕설과 함께 운반된다. 그들의 천국은 조명을 밝혀야 한다. 창문으로 자연광이 들어오게 하든, 그러려면 건설작업이 또 필요하겠지만, 아니면 심지와 동물기름으로 만든 양초라도 있어야 한다.

아잠 교회는 우리를 이해시키려고 애쓴다. 그것이 보여주는 이미지는 현대의 환영기술이 해내는 만큼이나 선명하다. 하지만 그 디자인은 우리로 하여금 무대 뒤의 기계장치를 눈치채게 한다. 상당부분이 판자인 실내와 달리, 입구에 있는 바위는 진짜다. 그러나 이 장소는 명백히 인공적이다. 그 돌은 이 교회에서 가장 진짜이면서 또한 가장 가짜인 요소다. 그것은 우리에게 곧 환상이 제공되리라는 사실을 초입에서부터 알리고 있다.

천장의 트롱프뢰유• 그림은 내부 건축과 통합되어 있는데, 그림 속의 기둥과 아치는 교회의 물리적 구조로부터 뻗어 나온 듯 보인다. 그러나 한 지점에서 보았을 때만 그렇다. 다른 지점에서 보면 그려진 것들의 끝 지점과 실제 물리적 공간은 어긋난다. 그것은 착각을 불러오는 그림이 가진 태생적 한계다. 정교하게 그리면 그릴수록, 잘못된 각도에서 보았을 때는 더욱 더 이상하게 왜곡된다. 그래서 어느 누구도 자신이 진짜로 천국을 바라보고 있다고 생각하지 않을 것이며, 또는 그렇게 생각해야 한다고 느끼지도 않을 것이다.

아잠 형제는 진실을 표현하고 싶었다. 그러나 가짜의 도움으로 그렇게 했다. 가짜를 완벽하게 그럴듯하게 만드는 것은 거짓이 될 뿐이다. 하지만 때때로 그것은 환영의 허구적 본질을 폭로해 주기도 한다. 진짜와 가짜가 손을 잡는다. 그 둘이 결합한 결과는 진정한 가짜라고 부를 수 있는 공간이다. 그러나 이 교회를 저급한 예술이 되지 않도록 (간신히) 지켜주는 것도 그 둘의 역할이다. 영화나 근본주의 기독교 저술에 나오는 천국의 묘사와 비교해보자. 이들은 실제 자신들이 그렇지 못한데도, 우리를 이해시킬 수 있는 능력에 대해

• '눈을 속이다'는 뜻의 프랑스어로, 실물과 착각할 정도로 정교한 그림 혹은 시각적 환영과 착각을 주는 기법을 말한다.

훨씬 더 확신에 차 있다. 이들의 관점은 규범적이고 억압적이며, 관객이나 독자의 마음에 어떠한 여지도 남겨주지 않는다.

아잠 형제가 개인적 우주를 창조하고 싶었다면, 그들은 지루함을 넣을 수 밖에 없는 위험을 무릅써야 했다. 더욱 나쁜 것은, 개인적인 환상을 다른 사람에게 강요하는 것이었다. 다른 사람의 꿈을 듣는 일은 언제나 따분하다. 남의 꿈 속에 사는 일은 더욱 그렇다. 남에게 자신의 꿈을 강요하는 것은 건축가들의 유명한 악덕이다. 그럼에도 자신들의 세계를 만들어 가는 것이 건축가의 일이고, 무관심과 중립을 핑계로 건축가는 또 다른 종류의 압제를 만들어낸다.

아잠교회는 위압적이긴 하지만, 상상이 들어설 공간을 남기고는 있다. 그 공간은 오직 교회 안에 있는 예배자와 관람자의 움직임과 행동, 해석과 상상력이 채울 수 있다. 이 교회가 미완성 혹은 배경인 이유가 바로 그것이다. 또한 교회는 종교적 의식과 활동을 위해 만들어졌기 때문에, 음악, 말씀, 향기, 촛불이 없이는 그 전체를 이룰 수가 없다. 천장에는 오직 눈과 마음만 거주할 수 있지만, 다른 곳에는 육신의 모든 감각이 관여한다. 이 교회는 그 시대에 맞춰 지어져서, 관습적인 디테일을 색다르게 사용했다거나 당시의 다른 건물로부터 차용한 모티브 같은 것들이 어떤 특정한 의미가 있었을 테지만, 이제는 잊혀져 대부분의 관람자들은 알지 못한다.

하지만 오늘날 이 교회를 보는 것이 우리에게 무용하지는 않다. 나는 18세기의 바이에른 사람이 아니다. 교회의 그림 속에 묘사된 기적들이, 거대한 쇠똥구리가 하늘에서 태양을 굴리고 있다는 이집트 인들의 믿음 이상으로 있을 법하지 않다고 생각한다. 교회의 화려함은 내가 자라난 환경인 프로테스탄트적/불가지론적/모더니즘적 취향에는 거부감을 주기도 한다. 나는 관광객으로, 관람자로, 건축에 관한 저자로 이곳을 방문했다. 교회는 역사적 대상물이 되었고, 그것에 생기를 불어넣으려면 상상력을 동원해야 한다. 이곳에 대한 나의 경험은 18세기 예배자들과는 상당히 다를 것이다. 나는 주로 눈과 마음을 통해 교감했지, 그들이 했던 것처럼 육체, 움직임, 시각 외의 다른 감각으로 경험하지 않았다. 그래도 이 교회는 내게 무의미하지 않았다. 내가 냉담하도록 내버려두지 않았다.

나는 이 교회에 들어간 노력과 장인적 솜씨를 높이 평가한다. 게다가 여기에는 어딘가로 끌려들어가는 느낌이 있다. 그것은 인간 자신과, 인간이 우주에서 차지하고 있는 위치에 대한 어떤 깨달음이다. 아잠 형제에게 그 깨달음은 유일한 진실이었고, 내게는 연극이나 그림에서 느끼는 것과 같은 하나의 진실이다. 내가 아잠 형제의 신념을 글자 그대로 혹은 온전히 받아들여, 감동받거나 깨달음을 얻어야만 하는 것은 아니다. 그것은 이 교회가 언어가 아니라 건축물이며, 메시지가 아니라 물질과 구조로 내게 펼쳐지고 있기 때문이다. 이곳은 설교나 게시판이 아니라, 내가 들어가 머무를 수 있는 하나의 공간이다. 나는 이 곳에서 돌아다닐 수 있고, 그런 움직임을 통해 이곳에 대한 나의 경험은 바뀌기 때문이다.

말하자면 아잠 형제의 교회는 진실함의 연극 버전이다. 그곳에서 환상과 기교는 현실의 한 형태를 만들기 위해 사용된다. 하지만 건축에서 진실에 대한 다른 개념도 있다. 19세기와 20세기에 등장한 것으로, 이와는 거의 반대 개념이다. 약간의 변형이 있긴 하지만, 공통된 주제는 건물이 스스로를 솔직하게 보여 주어야 한다는 것이다.

환각, 눈속임, 가장은 금기다. 이제 어느 건물을 두고 '무대장치'라고 부른다면 그것은 모욕이다.

존 러스킨은 1849년 《건축의 일곱 등불》에서 이렇게 말했다.

> 우리 거짓말을 하지 말자. 거짓 하나 정도는 괜찮겠지라거나, 하나 더 한다고 뭐 달라지겠어, 혹은 의도하지 않았는데 라고 생각해서는 안 된다. 그 모든 것들을 던져 버려라. 별거 아닐 수도 있고 어쩌다 나온 것일 수도 있다. 그러나 그렇다 하더라도, 그것들은 모두 연기 나는 굴뚝의 추한 검댕이다. 어느 것이 가장 크고 가장 시꺼먼지 상관하지 말고, 우리 마음에서 깨끗이 닦아내는 게 맞다.

그는 예술가와 장인들이 '진실의 등불'에 충실하기를 바랐다. 건물에 들어가는 재료와 기술을 정직하게 드러내면 아름다움은 자연스레 따라 나온다는 것이다. 진실을 외면하면 타락과 쇠망으로 이어지리라. 그는 세 종류의 '건축적 기만'이 있다고 생각했다. 건물의 구조, 소재, 솜씨의 속임수다. 그는 아무 것도 지지하지 않는 기둥, "연녹색 가짜 대리석의 역겨움", 수공예를 모방해 기계로 가공한 장식을 싫어했다. 그는 '감각적인 여성'에 비유하며 분개했다.

> 느낌을 아는 여성이라면 가짜 보석을 싫어한다. 마찬가지로 명예를 아는 건축가라면 가짜 장식을 경멸할 것이다. 그런 것을 사용하는 것은 새빨간, 용납될 수 없는 거짓말이다. 갖고 있지 않은 가치를 마치 지니고 있는 듯 드러낸다. 그것은 노력이 들어가지 않은 것을 마치 들어간 것처럼 하거나, 노력이 들어간 것을 자연스러운 양 가장한다. 그것은 부담스

> 럽고, 상스럽고, 뻔뻔하며, 무엇보다 죄악이다. 그런 것은 무너뜨려 산산이 부숴버린 후, 망가진 그대로 둬 다른 사람이 볼 수 있게 하라. 당신은 대가를 지불하면 안 되고, 관련도 없으며, 원하지도 않는다.

건축이 진실하면 보상이 크고, 건축이 거짓되면 벌은 더 크다고 했다. 러스킨은 중세 건축이 14세기에 운명적인 전환을 맞았다고 보았다. 그 시기에 건축가들은 "천국에서 가장 가까운 곳으로 나아가면서" 자신들의 진실한 원리를 버리기 시작했다. 러스킨은 가장 큰 범죄가 "돌로 된 교회의 창살을 그물이 짜인 것처럼" 만들기 시작하면서 일어났다고 했다. 이는 그다지 해가 없는 것으로 볼 수도 있다. 요즘 관광객들이라면 러스킨이 말하는 타락이 일어나기 전이나 후의 작품 모두에 똑같은 즐거움 혹은 지루함을 느낀다. 예를 들자면, 그들은 케임브리지 대학 킹스칼리지의 예배당(나쁜 예)을 샤르트르 대성당(좋은 예)만큼이나 좋아할지 모른다. 하지만 러스킨에게 그 차이는 절대적이다. 돌을 짜여 있는 무언가처럼 보이게 깎았다면, 그것은 가장하기 시작했다는 것이다. 중세 건축이 이런 오류를 범했기에, "건축의 진실은 사라졌고, 영원히 가라앉았으며, …… 잘못된 열정과 부드러운 호사가 건축을 무너뜨리고 해체시켜 버렸다"고 했다.

이런 얘기는 독한 술에 취해 약간 제정신이 아닌 상태에서 내뱉는 고함처럼 들린다. 건물의 디테일에서 종말을 본다는 것은, 옥스퍼드 거리에서 어느 광신도가 수년 동안 메고 다녔던, 렌즈콩이 성욕을 유발한다는 광고판만큼이나 설득력이 없다. 그러나 이 글은 건축사에서 가장 영향력 있는 글 중 하나이며, 현대 건축에서 반복적으로 나타나는 주제의 근원이다. 건물은 기능, 소재, 구조, 시대정신에

'진실'해야 한다는 것이다. 이런 주장은 때로는 장식이 은폐의 한 형식이라며 그것을 제거하는 추세를 낳기도 하고, 다른 면에서는 산업용 소재가 기계의 시대를 충실하게 반영한다며 추켜세우게 하기도 했다. 러스킨이라면 이런 두 가지 변형 모두를 싫어했겠지만, 그의 말에서 비롯되어 마침내 철근이나 콘크리트 골조를 그대로 노출하는 오피스 빌딩들이 나타났다. 리처드 로저스가 파이프와 배관을 드러내 현대적 건축물을 만들기로 했을 때, 그는 러스킨에게 빚을 진 셈이다.

하지만 러스킨은 스스로를 결박하고 있다. 진짜와 가짜 사이의 차이는 절대적이며 불변이라고 선언했을 때, 아마도 그는 일부 회색지대를 인식했을 것이다. 예를 들어, 금박은 모든 사람들이 그것이 진짜 금이 아니라 다른 무엇에 막을 입힌 것이라는 사실을 알고 있기 때문에 허용된다. 미켈란젤로의 시스티나 성당 천장에 그려진 그림은 우리가 그것이 진짜가 아니라는 것을 알 수 있기 때문에 괜찮다. 그의 뒤를 이은 모더니스트의 후예들도 그와 유사한 왜곡을 일삼았다. 르 코르뷔지에는 현대적 소재인 강화 콘크리트로 만든 것처럼 보이는 건물을 디자인했는데, 사실은 블록작업에 콘크리트를 덧바른 것이었다. 뉴욕에 있는 미스 반 데어 로에의 시그램 빌딩은 방화벽에 가려 보이지 않는 골조를 상징적으로 드러내기 위해 외벽에 수직의 강철 빔을 붙였는데, 사실은 그것들이 건물을 지지하고 있다.

러스킨은 철골구조를 싫어했다. 그의 논리대로라면 그것도 돌이나 나무처럼 노출되어야 하는데, 그렇게 주장할 수가 없었기 때문이었다. 그는 이 소재에 보일 수 있는 권리를 부여했다. "금속이 일정 정도는 건축에 들어갈 수 있고, 때로는 반드시 들어가야 한다는 것은 명백하다. 목조 건축의 못이나, 석조 건축의 리벳과 납땜이 합당한 것과 마찬가지다."

그는 자신의 열정적인 개인적 경험을 불변의 법칙으로 바꾸려 시도하면서 아주 멀리 빗나가 버렸다. 그는 성서의 언어를 사용하면서, 미래의 모든 건축에 계명을 내리려고 했다. 그리고 최후의 심판 나팔로, 건축에서 축복받은 것과 저주받은 것을 판정하려 했다. 그렇다 해도 그가 건축에 적용한 예리한 통찰과 감성은 여전히 관심을 끈다. 그는 건축의 소재에 강렬한 감정을 불어넣었다. 그런 건축이 많지는 않았지만, 그의 눈에는 선명하게, 하지만 역시 죽음을 탐하는 것으로 보였을 것이다. 그의 《베니스의 돌》에 나오는 산 마르코 성당에 관한 글을 보자.

> …… 짙은 녹색의 사문석은 눈송이들처럼 점점이 박혀있고, 대리석은 햇빛을 반은 내치고 반은 받아들이며, 클레오파트라처럼 '입맞춤할 새파란 핏줄'이다.

'진실'에 대한 그의 글은 이런 진실함을 담고 있다. 건축물이 어떻게, 그리고 무엇으로 지어졌느냐는 중립적이지 않다. 돌이나 목재로 만든 틀, 혹은 손으로 깎은 것과는 느낌이 다른 주형에 대고 찍어낸 장식물은 모두 각각의 특성이 있다. 다리의 교각이 놓인 화강암 블록은 강도 때문에 사용되고, 호텔 욕실의 대리석판은 관리의 용이함과 호화로운 느낌 때문에 쓰인다. 카 도로 궁의 섬세한 조각은 후원자의 부를 나타낸다. 맥도널드의 변함없는 노란색 M은 전 세계에 자신의 존재를 각인시킬 힘과 의지를 가진 한 회사를 말해준다. 물건에도 정치는 있다.

재료의 특성 또는 역할은 찬사를 받을 수도 있고, 즐겨 사용될 수도 있지만, 남용되거나 훼손될 수도 있다. 비누로 조각한 장미나 콘크리트로 만든 소는 재료를 전혀 예상치 못한 방식으로 사용했기 때문에 놀랍다. 그러나 똑같은 이유로 그것들은 싸구려 예술에 가깝다. 줄지은 형광등 불빛이 새시 창을 통해 보이는 현대의 오피스빌딩에 팔라디오식 전면을 갖다 붙인다면, 그 효과는 만족스럽지 않을 것이다. 팔라디오식 건축은 대개 쌓기구조의 특정 형태를 말하며, 그곳에는 입면에 난 창들에 따라 정렬된 분할식 방이 들어간다. 따라서 거기에 오픈플랜* 사무실이 보인다면 정돈된 느낌이 나지 않을 것이다. 만약 튼튼한 오동나무로 된 튜더 왕조식 건물과 비슷하게 보이려고 얇은 나무조각을 벽돌 주택에 붙여 놓았다면, 혹은 압출성형한 유리섬유 강화플라스틱으로 수제 나무 몰딩을 흉내 냈다면, 그 효과 역시 값싸고 초라해 보일 것이다. 만약 어느 기둥이 무언가를 지지하는 척하는데, 그 비율이나 소재가 전혀 그럴법해 보이지 않을 때, 그것은 성가시게 보인다.

대부분의 사람들은 러스킨이 그러했듯 대운하에 비친 카 도로의 입면을 찬양한다. 무거운 돌이 가벼워 보이고, 거의 천처럼 느껴진다. 그리거나 조소로 대리석이나 나뭇결의 효과를 낸 것도 매력적일 수 있다. 하지만 그것들이 명백히 진짜가 아니라는 것을 밝힐 때 더욱 빛을 발한다. 근엄하기 그지 없는 고전주의 건축의 도리스 양식은 목조 건축을 석조로 모방한 것이다. 구타라고 불리는 작은 쐐기

---

* 건물 내부를 벽이나 칸막이로 나누지 않은 평면을 말한다.

는 원래 목조에서는 보를 고정하는 데 쓰이는 대못이었다. 도리스 양식은 많은 노고를 들여 그 모양을 재현했다. 아잠 형제가 극단적인 예로 보여주듯이, 건축가는 진실을 드라마틱한 형식으로 담아내기 위해 구조가 가진 본원의 특성을 조작하기도 한다. 다시 말해, 어떤 물체가 대리석처럼 보이거나, 아니면 실제 뭔가를 지지하고 있는 듯이 보이지만, 실제로는 그럴 수도 있고, 그렇지 않을 수도 있는 것이다. 그렇다고 극단적일 필요는 없다. 웨스트 런던에 있는 집들의 전면 치장벽토도 어느 정도는 드라마적 요소가 있다. 가면이나 분장 혹은 변장의 형식이다. 말하자면 우리가 우리처럼 보이기 위해서는 약간의 위장이 필요하다는 인식인 것이다.

거기에 원칙은 없다. 다만 건축에서 존중받기도 하고 무시되기도 하는 어떤 특성이 있는 것이다. 러스킨의 생각대로라면 내적인 요소를 중시하고 그것을 드러내면 존중받을 수 있다. 아잠 형제 식이라면, 환상을 창조하기 위해 내면의 요소를 이용했을 때 존중받는다. 중요한 것은, 어떤 작업이 이루어졌든 그것은 분명히 의식을 동반한다는 점이다. 즉, 회반죽은 회반죽이고 철은 철일 뿐이다. 우리가 그것들에 어떤 인식과 기대를 갖고 있느냐는 게 중요하다. 두 방식 사이에 절대적인 균형이란 없으며, 어느 것이 옳고 어느 것이 그른지도 분명치 않다.

리처드 로저스가 런던과 (렌조 피아노와 함께) 파리에서 작업한 건물에서 분명하게 드러나는데, 건물은 상징이자 동시에 도구이기 때문에 혼동이 일어난다. 로저스의 건물은 자유와 변화를 상징하지만, 그 자신이 모더니즘 건축을 경유하여 러스킨을 이어받고 있기 때문에, 아잠 형제의 극적 속임수를 스스로에게 허용할 수 없었다. 그는 노출 파이프와 설비들을 상징으로, 즉 소품과 무대장치로 사용했다. 그러면서도 마치 그것들은 자신들의 주된 역할이 도구인 듯 행동하고 있다. 특히 퐁피두 센터와 로이드 빌딩을 다른 건물보다 훨씬 유연하고 자유로운 것처럼 만들었다. 하지만 과연 그것이 진정으로 그러한지에 대해서는 입증할 자료가 없다. 다만 로저스가 브랜드의 놀림감이 되었다는 것 말고는. 파이프의 이중적 역할은, 몸에 딱 달라붙는 바지를 입은 배관공이나, 널럴한 작업복을 입은 클레오파트처럼, 말이 안되기는 한다. 만약 그것이 위생을 위한 실용적 보조물이라면, 왜 거기에 색칠을 하고 노출시켜 놓고는, 추위에 대비해 값비싼 단열을 해야만 했을까? 만약 그것이 배우의 과장된 몸짓 같은 거라면, 왜 일상적이지 않은 특별한 무언가로 그걸 하지 않았을까?

이미지라는 면에서 보면, 퐁피두 센터와 로이드 빌딩은 탁월하다. 그 건물들은 장인적 솜씨와 자신감을 갖추고 있고 시각적 재치를 뽐내며, 보여지는 모습은 두 도시에 대한 인식과 경험까지 바꾸어 놓는다. 그것은 시각에만 그치지 않는다. 적어도 퐁피두 센터에 관한 한 그렇다. 동선의 형태와 건물, 광장, 에스컬레이터가 만드는 물리적 관계도 파리에 대한 경험과 인식을 바꾸고 있다.

만약 어느 대도시에 대형 미술관을 설계해야 한다면, 나는 브랜드보다 로저스에게 일을 맡기겠다. 그러나 외관의 힘에 지나치게 의존하면 건축의 많은 부분이 망가진다. 가장 먼저, 다른 감각에 의한 경험이 사라지고, 재료와 빛, 공간에 의한 표현과 외관 연출이 제한된다. 상징과 도구의 혼용, 즉 하나를 다른 것으로 사용하려는 시도는 보기 흉한 실수를 낳기도 한다. 또 이렇게 섞다 보면 겉모습을 위해 기능을 희생하게 된다. 사실 용도와 극적 효과, 혹은 도구와 상징이 적대적이어야 할 이유는 없다.

건축에서 상징은 단어나 문장, 도로 표지 혹은 광고, 조각이나 그림과 같지 않다. 그것은 더욱 미묘하다. 건물은 시간이 흐르며 지어지며 거주하는 것이고, 물질과 공간, 빛, 이미지, 운동, 사용을 통해 자신을 드러낸다. 어떤 건물의 의미와 용도는 고정적이지 않으며, 통제할 수도 없다. 건축가들이 어쨌든 뭔가를 짓기 위해서는 고착성과 확실성을 부여해야 하는데도 그러하다. 좋은 건물이란 단호하지만 완고하지 않다. 건축이 어려운 이유 가운데 하나가 바로 이것이다.

건축의 불안정성은 또한 그것의 품위이기도 하다. 이것이 바로 부패, 독재, 탐욕, 공포, 과대망상, 억압에 의해 형성된 장소들이 아름답고 자유로울 수 있는 까닭이다. 유럽에서 가장 칭송받는 공공공간의 상당수가 여기에 해당한다. 의뢰인과 건축가가 그들의 편협한 야심이 제시하는 것보다 더 풍부한 무언가를 창조할 수 있는 이유도 바로 그것이다.

4

아찔한 환상, 해체되는 중력 … 섹스

"방의 문은 닫히고 나면 사라진다.
그곳에서 연인들은 자신들만의
지평선, 자신들만의 중력,
자신들만의 공간을 만든다."

"그런데 백작부인은 ……" 그녀는 걸음을 멈추며 말했다. 나는 문이 열렸을 때 막 대답을 하려던 참이었다. 하지만 감탄에 막혀 아무 말도 할 수 없었다. 나는 놀랐고, 기뻤고, 내게 무슨 일이 벌어질지 더 이상 짐작조차 할 수 없었다. 이제는 그냥 마술을 믿어보기로 했다. 문은 닫혔고, 그곳은 이제껏 내가 보지 못했던 세상이었다. 사방의 벽은 온통 작은 숲을 내려다보는 듯하게 꾸며져 있었다. 나무는 땅에 뿌리를 박지 않은 듯 허공에 떠 있었다. 사실 그곳은 거대한 거울로 된 방이었다. ……

비방 드농의 단편 〈내일은 없다〉에서 젊은 남자 주인공은 저녁부터 밤까지 아름다운 T 부인에게 유혹받는다. 사건은 실내에서 펼쳐진다. 오페라 극장의 관람실, 달빛 드는 마차 안, 늙은 남편의 성에서 함께 한 싸늘한 저녁 식사, 그리고 성의 정원이다. 실외라도 밤이라 어둠에 둘러싸여 마치 실내 같다.

사건은 나무가 빽빽한 테라스, 풀이 무성한 강둑, 작은 정자를 배경으로 진행된다. 하지만 뭔가 진행이 더디다. T 부인의 "품위에 관한 원칙들"이 장벽을 치면서, 그리고 현재 남자 주인공이 사귀고 있는 백작부인이라는 껄끄러운 존재 때문이다. 하지만 마침내 "우리는 무릎이 풀리고, 힘 빠진 팔이 서로 얽히면서, 소파에 주저앉았다. …… 달은 기울고 있었고, 마지막 달빛은 성가시게 느껴지던 단정함의 베일을 이내 걷어냈다." 그들은 정원에 접한 센 강의 물결이 찰랑대는 소리를 들었고, 그것은 두근거리는 그들의 심장과 박자를 맞춘 듯했다.

오페라 관람실에서 정자까지, 공간은 유혹의 공범이다. 그것은 은신처, 친밀감, 기분전환, 암시, 위장이며, 풀 무성한 강둑과 소파라는 시기적절하고 실질적인 도움도 준다. 물결 소리와 달빛의 마법적 효과는 감각을 자극한다. 자연과 인공이 오페라에서 달, 성, 강으로 이어지며 교차한다.

정자 이후로는 잠시 머뭇거린다. 그리고 나서 두 사람은 성에 있는 "훨씬 더 매력적인 방"으로 들어간다. 그들은 불 꺼진 계단과 현관, 비밀의 문, 좁고 어두운 "미로"와도 같은 복도를 지난다. 이 과정은 하나의 입회식처럼 묘사된다. 방으로 들어가기 직전에, T 부인의 양심의 가책•이 잠깐 다시 나타난다.

> "하지만 백작부인은 ……" 그녀는 걸음을 멈추며 말했다.

그는 대답을 하려다 펼쳐진 방의 놀라움에 말문이 막혔다. 환상적인 나무숲과 "거울방"에 압도되었기 때문이다. 조명은 어디서 나오

• 주인공인 젊은 기사는 백작부인과 애인 관계인데, 백작부인의 친구인 T 부인이 주인공을 유혹하여 자신의 저택에서 하룻밤 정사를 갖는다.

는지 알 수 없게 숨겨져 있고, 향로와 제단 위 촛불, 꽃과 화환, 큐피드와 다른 신들의 조각상이 놓여 있는 그곳은 흥분을 위해 만들어놓은 하나의 신전이었다. 작은 동굴이 하나 있는 그곳에는 풀밭을 닮은 카펫이 깔려있고, "침대 위에는 큐피드들이 침대 지붕을 받치고 있고, 침대에는 베개가 더미를 이뤄 쌓여 있었다."

어느 순간 주인공은 "내가 욕망하는 대상은 더 이상 T 부인이 아니라, 이 작은 방이었다"고 고백한다. 그러나 이 거울공간에서 불가피한 일은 벌어지고 또는 벌어지려 하고, "그 순간에, 우리가 얽혀있는 모습이 모든 각도에서 반복되고 있었기 때문에, 나는 이곳이 행복한 연인들로 가득 찬 듯 보였다." 그들이 굴로 들어가자, 교묘하게 장치된 스프링이 그들을 쿠션 더미 위로 떠밀어 넣는다. 필연적인 과정이 지나고, 그녀는 그의 백작부인에 대해 다시 물어본다. 그러나 다시 한 번 그의 대답은 방해를 받는다. 이번에는 날이 밝았음을 알리는 충직한 하인이다. 그리고 그들은 떠난다.

그가 정원으로 돌아오자, 햇빛에 마법은 풀어지고, 이제 그 방은 꿈만 같이 느껴진다. "마법에 홀린 자연이 아니라, 내가 본 것은 순진무구한 자연이었어"라고 그는 중얼거린다. 그러다 예기치 않게 T 부인의 정부인 '후작'을 만나게 된다. 그리고 그는 전날 밤의 일이 자신과 후작, 남편이 얽힌 하나의 교묘한 계략이었음을 깨닫는다. 오로지 그녀만이 전체 그림을 쥐고서, 모든 것을 조종하고 있었던 것이다. 그는 관객이 없는(독자들은 제외하고) 한 편의 연극에 자신도 모르게 출연한 배우였다. 이야기가 시작되었던 오페라 극장의 공연은, 그들이 하룻밤의 모험을 찾아 1막이 끝난 후 자리를 떴지만, 이야기가 끝날 때까지 일련의 장면 전환을 거치며 다른 형식으로 계속

되고 있었던 것이다.

그 작은 방은 물론 문학적 장치로 설정된 허구다. 만약 마법의 스프링과 가짜 풀밭 카펫이 있는 방이 실제로 있다면 아마 우스꽝스러울 것이다. 그러나 드농은 에로틱한 분위기 가득하게 그 공간의 특징과 효과를 묘사했다. 그런 공간은 책 바깥에서도 얼마든지 찾아볼 수 있다. 주인공의 세계는 극장에서 비밀방에 이르기까지 그리고 정원까지 포함해 거의 다 실내다. 한결 같은 공간과 분위기의 흐름이다. 거기서 지붕, 파사드, 쌓기구조, 그 밖에 건물의 외부적 특징은 거의 나오지 않는다.

그 세계는 강물 소리, 향내, 쿠션의 부드러움, 거울의 시각적 혼란이 얽혀 다중감각으로, 하나의 감각에서 다른 감각으로 넘어가는 경험의 세계다. 예를 들어, 빛은 부드럽게 비추고, 신음 소리와 사물의 소리가 감각을 드러낸다. 인공물은 자연을 차용한다. 심하게 인공적인 그 방은 숲, 꽃, 정원을 장식으로 이용한다. 그것의 이미지는 "너무나 예술적으로 그려져, 표현하고 있는 모든 대상에 환영을 일으킨다." 방은 실내이고 창문도 없지만, 두 사람이 앞서 희롱을 나눴던 정원보다 더욱 긴박하고 많은 것을 담고 있다. 안과 밖을 나누는 경계가 이렇게 녹아 없어진다.

드농의 공간은 관점과 중력을 풀어헤친다. 그곳에는 지평선이 없고, 다만 그림자 속으로, 또는 불분명한 가장자리 속으로 사라져 버린다. 숲은 "허공에 뿌리를 내리고 서있는 듯"하다. 방은 세상과 단절되어 있고, 그곳에 이르기 위해 거쳐야 하는 복도는 미로와 함께 시작된다. 방의 문은 닫히고 나면 사라진다. 여기서 연인들은 자신들만의 지평선, 자신들만의 중력, 자신들만의 자연을 만든다.

그들을 지켜보는 것은 신들과 큐피드, 천장에 그려진 신화적 존재들이다. 그것들은 에로틱한 분위기의 보조물로는 약간 구시대적이다. (그러나 완전히 그렇지는 않은 것이, 런던의 스트립클럽이나 상하이의 사창가 입구를 표시하는 고전적 비너스 상들도 꽤 있다.) 드농의 소설에서는 그것들이 안전한 노출을 도와준다. 누군가 연인들을 지켜보지만, 그들은 진짜 사람은 아니다. 그리고 그 순간의 육욕을 고전적 신들의 영원한 영역으로 옮겨놓는 완곡한 인증의 표현이기도 하다. 품격이 좀 떨어지는 현대로 옮겨오면, 포르노 영화를 배경으로 사랑을 나누는 관행쯤이 될 것이다. 그것은 개인적 행위를 인류 보편의 차원으로 인도한다.

거울도 연인들의 모습을 목격하고 있다. 사창가나 호색가의 방에서 볼 수 있는 천장에 달린 거울이나 침대머리 거울은 섹스를 위한 공간에 어김없이 등장하는 물건이다. 나는 마이애미의 한 아파트에서 거울투성이의 침실을 본 적이 있다. 푸마라고 알려진 한 라틴계 가수가 소유했던 집이다. 서섹스의 한 농가에서는 변태적 섹스를 위해 개조한 건물을 보기도 했다. 캘러헌 총리 시대의 추악한 호색취향으로는, 갈색 벽돌과 갈색 가죽으로 장식한 디스코 바와 창문에 핑크색 레이스와 반바지처럼 생긴 주름장식을 두른 수영장도 있다. 여기까지도 감을 못 잡는 독자를 위해 설명하자면, 한 사우나에서는 스코틀랜드 전통의상인 킬트를 입은 남자 사진으로 조명기구를 장식했는데, 치마가 바람에 날려 부풀어 오른 모습이다. 그리고 성기가 있을 자리에는 작동을 기다리고 있는 전등스위치가 붙어있다. 이곳의 카페오레색 거품욕조는 마치 디스코볼을 안팎으로 뒤집어놓은 것 같은 다면거울로 되어있다.

"욕망은 자신의 이미지에 의해 재생산된다"고 드농은 말한다. 이 역시 거울이 갖는 힘 가운데 하나다. 거울은 연인들에게 자신들의 몸 전체를 외부의 시선으로 볼 수 있게 해준다. 마치 그들이 피카소식 콜라주에 들어가기라도 한 듯, 안과 밖을 동시에 보게 된다. 거울은 연인들을 자신들만의 쇼의 주인공으로 만들어 매력을 맘껏 느끼게 한다. 거울 앞에서 연인들은 또한 관객이기도 하다. 거울은 또한 그들의 행동을 바깥으로 발산시켜 그들이 속해 있는 공간의 일부를 형성하면서 그 너머로 더 넓은 세계를 만들어준다.

드농이 묘사한 비밀스런 방의 실제 버전은 시간 단위로 방을 빌려주는 일본의 러브호텔에서 찾아볼 수 있다. 러브호텔은 인구밀도가 높은 일본의 도시에서 프라이버시를 빼앗긴 사람들을 위한 것이라고 한다. 혹은 공개적인 결혼과 사적 욕구가 구분된 일본 사회의 수요에 부응하는 것이라고도 한다.

멀리 에도 시대의 게이샤 찻집에서 유래를 찾아볼 수 있는 러브호텔은 외관만으로는 어떤 곳인지 전혀 감을 잡을 수 없고, 바깥 도시와의 접촉은 최대한 불분명하게 만들어진, 뜬구름 같은 곳이다. 어떤 러브호텔은 눈에 띄지 않기를 원하는 사람을 위해 은밀한 계단을 두기도 하고, 또 일부는 체크인을 자동화해 들어오는 동안 어떤 사람과도 접촉이 없게 한다. 러브호텔은 부드럽고 반짝이고 털이 풍성하게 장식되어 있으며, 역시나 거울이 많다. 복도의 나무, 침실의 바다 전경 같이 인공적인 자연을 주제로 삼는 곳도 있다.

이곳은 드농의 방과는 달리 장비들을 갖추고 있다. 팔다리를 벌린 채 묶을 수 있도록 수갑이 달린 X자 나무판, 쇠사슬, 기발한 형상의 의자와 그네, 창살이 달린 우리, 바이브레이터와 윤활제 자판기.

러브호텔 인테리어, 도쿄, 2010년.

어떤 곳은 서로 다른 커플이 함께 들어와 상대 커플의 행위를 볼 수 있도록 유리 칸막이를 설치해놓기도 했다. 하여간, 주제 하나는 확실하다. 어떤 면에서는 인조 정원과 고전주의 신상들이 갖춰진 드농의 방도 이와 비슷하다고 할 수 있다. 그러나 러브호텔은 훨씬 직접적이다. 여기에는 감방, 로마식 욕조, 스테인드글라스가 달린 '성당 스타일'의 방, 우주선, 지하철, '음탕한 간호사놀이 방'도 있다. 유아증은 흔한 테마다. 회전목마, '헬로키티 SM방', 교실도 있다. 신성모독도 물론이다. 기독교의 십자가를 검게 칠하고 수갑과 족쇄를 달아놓았다. 그로테스크한 것도 있는데, 의도적으로 흉측하게 그려놓은 동물 이미지에 색깔과 표면을 역겹게 만들어 놓았다.

테마를 설정하는데 이렇게 열심인 이유가 무엇인지 약간 이해가 안 된다. 작가인 키리노 나쓰오의 주장은 이렇다. "일본인은 섹스할 때 어떤 비현실감이 필요하다. 그들은 섹스 자체보다 오히려 섹스가 만들어내는 판타지를 더 사랑한다." (일본인들은 어쩌면 여자보다 그 방을 더 욕망한다고 했던 드농의 주인공과 비슷한 것 같다.) 그렇다면 이런 테마 설정이 일탈감에 기여한다는 설명도 가능하다. 즉, 창문이 없고 입구도 숨겨진 러브호텔의 역할극 장치들은 일상의 세계에서 연인들을 탈출시킨다. 동시에 통속적이고 만화적인 이미지는 위협과 공포를 줄여준다. 그들은 섹스를 하나의 재미있는 놀이 정도로 다루면서 섹스에서 일종의 에너지를 얻는 것이다.

장식은 품위의 한 형식으로 여겨지기도 한다. 우리가 섹스에 대해 말을 하거나 글을 쓸 때는 언제나 관련 행위와 신체부위를 직접 지칭하지 않는다. 그 대신 암시하거나 에둘러 가볍게 바꿔 말하곤 한다. 러브호텔의 테마 설정도 마찬가지다. 이런 테마도 내용에 충실하게 따라가다 보면 결국 육욕을 좇는 것과 다를 바가 없다. 그 주제가 우주이건 고대 로마 시대나 헬로키티건 그건 그리 중요하지 않다. 그건 단지 지칭하기 어려운 무언가를 대신할 뿐이기 때문이다. 중요한 것은 어쨌든 이런 것들이 꾸준히 이용되고 있다는 사실이다.

이런 특별한 용품이 최음제로 과연 얼마나 효과가 있는지는 분명치 않다. 내가 아는 한에서는, 우주선 이미지가, 집에 있는 침대나 일반 호텔과 비교해도 섹스 능력이나 쾌감을 높여준다는 것이 아직 검증되지는 않은 것 같다. 사실 어떤 물건은 흥분을 일으키는데 너무 열심이라 오히려 안쓰럽기까지 하다. 환상 속에서 갑자기 휴지통이나 에어컨 같은 평범한 물건이 튀어나오면 정신이 확 깨지나 않을지 모르겠다.

러브호텔의 침실은 섹스의 표상이다. 하지만 그것은 현실적이라기보다는 오히려 머릿속 생각에 가깝다. 그곳은 사실 인테리어 디자인이 필요없기 때문이다. 러브호텔의 방들은 영국의 어느 부동산 개발 업자가 내게 해주었던 말을 다시 떠올리게 했다. 아파트를 진짜 잘 팔리게 해주는 것은 이제까지는 멋진 주방이었지만, 얼마 전부터는 두 사람이 들어가기에 충분히 큰 샤워실이라고 그는 말했다. 이 주제에 대해서도 연구가 미흡하기는 마찬가지지만, 나는 여기서도 사실보다 머릿속 생각이 더 중요한 작용을 하고 있지 않을까 생각한다. 아파트를 사고 나서, 에로틱한 샤워의 가능성을 한두 번 탐색하고 나면, 그것은 곧바로 내팽개쳐진 실내 운동용 자전거 꼴이 된다. 실제 사용보다는 의도와 더 관계가 있는 물건이다.

실제로 존재하는데도, 러브호텔은 허구적인 드농의 방처럼 부자연스럽고 비현실적으로 보인다. 둘 다 대본이 너무 상세하고, 미리

위 〈무제(늙은이들, 1995)〉, 게이 섹스클럽, 딘 사메시마.
아래 〈무제(하버 시티 놀이공원)〉, 1996-7년, 딘 사메시마.

규정해 놓은 것들이 너무 많다. 가족생활을 위한 딘 가든스도 그와 같았다. 섹스에는 대본을 써 줄 건축이 필요없다. 그것은 어디에서나 일어난다. 골목, 공원, 부엌, 비행기, 트럭휴게소, 하물며 인터넷에서도 가능하다. 대개의 경우, 그리고 대부분의 사람들에게는, 음탕한 간호사놀이 방보다는 한 잔의 와인과 한 덩어리의 빵, 그리고 사랑스런 파트너가 더 중요하다.

딘 사메시마라는 사진작가는 〈원더랜드〉라는 사진 연작을 통해 로스앤젤레스 게이 섹스클럽의 외관을 기록했다. 그곳은 장식 없는 나즈막한 건물로, 그 도시 어디에나 내리쬐는 햇볕을 받고 있으며, 창문은 막혔거나 아예 없다. 밤을 기다리는 사람들에게 대낮의 햇살은 눈이 부신 모양이다. 어떤 식으로든 표면을 처리해야 했기 때문에 각 건물에는 색이 칠해져 있는데, 소나무의 짙은 녹색이나 썩은 라즈베리색, 모래색 등 아무렇게나 고른 한가지 색깔뿐이다. 직사각형 입면은 그 도시의 대다수 건물들과 마찬가지로 가로로 길쭉하다.

이 건물들은 밋밋해서 거의 산업시설 같은데, 공장들이 대개 간판을 달고 있다는 점에 비춰보면, 산업적 이미지 그 이상이다. 묵묵함은 광고와도 같은 효과를 낳는다. 볼 것이라고는 아무 것도 없는 정면의 문 역시 밋밋한데, 그래서 오히려 더 도발적이고 강렬하다. 사진의 힘은 관능적인 맛이 전혀 없다는 데 있다. 오직 사메시마가 붙인 제목에서만 그런 느낌을 받는다. '무제(칸막이 방 12, 가죽으로 된 2단침대 1, 옥외 정원, 분수 1, 이발소 의자 1, 잡동사니 평상, 중국풍 장식)'이란 제목이다. 러브호텔이 딘 가든스와 같다면, 이 헛간은 베일머와 같다고 하겠다. 가망 없는 장소에 사람이 살게 하는 인간의 무한한 능력을 보여준다.

사메시마는 또 어떤 공원에 있는 섹스 장소도 사진으로 찍었다. 클럽과 마찬가지로 여기에도 사람은 없는데, 이 사진의 힘은 바로 그 보이지 않는다는 것에 있다. 그곳에는 무성한 나무가 있고, 일부는 빽빽하고 낮은 관목이다. 잡초 같은 노란 꽃들 사이로 사람이 지나다닌 흔적이 있다. 꽃들 사이 길이란 순수하겠지만, 이 경우에는 어떤 목적이 있다. 그것은 관목 속 어둠으로 향하고, 그 앞에는 쓰러진 나무둥치가 하나 널브러져 있다. 이 나무둥치 위에 늘어져 있는 굵은 밧줄의 용도는 짐작만 할 수 있을 뿐이다.

이 공원이 처음부터 섹스를 위해 만들어지니 것은 아니다. 여러 우연이 겹치면서 욕망의 손이 이곳을 바꿔놓은 것이다. 게이 클럽이 있는 건물 역시 원래는 그런 목적으로 만들어지지 않았을 것이다. 사진 설명에 나와있는 갖가지 가구들이 러브호텔이나 드농의 방을 떠올리게는 하지만 말이다. 욕망에 대한 디자인은 가장 노골적인 곳에서 가장 그럴법하지 않은 곳까지 다같이 흘러내린다.

섹스가 어디에서든 일어날 수 있다는 사실은, 건축이 건물에서 일어날 활동에 맞춰 지어져야 한다는 통념에 도전한다. 내가 오로지 사랑 행위만을 위해 디자인된 방을 찾기 위해 소설을 뒤져야 했던 것은, 그런 장소들이 보이지 않게 감춰져 있기 때문이었다. 러브호텔을 보면, 에로틱한 공간을 만들려는 시도들이 종종 쓸데없이 너무 포장돼 있어, 실제로는 요점을 놓칠 수도 있다는 것을 말해준다.

그렇다고 설정이 아무 상관이 없다는 말은 진실이 아니다. 그것은 펼쳐주고, 자극하고, 유혹하고, 감정을 불러일으키고, 실망시키고, 미루지만, 어떨 때는 섹스를 가능하게 한다. 사람들의 섹스에 대한 요구 조건은 매우 간단하다. 편안하고, 어둡고, 프라이버시가 보장되고, 분위기가 아늑하면 된다. 특이한 성적 취향을 위한 보다 구체적인 조건이 있을 수 있지만, 그런 조건도 어느 정도는 갖춰져 있다. 열정, 위험, 일탈을 일으키기 위해 건축이 종종 어떤 적절한 수준을 제시하기도 한다. 섹스에 관해서라면 건축이 배경이라는 말은 정말 진실이다. 또한 이런 설정과 행동의 관계는 지극히 간접적이라, 반전과 예외적 상황이 자주 나타나곤 한다.

1981년 7월 29일 영국의 황태자는 덮개 열린 사륜마차를 타고, 세인트 폴 성당에서 플리트 가와 스트랜드 가를 따라, 트라팔가 광장을 가로지르고 세인트 제임스 공원 옆을 지나, 버킹엄 궁으로 향했다. 그의 옆에는 스무 살의 아름다운 신부 다이애나가 앉아있었다. 그녀는 숫처녀인 것으로 인정받고 있었다. 이는 당시로서는 너무나도 중요한 사항이었다. 그들이 가는 길에는 무려 60만 명의 환호하는 군중과 열광적인 텔레비전 중계가 뒤따랐다.

아마 두 사람은 몰랐겠지만, 그들이 달렸던 길은 200년 전에는 런던의 주요 악행의 거리였다. 18세기에는 이 길이 시티 오브 런던과 시티 오브 웨스트민스터를 잇는 활기찬 사업의 거리였고, 따라서 매춘의 기회도 생겨났다. 물건들을 전시하고 팔고 거래하고 넘기는 사람들로 붐볐다. 지하에 흐르는 강을 따라 골목과 집들이 템스 강 쪽으로 세워져 있어, 이 거리에서 이뤄지는 거래를 위한 훌륭한 설정을 제공했다. 매춘부가 세든 방들이 빽빽하게 모여있는 건물들과 공원의 으슥한 곳이나 덤불도 그러했다.

역사학자 댄 크룩생크가 적었듯이, 스트랜드 가와 플리트 가의 공적 공간에서 골목길 안의 사적 공간까지, 런던의 거리 구조와 인적 구성이 이들 공간의 성매매 형태와 내용을 결정했다. 그곳은 수많은 고객을 불러 모았고, 그들에게 필요한 공간을 제공했다. 1787년《더 타임스》에는 다음과 같은 기사가 실렸다.

> 매일 밤 서머싯 하우스 앞에서 매춘부 무리들이 벌이는 외설 행위로 그곳을 지나는 일반인들이 낯뜨거워 할 뿐 아니라, 그곳을 지나가는 것조차 극히 위험하게 만들고 있다.

문장가로 유명한 제임스 보즈웰이 그 일반인의 관점을 제시했다.

> 나를 이발사라고 부르는 키 작고 성마른 여자를 하나 골랐고, 그녀와 6펜스에 합의했다. 팔짱을 끼고 공원 끝으로 가서, 기계는 도랑에 담가 놓고 남자답게 해치웠다. …… 스트랜드에서 헤픈 어린 것을 하나 골라 그녀에게 6펜스를 줬다. 그 망할 년이 들어오라고는 해놓고, 하지 않겠다고 했다. 그녀보다 내가 훨씬 힘이 셌으므로, 억지로 그녀를 담벼락에 밀어붙였다.

그 거리는 이성애자 물론 동성애자도 애용했다. 특히 세인트 클레멘트 데인스 교회 근처, 세인트 폴 성당 주변, 증권거래소와 거리의 동쪽 끝 지역이었다. 여기에는 '물쥐'라 불리는 부두노동자들이 많이 꼬였다. 어느 작가는 1699년 자신이 겪은 일을 이야기한다.

> 내 친구가 '거무스름한 남색꾼'이나 '초자연적 간통꾼'이라 부르는 사람들 가운데로 떠밀려 들어갔다. 그들은 '순종 영국 뚜쟁이'가 '이쁜 처

녀'를 응시할 때만큼이나 욕정에 가득 차 '멀쩡하게 생긴 젊은 남자'에게 추파를 던졌다.

조지 왕조 때 런던의 성매매가 스트랜드와 플리트 거리에만 국한된 것은 아니었다. 18세기 런던에서는 성매매가 활발하지 않은 지역을 찾기가 더 어려울 정도였다. 크룩생크가 표현한 대로, 매춘은 런던 경제에 상당한 부분을 차지했다. 무엇보다 그곳의 수익금이 부동산 개발에 투자되었다. 조지 왕조 시절 런던의 광장과 테라스는, 오늘날에는 당시의 사려깊은 취향으로 많은 칭송을 받지만, 실제는 매춘알선꾼과 사창가 주인의 돈세탁 작업의 일환으로 만들어진 것이었다.

성매매는 자체 건축도 발생시켰다. 목욕탕과 사창가가 결합된 '바니오' 같은 것인데, 이제는 런던의 건축사에서 거의 사라진 건물 형태다. 그것은 증기탕으로, 때로는 이국적인 오스만 왕조식으로 설계되기도 했다. 그곳에서의 목욕은 정도의 차이는 있을지라도, 매춘 및 불법적 애정행각을 위한 위장에 지나지 않았다. 템스 강 남쪽 연안에는 복스홀 유원지가 있었다. 모임과 오락을 위한 장소인데, 이곳에 사람들을 끌어들이는 주된 요소가 섹스였다. 이곳에는 숲과 그늘이 줄지어 있어 강 건너 벽돌 도시(스트랜드 가와 플리트 가)의 대안이었던 셈이다. 여기서는 공간이 열려있어 유혹의 무대가 잘 드러나 보인다. 사람들은 이곳에서 짝을 얻어, 거의 전용 수준이었던 칸막이 레스토랑에 들렀다가, 어두운 수풀이나 나무가 우거진 오솔길 속으로 들어갔다.

또한 소호 광장의 칼라일 하우스도 있다. 17세기에 지어진 이 건물은 오스트리아 출생의 가수이자 배우, 댄서, 매춘부, 그리고 카사

복스홀 유원지, 런던, 1751년.

노바의 전 애인이었던 테레사 코르넬리스가 확장하고 장식했다. 건물의 목적은 가면을 쓰고 참석하는 음악파티인 가장무도회의 무대였다. 가면은 유혹과 밀회, 매춘을 용이하게 해주었다. 현대인들은 칼라일 하우스를 '요정궁'이라 부르기도 하는데, '조명과 장식의 광채'를 뿜어내는 이곳의 화려함은 에로틱한 분위기를 연출하는데 한몫 했다. 내부에는 로코코 양식의 미장과 샹들리에로 장식되고, 거울이 달린 방들이 줄지어 있고, 중국식도 몇 개 있었고, 어떤 방은 벽을 따라 두른 나무들로 들판에 나와있는 느낌을 주기도 했다. 일본의 러브호텔이 면밀히 탐구했던 역할극 건축과 섹스의 관계가 이곳에 이미 수립되어 있었다. 모두가 실내였다. 건물 외관은 평범하며, 기숙학교에나 어울릴 만한 모습이었다.

하지만 18세기 런던의 섹스 사업 대부분이 위에서 언급한 건물들에서만 진행된 것은 아니었다. 전혀 다른 용도로 설계된 공간에서도 벌어졌다. 여러 개의 방과 편리한 계단을 갖춘 전형적인 조지 왕조풍의 타운하우스도 같이 사창가 역할을 했다. 창문은 광고판이었다. 밖에서 보이도록 여성들이 창가에 서있었고, 발가벗거나 외설적인 동작이나 포즈를 취하기도 했다. 섹스는 길거리, 골목, 공원과 같은 개방된 공간도 이용했다. 보즈웰이 자신의 무뚝뚝한 쾌락을 찾아낸 장소가 이런 곳들이다. 오랜 시간을 들여 정제한 드농의 비밀스런 방과는 거리가 멀다.

그리고 그만큼의 거리감이 런던 출신 윌리엄 호가스의 정신없는 그림과 한 세대 후 프랑스에서 태어난 장-오노레 프라고나르의 그림 사이에서도 발견된다. 프라고나르의 그림에는 아름답게 꾸며진 정원에서 소년소녀들 같이 묘사된 귀족들이 추파를 던지며 희롱하고 있다. 드농의 경우처럼, 그의 그림에도 공간과 욕망이 공모한다. 장미는 얼굴의 홍조와 일치하며, 어여쁜 나뭇잎이 모여있는 모양도 페티코트의 무늬와 비슷하다. 인간과 자연이 기쁨을 공유하며 어우러진다. 그림 속의 인물들은 햇빛과 그늘, 옷의 질감과 피부 모두 화면 가득 부드러운 색조에 흠뻑 젖어 있다. 심지어 석상조차 동참한다. 호가스는 사람 많은 길거리에서 눈치보지 않고 서로 더듬고 입을 맞추는 육욕의 발작을 보여준다. 그림에서 다른 사람들은 품위를 지키고 있거나, 아니면 일하거나, 혹은 술에 취해 정신이 나간 사이에, 남녀는 짝을 지어 서로 얼싸안고 파고드는데 여념이 없다. 질병의 반점과 염증이 상류층과 평민, 육욕에 빠진 남녀와 정숙한 체하는 여자의 얼굴에 무차별적으로 퍼지고 있다.

프라고나르의 그림과 마찬가지로, 이 그림에도 욕망은 메아리치며 무생물에게까지 전파된다. 막대, 기둥, 곤봉, 첨탑, 늘어진 간판

기둥은 모두 무언가를 암시하고, 물이 줄줄 흐르는 갈라진 파이 껍질, 열려 있는 맥주통 뚜껑, 물고기 바구니 또한 그러하다. 한 소녀의 장난감은 의미심장하게 열쇠 하나와 함께 그녀의 무릎 위에 놓여 있다. 자세히 들여다볼수록 분위기는 더욱 성적으로 바뀐다. 프라고나르의 그림에서 느껴지는 피부와 감정과 공간의 조화는 찾아볼 수 없다. 그림의 배경은 18세기 런던의 직사각형 모양 벽돌 건물들인데, 마치 그 안에 살고 있을 육체에 대해서는 관심도 없는 듯, 건조하고 볼품없다. 그 안에서 벌어지는 섹스도 크게 다르지 않을 거라는 느낌이다.

프라고나르의 인물들은 나무와 풀이 우거진 숲에서 돌아다닌다. 하지만 호가스의 그림은, 효과를 위해 수정된 부분도 간혹 있지만, 대부분 구체적이고 식별가능한 런던의 거리들이다. 그의 1738년 그림인 〈아침〉은 건축사가들을 기쁘게 해줄 것이다. 코벤트가든 광장에 있는 이니고 존스가 설계한 세인트 폴 교회의 놀라운 토스카나식 주랑현관을 보여주기 때문이다. 또 현란하지만 까다로운 바로크 양식의 건축가 토머스 아처의 희귀한 작품인 러셀 하우스도 보인다. 하지만 호가스는 교회 앞에 있는 판잣집에 관심이 더 많다. 그 집 처마에는 고드름이 달려있고, 문을 통해 한 무리의 폭도들이 보인다. 앞쪽에는 사람들이 모여 있다. 땅바닥에 주저앉은 거지와 손을 불에 쬐고 있는 여인, 그 위로는 키스하는 커플과 여자의 가슴에 손을 넣고 있는 남자가 있다. 이들과 떨어져 제법 큰 공간을 차지하며, 마치

위 장-오노레 프라고나르, 〈음악 경연〉, 1754-5년.
아래 윌리엄 호가스, 〈하루의 네 시기〉 중에서 〈아침〉, 1738년.

이런 방탕한 행위가 보이지 않는다는 듯 앞을 똑바로 바라보는 여성이 있다. 깡마르고 단정한 옷차림인데, 아마도 은퇴한 유명 매춘부일 듯싶다. 그 뒤에는 표정없이 굽실거리는 소년이 따르고 있다. 흥청거리던 밤이 끝나고 아침이 시작되고 있다.

판잣집은 톰 킹의 커피하우스다. 실제 위치는 약간 옆인데, 이 그림의 메시지를 위해 자리를 약간 옮겼다. 이곳에서는 모든 계층의 남자들이 모여, 술 마시고, 매춘부를 찾고, 때로는 싸움질을 했다. 사람들이 많이 찾으면서 현재는 건물이 더 커졌지만, 기본적인 모습은 그대로 남아 있다.

이 건물이 서 있는 곳은 약 한 세기 전에 이니고 존스가 계획한 코벤트가든 광장이다. 런던 최초이자 최고의 주거형 광장으로, 이후 수세기에 걸쳐 이런 방식을 원형으로 삼은 광장들이 여럿 생겼다. 이곳은 파리의 보주 광장을 의도적으로 모방했다. 보주 광장의 원래 이름은 루아얄 광장으로 1605년부터 조성되기 시작했다. 두 광장 모두 직사각형 공간에 가장자리에 아케이드가 서있는 질서정연한 입면으로 구성되었으며, 중앙부는 몇몇 공식 행사를 고려해 설계되었다. 코벤트가든 광장Covent Garden Piazza은 이름이나 건축 스타일 면에서 이탈리아의 공공공간을 연상케 한다.

두 광장의 차이는, 보주 광장이 프랑스 왕의 주문으로 지어진 반면, 코벤트가든 광장은 소유주인 베드퍼드 4대 백작이 가문 땅인 베드퍼드 하우스 부지에 상업적인 부동산 투자를 위해 조성했다는 점이다. 대부분의 부동산개발이 그러하듯, 이곳 역시 실제 상황은 애초 생각에서 상당히 바뀌었다. 투자 방향이 품질보다는 눈에 보이는 것들 위주로 흘러갔다. 세인트 폴의 주택과 교회는 광장 쪽으로는

보주 광장, 파리, 1605년 착공, 루이 13세와 오스트리아의 안느 도트리슈의 결혼을 축하하는 마상 창 시합 장면.

인상적이고 탄탄한 석조 구조를 보여 준다. 그러나 뒤쪽으로 가면 몹시 평범해진다. 애초에 이니고 존스가 제시한 대칭성을 살린 계획을 추진하려 했다 해도, 실현하기는 쉽지 않았을 것이다. 남쪽면은 설계에서 모두 빠져버렸다. 남쪽면이 백작의 정원을 일정 부분 파고들 수 밖에 없게 되는 점이 그의 마음에 들지 않았기 때문이었다. 개인적인 이해가 건축의 질서를 눌러버린 기억할만한 승리다.

보주 광장의 주택들은 궁정의 신하들에게 배정되었으며, 개방 공간은 각종 경기나 야외극 등 궁정과 관련한 활동을 위해 설계되었다. 반면, 코벤트가든의 주택들은 누구든 높은 임대료를 지불하는 사람들을 위한 것이었으며, 개방 공간의 목적도 분명치 않아, 대중들의 시

코벤트가든 광장, 이니고 존스 설계, 1631년, 훗날의 시장 모습, 1726-30년, 요셉 반 아켄 그림.

끌벅적한 삶이 가득한 공터로 남게 되었다. 스트랜드 가로부터 가까운 이곳은 그 거리의 넘쳐나는 악행들을 수용하는 저수지가 되었다.

18세기 초에 베드퍼드의 후손(지금은 공작)은 이곳을 떠나면서 베드퍼드 하우스를 허물고, 그 부지를 부동산 개발업자에게 넘겼다. 광장이 지어질 당시의 고객층이었던 부유한 거주자들도 새로운 단지로 옮겨 갔다. 그리고 이곳은 변변찮고 평판이 안 좋은 용도들로 채워졌다. 17세기 중엽에 돈벌이 사업으로 설치되었던 과일, 꽃, 채소 시장은 확장되었다. 도박장, 여관, 성매매가 들어왔다. 작가들은 이곳을 '비너스 대광장'이나 '국민들을 위한 그랜드 세랄요*'라고 불렀다. 훗날의 엠마 해밀턴으로, 넬슨 제독의 정부가 되는 엠마 하트는 아마 코벤트가든의 어린 창녀였을 것이다. 이제 광장은 벽돌과 돌로 지어진 차분한 고전주의 건물과 킹의 커피하우스 같은 허름한 판잣집과 얽혀 고급과 저급 건축이 아무렇게나 섞인 곳이 되었다.

아케이드는 육체 시장을 위한 그늘막으로 훌륭하게 작동했고, 이니고 존스의 근엄한 건물은 사창가, 매춘부 숙소, 포르노 잡지를 파는 가판대가 점령했다. 한 모퉁이에는 셰익스피어 헤드 여관이 있는데, 그곳의 총괄 웨이터는《해리스의 코벤트가든 숙녀 리스트》를 발행했다, 파렴치하지만 잘 정리된, 정기적으로 업데이트되는 매춘부 목록이었다. 광장 8번지는 해덕스 바니오다. 타운하우스였던 이 집은 우아한 가구가 비치되고, 거울과 얇고 불투명한 '인디안 종이'와 베네치아의 전경으로 장식된 방에 스물두 개의 침대를 갖추고 있었다. 바니오의 표면적인 목적인 목욕을 위한 좀 더 건전한 서비스도 제공된다. 그리고 매춘부와 고객이 만날 수 있는 커피숍도 하나 있다. 아케이드와 커피숍, 침실의 긴밀한 연결은, 스트랜드 거리에서 뒷골목으로 가는 길보다 쾌적하고 효율적으로 공공 영역에서 사적 영역으로의 이행을 제공한다.

코벤트가든 광장은 성매매를 위해 설계되지는 않았지만, 그런 목적에 아주 적합했다. 18세기의 이곳은 품위와 방치가 결합되어, 한쪽에선 성적인 난행을 허용하면서, 건축적 가면 뒤에는 은폐와 배려가 숨어있었다. 이곳의 건물은 나무 판잣집에서 돌로 쌓은 타운하

---

* 오스만 제국의 저택에 있는 아내들과 첩들이 머무는 공간이다.

우스에 이르기까지 다양했고, 부자에서 극빈자까지 그곳의 공간과 매력을 이용하는 모든 사람들에게 들어맞았다. 육욕이 지배한 광장은, 비록 좀 거칠기는 했지만, 사회 각 계층이 한데 모인 놀라운 집합장이었다.

호가스의 〈아침〉은 〈하루의 네 시기〉라는 연작의 하나다. 그 중 〈밤〉을 보면, 코벤트가든에서 플리트-스트랜드 악행 라인에서 약간 떨어진, 채링크로스 근처의 한 장소가 나온다. 후경에는 방화의 아수라장 속에 멀리 찰스 1세의 기마상이 우뚝 서있다. 전경에는 근엄하게 차려입은, 그러나 취한 듯 보이는 남자의 머리 위로 누군가가 요강을 쏟아 붓고 있다. 아마도 그 남자는 위선적으로 난동에 가혹했던 치안판사쯤으로 생각된다. 그들 뒤에는 부숴진 마차가 한 대 보인다. 건물들은 간판으로 보아 두 곳의 바니오와 매춘부들이 애용했던 주점 카디건 헤드다.

이 장면에 나오는 것들은 왕의 기마상을 빼고는 현재 남아있지 않다. 19세기 초에 필요가 없어진 왕실 마구간을 철거하면서, 트라팔가 광장과 그 주변에 넓은 공터를 확보하기 위해 이 지역을 쓸어버렸다. 그것은 혼란스럽고 위험한 지역을 공적인 행사 공간으로 대체하려는 도시정화 조치였다. 정부가 나서서 조사와 감독을 수행하고 기념물로 이곳을 채웠다. 1930년대에 에드윈 러티언스에 의해 다시 지어진 분수들은 유독 크게 만들어졌는데, 너무 많은 군중이 모일 만한 공간을 미리 줄여놓기 위해서였다.

하지만 최근 수십 년 동안 이 광장은 너무 따분하다는 불명예를 뒤집어썼다. 이곳을 활성화하려는 시도가 그 후 계속 이어졌다. 많은 비용을 들여 교통체계를 정비하고, 민간이 후원하는 축제와 예술제를 개최했다. 나는 이러한 노력에 행운이 있기를 빈다. 그런데 이런 사업의 기획자들은 이 광장이 지루한 까닭이 그렇게 만들려고 설계되었기 때문이라는 점은 깨닫지 못하고 있는 것 같다. 한때 위험한 수준까지 올라갔던 육욕을 통제하기 위해 이 지역을 거대한 콘돔이자 진정제로 만들어 버린 것이다. 아직까지 그 육욕은 광장 한 가운데 서 있는 유명한 남근•에 상징적으로 표현되어 있다. ("해밀턴 여사의 손이 넬슨의 기둥을 일으켜 세웠나?"라는 말도 있다.)

코벤트가든도 오늘날은 거리 예술가들과 관광기념품점, 패션 부티크들에 공간을 내주면서 많이 순화되었다. 이제 플리트-스트랜드 라인은 골드만삭스로 시작해 쿠츠 뱅크로 끝난다. 황태자와 처녀가 건전하고 공개적으로 인정받는 결혼의 상징으로 그 길을 달리고 있을 때, 그들은 오염의 거리를 정화하고자 했던 길고 성공적인 작전도 함께 축하하고 있었다.

드농의 방처럼 정교하게 디자인된 것이든, 아니면 코벤트가든 광장처럼 이용된 것이든, 섹스를 위한 공간은 건축의 에로티시즘을 드러낸다. 또 집, 거리, 박물관, 공원을 비롯한 어떤 장소든 그곳에는 만든 사람의 성적 성향이 반영되어 있다. 개발업자, 건축가, 계획가, 이론가는 저마다 자신만의 성적 선호와 다양성을 갖고 있다. 그들도 인간인 이상, 그런 성향은 그들의 작업에 영향을 미친다. 아무리 존중받는 건축물이라 할지라도 그것은 모두 어느 정도는 본능과 욕망에 의해 만들어진다.

• 런던의 트라팔가 광장에는 넬슨 제독의 트라팔가 해전 승리를 기념하는 50미터 높이의 원통형 기념탑이 우뚝 서있다.

내가 만나본 유명 건축가들 대다수는, 적어도 그들 중 남자들은, 정복자적인 성적 성향을 갖고 있다. 그 중 한 건축가의 부인에 따르면, 남편이 자신은 '플러그'이고, '세상은 소켓들로 가득하다'고 말했다고 한다. 다른 어떤 사람은 유명한 나이트클럽을 만들었던 사람이 자신에게 건축을 의뢰하러 와서, 상상 속에서나 존재할만한 파티에 초대되어 그곳에 갔던 경험을 얘기해주었다. '슈퍼모델 100명'이 거기 있더라는 얘기도 빼놓지 않았다. 직원에게 성희롱으로 고소당한 건축가라든가, 어느 미니멀리스트의 전설적인 호색 이야기도 있다. (미니멀리즘의 순수함과 아무데나 들이대는 지속발기증 사이에는 어떤 모종의 관계가 있는 모양인데, 간략하게라도 진지한 학술적 연구를 해볼만한 가치가 있지 않을까?)

사실 이런 이야기는 전혀 새로울 게 없다. 르 코르뷔지에는 그의 우스꽝스럽지만 때로는 인상적인 유혹 기술로 유명했다(유명한 댄서였던 조세핀 베이커). 프랭크 로이드 라이트는 부유한 남자들의 부인들에게 서비스를 제공하며 그들 집의 설계를 맡아 초기 경력을 쌓았다고 한다. 19세기 말 놀라운 성공을 거둔 미국 건축가 스탠퍼드 화이트는 매서운 눈매와 마치 숲으로 차양을 친 듯 빽빽하고 무성한 콧수염을 지닌 사람이었다. 그는 뉴욕에 굉장한 궁전을 하나 설계했는데, 매디슨 스퀘어 가든의 스페인-무어 양식 타워다. 그는 여기에 아파트를 한 채 갖고 있었다. 그의 증손녀인 작가 수잔나 레사드가 묘사한 바에 따르면, 그 집은 구하기 힘든 암갈색, 적갈색, 주홍색, 크롬 황색으로 칠해졌으며, 각종 태피스트리와 동물 가죽은 물론 각종 그림들과 일본에서 가져온 물고기, 그리고 도약하는 바캉트*의 누드 동상도 장식돼 있다고 한다. 또한 그를 즐겁게 해줄 여인이 누워서

위 왼쪽 스탠퍼드 화이트.
위 오른쪽 이블린 네스빗.
아래 옥상 레스토랑, 매디슨 스퀘어 가든, 뉴욕, 미국.

탈 수 있는 붉은 벨벳 그네도 하나 있었다. 그는 언젠가 파티를 연 적이 있는데, 화이트 와인은 거의 벌거벗은 금발의 여인이, 레드 와인은 흑갈색 머리의 여인이 서비스했으며, 세 번째 여인은 카나리아들과 함께 파이 속에서 튀어나왔다고 한다. 1906년, 매디슨 스퀘어 가든의 옥상 레스토랑에서, '나는 백만 명의 여자를 사랑할 수 있어'라는 노래가 불려지는 가운데, 그는 이블린 네스빗의 남편이 쏜 총에 얼굴을 맞아 사망했다. 그녀가 열여섯 살 때, 그리고 화이트가 마흔일곱 살 때, 그에게서 유혹 또는 강간을 당했던 것으로 알려졌다.

아돌프 로스는 지그문트 프로이트와 같은 시대에 활동했던 비엔나의 건축가였다. 그는 스물한 살 때 매독에 걸렸으며, 세 번 결혼했고, 젊은 여배우와 댄서들을 좋아했고, 유죄를 받지는 않았지만 소아성애로 고소를 당하기도 했다. 코르뷔지에가 그랬듯 로스도 조세핀 베이커에게 반했다. 그녀는 관능의 화신으로 1920년대 파리의 밤을 밝혔던 댄서였으며, 그 시기에 로스도 꽤 오래 파리에 있었다. 아마 그녀의 요청이 없었을 텐데도, 그는 그녀를 위한 집을 설계하기도 했다. 운동하는 그녀의 나긋나긋한 육체를 볼 수 있도록 회랑으로 둘러싸이고 유리벽으로 된 수영장을 갖춘 곳이었다. 집의 외부는 로스가 어디에서나 사용했던 순백의 벽체에, 그와 대조를 이루는 강렬한 흑백의 선들을 배치했다. 자신의 유럽인다운 절제와 그녀의 아프리카계 미국인의 에너지가 결합되기를 바라는 희망을 표현한 것으로 보인다. 그러나 그것은 베이커는 공유하고 있지 않은 로스만의 환상이었던 듯, 집은 지어지지 않았다.

• 술의 신 바쿠스를 모시는 여사제다.

위 왼쪽 아돌프 로스.
위 오른쪽 조세핀 베이커.
아래 조세핀 베이커 하우스의 시안, 파리, 아돌프 로스 설계, 1928년. 모델.

그는 섹스와 건축에 대해 놀랄만한 관점을 갖고 있었다. 그는 1898년 〈레이디 패션〉이라는 글에 다음과 같이 썼다.

레이디 패션! 너는 문명의 역사에 수치스러운 한 장이다. 너는 인류의 비밀스런 욕망을 말하고 있구나. 우리가 너의 페이지를 탐독할 때마다 끔찍한 일탈과 가증스러운 타락을 직면하고 우리의 영혼이 전율한다. 우리는 학대받는 아이들의 훌쩍임, 구박받는 아내들의 쉿소리, 고통받는 남자들의 소름끼치는 부르짖음, 화형당해 죽은 이들의 울부짖음을 듣는다. 채찍소리가 울리고, 공기 중에는 그을린 인간의 살에서 나는 탄내가 진동한다. 〈인간 야수〉•에 ……

그는 사실 인간이 동물만 못하다고 했다. 오직 "일년에 한 번" 섹스를 원하는 동물과 달리, 인간은 사시사철 섹스를 원한다. "그리고 우리의 육욕은 단순하지 않고 복잡하며, 자연스럽지 않고 자연에 역행한다." 한편으로, "여인의 고상한 품성은 오로지 한 가지 욕망만을 안다. 그녀는 자신의 자리, 크고 강한 남성의 옆자리를 고수한다." 따라서 그녀는 그의 "부자연스러운 사랑"을 얻어야만 한다는 것이다.

만약 그것이 자연스럽다면, 그 여성은 발가벗은 채 그 남성에게 다가가도 괜찮을 것이다. 그러나 발가벗은 여성은 남성에게 매력적이지 않다.

따라서 "여자는 옷차림을 통해 남자의 육욕에 호소할 수밖에 없

• 1890년에 발표된 에밀 졸라의 소설.

다. 그의 병적인 육욕에 무의식적으로 호소해야만 한다." 여자는 자신을 장식하면서, 길고 불편한 스커트를 입는다. 그것은 자신이 일하는 사람이 아니라 장식되었다는 것을 강조하는 도구다. 그녀는 또 유행에 맞게 자신의 모습을 계속 바꿔야 한다. 로스는 수십 년 전에 레오폴드 폰 자허마조흐• 같은 작가들이 묘사한 "풍만한 여성과 채찍질 장면"에 영향을 받아 "통통하고 성숙한 여자"가 대세였던 때를 떠올린다. 나중에는 "어린애 같은 여자가 유행하게 될 것이다"고 말한다. 로스는 글의 끝부분에 갑자기 여성해방 비슷한 것을 요구하는 식으로 말을 바꾼다. "더 이상 육욕에 호소하는 것이 아니라, 일을 통해 얻은 경제적 독립이 남성과 동등한 지위를 여성에게 가져다 줄 것이다. …… 그러면 벨벳과 실크, 꽃과 리본, 깃털과 안료는 효력을 잃게 된다. 그것들은 사라질 것이다."

〈레이디 패션〉은 후세에 많은 영향을 미친, 그의 유명한 1908년 에세이 《장식과 범죄》의 예행연습이었다. 여기서 그는 "문화의 진화란 일상적인 물건에서 장식을 제거하는 것과 동의어다"라고 선언한다. 어린이나 "자신의 피부, 보트, 노 등 손에 닿는 모든 것에 문신을 새기는" 파푸아인 같은 원시적 인간은 장식을 해도 비난을 면할 수 있다. 그러나 "스스로 문신을 하는 현대인은 범죄자이거나 퇴폐적 인간이다."

그는 장식에는 에로틱의 기원이 있다고 말했다. "벽에 칠을 한 최초의 예술작품, 즉 최초의 예술가가 가장 먼저 한 예술적 행위는 자연스레 쌓인 자신의 과잉 상태를 해소하기 위한 것이었다." 이 최초

• 오스트리아의 작가로 발표한 소설의 성적 묘사 때문에, 피학적 성애증을 그의 이름을 따 마조히즘이라 부르게 되었다.

의 작품은 십자가였다고 로스는 주장했다. "수평선 한 줄은 엎드린 여자. 수직선 한 줄은 그녀에게 삽입하는 남자. 그것을 그린 남자는 베토벤과 같은 충동을 느꼈다. 그는 베토벤이 9번 교향곡을 작곡했을 때 느꼈던 것과 같은 희열을 경험했다."

로스는 현대의, 문명화된, 귀족적 인간, 즉 바로 로스 자신과 같은 인간은 의복, 건물, 일상적 물건들에서 장식을 없애야 한다고 못박았다. 장식은, 그가 〈레이디 패션〉에서 묘사했던 퇴폐적이고 부자연스럽고 위험한 육욕과 관련있다는 것이다. 현대인은 이런 충동을 억제하고, 소박하면서도 잘 재단된 옷을 입어야만 한다. 이는 그 사람이 자신의 의지, 자신의 성품, 자신의 예술에 대한 성적인 충동을 포기했기 때문이 아니라, 베토벤과 마찬가지로, 그것을 숭고하게 만들었기 때문이다. "그의 개성은 너무나 강해서, 옷이라는 것으로는 더 이상 표현할 수 없다. 장식의 부재가 바로 지적 능력의 표식이다."

로스의 건물은 그의 이론과 부합한다. 그는 비엔나와 프라하에서 사업가, 전문가, 기업가를 위한 주택을 설계했다. 그 집들은 희고, 네모나고, 외부는 장식이 없어, 마치 세상을 향한 가면과 같다. 드러내지 않는데도 두드러진다. 로스가 말한 말끔하게 정장을 차려입은 귀족이 군중들 속에서 눈에 띄는 것과 마찬가지라고 할 수 있다. 이들 주택은 마치 정장 같다. 단정하고 진지한 면모나, 로스가 거주자들의 생활에 맞게 인테리어를 재단한 방식을 보더라도 그렇다.

로스는 집 안 모든 방들의 용도와 분위기에 맞는 적합한 크기, 형태, 소재를 찾으려고 했다. 그리고는 그것들을 마치 정장의 소매, 안감, 주머니, 덧댐천을 재단하고 바느질하듯 함께 짜맞춰 넣었다. 거실, 서재, 음악실, 침실은 그것 자체의 길이, 폭, 높이, 조명, 표면을

위 뮐러 하우스, 프라하, 아돌프 로스 설계, 1930년. 외부.
아래 뮐러 하우스, 프라하, '숙녀의 방'.

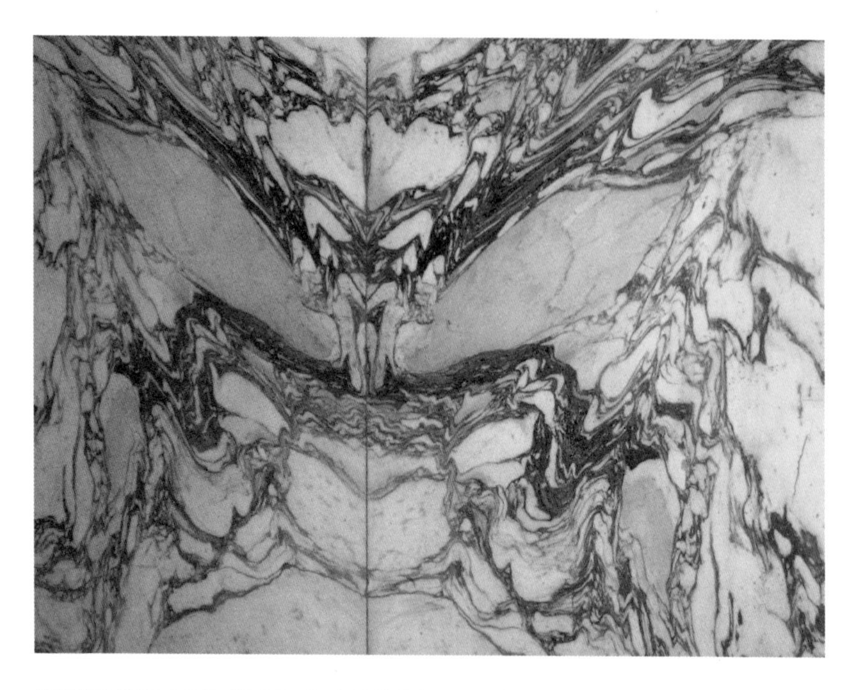

가지며, 그 소재는 대리석, 합판, 석회, 가죽, 천이었다. 공간은 성별과도 분명하게 연결지었다. 남성이 거실에서 업무를 보는 동안 여성이 물러나 쉴 수 있는 '숙녀의 방'을 두었다. 숙녀의 방은 그곳에서 무슨 일이 벌어지는지 잘 보이도록, 극장의 특별석처럼 그 방을 높이 돋워놓았다. 역사학자 베아트리츠 콜로미나는, 로스의 주택에서는 시선은 십자포화처럼 복잡하게 얽혀있고, 눈길은 아래, 위, 옆은 물론 비스듬하게까지 요동진다고 했다.

전체적으로 매우 복잡한데, 로스가 각 요소들을 각자의 기능에 맞춰 하나의 삼차원 공간에 끼워 넣었기 때문이다. 각 공간에 필요한 다양한 높이를 맞추기 위해 짤막한 계단참을 많이 만들고 바닥의 높이도 여러 단계로 조정했다. 거기에다, 로스의 인테리어는 감각적이다. 그는 《장식과 범죄》에서 단순함을 주장했지, 금욕을 요구한 것은 아니었던 모양이다. 건물의 외관은 위장을 해야 했지만, 내부에는 감각이 개입할 수 있었다.

그는 인공적인 장식보다 재료의 결과 우아함이 드러나도록, 얇게 잘라 광택을 낸 천연 소재로 표면을 넓게 덮는 쪽을 좋아했다. 이런 소재의 생명력은 직사각형의 틀 안에서 꽉 짜여 뒤틀리게 된다. 대리석과 나무를 가로지르며 무늬와 결과 흠집이 꿈틀거리고, 호두나무 판자에는 칼날자국이 마치 미생물들처럼 점점이 흩어져 있다. 색상은 강렬하다. 때로는 야하다. 돌들은 캐러멜 노랑, 흰 바탕에 검정, 바닷빛 녹색이다. 필젠에 있는 한 고급 아파트 (공교롭게도 여기서, 지

위 어느 아파트의 대리석 문양, 필젠, 체코공화국, 아돌프 로스 설계.
아래 뮐러 하우스의 수족관, 프라하, 아돌프 로스 설계.

역 독일방위군 사령관이 1945년 자살한다)에서는, 마치 로르샤흐 검사지 같은, 벽에 붙은 대리석의 기이하고 대칭적인 패턴에서, 괴물도 여자의 성기도 볼 수 있다. 프라하의 뮐러 하우스에도 주목할 만한 부분이 있다. 여기서 그는 물결치는 대리석 벽에 수족관을 박아 넣었다. 광물과 물, 지질과 생명간의 유사성 반복을 일으키고자 한 것이다. 그러나 그 모든 것이 차갑다. 이는 친근하고 자연적인 야외형이 아니라, 이상한 그리고 문화로 조작된 형식이기 때문이다.

로스는 〈레이디 패션〉에서 벨벳과 실크를 탐탁잖게 말하긴 했지만, 실제로는 등갓과 소파덮개에 두 재료를 모두 사용했다. 또한 문양이 아름다운 델프트 타일과 다양한 패턴의 오리엔탈 카펫도 사용했다. 《장식과 범죄》의 원칙에 따르면, 이것들은 허용된다. 그것은 로스의 문화보다 덜 개발된 문화권들의 산물이므로 장식의 용도로 사용할 수 있다고 한다. 로스는 그런 장식물을 사용하고는 대리석의 자연적인 패턴을 활용했던 만큼이나 만족해했다. 이는 그의 생애와 그의 작업에서 금기시했던 장식을 유일하게 시도한 것이었다.

그의 인테리어는 촉감을 자극하고 물질에 과도하게 감정을 이입한다. 딱딱하고 차가운 것을 부드럽고 따뜻한 것과 번갈아 사용한다. 대리석 같은 외장재도 광택목재나 천 같은 내장재와 교대로 사용한다. 방법과 효과는 다르지만, 드농의 방과 일면 유사하게 지평선이 사라져 버린다. 바깥 전망은 제한적이고 통제되며, 불투명 유리로 차단하기도 한다. 내부의 강렬한 수평선은 인공적 지평을 제시하지만, 그것은 불연속적이다. 드농이나 존 손처럼, 로스는 인테리어에서 자신만의 우주를 만들고 있다. 그 안에서 우리는 처음에는 방향감각을 잃지만, 곧 자기 나름의 공간을 새로 형성하게 된다.

물론 거울도 있다. 비엔나의 슈타이너 하우스를 방문한 사람들은 어느 순간 아무것도 보이지 않는 창문 앞에 선다. 바깥 전망을 기대했지만 그 안에는 식당이 반사되어 보인다. 사각형 틀로 스며든 하얀 빛뿐이다. 여기서도 내부의 전경이 외부를 대신한다. 다른 거울들은 보는 이의 모습을 되돌려주면서, 방의 경계를 녹여버리거나, 또는 방의 부피를 배가한다. 거울은 또 대리석과 나무, 불투명 유리와 마찬가지로, 표면과 부피 사이의 게임에도 관여한다. 삼차원 물체들은 거울에서 이차원으로 압축되었다가, 다시 삼차원으로 펴진다. 무늬결과 알갱이는 어떤 물질의 보이지 않는 깊이와 질량을 나타내는 증거다. 또한 시간의 증거이기도 하다. 지질학의 역사이고 나무의 성장사다. 거울은 공간을 포착하고 공간을 재생한다. 불투명 유리는 하늘을 평면에 가두고는 하늘을 대신한다.

로스는 "집은 외관에 대해서는 말할 필요가 없다"고 했다. 관능은 너무 강력하고 위험하기에 가면 뒤에 감춰야 한다. 그래도 그것은 여전히 존재한다. 그가 2년간 결혼생활을 했던 첫 부인 리나를 위해 1903년에 디자인한 침실을 봐도 분명하다. 그 방은 르 코르뷔지에가 자신과 이본을 위해 디자인한 수도승이나 쓸 것 같은 널빤지와는 정반대다. 방은 세 면으로 이루어져 있는데, 각 면은 부드러움의 정도가 서로 다르다. 바닥에는 터무니없이 무성한 털이 깔려 중앙에 위치한 침대의 가장자리를 기어 올라간다. 뒷벽에 실크가 늘어뜨려진 침대는 린넨 같은 팽팽한 천으로 덮여 있다. 유일하게 남아 있는 사진을 보면, 침대는 빈 사각 공간을 드러내며 육체로 채워지길 기다리는 듯하다. 실크는 가운데가 쑥 들어가 침대가 놓일 자리를 만든다. 침대와 방은 정면에서 봤을 때 대칭으로 배치되어 극장 무

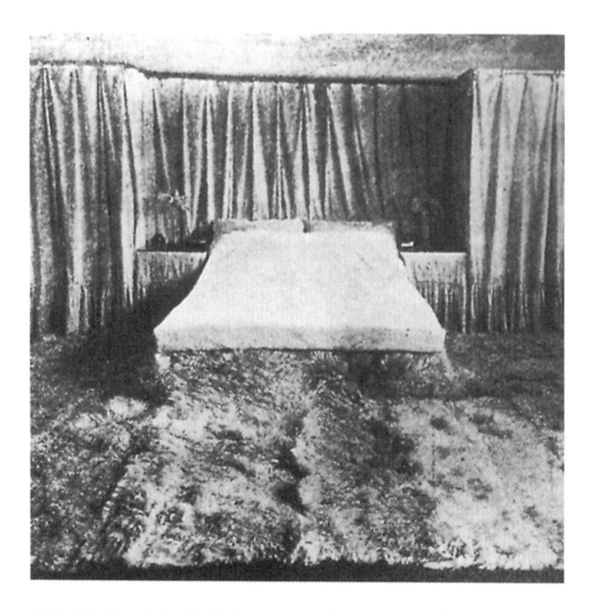

위 리나 로스의 침실, 아돌프 로스 설계, 1903년.
아래 뮐러 하우스, 프라하. 거실에서 식당을 본 모습.

대 또는 제단을 연상케 한다. 의도는 명백하다. 로스가 역겹고, 복잡하고, 부자연스럽다고 했던 욕망을 축복하면서 준비를 해놓은 것이다. 그는 그런 욕망을 '역병'과 견주고 퇴폐와 연관시켰지만, 자신은 그것 없이는 살아갈 수가 없었다.

로스의 호통은 러스킨과 마찬가지로 거의 제정신이 아니다. 하지만 러스킨과 마찬가지로 로스도 단지 정신나간 사람으로 취급해버릴 수는 없다. 그의 통찰력과 재주, 엄청난 영향력 때문이다. 그는 모더니즘 건축의 선구자였다. 특히 장식의 제거라는 면에서 그러했다. 이전의 어떤 건축가도 그처럼 소박하게, 전적으로 외면의 형식과 비율에 의존하여 건물을 디자인하지 않았다. 그는 젊은 르 코르뷔지에가 갈 길을 닦아놓았다. 코르뷔지에 역시 자신의 건축에서 장식을 없앴다. 다만 로스가 정장과 가면에 애착을 가진 반면, 코르뷔지에는 노출, 즉 건물은 햇빛에 드러난 나체와 같아야 한다는 점이 달랐다.

미스 반 데어 로에도 로스에게서 소박함을 배웠다. 그리고 화려한 대리석과 합판을 순수한 표면으로 드러내 관능적 효과를 얻어내는 이 오스트리아인의 용법을 채택했다. 장식의 부재라는 일견 부정적인 특징은 진실함의 한 형식, 그리고 더 높은 수준의 육체적, 정신적, 혹은 예술적 경험을 이끌어 내는 방식으로 정당성을 획득하면서, 모더니즘 건축의 가장 뚜렷한 특징으로 자리 잡았다. 무엇보다 그것은 정신적 또는 감각적 경험과는 그다지 관계가 없어 보이는 격자형의 사무실 빌딩과 아파트 건물로 이어졌다.

로스의 장식 철폐는 훗날 인테리어 디자인에서 '미니멀리즘'을 이

끌어냈다. 놀랍도록 끈질기게 지속되고 있는 이 경향은 고급 호텔, 아파트, 레스토랑, 의류점, 스파 같은 감각적인 공간에서 흔히 볼 수 있다. 여기서는 단순하면서도 화려한 소재의 특성이 모든 것을 대신한다. 최소화와 절제를 통해 한 단계 높은 호화로움을 만들어낸다. 이런 스타일의 전형 가운데 하나가 미니멀리스트이자 감각주의자인 존 포슨이 디자인한, 홍콩국제공항에 있는 캐세이패시픽 항공의 퍼스트클래스 라운지다. 여기에는 공항건물의 둥근 기계식 천장 아래 마치 쾌락주의 승려들의 밀실 같은 내밀한 공간들이 있다. 밋밋한 돌과 나무들로 꾸며지고, 기다란 직사각형의 물줄기가 하나 흐른다. 여기서 여행객들은 지친 몸을 달래고 보살필 수 있으며, 상상이지만, 사랑을 나눌 수도 있다.

수많은 사무실과 아파트의 깔끔함, 현대적 쾌락의 세련된 스타일, 이 모든 것은 아돌프 로스에게 많은 빚을 지고 있다. 그가 명확히 밝혔듯이, 문화와 건축에 대한 그의 관점은 에로틱에 대한 자신의 독특한 관점에서 비롯되었다. 그의 내부에서 다양한 욕망들이 섞이고, 거기에 열정, 죄책감, 혐오가 한데 섞이면서 이런 세계를 만드는데 일조한 것이다.

그렇다고 로스가 개인적인 성적 성향으로 건축이론을 만들고, 그로써 건물과 도시를 형성한 역사상 유일한 인물은 아니다. 사실 건축이론이란 거의 언제나 남성들의 혼돈스런 성적 욕망의 표현이라고 봐도 무방하다. 아마 그렇지 않았다면 이론은 존재할 수 없었을 것이다. 예를 들어, 러스킨이 아내의 몸을 두려워했다는 이야기는 널리 알려져 있다. 사실일 수도 있고 사실이 아닐 수도 있다. 어쨌든 알려진 바로는 그의 결혼은 '불치의 성 불능'을 이유로 끝이 났고,

그는 자위 행위에 몰두했으며, 나중에는 열 살 밖에 되지 않은 소녀 로즈 라 투쉬에게 홀렸다. 이런 이력이 건물과 건축소재에 대한 그의 가혹한 묘사에 어떤 영향을 미쳤는지 추측하기란 어렵지 않다.

15세기에 레온 바티스타 알베르티는 건축에서 가장 영향력 있는 저술 가운데 하나인 《건축 예술에 관하여》를 썼다. 10권으로 된 책으로, 로마의 마르쿠스 비트루비우스를 의식하여 그렇게 했다고 한다. 아우구스투스 황제 시절 비트루비우스도 건축에 관해 10권의 책을 저술했다. 알베르티는 그의 다른 책인 《가족에 관하여》에서, 섹스를 "저열한 욕구", "음탕하고 야만적인", "수치스럽고 뻔뻔한", "비너스의 유해한 영향", "짐승 같은 무자비한 육욕"이라고 불렀다. 욕망에 대해서는 "진정으로 피하고 미워해야 할 주인"이라고 말했다.

그의 이러한 혐오는 위의 두 저술에서 표현한 주택 디자인에 대한 관점을 관통하고 있다. 여성은 가능한 방문자로부터 격리시켜, "종교와 순결에 바쳐진 것 같은" 방 안에 머물러야 한다. 남자는 "더 강하고", "더 높은 정신을 가진" 존재로 더 넓은 세상을 돌아다녀야 한다. 여자는 "집안에만 갇혀 있어야 하며, 자신의 자리에 머물면서 면밀한 주의와 경계로 일들을 보살펴야 한다." 남편과 아내는 서로에게 방해되지 않도록 반드시 별도의 침실을 써야 한다. 하지만 자신들의 번식 의무를 신중하게 수행할 수 있도록 방 사이에는 연결문을 두도록 한다. 여자가 결혼하면, 남편은 개를 길듯이듯, 집에 필요한 사람으로 그녀를 길들여야 한다. 그의 이러한 이론은 고대 그리스의 문헌과 학자들의 생각을 따른 것으로, 그들의 금욕주의를 한층 강화시켰다. 특히 크세노폰의 《경제》에서 많은 영향을 받았다.

르네상스 시대의 대우주와 소우주관*을 따라, 알베르티는 집을 작은 도시라고 생각했다. 그래서 그는 여성과 그들에게 붙은 끔찍한 욕망을 도시에서와 마찬가지로 집에서도 격리해야 한다고 주장했다. 그는 "아내들이 시장의 남자들 사이에서 바삐 돌아다니며 대중들의 눈에 띈다면, 그들은 결코 우리의 존중을 받지 못할 것"이라고 말했다. 알베르티는 도시를 계획하며 "순수"와 "청결"에 많은 관심을 기울였다. 육체에서 배출되는 유해한 물질을 제대로 소통시키고 분리하려고 했다. 그는 "행실이 좋지 않다고 알려진 아내"라면 그녀의 남편에 대한 기념물은 짓지 못하게 해야 하며, 그것은 도덕적인 여자의 남편에게만 허용되어야 한다고 주장했다.

욕망을 통제하려는 이런 생각은 건축적 조화와 건축물의 외양에 대한 그의 관점을 잘 말해준다. 그는 리미니의 말라테스티아노 성당에 자신의 생각을 실행에 옮겼다. 알베르티는 건물의 크고 작은 부분들 사이에는 조화로운 관계가 있어야 한다고 말했다. 그런 다음에야 그것이 인간, 건물, 도시, 우주의 위계질서 속에서 적절한 자리를 차지하게 된다는 것이다. 또 건축가는 "각 요소들이 잘 규정되었는지, 그리고 적절한 자리에 배치되었는지를 반드시 고려해야 한다"고 했다. 건축가이자 평론가인 마크 위글리는 그의 이 말이 위험하고 균형감없는 육욕이 억제되어야 한다는 의미라고 주장한 바 있다. 알베르티는 건축가에게 "무작정 짓고자 하는 열정은 비난받아야 하며, 반드시 각 부분들이 적절하도록 해야 한다"고 말했다. 훗날의 로스와 비슷하게, 알베르티는 흰색의 단순한 건축을 지지했다. 아

---

* 인간 신체의 각 부분과 우주의 각 구성 부분 사이에 일대일의 대응 관계가 있다고 보는 생각이다.

울러 "유혹적인 그림으로 음탕하게 차려입고 색칠을 해서 …… 보는 이의 눈길을 끌고 홀리려 애쓰는 건물들"을 반대했다. 그것은 여자가 "꾸미고, 붙이고, 칠하고, 음탕하고 부적절한 옷차림"을 해서는 안 되는 것과 마찬가지라고 했다. 로스와는 달리 그는 주택 내부의 관능성에 대해서도 고삐를 늦추지 않았다.

알베르티는 오늘날 우리가 살아가는 방식을 형성하는 데 한몫하고 있다. 도덕적 건전성에 기반을 둔 집에 대한 그의 생각은 이후 여러 세기에 걸쳐 주택을 각각의 전용실로 분리하는 경향을 점점 강화했다. 장식보다 형식을 먼저 생각하고 비율을 중시했던 그의 관점은 이후 이론가들에 의해 강화되고 발전되어, 오늘날 서구 건축에서는 어디서나 볼 수 있게 되었다. 영국의 전원주택이나 18세기의 도시 광장, 워싱턴 디씨의 공공기념물에 그런 생각이 실현되었다는 것을 확인할 수 있으며, 이들을 모방한 것들도 많다. 조화로운 아름다움이란 전체에 대한 부분들의 적절한 질서에서 나온다는 개념을 주목하는 이들이라면, 그것이 익숙하며 또한 합리적이라고 느낄 것이다. 건축적 취향이 상당히 달랐던 르 코르뷔지에와 영국 황태자는 한가지 면에서는 그 애정이 일치했다. 황태자가 "조화, 균형, 통일의 영원한 원리"라고 부른 것이다.

르 코르뷔지에는 알베르티보다 훨씬 감각적이지만, 그와 마찬가지로 수학적 비례를 남성적 질서의 도구로 보았다. 그에게 비례는 일종의 생식력이었다. 조화의 이론에 관한 글에서, 그가 보여준 이미지는 오르가즘에 가깝다. 그는 건축의 '효과', 즉 주변 환경에 대한 예술을 이렇게 묘사했다. "물결, 아우성, 소란, …… 폭발에 의해 생성된 듯 분출하고 퍼져나가는 선들. 가깝든 멀든 주위는 휘둘리고

말라테스티아노 성당, 리미니, 레온 바티스타 알베르티 설계, 1450년경.

흔들리고 짓눌리거나 어루만져진다." 방, 도시, 랜드스케이프는 예술과 그 반응들에 의해 이런 강력한 침입을 받는다. 그리고 "무게는 예술작품이 있는 곳, 남자의 의지가 표현된 장소에 얹힌다. 밑바닥과 꼭대기, 딱딱하거나 늘어진 질감, 격렬함과 다정함을 그곳에 각인한다. 일종의 조화가 창조된다. 이는 하나의 수학문제와 똑같다."

그는 또 자신이 주머니에 가지고 다녔던 접이식 측정자도 묘사한다. 거기에는 자신만의 비율 체계인 '모뒬로르'의 단계적 눈금이 새겨져 있다. 그 비율은 이상적인 인간의 차원에 의거한 것으로, 그는 우주적 보편성을 나타내기를 희망했다. 그가 지프차를 타고 인디아의 찬디가르 시•가 들어설 개발되지 않은 땅을 탐사하고 있던 어느 날, 그 자가 주머니에서 빠져 버렸다. "그것은 이제 거기에 있다. 그곳의 심장부에서 땅과 통합되었다. 그것은 머지않아, 모든 조각 하나하나가 조화로운 척도에 부합하여 조직될, 세계 최초의 도시에 나타날 모든 치수 속에서 꽃을 피울 것이다." 주머니에 든 접이식 막대에서 펼쳐지는 코르뷔지에의 마법적 수학이 그 땅의 거름이 되어 하나의 도시가 탄생하게 된다는 말이다.

오늘날 어느 쾌적한 입면을 바라보고 있는 사람들 가운데, 그 뒤에 놓인 비율에 관한 이론들이, 남성과 여성의 관계에 대한 이상한 관점과 관련된다는 사실을 아는 이는 거의 없을 것이다. 하지만 알베르티가 그러했다는 데에는 의문의 여지가 없고, 다른 르네상스 문헌들도 조화의 개념이 곧 남성 우월과 과시의 개념이라는 것을 확인해준다. 레오나르도가 우주의 기하학적 질서에 대한 상징으로, 원

• 인디아가 독립할 무렵 옛 수도를 대신할 도시로 계획된 편잡 주의 수도. 르 코르뷔지에가 도시계획을 맡아 1950년에 착공, 1960년대에 완성되었다.

과 사각형 안에 그려넣은 남자 그림을 보자. 이제는 너무 익숙해져서 거기에 담긴 너무나도 명백한 사실을 자칫 간과할 수 있다. 그것은 근육이 잘 발달된 남자의 발가벗은 모습이다. 여자였던 적은 한 번도 없다. 레오나르도만 가지고는 너무 애매하다고 생각할까 싶어, 또 다른 이론가인 체사레 체사리아노가 그 점을 한층 강조하고 나섰다. 같은 이미지를 그린 그의 그림 '비트루비안 맨'에서, 남자는 단호하게 발기해있다. 기하학은 남성, 질서도 남성, 그리고 그 둘은 신성하다.

달리 말하면, 거기에는 우리가 고전주의 건축이라 일컫는 것이 있다. 그것의 특징을 꼽자면 대칭성, 질서, 조화, 내부보다는 외부, 밤보다는 낮, 유동성보다는 고정성, 표면보다는 부피, 장식보다는 형식 우선이다. 그것은 쌓기구조와 밝은 색, 흰색의 외부를 선호한다. 그것은 나누고, 경계를 짓고, 사물들에 제자리를 지정하기를 좋아한다. 그 개념에 따른 공공공간은 무언가 형식적인 것이고, 기하학에 의해 형성된 것이다. 네모난 광장square, 둥근 광장circus, 직선으로 뻗은 거리가 그러하다.

대개는 자연스럽고 정상적인 것으로 받아들여진다. 하지만 그것은 적어도 어느 정도는 성과 성별에 대한 잘못된 선입견에 바탕을 두고 있다. 모더니즘 건축은 겉으로는 과거와 결별하고 있는 듯하지만, 질서와 비율, 적절성에 대한 고전주의의 개념을 여전히 지니고 있다. 또한 로스와 같은 몇몇 이론가들은 고전주의 시대의 건축가들처럼 관능미의 절제에 관해 쓰기도 했다.

이는 고전주의나 모더니즘 건축이 아름다울 수 없다거나, 또는 그것이 항상 여성을 혐오하고 관능미를 적대시하고 억압한다는 의미

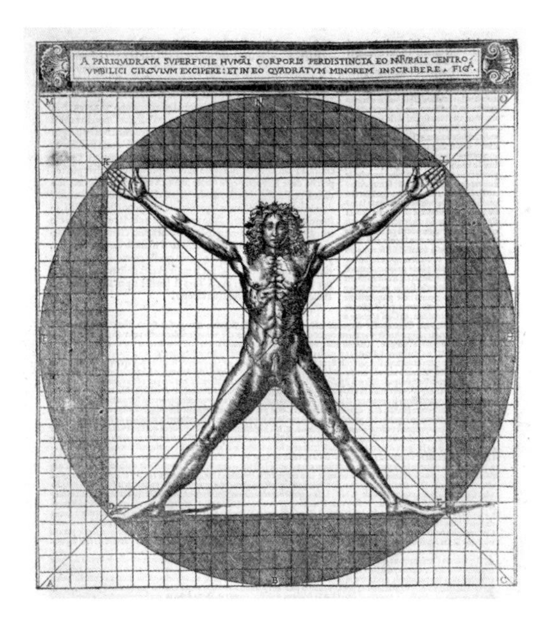

비트루비안 맨, 체사레 체사리아노 그림, 1521년.

는 아니다. 또한 질서, 비율, 남성성이 건축적 특성으로 중요하지 않다는 뜻도 아니다. 건축에서 진실과 의도는 언제나 간접적이기 때문에, 알베르티의 성정치학과 도덕률을 받아들이지 않고도 그의 원칙에 따라 설계된 공간에서 얼마든지 거주하고 즐길 수 있다. 코벤트가든 광장의 난잡한 역사가 하나의 예증이다. 그곳의 형식은 알베르티의 원칙을 거의 다 따랐지만, 그것의 내용은 (비록 다른 방식으로 여성혐오적이긴 했지만)그렇지 않았다.

또한 고전주의 전통이 알베르티의 원칙에 따른 일련의 기념물보다 훨씬 복잡하고 흥미로운 것이라는 사실도 간과해서는 안 될 것이다. 거기에는 바로크 양식과 증기와 대리석으로 이루어진 로마 목욕탕 같은 관능적인 공간들, 폼페이의 별장들, 지금은 거의 유실된 그리스 신전의 어둡고 희뿌연 내부가 다 포함된다.

괴물들의 공원, 보마르초, 피로 리고리오 설계, 16세기 중엽.

그러나 중요한 점은 건축이 꼭 이래야 한다는 것이 아니라는 것이다. 그런 질서, 분할, 적절성, 고정성, 그리고 일광이 가장 중요한 특징과 가치인 것도 아니다. 그것들은 불변이거나 영원하지 않으며, 단지 특정한 시기와 장소에 특정한 사람들의 특정한 태도에 의해 만들어졌을 뿐이다. 그러면 그것의 대안은 어떤 것이 있을까 생각해보는 일이 흥미로워진다. 만약 알베르티 같은 사람이 아무리 박식하고 고상하고 지적이라 하더라도, 건축가들이 그의 말에 귀 기울이지 않았더라면 어떻게 되었을까? 그러면 관능적 건축은 어떤 모습이 되었을까?

여기서 드농에게로 다시 관심이 쏠린다. 근사한 섹스를 위한 제대로 된 공간을 만드는 요리책 같은 게 아니라, 알베르티의 관점에서는 배척했던 공간의 특징을 묘사했다는 점에서 그렇다. 거기에는 인테리어의 중요성이 들어있다. 환상, 그림자, 덧없음, 그리고 단지 시각만이 아닌 더 많은 감각을 포함하고 있다. 또한 반사, 표면, 외관, 인공적 자연도 중요하게 다뤘다. 아울러 그곳의 불안정한 지평선은 경계와 방향을 녹여 새로운 것들이 형성될 수 있게 한다.

다른 가능성을 제시한 것으로는, 사메시마의 섹스클럽과 공원, 테레사 코르넬리스의 가장무도회, 러브호텔, 호가스와 프라고나르의 그림들이 있다. 여기에는 실내건 골목이건, 호화롭건(코르넬리스) 아니면 불결하건(호가스), 욕망을 위한 공간들은 극단으로 치닫는다는 깨달음이 들어있다. 우연히, 그리고 익명으로(사메시마) 발견된 공간에는 힘이 있다. 러브호텔은 여러 다양한 장소에서 긁어모은 물건들을 난잡하게 차용하는 것이 호색과 모종의 관련이 있다는 것을 보여준다.

이런 특성은 소설 밖에서도, 그리고 오로지 사랑을 나누기 위해 특수하게 디자인된 공간들 밖에서도 찾을 수 있다. 예를 들어 로스의 인테리어도 인공적 자연을 채택하고, 경계를 용해시키며, 물건을 성적으로 차용한다. 로스에게 그런 장치들은 사적이고 내면적이다. 이에 비해 알베르티의 전통과 르 코르뷔지에는 그것들을 기껏해야 주변부로 다루고, 나쁘게는 죄악시한다. 그들은 전체성, 일광, 고정되고 탄탄한 대상물인 남성적 건축을 중시한다. 그러나 여기에도 어떤 것이 다른 것보다 더 중요하다거나, 돌이 거울보다 더 실질적이라거나, 빛이 그림자보다 낫다는 식의 법칙이나 불가피성은 없다.

섹스는 삶과 공간에 대한 일반적인 진실을 뚜렷하게 드러낸다. 그것은 어디에서건, 디자인의 도움 없이도 일어난다. 건축은 배경이다. 그러나 배경으로서 건축은 안에서 일어나는 삶과 섹스의 성질과 효과를 바꿀 수 있다. 설정과 행동의 관계는 상호적이지, 직선적이거나 직접적이지는 않다. 거기에는 반전과 모순도 포함된다. 건축의 역할은 종종 엉뚱한 희생자의 모습으로 나타나기도 한다. 품위있는 이미지를 제시하지만 이내 뒤집어진다. 사소하게 여겨 고려하지 않았던, 창이나 문 하나의 배치를 바꾸는 따위가 건축가의 공식적 의도보다 더 강력한 효과를 나타내기도 한다.

성과 공간의 관계는 건축의 또 다른 진실을 보여준다. 건축물은, 대개 다른 사람을 대신해 어느 한 사람에 의해 만들어진다. 상당히 전문적인 집단이 보다 일반적인 사람들을 위해 건물을 짓는 것이다. 그들의 욕망은 건물을 만들어 내고, 우리의 욕망은 그 안에 거주한다. 이런 욕망의 상호작용, 서로 맞추고, 보완하고, 충돌하는 방식에는 힘의 게임이 있다. 그 게임이 어떻게 전개되느냐에 따라, 결과는 억압도 될 수 있고 해방도 될 수 있다. 아니면 그 두 가지가 동시에 나타날 수도 있다.

5

힘이 주는 자유… 권력

"공간을 만들어낸 권력과 권력이 만들어낸 공간 사이에 분명한 상관관계는 없다. 하지만 분명한 것은 건축에서 권력은 거의 언제나 꿈의 소유권과 관련이 있다."

리나 보 바르디가 상파울루 미술관의 건설현장에서 일하는 모습을 담은 사진이 한 장 있다. 온통 검정색 차림의 그녀는 바지에 부츠를 신고, 불안한 콘트라포스토• 자세로 허름한 나무의자에 앉아있다. 그녀의 날카로운 코와 턱이 옆모습에 드러나는데, 눈길은 옆쪽으로 카메라를 향하고 있다. 다리와 의자 아래에 깔린 것은 콘크리트 슬래브가 부어지기 전의 붉은색 철근 격자다. 뒤에는 건설노동자들이 마치 킥오프 직전의 축구선수들처럼 긴장한 모습으로 도열해 있다. 그녀의 머리 위로 마치 떠있는 듯 보이는 것은 콘크리트 박스의 아랫면이다. 그녀가 있는 곳은 고층부로, 위의 박스와 아래 데크 사이로 도시와 하늘이 보인다.

그녀 옆에 놓인 한 장의 그림은 오늘날 이 건물 전체의 건설비용과 맞먹을 만한 가치를 지닌 반 고흐의 〈학생〉이다. 이 보물은 위험

• 그리스 고전 조각에서 확립된 인체표현법의 하나. 한쪽 발로 몸의 무게를 지탱해, 어깨와 팔이 엉덩이와 다리의 축과 어긋나게 되는 상태를 말한다. 인물이 한층 역동적으로 보이거나, 아니면 느긋하고 여유있어 보인다.

한 건설현장에서 사람 키보다 높고 액자도 없는 한 장의 유리판에 아슬아슬하게 붙어있다. 판이 넘어지지 않도록 잡고 있는 것은 바닥의 육면체 콘크리트 덩어리 하나뿐이다. 반 고흐의 색상은 오로지 빨강, 파랑, 노랑의 삼원색인데, 갈색과 회색의 현장과 대비를 이룬다. 유리에는 카메라 뒤쪽의 구름과 하늘이 약간 반사되고 있다. 건축가가 이런 자세를 취하고 있는 이유가 명확해진다. 그녀는 소년 쪽으로 몸을 돌리면서, 역시 비스듬한 옆얼굴로 그려진 소년의 머리 모양을 따라하는 중이다. 소년의 밋밋한 의자도 그녀의 것과 비슷해 보인다.

이 사진이 찍힌 시기는 1960년대 중엽, 보 바르디가 약 50세 때였다. 당시 그녀의 남편 피에트로는 상파울루 미술관 디렉터로 서구 미술의 최고 작품들을 모아들였다. 라파엘, 보티첼리, 만테냐, 벨리니, 티치아노, 보슈, 벨라스케스, 루벤스, 푸생, 렘브란트, 게인즈버러, 터너, 고야, 들라크루아, 모네, 마네, 드가, 세잔, 반 고흐, 피카소, 마티스, 모딜리아니, 에른스트, 달리, 칼더, 워홀 등이다. 리나가 설계한 미술관 건물은 피에트로가 모아들인 컬렉션을 보관하고 전시하기 위한 용도로서, 1968년 영국 엘리자베스 2세 여왕이 참석한 가운데 개관했다.

상파울루 미술관의 설립자이자 후원자인 프란시스쿠 데 아시스 샤토브리앙 반데이라 데 멜루는 주로 샤토라 불리는데, 브라질의 왕 혹은 브라질의 시민 케인이라고도 일컬어지는 인물이다. 가난한 집안에서 태어나 열 살 때까지 글을 배우지 못했으나, 나중에 저널리스트이자 변호사, 언론재벌, 정치가가 되었다. 그는 자신의 목적을 이루기 위해 약자 괴롭히기, 거짓말, 협박, 공갈을 일삼기로 악명이

리나 보 바르디, 상파울루 미술관 건설 현장에서,
1960년대 중반.

높았다. 그는 1950년 브라질에 텔레비전 방송을 도입했고, 미스 브라질 대회를 개최하고, 1940년대에 브라질에 현대적 비행기 도입을 위한 활동을 벌였다. 그는 천 대가 넘는 비행기를 브라질 항공학교에 기증했다. 비행기에서 예술 쪽으로 눈을 돌린 그는, 전쟁 후 유럽에서 미술품 가격이 폭락한 기회를 이용해 상파울루 미술관에 미술 컬렉션을 사들였고, 그 목적을 이루는 데 과감함, 설득, 아첨이라는 역량을 십분 발휘했다. 그는 대리인인 피에트로 바르디와 함께 전보로 걸작들을 구입하는가 하면, 최고의 작품들을 획득한 기념으로 연회를 열고 공개 퍼레이드를 벌이기도 했다.

나중에 피에트로는 샤토가 변장에 능한 인물이었다고 회상했다.

> 그는 카우보이 복장을 하기도 하고, 가장무도회에 갈 때 교복 차림에 노새를 타기도 하고 …… 미나스 제라이스의 헌병대 대령 정복을 입고 자신의 번쩍거리는 롤스로이스를 타고 거리를 돌아다니기도 했다.
>
> 하지만 어떤 특정한 시간, 특히 한밤중에는 그의 외로운 사무실로 돌아갔다. 신문 기사를 쓰기 위해서가 아니라, 면밀하게 계획을 짜고 정치적, 경제적, 교육적, 도덕적 전략을 짜기 위해서였다. …… 우리는 미술관을 함께 만들었다. 그러나 그것은 샤토브리앙이 부호들을 '쥐어짜내는' 기술을 가지고 있었기에 가능했다. 그는 그들에게서 100만 크루제이루를 뜯어내는 대신, 그 액수의 몇 천 배에 달하는 선전, 지원, 정치적 혜택을 돌려주었다. …… 상파울루 미술관이 존재하는 것은 브라질의 미래를 건설한 이 사람 덕분이다.

샤토는 자비를 베풀 줄 아는 폭군이라 할만한 타입이었다. 그에게

상파울루 미술관, 리나 보 바르디 설계, 1968년, 미술관 너머는 트리아농 공원.

자신의 위상은 국가의 위상과 다르지 않았고, 착취와 관용은 서로 주고받는 구조의 일부분이었다. 다른 거물들이나 몇몇 독재자들, 일부 범죄조직의 우두머리들, 르네상스 시대의 일부 교황들도 그와 유사한 성향을 보였다. 때로는 그 결과가 아름다움이기도 했고, 때로는 허풍으로 끝나기도 했다. 상파울루 미술관에서 놀라운 점은, 샤토의 독선, 힘, 탈법에 의한 부가 리나 보 바르디의 건축을 통해 공익적인 무언가로 바뀌었다는 것이다.

경사가 급한 지역에 지어진 이 미술관은 3개의 수평 부분으로 구성되어 있다. 가장 아래에 있는 부분은 비탈에 반쯤 묻힌 두 개 층의 콘크리트 건물이다. 중간 부분은 개방된 광장이다. 그리고 맨 위는 다시 두 개 층의 유리로 둘러싸인 콘크리트 건물로, 마치 광장 위에 떠있는 듯하다. 어떻게 보면 상파울루 미술관은 하나의 샌드위치인 셈이다. 건물-빈 공간-건물.

반쯤 파묻힌 아래 건물에는 도서관, 레스토랑, 극장, '시민회관'이 들어가 있다. 맨 위에 올라있는 네모난 건물에는 상설전시 컬렉션과 기획전시를 위한 화랑들이 자리한다. 땅이 경사져 있어, 광장은 그 아래에 두 개 층밖에 없는데도 8차선의 파울리스타 대로와 높이가 같다. 대로 건너편에는 트리아농 시민공원이 있다.

상파울루 미술관이 서 있는 곳은 예전에 공공 전망대가 있던 자리였다. 수십 년 전 파울리스타 대로를 건설한 업체가 공원에서 바라보는 전망을 보전한다는 조건으로 시에 기부한 땅이었다. 보 바르디가 취한 자세, 즉 화랑동을 지상 위로 들어 올린 방식은 이 조건을 충족했다. 공원에서 바라보는 시선이 중앙에 형성된 공동을 통과하도록 한 것이다.

화랑동을 들어 올린 데에는 또 다른 목적이 있었다. 그 아래에 공공장소인 광장을 만들기 위해서였다. 이 장소는 시민들에게 주는 일종의 선물로, 사람들이 위나 아래의 방들로 올라가거나 내려가기 위한 평지라는 점 외에는 특별히 정해진 용도가 없다. 가장 단순한 용도라면, 상파울루의 빽빽한 고층건물들 가운데 탁 트인 공간으로, 뜨거운 태양이 내리쬘 때는 커다란 네모 그늘을 제공하고, 열대성 비가 내릴 때에는 콘크리트 우산이 된다는 것이다.

이곳을 특별하게 만들어주는 것은 주변의 사물들이다. 전망, 대로, 공원, 측면의 깊은 낭떠러지. 상파울루 미술관은 그 위에 예술을 얹어 놓았고, 아래에는 극장, 회관, 도서관을 더했다. 건축가는 언제나 대중에게 광장을 제공하지만, 대중은 종종 그것을 크리스마스 양말로 생각한다. 기대는 컸으나 허망하기 일쑤다. 여기서 이 공간은 자발적으로 기획된 이벤트들로 사용되었다. 콘서트들, 매주 열리는 중고책 장터, 정치 시위, 서커스, 조각 전시회, 산책과 만남의 장소. 이곳은 사람들이 마음대로 이용할 수 있었다.

보 바르디는 이 장소를 특별히 재미있는 형태로 구성하지 않았고, 이곳에 화려한 포장이나 예술적인 거리시설물을 추가하지도 않았다. 그녀는 "사람들을 놀라게 할 기이함"을 의도하지 않았다. 그녀는 단지 빈 공간을 만들었다. 그것은 주변의 평범하지 않은 것들이 모습을 드러내게 했고, 드러나지는 않았지만 잠재되어 있는 것들에 공간을 제공했다. 그녀는 한 가지 일을 더 했다. 위에 떠있는 화랑동으로 아래의 공간을 덮었다. 사람들은 보호받는다는 느낌을 받을 수도 있지만, 머리 위에 떠있는 육면체 방주의 무게를 생각하면 아슬아슬하고 뭔가 이상한 느낌을 받기도 한다.

상파울루 미술관, 화랑 건물 아래 광장에서 벌어진 콘서트.

건물을 들어 올린다는 개념은 어찌 보면 하나의 탁자만큼이나 단순하다. 그러나 그것을 실현하기란 쉽지 않다. 동이 걸쳐진 길이 70미터짜리 빔 두 개를 들어서 건물 모서리의 기둥 네 개 위에 올려놓는 데는 엄청난 기술이 요구된다. 그러나 이 공법의 목적은, 일부 건축가들의 작업에서 그러한 것과는 달리, 그 위용으로 세인의 관심을 끌고자 한 것이 아니다. 그것의 역할은 형체가 없는 전망과 공간, 삶을 끌어내는 것이다. 물질이 비물질적인 것을 드러내기 위해 사용되었다.

보 바르디의 창의성은 건물 내부에도 이어졌다. 그녀는 화랑이 있는 건물의 맨 위층에 샤토의 부와 피에트로의 속임수로 수집된 보물을 위한 측광홀을 하나 만들었다. 여기서 그녀는 그림을 반드시 벽에 난 창문처럼 전시해야 한다는 관습을 깨고, 건설현장 사진에 나온 반 고흐의 그림처럼, 수직으로 서 있는 유리판에 한 점씩 올리고 밑 부분을 콘크리트 블록으로 고정해놓았다. 이제 그림은 미술관의 큐레이터가 보는, 핀으로 고정해놓은 표본 같은 것이 아니라, 화가가 스튜디오의 이젤에 올려놓고 보는 것에 가까워졌다. 그녀의 제안은 그림을 원래의 상태로 되돌리려는 것이었다. 어느 건축가는 이를 두고 다음과 같이 말했다.

손으로 만질 수 있었던 그림이라는 실재가, 물감과 붓으로 한 획 한 획 그은 그 물리적 존재감이, 공간에 실제로 '만들어졌다.'

그림이란 단지 우리가 보는 이미지만이 아니고, 그리는 사람의 행동을 통해 만들어진, 즉 그려진 이미지다.

작품에 대한 정보는 각 유리판의 뒷면에 붙여놓았다. 보 바르디의 말을 빌면 "관람객들로 하여금 간섭받지 않은 채 순수하게 자신이 관찰"하도록 하기 위해서였다. 설명을 앞에 붙여 놓으면 먼저 그것부터 보며, "감탄해야 해, 이건 렘브란트야"하게 된다는 것이다. 이런 배치는 또한 관람객들에게 앞에서 뒤로 갔다가 다시 앞으로 오면서, 작품 주위를 돌면서 볼 것을 요구한다. 수동적이 아니라 능동적으로 작품에 개입하라는 것이다. 그림은 이제 삼차원의 생동하는 물체로, 이 큰 방 안에 사람과 조각품과 함께 거주한다.

이와 함께, 유리판에 올려진 그림들은 하나의 투명한 숲을 형성한다. 관람객들은 그 속을 거닐면서, 할스에서 모딜리아니, 세잔에서 레제까지 여러 작품을 동시에 볼 수 있다. 그림들 사이로 보이는 다른 사람들도 장면의 일부가 되어, 살아있는 관객들과 죽은 그림들이 어우러진 한 편의 발레가 나온다. 리나 보 바르디는, 자신이 반 고흐의 학생과 그렇게 했듯이, 관람객과 그림이 서로의 동작과 자세를 따라하는 모습을 담은 일련의 사진을 의뢰하기도 했다.

그녀는 거장들의 작품을 지니고 있는 전 세계 거의 모든 미술관이 따르고 있는 전시 원칙 몇 가지를 깨뜨렸다. 그런 원칙 중 한가지는, 각 그림은 주의가 분산되지 않게 볼 수 있도록 중립적인 환경에 놓아야 한다는 것이다. 또 다른 것으로는, 그림은 균일하고, 변화하지 않으며, 완벽하게 조절된 빛으로 조명해야만 한다는 원칙이다. 그녀가 했던 것처럼 높고, 측광에, 창이 큰 방은 허용되지 않는다. 하지만 그런 원칙은 비교적 근대의 것으로, 일부 작품들은 그런 원칙이 세워지기 몇백 년이나 전에 그려졌다. 그 원칙은 대다수의 그림들이 중립과는 거리가 먼 설정들, 즉 제단이나 화려한 살롱에 전시하기 위해, 그리고 완벽과는 거리가 먼 조명에 두도록 그려졌다는 사실을 간과하고 있다. 그리고 그런 원칙은 그림은 그림이 놓인 방과는 원천적으로 단절되어야 하며, 보고 있는 사람과도 그러해야 한다고 가정한다. 이는 독단적이고 비역사적인 가정에 불과한데도, 현재 거의 모든 곳에서 지켜지고 있다. 1990년대 말 보 바르디의 전시가 철거되고, 그림들이 밀폐된 방의 벽에 보다 정상적인 배열로 걸리게 된 이유 가운데 하나가 이러한 정통주의이기도 하다.

만약 건축을 다양한 사고와 행동 사이에 존재하는 무기물이라고 규정한다면, 상파울루 미술관이 하나의 대표적 사례일 것이다. 이 미술관은 하나의 틀이다. 삶의, 주변에 펼쳐진 도시의, 물감으로 동작을 캔버스에 옮기는 예술가들의, 그 작품을 관람하는 이들의, 그 건물의 조경 속에 있는 식물과 물의 틀이다. 빈 공간이 채워진 공간

그림을 든 여인, 상파울루 미술관에서.

화랑, 상파울루 미술관.

보다 더 중요한 역할을 한다. 디자인과 구조를 위한 노력, 기술, 힘이 빈 공간에 잉태력을 부여하고, 거기에서 일들은 일어난다.

미술관에는 어두운 지하에서 밝은 화랑에 이르기까지 다양한 빛과 그늘이 존재한다. 무게도 마찬가지다. 미술관은 떠있기도 하고, 뿌리를 내리고 있기도 하다. 보이는 존재이면서 동시에 느껴지는 건물이기도 하다. 이런 리듬감이 연결을 만든다. 예를 들어, 맨 위에 있는 화랑은 바로 그 아래 네모난 공공공간의 하늘과 같은 느낌으로 표현한 것이다. 유리판 위에 떠있는 그림은 갤러리가 있는 화랑이 공중에 떠있다는 것과 연결된다.

그 건물은 강력한 존재지만 지시하지는 않는다. 크고 대칭적 형태는 하나의 궁전을 연상케 하며, 그 소박함은 엄격한 느낌을 주기도 한다. 그러나 궁전의 거대한 계단이나 어마어마한 문은 없다. 또한 건축가들이 종종 사용하는 거리두기 효과를 피하고 있다. 우리로 하여금 뒤로 물러서서 경탄할 것을 요구하는 장엄한 형식이나, 불변의 예술이라는 태도로 깨끗한 세부와 마감을 구사하지도 않았다. 보바르디는 자신의 목표가 "문화적 우월의식을 제거"하는 것이라고 말했다. 대신에 그녀는 즉시성을 제공했다. 그것에 따라 그림들이 제시되고, 또 그에 따라 광장이 대로 옆에 개방되었다. 그녀는 자신의 접근법을 '가난한 건축Arquitetura Pobre'이라고 표현했다. 그래서 일반콘크리트, 검정고무 바닥재, 그 지역의 포장석 등 기본적인 소재만을 사용했다.

하지만 정확히 말하자면, 이 미술관은 민주적 건물은 아니다. 반대로 상명하달식 건물이다. 샤토의 권력과 부가 교육받은 전문가 보바르디를 거쳐, 상파울루의 시민들에게 전달되었다. 오늘날 선진국들에서 대형 건물을 지을 때 고려하는 면밀한 대중 협의회 같은 것은 없었다. 또한 디렉터의 아내가 건축가이고, 디렉터는 후원자와 너무나 가까운 사이라는 사실은, 편파적이지 않은 인선을 위해 마땅히 거쳐야 할 과정이 지켜지지 않았음을 말해준다. 건설현장의 리나 사진도 불평등한 힘의 관계를 그대로 보여준다. 그녀는 책임자고, 자신의 기술과 지식, 인맥의 힘, 샤토의 후원이라는 특혜를 받고 있다. 만약 그녀가 그렇게 한 것이라면, 위험한 건설현장에 반 고흐 작품을 노출시킬 재량권도 갖고 있다는 뜻이 된다. 그녀의 뒤에 도열한 노동자들은 그녀의 지시에 무조건 따라야만 했을 것이다. 그러나 그녀는 차용한 힘을 관대하게 사용했다. 가능성을 열어주고, 넓히고, 새로 만들었다. 기대하지 않았던 것을 실현하는 데 돈과 공학을 사용했다. 채워진 공간으로 빈 공간을 만들었다. 여백의 힘을 누구보다 잘 알았을 작곡가 존 케이지는 상파울루 미술관을 '자유의 건축'이라고 불렀다.

건축은 권력과 친하다. 건축에는 권한, 돈, 소유권이 필요하다. 짓는다는 것은 재료, 건설노동자, 땅, 이웃, 미래의 거주자에게 힘을 행사하는 일이다. 그렇지 않다고 생각한다면, 그는 순진하거나 아니면 가식적이다. 어느 집 안에 주방을 설치하는 일도 거기서 누가 요리하고 누가 먹는지에 대한 상대적 위상을 표현한다. 우리는 시티 오브 런던에서 은행이나 정치인들의 권력 수준을 얼마든지 읽어낼 수 있다. 중심가의 슈퍼마켓 하나를 보더라도 소유주, 소비자, 지방정부의 힘이 어느 정도인지 드러난다.

건물 짓는 걸 좋아하는 것은 독재자들의 공통된 특징이다. 카자

베이테렉 타워, 아스타나, 카자흐스탄.

흐스탄의 누르술탄 나자르바예프 대통령은 새로운 수도 아스타나를 건설하면서, 도시 중심축의 한쪽 끝에는 포스터 앤드 파트너즈가 설계한 높이 62미터의 피라미드인 평화와 화해의 궁전을, 다른 쪽 끝에는 역시 포스터가 설계한 텐트형 쇼핑몰인 칸 샤티르를 지었다. 이 두 기둥 사이에 대통령 관저와 베이테렉 타워가 있다. 대통령 관저는 큰 청색 돔으로 한층 돋보이게 한 미국 백악관의 개량판이다. 베이테렉 타워는 삐죽삐죽한 강철 위에 구체를 하나 얹었는데, 전설의 새 삼룩이 황금알을 낳는 포플러 나무를 형상화한 것이라고 한다. 이것이 어떤 유명한 사탕을 닮은 덕분에, 현지에서는 '추파춥스'라 부르기도 한다.

다른 예로는 히틀러가 있다. 젊은 시절 히틀러는 비엔나의 건축가

오토 바그너 밑에서 일하려고 지원했으나 성사되지 않았다. 나중에 권력을 잡은 뒤 그는 베를린을 강대한 제국의 수도 게르마니아로 만들려는 계획을 세웠다. 이 생각은 벙커에서 최후의 날을 맞을 때까지 그의 머리를 떠나지 않았다. 그가 여기에 얼마나 집착했는지, 마침내는 어느 것이 더 중요한지 완전히 헛갈릴 지경이 되었다. 제국을 위해 게르마니아가 만들어져야 하는지, 게르마니아를 만들기 위해 제국이 세워져야 하는지.

건축가들은, 적어도 일부 건축가는 권력에 아부하기를 좋아한다. 루드비히 미스 반 데어 로에는 나치 독일에서 필요 이상으로 오랜 기간 얼쩡거렸다. 그 정권이 자신의 건축 스타일을 채택해주기를 바란 것이 분명하다. 그는 1935년 브뤼셀 국제 박람회의 독일관 디자인을 제안했다. 스바스티카(卍) 형상 이었다. 공식제안서에는 그 모양이 '나치의 전투력과 영웅적 의지'를 상징한다고 했다. 미국의 건축가 필립 존슨은 20세기 건축의 가장 영향력있는 인물 중 한 사람으로 꼽힌다. 당시 미스를 존경했던 젊은 시절의 그는 한술 더 떴다. 그는 히틀러의 《나의 투쟁》을 찬양하는가 하면, 회색 셔츠라 불렸던 미국 파시스트당의 창건을 도왔다. 그리고 1939년에는 독일군을 따라 폴란드로 들어갔다. 거기서 그는 불타는 바르샤바를 보고 "감동적인 장관"이라고 묘사했다. 르 코르뷔지에는 소비에트 러시아의 후원을 따내려고 애를 썼으나 결국 실패했고, 나중에는 프랑스 비시 정권의 환심을 사려했다.

이런 관련성은 단지 우연이거나 편의에 따른 것만은 아니다. 독재자와 건축가는 둘 다 세상을 지배하고 만들어내려는 욕구에 휘둘린다는 점에서 비슷하다. 그리고 둘은 서로의 그러한 면을 좋아한다. 세계 최고의 관광 명소로 각광받는 지역들에 가 보면, 어떤 사람을 다른 사람들 위에 올려놓으려는 선전이 프로그램의 대부분을 차지한다. 그것이 규모를 통해 보는 이로 하여금 뭔가 위대한 존재 앞에 서 있다는 감동을 주려는 것이든, 아니면 불굴의 의지로 소재와 노동력을 다스리는 장인적인 능력과 디테일을 자랑하는 것이든 마찬가지다. 이런 지배 개념은 건축에 따라붙는 언어에서도 확인할 수 있다. 마스터 크래프츠먼(최고장인), 마스터 플래너(총괄계획가), 마스터 빌더(최고건축가), 모던 마스터(현대의 장인), 마스터피스(걸작) 등 지배자 혹은 주인이라는 뜻의 마스터를 즐겨 사용한다.

건축의 전율 혹은 감동이 어느 정도는 힘의 과시, 때로는 잔혹성에서 유래한다는 것은 하나의 불편한 진실이다. 인디아에 가면, 매우 아름다운 어느 기념물의 외곽에 그것을 만든 장인들을 기리기 위한 일군의 무덤을 볼 수 있다. 그들이 자신 외에 다른 어느 누구를 위해서도 더 아름다운 것을 만들지 못하도록, 통치자이자 의뢰인이 그들을 처형한 것이다. 현존하는 인물로, 아시아의 존경받는 한 건축가는 자신의 직원들을 두들겨 패서 코를 부러뜨리는가 하면, 그들을 강제로 사무실에서 자도록(그들이 잘 수나 있었다면) 한 것으로 알려졌다. 그는 자신의 모든 것을 쏟아 부은 작품을 위해 그들의 삶까지도 최대한도로 짜내고 있는 것이다. 인간의 희생은 건설의 오랜 동반자다.

성공한 건축가는 엄청난 의지력의 소유자다. 자신들의 설계가 구상 단계에서 완성에 이르기까지 수많은 압력에서 살아남으려면 그래야만 한다. 건축의뢰인, 도시계획가, 건설하청업체로부터, 예산, 부지, 서류는 물론, 건설 과정의 각종 사고들까지. 건축가들에게는 또한 힘과 매력이 있다. 그들은 무슨 짓을 해서라도 자신의 목적을 이루어야 한다. 다리 사이에는 불을, 눈 사이에는 납을 지닌 남자*였던 스탠퍼드 화이트가 아주 적절한 예가 될 것이다. 그와 동시대의 어떤 사람은 그에 대해 이렇게 말한다.

> 다시 없을 강한 개성과 경이적인 힘을 지닌 남자였다. 그는 만나는 모든 사람에게 영향을 미쳤다. 나는 그를 미국 역사의 어느 한 시기의 정신을 대표하는 인물이라고 생각한다. 그 시기는 활기가 끓어 넘치는 시기였고, 한참 동안 가라앉아있던 요소들이 격렬한 감정과 함께 한데 섞이며 어느 순간 하나의 해법으로 튀어나오던 그런 때였다.
>
> 그에게는 거인의 생명력이 있었다. 위대한 정치가들이 태어나면서부터 갖고 있는, 자신의 존재를 알리려는 숭고한 광기가 있었다. 그는 어디서든 눈에 띄는 그런 존재였다.

그는 어릴 때부터 남달랐고, 술을 좋아했고, 여자를 밝혔고, 우울증이 있었고, 파티를 즐겼고, 돈을 함부로 썼다. 건축에 대한 그의 생각은 건물을 설계하는 것을 넘어, 거기에서 열릴 쇼와 파티를 만드는 것에까지 미쳤다. 그는 설계가이면서 흥행사였다. 그는 일을 하나 잡으면 완결될 때까지 며칠 밤을 꼬박 새울 수 있었고, 의뢰인에게 가혹하게 굴었으며, 때로는 엄청난 건설비용을 요구해 그들을 파산직전으로 몰아넣기도 했다.

그는 위압적이면서 동시에 매력적이었다. 수잔나 레사드는 그를

---

* 성욕이 지나쳐 얼굴에 총을 맞아 죽었다는 것을 뜻한다.

"무신경하고, 제멋대로에, 폭군같지만, 덩치크고 감수성 풍부한 천사 같은 아기"라고 묘사한다. 또한 그의 예술가 친구는, "자신이 누구라는 것을 잃을 정도로 극도로 예민한 감성을 지닌" 사람이라고 했다. 젊은 시절 유럽을 여행하던 화이트는 엘진 대리석*이 자신의 "머리칼을 쭈뼛서게 했다가 다시 가라앉혔다"고 썼다. 그리고 베르메르와 베로네세의 그림 앞에서는 울음을 터뜨렸다. "생각해보라, 이렇게나 사랑스럽게 만들 수 있는데, 나는 그런 일을 못한다니!" 그의 말이다.

사람이건 물건이건, 아름다움에 대한 그의 반응은, 먼저 그것에 반하고, 이어서 그것을 소유해서 소비하고, 자신의 것으로 흡수하길 원하는 식이었다. 부자들을 위한 주택을 디자인한 성공적인 건축가로서, 그는 젊은 시절 자신에게 그토록 감동을 주었던 유럽 대륙을 약탈하려고 했다. 궁전들에서 떼어낸 벽난로를 미국으로 들여와 고객들에게 이문을 붙여 되팔기도 했다. 한 번은 이탈리아의 어느 마을에서 경찰에게 돈을 먹여 딴전을 피우도록 한 다음, 마을 공용의 우아한 분수를 낚아채왔다. 화이트는 이런 약탈 행위가 기울어가는 늙은 나라를 대신해 젊고 강력한 나라가 가질 당연한 권리라고 생각했다.

그는 주로 매킴 미드 앤드 화이트에서 공동대표로 건축 작업을 했는데, 크게 두 시기로 나눌 수 있다. 서른 전 이미 명성을 얻게 된 시절, 그는 뉴포트와 롱아일랜드에 주말 별장을 설계했다. 고객은 여가가 많은 신흥 부자들로, 서른한 살에 은퇴한 면화 중개상을 비롯

* 원래 아테네의 파르테논 신전과 아크로폴리스에 있던 조각상으로, 영국의 외교관 토머스 엘진이 그것들을 떼어내 영국으로 반출했다.

위 아이작 벨 하우스, 뉴포트, 로드아일랜드, 매킴 미드 앤드 화이트 설계, 1881-1883년. **아래** 식당, 킹스코트, 뉴포트, 로드아일랜드, 매킴 미드 앤드 화이트 설계, 1880-1881년.

오그덴 밀스 하우스, 스타츠버그, 뉴욕, 매킴 미드 앤드 화이트 설계, 1895-1897년.

해 기업가나 부동산 부자, 미술상이었다. 이 작업은 이후에 이른바 '싱글 스타일'을 개발하는 데 도움이 되었다. 일반적인 미국 주택의 목조건축 기술에 미적 감각과 정교한 공예, 일본풍 장식을 가미한 것이었다. 주로 목재를 사용한 경량 구조여서 부담없어 보이지만, 실제 화이트가 지은 별장에 들어간 비용은 만만치 않았다. 어느 역사학자는 이 주택들을 두고, "미국 여름의 건축"이라고 불렀다.

두 번째 시기에 그에게 일을 맡긴 사람들은 더 이상 그냥 부자가 아니었다. 어마어마한 부자였다. 밴더빌트, 휘트니, 퓰리처 등 미국 '금박시대'•의 군주들로, 화이트는 그들을 위해 저택과 사교클럽을 설계했다. 화이트의 회사는 또한 보스턴 공공도서관과 뉴욕의 워싱턴 스퀘어 아치 등 당대의 공공기념물도 설계하였다. 이런 프로젝트를 만나게 되자, 이제는 뉴잉글랜드의 농가주택이라는 낭만적 배경만으로는 더 이상 충분하지 않았다. 이제는 베네치아의 바로크나 루이 14세 시대의 궁전, 르네상스 시기 프랑스의 성들이 모델이 되어야 했다. 이런 거대한 건물들이 로드아일랜드의 뉴포트에 몇 개 들어섰고, 그것들은 화이트의 경력과 함께 점점 더 거대해져 갔다. 예전의 소박했던 이곳을 사랑했던 헨리 제임스는 안타까움을 이렇게 표현했다.

> 새로운 저택들 덕분에, 이제 자연의 얼굴은 최대한 지워지고, 원래의 수줍은 상냥함은 야한 치장으로 요망스러워져 버렸다. …… 애당초 움

• 미국에서 남북전쟁이 끝난 후인 1870년대 후반부터 20세기 전까지 경제가 급속히 발전 했던 시기를 말한다.

쑥 파인 모래사장에 찾아온 바다요정들이나 양치기들의 노래에 화답했을 이 조그마한 땅을, 허연 코끼리들의 번식지 따위로 보았다니, 도대체 생각이나 있는 건지!

그림 같은 풍광은 대칭형으로 바뀌고, 가벼웠던 곳이 무거워지고, 나무는 돌이 되었다. 당시 화이트 밑에서 일하며, 나중에 울워스 빌딩이라는 뉴욕의 거대한 고딕풍 고층건물을 설계한 캐스 길버트는, 양식의 변화와 함께 화이트 성격도 어느 정도 변했다고 지적했다. 이십대 말까지만 해도 화이트는 "비범한 능력을 가진 매력적인 사람"이었다고 길버트는 말했다. 하지만 나중에는 "화이트의 오만함, 특히 모든 일을 자신이 다했다고 말하는 바람에 아주 질려 버렸다"고 했다.

그의 후기 건물들이 어떻게 힘을 뽐내는지는 한눈에 알아볼 수 있다. 그것들은 허세와 껍데기, 그리고 최대한의 수완을 내세웠다. 그것들은 크고 엄청나게 비쌌다. 나무, 돌, 태피스트리, 조각이 필요하면, 숲, 산, 마음에 드는 궁전 등 아무데서나 뽑아내, 배나 기차로 실어 날랐다. 최고의 장인들을 고용해 물질을 지배하는 위업을 이루라고 밀어붙였다. 프레더릭 윌리엄 밴더빌트의 저택 하이드 파크의 식당은 거대한 르네상스식 벽난로 하나로는 부족했다. 다분히 과시용으로, 난로를 두 개로 늘려 넓은 방을 데웠다.

그들은 구대륙의 보물과 이미지를 차용하고, 그것들을 뛰어넘었다. 저택의 이오니아와 코린트 양식 기둥을 보면, 하나의 대리석이나 돌을 깎아 만들었는데, 유럽의 원형보다 훨씬 균일하고 완벽하다. 아칸서스 잎 장식의 홈파기와 끌질은 한층 정밀하다. 그러다 화이트는 갑자기 쉬글 스타일을 연상케 하는 비대칭을 던져 넣는다. 지나친 화려함을 피하려는 것이다. 그래도 여전히 화려함은 남아있다. 그는 고전주의에 통달했고, 그리고 이제 마음대로 주무를 수 있게 되었다.

하지만 좀 더 점잖은 쉬글 스타일의 주택처럼, 화이트의 작업에는 보다 미묘한 힘의 과시도 있다. 그는 특히 표면장식에 매료되어, 정교한 무늬와 패턴에 열광적이었다. 초기에 설계한 주택의 바깥면에 화이트는 나무판과 타일로 물결, 비늘, 가리비 모양을 구사하고, 스그라피토* 패널을 삽입하고, 자갈과 조개 껍질, 병 유리를 박아 햇살이 뻗어나가는 장식과 문양을 만들었다. 창문들은 작은 유리판을 섬세한 납 격자살이나 목재에 고정시켰다. 유리판은 나무판과 비슷한 크기로, 서로 어우러지면서 작은 진동이 벽, 창문, 그리고 지붕까지 전체로 퍼져 나간다. 저택 내부에는 나무를 자르고 깎은 후 무늬를 새겨, 식물 모양이나 기하학적 형상, 직물로 만든 걸개 모양, 선과 점이 빠르게 교차하는 패턴을 펼쳐놓았다. 거기에는 수도 없이 많은 작은 조각들이 있다. 이 헤아릴 수 없이 많다는 것이 중요하다. 너무 많아 아찔할 지경이다.

나무뿐 아니라 황동, 대리석, 거울, 고리버들, 지중해의 파란색과 대서양의 녹색을 띤 타일도 있다. 유리는 채색되거나, 문양을 새기거나, 불투명하거나, 점이 찍혔거나, 투명하다. 구리는 녹을 입히고 이리저리 잘라놓았다. 스탠퍼드 화이트는 소재에 고정관념을 두지 않았다. 코르크 타일에 헤링본 패턴을 사용하는가 하면, 대나무 쪽

---

* 진흙이나 물감을 평평하게 바른 후 굳기 전에 긁어내 바탕 재료를 드러내는 기법.

을 벽과 천장에 붙이고, 가구용 고정못을 문에 박아 태양과 별 패턴을 만들기도 했다. 회반죽에 금가루를 섞어 쓰기도 했다.

화이트의 건축에는 모티브를 차용했던 이전의 건물에 있는 것보다 훨씬 많은 것들이 있다. 그가 자신의 집에 델프트 타일을 사용하기로 결정했을 때, 그는 통상적인 방식인 벽난로 안쪽에 붙이지 않았다. 그는 천여 개의 타일을 모아 벽 전체를 덮었다. 곡예사가 저글링하면서 공중에 띄우는 물건의 수를 늘려가듯, 화이트는 하나의 공간을 이 정도면 됐겠지 하는 순간, 바로 그걸 넘어선다. 곡예사와 마찬가지로 그는 이리저리 움직이며 균형을 유지한다. 그가 꾸민 곳들은 뭔가 많다기보다는 뭔가에 눌려있다는 느낌이다.

표면을 꾸미는 것에 대한 화이트의 열의는 어느 정도는 의뢰인의 부를 화려하게 과시하기 위해서였다. 그러한 정교한 가공은 결코 싸지 않기 때문이다. 하지만 동시에 건축가의 기교와 자신의 창의성을 과시하려는 것이기도 했다. 거기에는 의뢰인인 법적 소유주와 건축가인 화이트 사이에 암묵적인 계약이 있었다. 의뢰인이 화이트의 마법사와도 같은 천재성을 공유하는 대가로, 그가 건물을 자기가 만든 것처럼 보이게 모든 곳을 마음대로 꾸미도록 허락한 것이다. 화이트는 자신이 그곳에 있었다는 사실을 사람들이 깜빡 하도록 놔두는 법이 없었다.

건물의 껍질에 집착한다는 것은 무언가 에로틱한 면이 있다. 화이트에게 그 에로틱한 면은 힘과 연결된다. 화이트가 자신을 위해 만들었던 매디슨 스퀘어 가든의 관능적인 보금자리를 보면, 표면에 대한 그의 감식안이 드러난다. 현란하지만 색은 사려깊게 선택되었다. 직물, 가죽, 벨벳을 사용한 것은 여성에 대한 그의 감식안과 밀접한 관련이 있다. 화이트의 유명했던 디너 파티에서, 와인을 따르던 금발과 갈색 머리의 여자들, 그리고 빼어난 미모의 16세 소녀 이블린 네스빗. 그녀는 (나중에 스스로 밝힌 바에 따르면) 마약에 취해 화이트에게 처녀성을 바쳤고, 화이트는 결국 그 일로 죽음을 맞게 된다. 그에게 와인, 여자, 벽은 거의 같은 존재였던 것 같다. 감각적인 사물은 동경을 일으켰고, 동경은 지배욕으로 다스려야 했다. 그의 내면에서 폭군과 미식가가 결합했고, 지배욕은 아름다운 것과 친밀한 동반자였다. 그의 지배욕은 단 한 번 휘어잡는 것으로 만족되지 않았다. 오랜 기간에 걸쳐 예술적 재기로 펼쳐져야 했다.

그의 장식은 흠잡을 데 없는 솜씨로 마무리된 원시적 흩뿌리기라 할 수 있다. 그것은 아돌프 로스가 《장식과 범죄》에서 말한 파푸아 섬사람들의 문신을 연상케 한다. 로스에게 그것은 성적 충동이면서 동시에 예술의 기원을 말해주는 행동이다. 로스는 똑같은 충동이 '퇴폐주의자'들이 화장실 벽에 해 놓은 낙서에도 나타난다고 지적했다. 스탠퍼드 화이트 역시 벽에다 뭔가를 나타내고 발랐다. 그러나 거기에는 미적 취향이 묻어 있었다. 그는 그래피티를 스그라피토로 바꾸었다.

화이트의 화려하게 장식된 외부는, 특히 어디선가 빌어온 장엄함으로 채워놓은 후기의 것들은, 로스가 그토록 싫어하여 자신이 신사답게 깨끗이 비워놓았던 것들이었다. 그러나 공간, 물질, 시간을 인테리어의 표면에 압축해 넣으려 했다는 점에서 두 사람은 서로 다르지 않다. 두 사람 모두 다양한 소재와 성적으로 매력적인 이미지를 취했고, 그것을 평면에 고정시켜 평평함을 표현하려 했다. 둘 다 벽면에 빛을 잡아두기 위해 불투명 유리를 사용했다.

이런 압축은 감각적이면서 절제된 건축의 공통된 특징이다. 보는 즉시 분명하게 드러나지 않기 때문이다. 그것은 제한 조건을 어떻게든 맞춰내는 희열이며, 엄격한 제약 안에 호화로운 삶을 담아넣는 기쁨이기도 하다. 그리고 분명 정복과 지배욕도 있다. 공간과 시간의 제약 없이 아무리 먼 곳에서라도 마음껏 가져온 물건들에 엄청나게 정교한 가공을 가해, 공간의 입체감을 평면으로 만드는 쾌감이다. 화이트와 로스의 공간도 러브호텔처럼 다양한 차용을 보여준다. 하지만 러브호텔과 달리, 그들은 소재를 융합하고 변형시켜 전혀 새로운 세계를 만들어 냈다. 거기에는 또한, 아마도 생식의 마법이라는 환상이 작용하고 있었을 것이다. 건축가의 마법이 이차원에서 삼차원을 만들어 내고, 그려진 평면에서 건물이나 도시를 만들어 내듯이, 그는 물질과 이미지로 가득 채운 평평한 벽을 만들 수 있었다. 바로 그 물질과 이미지는 벽을 넘어선, 벽 바깥에 있는 세상을 가리킨다.

건물에서 힘을 드러내는 표식은 여러 가지다. 규모, 무게, 높이, 비용. 누군가를 위압하거나, 내부에 최대로 무언가를 품기 위한 수단들이다. 거대한 건물은 위협적일 수도 있고, 탄성을 자아낼 수도 있다. 이는 우리가 그 크기를 어떤 감각으로 느끼느냐에 따라 다르다. 즉, 그 웅장함이 그들을 위한 것인지, 아니면 우리를 위한 것인지에 따라 그 느낌이 결정된다.

대칭, 증폭, 반복도 힘의 표식이다. 그것은 의뢰인과 건축가가 노동자들에게 똑같은 것을, 똑같은 방식으로, 계속해서 만들어내도록 지시할 충분한 권한이 있으며, 또한 그런 반복과 중복 비용을 감당할 능력이 있다는 것을 나타낸다. 대칭은 건물의 기능과 부지의 특성에 의한 비대칭적 압력들, 즉 방들이 다양한 크기로 만들어질 필요가 있다거나, 부지가 경사지거나 또는 부지의 경계가 불규칙할 수도 있는데, 그런 모든 것들을 극복했다는 것을 말해준다.

세부 디테일에도 정치가 있다. 건축 소재는 모두 나름의 생명과 역사를 갖고 있다. 자연에서 유래했고, 흠과 티가 있고, 온도와 습도에 반응하며 각각의 특성에 따라 움직이고 변한다. 건축가는 그런 성질을 없애거나, 무시하거나, 조작하거나, 갖고 갈 것인지를 선택해야 한다. 돌을 예로 들면, 매킴 미드 앤드 화이트의 후기 저택들에는 돌이 거의 강철처럼 예리하게 잘린 반면, 영국 북부의 양목장 울타리에는 돌이 페인트칠도 하지 않고 모르타르로 붙이지도 않은 채 느슨하게 쌓여 있다.

건축 소재와 건설 노동자들이 어느 정도의 자유 또는 통제하에 다루어졌는지는 완성된 건물에서 명확히 드러난다. 건설 과정에 사용된 힘은 또한 그 건물이 미래의 사용자에게 행사하게 될 통제의 수준도 암시한다. 건축가가 건물의 각 부분들이 특정 방식으로 결합하도록 주장했을 때, 그 목소리가 관철되었는지 아닌지에 따라, 건축가와 시공회사, 의뢰인 사이의 힘과 협력의 관계가 드러난다. 그 힘은 공공의 이익 혹은 개인적 집착, 아니면 대부분이 그렇지만, 이 두 가지 모순의 조합을 추구하는 과정에서 너그럽게 혹은 협조적으로, 또는 이기적으로 행사될 수 있다. 만약 건축가가 잘 만들어진 문턱이나 의자 하나라도 얻어내거나, 아니면 더 나아가 일관성있는 아름다움을 성취한다면, 여러 세대에 걸쳐 감사를 받을 것이다. 그러나 그 목적이 오로지 신경질적인 자기중심주의에 지나지 않는다면, 짜

증만 유발한다.

아돌프 로스는 자신의 에세이 〈불쌍한 작은 부자〉에서 가상의 어느 백만장자를 언급한다. 부자는 한 건축가를 불러 이렇게 말한다. "내게 예술을 가져오시오, 내 집에 예술을 들이시오. 비용은 문제가 아니오." 그는 소망을 이뤘다. "그가 눈길을 던지는 곳마다 예술이고, 모든 사물 하나하나가 예술이었다. 그가 문손잡이를 잡을 때는 예술을 쥐었고, 그가 안락의자에 기댈 때는 예술 위에 앉았다. …… 카펫 위를 걸을 때면 예술에 발을 묻었다." 건축가는 "하나도 빠트리지 않았다. …… 모든 것이 그에 의해 만들어졌다." 심지어 집 밖을 지나가는 전차 선로도 새로 깔았다. 전차가 "라데츠키 행진곡의 리듬으로 지나가도록" 하기 위해서였다. 가구 하나하나도 정확한 위치를 지정했는데, 이 때문에 약간은 스트레스였다. "건축가가 성냥갑을 어디 두었는지 찾으려면, 매번 설계도를 꺼내 펼쳐봐야 했기 때문이었다." 그래도 부자는 행복했다. 그가 자신의 생일을 맞아 건축가를 초대하기 전까지는 그랬다. 만나자마자 건축가는 침실에서 신도록 디자인한 신발을 정해진 장소 밖에서 신고 있다고 부자를 나무랐다. 그리고 부자가 가족들로부터 받은 선물을 둘 장소를 찾아달라고 하자 건축가는 화를 냈다. "어떻게 선물을 받을 생각을 할 수가 있습니까! …… 나는 모든 것을 고려했습니다. 당신은 더 이상 아무 것도 필요 없어요. 당신은 완벽합니다!"

"하지만 손자가 유치원에서 뭔가를 만들어 와서 내게 준다면 어떻게 하오?"

"그래도 절대 받으면 안 됩니다!"

아르누보 인테리어의 한 예. 외젠 발렝이 설계한 식당.

행복했던 그 사람은 "갑자기 아주 불행해졌다. …… 그는 앞으로의 생활, 갈망, 성장, 욕망으로부터 제외된 것이다. 정말로 그랬다. 그는 끝났다. 완벽하기 때문이다!"

로스는, 모든 것을 디자인의 대상물로 삼아, 주택을 공간, 표면, 디테일의 총체적인 교향곡으로 만들려 했던 비엔나 분리파와 아르누보 건축가들을 풍자한 것이다. 그러한 건축이 꼬불꼬불한 자연적 형태와 눈부신 색상으로 생동감이 넘친다 해도, 그것은 누군가 거기로 들어오기 전까지 건축가 혼자 누렸던 활기라는 것이다. 거주자들은 그곳에서 오직 경탄하는 목격자가 될 뿐이다. 그들은 자신의 것을 추가하지 못한다. 그들은 바라볼 수는 있지만 거주하지는 못한다. 디자인의 고정성 혹은 완결성은 그것이 아무리 아름답고 지적이더라도, 그 부자가 그랬던 것처럼, 죽은 것이 돼버린다. 예술의 영원성을 추구하는 건축은 살아있는 것들의 공간을 남겨두지 않는다.

건축가의 시각과 사용자의 삶 사이의 이런 갈등은 아돌프 로스가 살던 시대와 장소를 넘어서도 계속 발생한다. 역사가들이 '팔라디오의 빌라 로툰다'나 '르 코르뷔지에의 빌라 사부아'를 말할 때면, 마치 그 건물이 의뢰인의 것이 아니라 건축가의 소유인 것 같다. 또 화이트의 주택들에서 보았듯이, 법적 소유자와 창의적 소유자 사이에도 이해 혹은 오해가 존재한다. 보기에 따라서는 두 사람 모두에게 속한다고 볼 수도 있기 때문이다. 건물을 이렇게 대하는 것은, 각 당사자가 자신의 입지가 생각보다 작다고 느끼느냐 아니냐에 따라, 화기애애할 수도 있고 분란을 부를 수도 있다. 미스 반 데어 로에의 가장 유명한 건축물 중 하나인 판스워스 하우스의 의뢰인이자 아마도 연인이었을 이디스 판스워스는, 결과적으로 그 집이 그의 것이지 자신의 것이 아니라는 생각이 들자 불같이 격분했다. 그녀는 그를 이렇게 비난했다. "내가 알아온 어떤 사람보다도 차갑고 잔인했다. 그는 말로는 친구나 파트너를 원한다고 했지만 전혀 아니었던 것 같다. 그가 원했던 것은 멍청이나 사기칠 사람이었다."

건축가가 개인이 아니라 폭넓은 대중을 의식해 설계할 경우, 작업 의도와 건물에서 살아갈 삶 사이의 긴장은 여러 형태로 나타난다. 개인 주택에서는 의뢰인과 건축가의 관계가 양방향이다. 하지만 공공 프로젝트에서는 의뢰인뿐 아니라 사용자와 행인도 있다. 또 의뢰인이 위원회나 공무원과 같은 복잡한 기관이거나, 디자인 팀일 때도 많다. 이런 경우에는 개인 주택을 작업할 때보다 훨씬 많은 수의 다양한 배경을 가진 전문가가 참여할 수도 있다.

힘과 이해 관계가 어떤 형태로 나타날 것인지는 분명치도 않고 예측도 쉽지 않다. 하나의 건축 프로젝트를 끌고 가는 힘이 의뢰인, 즉 독재자나 한 기업의 의지를 어느 한 장소에 실현하려는 것일 수 있다. 아돌프 히틀러를 위해 일했던 알베르트 슈페어는 단지 후원자의 꿈을 충족시키거나, 혹은 그 이상을 해내는 것이 자신의 역할이라고 생각했을 것이다. 어떤 건축가는 의뢰한 독재자의 가치가 아니라 새로운 가치를 건축에 구현하여 자신들이 독재를 인간화 또는 시민화했다고 생각하기도 한다. 중국중앙텔레비전CCTV의 본사 건물 설계한 렘 쿨하스나, 베이징 올림픽의 '새둥지' 경기장을 설계했던 자크 에르조그와 피에르 드 뫼롱 같은 유럽의 건축가들이 이런 주장을 한다.

자신을 내세우려는 욕망이 의뢰인보다 건축가 자신으로부터 비롯되는 경우도 있다. 스페인 카탈루냐의 건축가 리카르도 보필이 그렇다. 그는 프랑스의 신도시 마른 라발레와 생캉탱 앙 이블린에 저렴한 아파트 단지들을 만들었는데, 초승달 모양으로 거대한 기둥들이 늘어선 모양에, 남성미 물씬 풍기는 콘크리트 버전의 베르사유 궁전 스타일이다. 때로는 힘의 전개가 단지 지배나 착취의 문제가 아니라, 사용자와 소유주, 설계자 삼자간의 상호 주고받는 관계로 나타날 때도 있다. 어떨 때는 보 바르디의 상파울루 미술관처럼 개인적인 힘이 다수가 공유하는 자유로 변형되어 나타나기도 한다.

현대의 몇몇 이론가들은 고전주의 건축 전통이 태생적으로 억압적 경향이 있다고 주장한다. 평론가 아론 베츠키는 고대와 르네상스 시대의 고전적 도시에는 지배층이나 귀족이 전시용으로 만든 특정한 형태의 공공공간이 있었다고 말한다. "그것은 자연의 일부도 아니고 생산을 위한 것도 아니며, 다만 힘을 보여주기 위한 장소였다. 힘으로 정복하고 쓸어낸 어떤 세계를 상징했다." 그것은 여성보다

철거 작업 중인 오페라 거리의 마지막 건물, 파리 1876년.

우월한 남성의 힘뿐 아니라, 노예, 소수민족, 외국인에 대한 시민의 우위를 표현하는 곳이기도 했다. 그런 공간에 나타난 건축은 기하학적이고 고정되어 있으며, 돌 위에 돌을 쌓는 형태로 나타났다. 그런 건축은 주로 햇빛 아래 훤히 드러나게 만들어졌고, 한참 후에 알베르티가 이를 권장하게 된다. 어둡고, 불안정하고, 소외되고, 탈규범적인 것들은 시야에서 제거되었다.

기하학적으로 구현된 힘을 보여주는 유명한 사례가, 뒤얽힌 파리를 뚫고 지나는 오스망 남작의 대로 체계다. 황제 나폴레옹 3세를 위해 만들어진 이 대로는 정부의 군사동원을 쉽게 하는 한편, 혁명과 같은 유사시에 군중들이 바리케이드를 치기 어렵게 설계한 통제 장치이기도 했다. 그것은 돌로 만들어져 영구적이라는 느낌과 기대를

자마 엘 프나, 마라케시.

갖게 했다. 이들 대로 체계는 대칭성, 대규모, 직진성이라는 특징 아래 질서의 이미지를 만들어냈다.

불법적인 것들은 대로의 뒤편, 통로passage로 추방되었다. 1920년대 초현실주의 플라뇌르였던 루이 아라공이 그의 자전적 소설《파리의 농부》의 배경으로 삼았던 곳이다. 그곳은 오스망 대로 확장을 위해 철거될 예정이었다. 그곳을 보존하자는 지역 상인들의 운동과 "들끓는 분노"는 부동산 회사의 이해와 지역 정치가의 부패한 공모 앞에 단숨에 무너졌다. "거대한 쥐"라는 대로의 공습에 이 통로가 아직 살아남아 있을 동안 시인과 낯선 물건을 파는 상점, 매춘부를 위한 이 외진 장소, 이 "인간 수족관"은, "저주받은 사람들과 그 쾌락이 만들어낸, 유령 같은 풍경, 그리고 그 덧없음을 숭배하는 진정한 성소"였다. 그곳의 "침침한 불이 켜진 구역들" 가운데 하나에는, "인간의 환상이 만들어낸 생태계와 식생이 표류하고 번성"하고 있었다. (그리고 확실히, 그곳에서 아라공은 매춘부들의 고객으로 자신의 파워를 행사하고 다녔을 것이다.) 어둡고, 난잡하고, 변화무쌍한 그 '통로'는, 대로를 제외한 모든 것이었다. 하지만 '통로'가 사라져야만 하는 이유도 바로 그것이었다.

그렇다고 기하학적으로 배치된 공공공간을 단지 남성적 힘이 발휘되는 살균기 정도로만 보는 것은 지나친 단순화다. 그런 시각은 유럽과 남아메리카의 여러 광장과 거리를 간과하고 있다. 그곳에서는 도시의 활력이 어떠한 통제적 의도도 압도했다. 이런 장소는 우월적 권위가 아니라, 도심을 형성하는 사람과 집단들을 또렷이 드러낸다. 도시인들은 자신들을 통제하기 위해 구조물이 세워지더라도, 그것을 이용하고, 전복하고, 넘어설 방법을 갖고 있다. 사실상 아라공의 '통로'는 도시를 규제하려는 초기 시도가 남긴 하나의 유적이다. 그곳은 오로지 시대에 뒤떨어지고 없어져야 할 운명이라, 더더욱 그가 그토록 찬양한 불안정한 지하세계가 될 수 있었다.

한편, 모로코 마라케시의 자마 엘 프나 광장은 별 의미 없는 형식이 어떻게 공공의 활력이 될 수 있는지 보여준다. 여기에는 이야기꾼, 음악가, 뱀 묘기꾼, 마술사, 약장수, 음식가판대, 장사꾼들, 물장수 등이 모인다. 그들의 활동은 지속적이지만 낮과 밤에 따라 바뀐다. 이곳은 세계에서 가장 열정적이고 복합적인 공공공간 가운데 하나다. 사람들은 여기를 '광장'이라고 부르지만, 사실상 건축적 형태라고 할 만한 것은 없다. 이곳은 그저 가장자리가 들쭉날쭉한 한 뙈기의 땅이며, 나지막하고 평범한 건물들로 둘러싸여 있다. 이 장소는 거의 전적으로 그 안에서 벌어지는 활동에 의해 만들어진다.

만약 어떤 개발업자나 건축가가 대중에 대한 자신의 사랑을 보여주고 싶다면, 제안서에 대충 사각형 공간을 하나 그려 넣고 그것을 광장이라 부르면 된다. 멀리 고대에 기원을 둔 고전적 광장이 그런 것이다. 그러면 '삶'은 그 속에서 발생할 것이다. 그러나 항상 그런 것은 아니다. 또는 자발성을 제한하는 것이 그런 광장을 만든 중요한 의도일 수 있는데, 그 때도 의도와는 다른 방식으로 나타날 수 있다. 그렇다고 놀랄 이유는 전혀 없다. 그것은 내용과 형식이 호응하지 않는 하나의 사례일 뿐이다.

건물의 힘은 건축에서 가장 기본적인 물체와 공간의 구분에서 명확히 드러난다.

건축물은 너무나도 명백하게 물체다. 표준적인 건축사 책들을 훑

어보더라도, 신전이나 성당, 궁전, 현대의 주요 주택들은 맑은 하늘을 배경으로 우뚝 서있는 모습이다. 건축 잡지나 웹사이트들 또한 하나의 단일한 건물을 만든 업적을 기념하지, 그 주변의 맥락이나 거주에 대한 것은 사진에 잘 담지 않는다. 건축가가 가장 흔히 의뢰받는 업무란, 법적 소유권에 의해 경계가 규정되는 어떤 것, 즉 건물을 디자인하고, 건설계약을 작성하고, 예산을 짜는 일이다. 건설노동자들은 날씨가 어떻든 힘들게 작업해 빈 공간을 만들라는 것이 아니라, 질량과 고형성을 가진 어떤 물체를 지으라고 임금을 받는다.

건물의 목적은 대개 공간을 만들거나 변형하는 것이다. 내부에는 방을 만들고, 바깥에는 다른 건물들과 어울려 거리나 광장을 만든다. 최소한 서로 일정 간격으로 떨어진 건물들이 한데 모인 건물 단지라도 만든다. 건물은 적절한 보호와 안정감, 기후 조절, 규모, 음향, 조명, 안락함, 내부와 그 주변에서 일어나는 모든 일들의 배경을 제공한다. 만약 건물이 일정한 풍경에 속한다면, 원래의 풍경이 만들었던 공간을 바꿔놓을 것이다. 들판의 작은 오두막이든 발전소의 냉각탑이든 공간을 바꾸기는 매한가지다.

공간은 자유를 허용하고, 특성을 만들어낸다. 그곳이 연병장인지, 무도회장인지, 침실인지, 아니면 언덕인지에 따라, 행동은 더 수월해지기도 하고 그렇지 않기도 하다. 그것은 또 시간에 따라 변한다. 위협적이거나 친근하기도 하고, 개방되거나 밀폐될 때도 있고, 규제가 없거나 혹은 규칙에 묶이기도 한다. 그것은 알아채기 힘든 미세한 조정만으로도 큰 변화를 부를 수 있다. 예를 들어 보안카메라가 비추고 있는 거리와 그렇지 않은 거리는 거의 다를 바 없이 보이지만, 두 곳은 전혀 다른 장소가 된다. 텅스텐 전구인가, 아니면 형광등, 네온등, 할로겐 전구인가, 또는 음향이 부드러운지 딱딱한지에 따라서도 방은 달라진다.

공간은 거주에 대한 상상과 관련 있다. 소재, 규모, 조명, 장식은 공간에 분위기를 만들어내고, 다시 그것이 연상을 유발하고, 기억을 수용하며, 이미지를 불러일으킨다. 공간의 힘은 그것의 다면적인 본질에서 비롯된다. 즉 공간은 육체와 상상 둘 다를 통해 경험되는 것이다. 공간은 거의 예외 없이 여러 존재들과 함께 사용된다. 따라서 사람들의 제각기 다른 이해와 상상들도 수용해야 한다. 만약 어느 공간이, 전체주의 국가의 건축에서 극단적으로 나타나는 것처럼, 단일한 하나의 세계관에 정확하게 맞도록 재단되었다면, 또는 로스가 말한 불쌍한 작은 부자의 건축가가 디자인한 주택 같은 곳이라면, 그곳은 억압적일 수 밖에 없다.

아울러 공간은 모든 사람들에게, 또 모든 용도에 균등하게 이용되지 않는다. 언제나 어느 누군가가 다른 이들보다 조금 더 많이 사용하면서, 더 큰 의미와 용도가 생겨난다. 철저하게 비어있는 혹은 완전하게 중립적인 장소라면, 이론적으로는 무한한 유연함과 이용가능성을 보장하겠지만, 그것은 과도하게 규정된 장소만큼이나 비인간적일 것이다. 건축가의 임무 가운데 가장 많은 부분이 이런 극단들 사이, 즉 개방과 제한을 모두 성취하는 일이며, 또 그래야만 한다.

건축가가 설계하고 건설회사가 짓는, 건물이라는 물체는 공간을 만들어내는 하나의 수단이다. 거실 천장이 높건 낮건, 쇼핑몰이 유리를 댔건 동굴처럼 뚫렸건, 광장이 벽으로 싸였건 기둥들로 둘러졌건, 공간은 어떤 효과를 만들어낸다. 또한 차이를 만든다. 샤를 가르니에의 조형예술로 디자인된 19세기 파리의 오페라하우스와, 자하 하디드의 자유로운 곡선으로 이루어진 현대 광저우의 오페라하우스는 분명 다르다. 그리고 그 차이는 그곳의 오페라와 주변 도시도 다르게 만든다.

건물은 강력한 도구다. 하지만 그래도 여전히 건물은 그 자체가 목적이 아닌 수단일 뿐이고, 또 공간을 만드는 유일한 도구도 아니다. 법률이나 일광, 소유권, 기후, 사람들의 행동 패턴, 관습, 소통과 감시의 네트워크, 유지보수, 청소, 냄새나 돈으로 환산할 수 있는 가치도 공간의 성격에 건물만큼이나 영향을 미친다. 건축가 데이비드 그린은 "옥스퍼드 거리에 비가 내릴 때면, 건물은 비만큼이나 중요하지 않다"고 말했다. 아마도 이런 관점에 드러나는 그의 솔직함과 겸손함 때문에, 그는 짓는 일보다 가르치는 일로 더 많은 시간을 보냈을 것이다.

그러나 건물의 중요성을 과장하는 것은, 건축가의 허영 그리고 의뢰인의 이해 관계와 잘 맞아떨어진다. 건물이 하늘 높이 치솟으면, 설계한 사람의 평판도 같이 올라간다. 기업 또는 정부가 어느 기념물의 기적적인 건설을 가리킬 때면, 그것은 공공에는 그리 득이 되지 않는 활동이나 실수로부터 관심을 돌리기 위한 것일 수 있다. 눈을 사로잡는 건물을 짓고 홍보하는 일은, 도시의 도로 전체를 정비하거나 건설 정책을 공정하고 효율적으로 운영하는 것보다 훨씬 쉽다. 런던의 부동산 개발업자들은 원하는 만큼 최대한 크게 짓고자 하는 욕망을 방해하는 도시계획 법규를 피하거나 파기하고자 할 때면, 자신들의 계획을 '세계적 수준의 건축'이라고 포장한다. 중화인민공화국이 외국인들의 화제를 인권문제 외의 다른 것으로 돌리고자 했을 때, 올림픽을 내세워 아름다운 경기장 건설을 의뢰했다.

건물의 높이와 함께 시각적 경탄도 올라간다. 건축이 다른 어떤 감각보다 시각에 관계되는 예술이라는 평가는 일면 타당하다. 그러나 전적으로 그렇지는 않다. 느낌, 소리, 냄새도 공간을 형성한다. 먹을 수 있는 건물이란 헨젤과 그레텔 이야기밖에는 없다 하더라도, 레스토랑이나 시장, 상점에서 음식과 공간의 상호작용은 도시 생활의 근간을 이룬다. 두바이나 휴스턴에서는, 우리가 얼마나 많은 시간을 에어컨이 켜진 공간에서 지내는지, 아니면 뙤약볕과 높은 습도 속에서 보내는지에 따라 우리의 사회적 위상을 가늠할 수 있다. 리우데자네이루의 달동네를 슬럼으로 만든 것은 그곳의 외관이라기보다는 엄청난 악취 때문이다. 사실 겉으로만 보면 그곳은 우리가 그렇게도 살고 싶어하는 이탈리아의 언덕 마을과 크게 다르지 않다.

건축에 대한 경험은 우리가 조각상을 대하듯 멀찌감치 떨어져 바라보는 것이 아니다. 그것은 육체적, 시간적으로 긴밀하게 얽혀있다. 하지만 건축물을 선전 또는 홍보할 때는, 순수하고 고정적 이미지만 제시하며, 거의 전적으로 시각적 외관에 대해서만 이야기한다. 그것이 '미래적' 또는 '전통적'인지, 아니면 '장엄하게' 또는 '우아하게' 보이는지, 혹은 그게 오이, 치즈분쇄기, 판지상자더미, 1930년대 라디오처럼 생겼는지. 그것들은 컴퓨터로 처리된 이미지로 제시되면서, 형태는 강조되지만 기후나 시간은 제외된다. 소재는 하나같이 번쩍번쩍하고 기후는 온통 파란 하늘에 햇빛이 환하게 비치고 있다. 물론 감촉, 소리, 냄새보다는 외관을 묘사하기가 더 쉽다. 그것은 또한 편의에 따른 것이기도 하다. 건축적 디테일과 마찬가지로, 여기에도 감각의 정치학이 있다. 분위기도 정치적이다. 외관에 집중하면 그런 관심은 피할 수 있다.

'비전'이란 말이 많이 쓰인다. '미래의 비전' 혹은 '비전 있는 건축'과 같은 문구는 반쯤 신성한 권위를 암시한다. 그러면서 건축을 시각의 영역으로 제한한다. 그 말들은 대개 개발업자와 건축가들이 규정한 원칙이 지배하는 의도된 미래를 묘사한다. 그리고 그것의 실현을 위한 전제로, 그 땅에 이미 존재하고 있는 불편하고 복잡하고 살아있는 것들을 제거할 것을 요구한다. 대신에, 비전 있는 건축가가 빚어낸 마술적 상징물이 시각적 형태의 탁월한 광채와 경이를 통해 활기, 상상, 창의, 정체성, 차별에 대한 모든 가능한 욕망들을 만족시킬 것이라고 한다. 게다가 그 상징물이 마케팅 도구로도 기능한다니 더 이상 좋을 수 없다. 장사와 예술의 일석이조, 그야말로 윈윈이 아닌가? 하지만 사실은, 형태 하나만으로 이 모든 것들을 이룰 수 있을 리가 없다. 그것이 진짜 핵심이다. 그런 건물을 의뢰한 사람들은 진정한 활기와 차이를 원하지 않는다. 그것은 방해가 된다. 외관으로 밀고 나가는 게 더 낫다.

로베르 두아노가 1950년에 찍은 유명한 사진 〈시청 앞 키스〉를 보자. 분주한 거리의 한 가운데에서 사진가가 그들을 렌즈로 잡았다. 남녀 한 쌍이 키스를 나눈다. 거기에는 자동차와 사람이 편안하게 공존하고, 재떨이가 놓인 카페 테이블도 보인다. 그 뒤로는 우연히 배경이 된 파리의 행정중심 오텔 드 빌이 서 있다. 그것은 마치 포옹의 힘에 떠밀린 듯 기울어져 있다. 이 사진은 연출되었을지도 모르지만, 도시생활의 한 개념, 즉 군중 속의 친밀함과 다양성을 포착해내고 있다.

이번에는 현대 런던에서 이에 상응하는 장소를 보자. 시청 외부의

모습이다. 이곳은 런던시장과 런던시의회 건물로 2002년 완공되었다. 공공건물에 너무 많은 비용이 들어가는 것을 우려한 영국정부는 입찰과정을 통해 건물을 임대하기로 했다. 그리고 입찰 제안을 받은 개발업체들에 적당한 건물에 대한 계획을 제출하도록 했다. 시의회의 심사 과정에서 수정될 여지를 감안한 것이었다. 비용대비 효과를 높이는 비즈니스맨다운 발상이었다. 이에 따라 입찰의 초기 단계에서 '모어 런던More London'이라는 상업적 개발계획하에 미래의 런던 시청은 상자형 블록으로 제안되었다. 이를 디자인한 회사는 업계 선두인 포스터 앤드 파트너스였는데, 정작 회사 대표인 노먼 포스터는 이런 사실을 잘 몰랐다고 한다. 아마도 지극히 일상적인 프로젝트 중 하나일 뿐이라고 생각했을 것이다.

그러다 정부와 입찰자 모두 이렇게 의미 있는 건물을 여느 오피스 빌딩처럼 지어서는 안 된다는 것을 깨닫게 되었다. 그리고 모어 런던의 강력한 경쟁자는 자신들의 계획을 돋보이게 하기 위해 창의적 건축으로 유명한 윌 알솝을 투입했다. 그제야 포스터 자신도 이 프로젝트에 관심을 갖고, 비전 있는 건축가다운 아이디어를 하나 적어냈다. 상자 형태를 공 모양으로 바꾸고, 템스 강 위로 올린다는 것이었다. 이는 관광명소인 런던 아이London Eye를 연상시키지만, 원이 아니라 삼차원의 공이므로 그보다 훨씬 낫다고 했다. 그러나 떠있는 공은 구조적으로나 강변의 교통문제 때문으로나 비실용적이라 판단되어 위치가 육지 쪽으로 옮겨졌고, 형태도 기울어져 이지러진 달걀 모양이 됐다. 대신에 원래 강으로 둘러싸려던 발상을 복원하여

위 〈시청 앞 키스〉, 로베르 두아노, 1950년. **아래** 시청, 런던, 포스터 앤드 파트너스 설계, 2002년.

건물 주위에 물길을 두르기로 했다. 하지만 불행히도 이 고리 모양의 물질도 미래의 지방의회 건물을 해자 두른 성처럼 보이게 할 우려가 있다고 하여 나중에는 기각되었다.

포스터의 디자인은 시각에 중점을 두었다. 회의장을 유리벽으로 둘러 대중들이 자신들의 대표가 일하는 모습을 볼 수 있도록 하고, 사람들이 나선형 경사로를 통해 회의장 위로 올라가 정치가들을 아래로 내려다보면서 도시의 멋진 전경을 감상할 수 있게 했다. 민중이 주인이 되는 격이었다. 그것은 투명한 정부를 위한 투명한 건물이었다. 포스터는 베를린의 제국의회 건물에도 비슷한 시도를 하여 일정한 성공을 거둔 바 있다.

모어 런던과 포스터는 입찰을 따냈고, 시청이 지어졌다. 보다 평범한 건물도 몇 개 더 만들어졌는데, 거기에는 금융자문회사인 언스트앤영 같은 기업들이 입주했다. 그러나 시청건물의 민주화 마술은 먹혀 들지 않았다. 보안상의 문제로 나선형 경사로는 대중들에게 개방되지 않았다. 유리를 통해 정치인과 대등한 높이에서 회의를 지켜보는 경험은 먼저 금속탐지기를 통과하지 않고서는 이뤄질 수 없었다. 그리고 무엇보다, 소리가 들리지 않아 금붕어처럼 입만 뻥긋뻥긋하는 의회의원들을 구경하는 일을 대중들은 그다지 좋아하지 않았다.

한편 외부 공간은 여전히 모어 런던의 관리하에 있었다. 그들은 회사의 임대사업 수익을 위해 그 공간을 운영했다. 그곳은 잘 마감되고, 잘 장식되고, 잘 유지되는 회색 대리석, 회색 강철, 회색 유리의 세계다. 그 사이로 잘 입은 회색 정장들이 유유히 오간다. 시청 앞에는 시청 건물에서 내려진 결정에 반대하는 시위를 벌이려는 사람이 있게 마련인데, 그들은 보안요원에 의해 쫓겨난다. 자전거를 타려거나 소풍을 오는 사람도 있지만, 역시 마찬가지다.

누군가 진한 키스를 길게 하려 하고, 두아노 같은 사람이 그들을 찍으려고 카메라를 들고 있으면, 역시 제지당할 것이다. 모어 런던에서는 적절치 못한 행동과 직업적인 사진은 (특별허가를 받지 않는 한) 허용되지 않는다. 거기에는 사람들의 왕래나 차량 통행이 없다. 테이블 위의 재떨이 같은 것도 없다. 금연이기 때문이다. 하지만 최소한 카페에서 파는 커피는 있을 것이다. 카푸치노가 도시의 관능미를 나타내는 오랜 국제적 기준이라는 것을 받아들인다면 말이다.

달리 말하면, 파리의 그 전형적인 장면은 런던에서는 복제될 수 없다. 모어 런던은 통행이 자유롭고 포장이 깔렸으며 사람들도 많다. 그래서 공공공간처럼 보인다. 하지만 실제보다 얄팍하고, 통제되고, 자유롭지 않다. 런던 시청은 민주주의를 소리 높여 말하지만, 적어도 지금까지 시청을 차지해온 시끄러운 두 시장 리빙스톤과 존슨을 보면, 사실은 부동산 개발업자들의 주머니 속에 든 요란한 장식방울일 뿐이다.

처음부터 모어 런던은 새로운 개념이라고 딱지를 붙여 홍보했다. 도시의 한 구역을 장소가 아니라 브랜드가 붙은 하나의 상품으로 여기도록 한 것이다. 매우 이상한 이름도 이 때문이다. 이미지 컨설턴트들이 창작했을 텐데도, 도시의 구역들이 통상적으로 갖는 이름과는 너무 다르다. 이 이름은 때로 '모어런던morelondon'이라고 쓰이는데 (붙여서, 소문자로, 특히 웹사이트에서), 이는 회사, 장소, 상품으로서의 이름과 마케팅 컨셉 모두를 뭉뚱그리고 있다. 시 청사가 지어지고 있을 때, 길거리에는 건설노동자들이 거대한 아이스크림이나 아령을 일으켜 세우고 있는 모습의 광고판들이 많이 보였다. 발빠른 마케터들이 광고판을 설치하고 상표 위에 이런 문구를 붙여 놓았다. '더 핥아요[Lick More]. 맛을 즐겨요. 한 번 맛보면 더 먹고 싶어져요.' 또는 '힘주세요[Pump More]. 최신 시설의 체육관과 피트니스센터 완비, 작업하기에도 운동하기에도 최적의 장소.' 핥기와 근육 광고는 모어 런던에 강렬한 관능이 있다는 것을 암시했다. 그 광고는 우리가 그곳에서 아이스크림을 살 수 있을 거라고 말하지만, 모어 런던에서는 아이스크림을 팔지 않는다.

어떤 장소를 하나의 브랜드로 생각하는 것은 충격적이다. 장소는 자유, 가능성, 다양한 정체성을 제공한다. 다양한 감각이 교차하고, 시간이 흐르며 다양한 형태로 발전한다. 하지만 내용을 마케팅적 특성으로 압축하는 브랜드는 획일적이고 관리당한다는 느낌이다. 다양한 해석과 변형을 허용하면, 그 브랜드는 실패하고 말기 때문이다. 브랜드는 본질적으로 시각적이다. 그래서 실제 구현되지 않은, 감각적인 시각 이미지를 광고판이 보여줄 수 밖에 없다.

포스터의 건축 또한 시각 영역에서 제대로 역량을 발휘한다. 모어 런던의 딱딱한 회색 분위기에서 가장 흥미로운 것은 시청 건물의 곡선과 그림자다. 그것은 놀라운, 또는 적어도 기이한 형상이다. 그러나 이런 흥미도 오직 수동적인 관람자만이, 즉 바라볼 때만 느낄 수 있을 뿐이다. 관여하는 흥미가 아니다. 그 곡선들은 생각에 따라서는 관능적이라 할 수도 있다. 그래서인지 이내 그 건물은 '불알'이라고 불리게 되었다. 템스 강 바로 건너편에 있는 포스터의 남근, 거킨*에

* 노먼 포스터가 설계한 스위스 리 보험회사 건물. 거킨이라는 오이 모양을 닮았다 하며 그런 별칭이 붙었다.

서 떨어져 나온 것이라고 해서다. 그러나 사실 이 찌그러진 거대한 공에는 그다지 섹시한 부분이 없다.

무엇보다 포스터의 디자인은 유리의 투명성을 통해, 즉 바라보는 효과를 통해 마법을 성취하고자 했다. 그러나 이내 밝혀지고 말았듯이, 시민들은 정치가의 관상이나 몸짓보다는, 그들의 말을 듣고 그들의 생각을 알 수 있어야 정보를 얻을 수 있고, 권리를 확보할 수 있다. 유리가 투명하다는 생각은 건축가들의 반복되는 환상 가운데 하나이긴 하지만, 실상은 그렇지 않다. 물론 유리는 건물 내부에서 바깥 전망을 내다볼 수 있게 해주어서 좋다. 그러나 밖에서 보면, 유리는 하늘과 구름을 반사하고 있을 뿐이다. 유리가 빛은 통과하게 하더라도, 그 이외의 것은 투과를 허락하지 않는다. 보안장벽이나 은행의 외관을 꾸미는데 유리가 인기 있는 소재인 이유가 바로 그것이다. 유리는 개방하는 만큼이나 분리한다. 건축가들은 유리가 투명성 같은 고상한 개념을, 하나의 마법적 소재로 담아낼 수 있기 때문에 좋아한다. 단지 유리를 채택하기만 해도 그런 개념을 얻어낼 수 있다. 건축가가 유리라는 카탈로그를 펼치면, 그것은 건축가를 철학의 거장으로 만들어준다. 유리는 실제로 멋진 소재다. 하지만 유리는 복합적하고, 까다로우며, 그 자체만으로 선한 것은 아니다.

시청과 모어 런던에서 유리가 발휘한 효과는 선전한 것과는 정반대다. 유리가 빛을 반사해 건물을 고집 세고 멀어 보이게 만든다. 그래서 이 건물의 별명 가운데 하나가 '다스 베이더의 헬멧'이다. 가끔 그곳에 관료나 정치가, 혹은 언스트앤영의 직원들 모습이 언뜻언뜻 보이기는 하지만, 우리가 그들과 같은 세계를 공유한다는 느낌은 들지 않는다. 오히려 그들과의 분리가 강조된다.

이 건물의 개발은 정부가 민간부문의 지혜와 능력을 과대 평가했던 시기에, 기업과 국가와 시민 사이의 상대적 힘을 보여주는 하나의 표지다. 부동산 업체에게 적당한 규모의 사무공간을 제시하도록 했던 입찰 단계부터, 대중의 이해는 제대로 수렴되지 않았고 그것마저도 별볼일 없는 취급을 받았다. 사실은 더 나빠질 수도 있었다. 많은 개발업체들이 모어 런던이 했던 것보다 더 형편없고 접근성이 떨어지는 장소에 만들려고 했었다. 그에 비하면 모어 런던은 자신들의 사회적 책임에 의식이 있는 편이다. 그래도 최종 결과는 한 컷 만화의 소재가 돼버린 공공건물이고, 불구가 되어버린 공공 공간이라는 개념이다.

건축은 힘을 요구하고 힘을 끌어들인다. 문제는 그 힘이 어떻게 구현되는가다. 누구에 의해, 누구를 위해, 누구에게로.

나치 독일 같은 몇몇 사례는 억압적인 정권이 억압적인 건축을 만들어낸다는 것을 분명하게 보여준다. 하지만 대개는 그렇게 단순하지 않다. 모스크바를 방문한 관광객이라면 무도회장 같이 널찍한 지하철역이 보기 좋겠지만, 그것들이 어느 가증스런 정권의 이미지를 위해 노예들이 끔찍한 조건에서 일한 결과라는 것에는 좀처럼 신경쓰지 못한다. 이탈리아의 건축가 주세페 테라니는 열렬한 파시스트였다. 그는 2차 세계대전 중에 파시즘을 위해 러시아와 싸우다 건강을 해쳐 결국 목숨을 잃었다. 그렇지만 그는 섬세하고 다층적인, 분명 파시스트적이라고는 볼 수 없는 건축물을 설계했다. 또 다른 이탈리아 건축가 루이지 모레티 역시 미묘하면서도 정중한 건축을 만들었는데, 그의 초기 걸작 중 하나가 무솔리니가 개인적으로 사용한 총

총통 체육관, 포로 이탈리코, 로마, 루이지 모레티 설계, 1936년.

통 체육관이다. 이와는 반대로, 암스테르담의 계몽된 사회민주적 시장인 헤이스 반 할은 베일머메르 단지 건설을 주도했다. 그것은 파시스트에 의해 지어진 다른 건물들보다 훨씬 더 억압적으로 보인다.

공간을 만들어낸 힘과 힘이 만들어낸 공간 사이에 분명한 상관관계는 없다. 힘에는 고정된 형식이 없으며, '직선은 폭정', '곡선은 자유'라는 식의 공식도 없다. 건축의 불안정성과 진실을 간접적으로밖에 드러낼 수 없는 건축의 본질 덕분에, 쩨쩨한 사람이 여유로운 장소를 만들 수 있고, 그 반대 역시 가능하다. 또 상파울루 미술관에서 보듯이, 샤토 같은 악당도 자유의 장소를 의뢰할 수 있다.

건축은 승화한다. 스탠퍼드 화이트의 의뢰인 가운데 한 사람인 스터이베산트 피쉬 부인은 품격 있는 사람이 아니면 불편하게 느낄 무도회장을 만들어달라고 요청했다. 여기서 우리는 이 의뢰인의 속물근성과 스탠퍼드에 대한 광적인 애착을 감지할 수 있지만, 그의 건물이 단지 경험만 제공하는 것은 아니었다. 그의 건축은 분명히 강간범의 거실 그 이상을 훨씬 뛰어넘는다. 미스 반 데어 로에의 잔인함은 그가 디테일에 적용한 지독한 철저함에서 느낄 수 있다. 그러나 그것이 대리석과 강철에 구사될 때는 단순히 고약하고 못된 성질이라고 무시할만한 것이 결코 아니었다. 사실은, 그리고 중요한 점은, 우리가 종종 건물에 내재하고 있는 힘을 좋아한다는 것이다. 그 힘이 우리에게 적대적이지 않다고 느끼는 한은 그렇다.

시간과 우연도 건물의 효과를 변화 또는 역전시킨다. 고딕 성당은 그 종교와 그것이 표방하는 정치학에 반대하는 사람에게는 극히 위협적으로 보일 수 있다. 말하자면, 성당 앞에서 화형 당한 어느 이단자의 눈에 비친 세상의 마지막 모습은, 장작 불길 너머로 어른거리는 아름답게 조각된 현관이었을 수 있는 것이다. 오늘날 그것은 관광객들을 매혹시키는 대상이다. 냉혹한 착취를 위해 만들어졌던 어느 낡은 공장이 젊고 창의적인 작업을 위한 즐거운 다락방으로 바뀔 수도 있다. 설계는 이러한 변화에 오직 일부만 영향을 줄 수 있을 뿐이다.

하지만 건물과 공간은 많든 적든 힘을 행사한다는 특성이 있다. 시각에 전적으로 의존하는 건물이나, 어떤 추가적 변화도 허용하지 않는 건물, 관능미를 거부하는 건물, 미래의 용도를 너무 상세하게 규정한 건물, 오직 하나의 선전이나 브랜드만을 표방하는 건물, 주변 환경을 무시하는 건물, 규모로 밀어붙이는 건물은 모두 억압적일 가능성이 크다. 반면, 우발적 사건을 허용하는 공간은 주변의 모든 것들에 열려있다. 배경 또는 도구가 되는 자신의 역할을 이해하는 것이다. 이런 공간은 자유를 창출할 수 있다.

이는 건축물이 아무 것에도 개의치 않아야 한다는 뜻이 아니다. 초라함이나 부주의는 또 다른 종류의 억압과 좌절을 만든다. 그래서 의뢰인, 건축가, 건설업체와 같이 건물을 짓는 사람은 힘을 행사할 수밖에 없다. 무언가를 세우는 것은 아무리 미미할지라도 세계를 변화시킨다. 그들은 불가피하게 선택과 구분을 하게 된다. 만약 제대로 잘 짓기를 원한다면, 이런 선택도 잘 해야 한다. 건물은 모순되거나, 오용되거나, 잘못되었다고 입증될 가능성이 매우 큰 하나의 명제다. 건축이 미래에 일어날 사건들에 의해 억울한 희생자가 되기도 하기 때문이다. 그래서 그 명제는 지성과 상상력, 최대한의 주의를 기울여 만들어야 한다.

건축에서 힘은 대부분 꿈의 소유권과 관련이 있다. 맨해튼은 비록 잔인한 기업들에 의해 형성되었지만, 노력과 과시에 대한 도시의 대중적 신화에 부합하는 형태를 찾아냈고, 그래서 그곳은 시민과 방문자의 소유가 되었다. 그곳을 뒤덮은 건물들은 사람들이 마음을 줄 곳을 제공한다. 초고층건물의 위세를 억제하고 중화하는 격자형 거리, 공원과 박물관과 같은 공공공간이 그런 역할에 일조한다. 그곳은 다양한 규모의 거주지를 제공하고, 단지 고층건물을 바라보는 것보다 훨씬 더 많은 경험을 가능케 한다.

모어 런던에서, 우리는 시청의 기이한 형상이 제공하는 모종의 전율을 경험하고, 템스 강 너머의 전경을 즐긴다. 그러고 나면 우리의 상상은 그 건축물의 딱딱하고 텅 빈 표면에서 튕겨져 나온다. 두바이에서는, 고층건물에 대한 셰이크 모하메드의 꿈을 보면서 그를 대리하는 시각적 전율을 경험할 수 있다. 그러나 고속도로, 장벽, 쇼핑몰이 펼쳐진 지면은 상상력을 살 여지를 거의 제공하지 않는다. 그냥 상점에서 기념품 같은 걸 산다면 모를까.

로스의 불쌍한 작은 부자는 건축가의 꿈으로 포화가 된 그 집에 상상할 수 있는 공간을 갖지 못해 실망한다. 그러나 질 낮은 설계 역시 영혼을 갉아먹는다. 공항 호텔의 표준화된 방이라든가, 정체된 '재건' 프로젝트의 일환으로 영국의 퇴락한 옛 공업지대에 세운 아파트 단지가 그러하다. 우리는 건축물이 자극과 실마리를 주고, 제안하고, 부추기고, 관여하고, 인간이라는 자긍심을 제공하고, 우리가 상상하지 못했던 것을 드러내주기를 원한다. 또한 동시에 우리 자신의 상상이 거주할 공간도 제공해주기를 바란다.

이것이 상파울루 미술관이 지닌 힘이다. 그것은 힘에 의해 만들어진 건물의 역할을 회피하지 않는다. 의지는 굳다. 그것은 환심을 사려거나 가식으로 꾸미지 않는다. 실제로 어떤 이들은 그 건물을 보고 그저 뭉툭한 덩어리일 뿐이라고 말한다. 디테일은 목적에 맞게 세심히 고려되었지만, 강박적이지 않다. 반면에 자신의 힘을 자유와 가능성을 허용하는 데 사용하면서, 이미 그곳에 있던 것들이 그 도시와 예술 속에서 더 풍성해지도록 한다. 건물이 공간을 만드는 데 사용된 것이다. 그래서 그 건물은 그저 바라보는 것이 아니라, 들어가 살 수 있는 공간인 것이다.

6

형식은 돈의 뒤를 따른다 … 과시

"세상에서 가장 멋진 주소
The World's Most Glamorous Address"

핸드백 하나가 내 앞 탁자에 놓인다. 화이트와 골드 색상에, 장식 수준으로는 러시아 황제 시절의 파베르제를 연상시키지만, 또한 미래적이기도 하다. 나는 그것을 보고 현존하는 가장 유명한 건축가라 할 수 있는 자하 하디드가 오고 있다는 것을 알았다. 가방조수가 사라지자 나는 그녀의 스튜디오가 있는 빅토리아식 학교 건물의 1층에 앉아 창 밖을 내다보았다. 그녀가 진주색 크라이슬러 보이저에서 내려 봄의 햇살에 모습을 드러냈다. 여기서 180미터 떨어진, 상당히 넓은 그녀의 순백색 펜트하우스에서 차를 타고 도착한 것이다.

잠시 후 그녀는 자신의 핸드백과 다시 만났다. 그리고, 아직 그녀가 담배를 피우던 때라, 연기로 채워진 한 줄기 공기 너머로 나를 바라보았다. "그들은 나를 원하지 않아요." 그녀가 특유의 걸걸한 목소리로 말했다. "당신은 당신 건물을 지어요. 그들은 내게 맡기고 싶어 하지 않아요. 누군가 다른 사람을 찾아보세요."

우리는 영국 건축재단을 위한 새 건물을 짓는 프로젝트에 18개월 동안 참여하고 있었다. 내가 재단의 디렉터였고, 설계는 자하에게 맡겨졌다. 그녀가 말한 '그들'이란 영국 최대의 부동산개발회사인 랜드 시큐리티즈로, 이 프로젝트의 재정과 시공을 담당하고 있었다. 그런데 문제가 발생했다. 건설비가 애초의 225만 파운드에서 500만 파운드까지 올라갔다가, 간신히 450만 파운드까지 내려왔나 싶더니, 특별한 이유도 없이 다시 750만, 850만 파운드로 올라가고 있었다. 거기서 멈출 기미도 보이지 않았다. 무슨 조치든 취해야만 했고, 나는 그 무슨 조치가 무엇일지 의논하러 그녀를 만난 것이다.

자하 하디드가 처음 세계적 관심을 끈 것은 그녀가 서른두 살 때인 1983년이었다. 홍콩의 언덕 위에 높이 올라앉은 클럽이면서 아파트인 피크The Peak의 디자인 공모에 당선되면서였다. 당시 활기를 잃고 있던 건축계는 그녀의 등장에 열광했다. 그녀의 스타일은 완벽한 형식을 갖추고 있었다. 제안된 건물의 형식은 물론, 그것을 묘사한 역동적이면서도 정교한, 커다란 그림들도 그러했다. 피크에 대한 그녀의 개념은 서로 겹치고 교차하면서 날아오르는 일련의 얇은 면들로 표현되었다. 그것은 건물을 엄청난 에너지로 충만한 길게 찢어진 조각들로 만들어, 마치 홍콩의 화산지형을 사람의 손으로 재현해놓은 것 같았다. 그녀는 홍콩의 다층적 지형을 마음껏 주무르고 있었고, 거기에 피크가 우뚝 솟게 표현되어 있었다.

지금껏 이런 건축은 없었고, 자하 같은 건축가도 없었다. 우선 그녀는 매우 남성적인(지금까지도 그렇다) 이 업계에서 드물게 여성이었다. 백인이 거의 전부인 이 업계에서 바그다드 출신의 아랍인이었다. 그녀가 자신을 차별화하는 방식도 놀라웠다. 다른 여성 건축가들은 남자같이 머리를 자르고 남성적인 정장을 입곤 하는데, 크고 풍만한 자하는 몸매를 드러내는 검정색 옷에 망토를 두르고, 휘날리

위 자하 하디드. **아래** 피크, 홍콩, 자하 하디드 설계, 1983년.

는 머리카락으로 관능미를 뽐냈다. 그녀의 옷과 보석은 그녀의 각도와 곡선을 강조했다. 립스틱을 바른 그녀의 입술은 도톰하고, 눈꺼풀은 두텁고, 코는 우뚝했다. 그녀는 육감적이면서 무시무시했다. '디바'라는 말이 그녀의 수식어가 되었고, 마침내 그녀도 자신의 건축물 가운데 하나의 개관식에 직원들이 만들어준 티셔츠를 입고 나타나 그 말에 호응했다. 거기에는 이렇게 적혀있었다. '내가 남자여도 사람들이 나를 디바라고 부를까?'

그녀는 자신의 생각과 감정을 있는 그대로 드러냈고, 지금도 그러하다. 그녀는 불같이 화를 내지만, 때로는 농담도 즐긴다. 사람들에게 별명 붙이기 좋아하는 그녀는 직원들과 함께 있을 때면 그 별명을 부르며 놀려댄다. 자신의 가장 충성스러운 부하를 '감자'라고 부르는데, 이유는 분명치 않다. 건축계에서 널리 알려진 어느 아첨꾼에게 붙인 이름은 '리키'다. 나는 '생사람Raw Man'이었다가, 나중에 '낮은 사람Low Man'으로 바뀌었다. 그녀의 직원 중 한 명인 중국인이 내 이름의 R 발음을 잘못하는 바람에 그렇게 되었다. 다른 직원의 별명은 클린턴인데, 아마도 인턴 직원과 무슨 일이 있었던가 보다.

피크의 개발사는 그 프로젝트를 착공하기도 전에 도산했다. 이때부터 그녀에게는 짓지 않는 건축가라는 별명이 따라붙었다. 동년배의 다른 건축가라면 행복해 했을 여러 프로젝트들, 즉 아파트 단지 하나, 소방서 하나, 아파트 몇 채, 일본의 바 하나를 따내고 완공되기 시작했는데도 그랬다. 아마도 피크의 경우처럼, 그녀가 지은 건물이 그녀의 프로젝트 스케치에 나타난 야망에 미치지 못했다고 하는 게 보다 정확할 것이다.

내가 자하가 설계한 건물을 스스로 지어보려 고민하고 있을 때, 몇 가지 구절들이 머릿속에 맴돌기 시작했다. 하나는 해럴드 윌슨이 총리직을 떠나면서 성경을 인용한 말로, '사람 손바닥보다 작은 구름'을 경계해야 한다는 것이다. 또 한 가지는 런던 디자인 박물관의 창립자인 스티븐 베일리가 자하의 공모전 당선을 발표하는 파티에서 한 말이다. "이것이 최고점입니다. 이제부터는 나빠질 일만 남았습니다." 또 다른 말은, 내가 일했던 데일리 텔리그래프의 편집장 맥스 헤이스팅스가 밀레니엄 돔 사태•에서 칼럼니스트 사이먼 젠킨스가 했던 역할을 지적한 말이다. "저널리스트는 일 '하는' 법을 몰라." 나 역시 평론가로서 그 우스꽝스러운 돔을 실컷 놀려댔지만, 지금은 그 축소판을 가지고 씨름하고 있다는 것을 깨달았다. 당시 일곱 살이던 내 딸은 우리 집에 있는 괴상한 테이블이 자하의 디자인이라는 것을 알고 있었는데, 내게 이렇게 말했다. "이게 좋은 거에요?"

2002년 나는 건축재단의 디렉터가 되었다. 이 재단은 엄청난 빚, 불확실한 후원 체계, 불분명한 목적을 가진 조직이었다. "그게 뭐지요?" 내가 거기에 들어갔을 때 그랬듯이, 사람들은 내가 떠날 때까지도 여전히 그렇게 물었다. 그러나 재단은 어떤 포부를 갖고 있었다. 건축에는 뭔가 특별한 것이 있으며, 그 특별한 뭔가를 권장하는 것은 좋은 일이라는 것이었다. 그러기 위해서 전시회든 토론회든 아니면 디자인 공모전이든 손 닿는 대로 모든 수단을 동원하려고 했다. 나는 건축재단의 포부에 공감했다.

건축재단의 목표를 달성하는데 따르는 문제를 처리하는 것도 내

• 새천년을 기념하여 세워진 돔형 건물인데 방문객이 너무 적어 결국 돔만 남기고 나머지 건물은 철거했다. 사이먼 젠킨스는 '밀레니엄 위원회'의 위원이었다.

가 해야 할 일 중의 하나였다. 재단이 새로운 화랑을 하나 가져야 할까? 찾아올 수 있는 고정된 장소가 하나 있으면 재단에 대한 대중의 인식이 좀 달라질까? 느낌상으로는 그래야 할 것 같았다. 나는 테이트 모던 미술관 인근에 있는 개발단지에 문화적 용도로 지정된 부지 하나를 알고 있었다. 그래서 개발시행사인 랜드 시큐리티즈와 접촉했다. 나는 발그레한 뺨에 말이 느릿느릿한 마이크 허시라는 사람을 만났다. 그는 잘 다려놓은 데이비드 캐머런 같은 사람으로, 겉으로만 보면 런던의 이스트엔드 출신으로 열심히 일해 랜드 시큐리티즈의 최연소 임원이 되었다는 사실이 믿기지 않았다. 그는 최근 빅토리아에서 한 건의 계약을 성사시키면서 고공행진 중이었다. 그리고 회사의 낡은 이미지를 과감하게 바꿔보려는 생각을 하고 있었다. 현대적 건축물이라면 새로운 스타일의 상징이자 수단이 될 수 있을 것이었다.

우리는 계약을 체결했다. 랜드 시큐리티즈가 건물을 짓고, 재단은 낮은 임대료로 빌리기로 했다. 이는 돈 없는 문화기관이 건설 프로젝트를 진행할 때 흔히 겪게 되는 위험을 피할 수 있게 해줄 것이었다. 대규모 자금모집을 위한 캠페인도 필요 없었다. 프로젝트의 위험관리는 랜드 시큐리티즈의 유능한 손에 맡기면 되었다. 이 계획은 우아하고, 효율적이며, 실용적이었다. 우리는 공모전을 개최했다. 런던 서중부에 탄생할 완전히 새로운 문화적 건물이라는 이 희귀한 사건에 흥분이 점점 고조되었다. 건축재단 빌딩은 건축이 건축을 전시하는 데 바쳐지는 셈이었다. 건축가들이 좋아하는 종류의 일이다. 여러 나라에서 200여건의 응모작이 들어왔다.

자하는 유명인으로, 건축을 사랑하는 브래드 피트의 친구이며,

이미 몇 개의 프로젝트가 실체를 드러내기 시작하고 있었다. 하지만 영국에서는 아직 실적이 없었다. 《보그》나 《글래머》 같은 패션 잡지는 그녀를 다루려고 안달이었고, 《포브스》는 세계에서 가장 강력한 여성으로 그녀를 69위에 선정했다. 게다가 그녀는 건축의 노벨상에 해당하는 프리츠커 상을 막 수상한 직후였다. 건축재단의 건물은 작은 프로젝트였고, 그녀는 여기에 어울리지 않는 거물이었다. 그러나 그녀는 들어왔고, 최종 후보자 명단에 올라 디자인을 제출했다. 심사위원들이 공모전 당선작을 고르기 위해 모여 앉았다.

다른 모든 응모작들이 삼각형의 까다로운 부지 때문에 고전했지만, 자하는 예외였다. 그녀는 그것을 자신이 선호하는 날카롭고 복잡한, 각도의 기하학을 펼칠 기회인양 마음껏 노닐었다. 그녀는 화랑을 높다란 V자 콘크리트 위에 올렸다. 공중에 걸려있는 것처럼 보여 불가능해 보이는 모습이었다. 계단과 엘리베이터가 들어있는 두 개의 사선형 다리가 V의 무게를 지탱하고 있다. 마치 스톤헨지를 기울여놓은 것 같았다. V 아래의 공간은 유리로 둘러싸 마치 온실 같은 방을 만들었는데, 거리 쪽으로 커다란 진열창이 나있는 듯 했다. 그녀의 작업이 언제나 그렇듯, 똑바른 수직과 수평은 가능한 배제했다. 이는 '상징적' 혹은 '비전을 보여주는'이라고 부를 만한 것이었는데, 사실 그 이상이었다. 그것은 내부와 외부, 전시 공간과 거리의 삶 사이의 상호작용에 대해 일련의 생각을 과감하고 자신만만한 형식으로 풀어놓은 것이었다. 그래서 그녀가 당선되었다.

도로 옆의 남아도는 땅 조각, 상업구역의 면적을 계산하고 남은 이 잔여분에, 그녀는 강렬하고 치밀한 공간적 모험을 감행한 것이다. 런던에서 이런 사례는 전무했다. 그러나, 그때까지 아무도 제대

건축재단 건물, 런던, 자하 하디드 설계. 첫 번째 버전, 2004년.

로 알아차리지 못했는데, 그것은 이 프로젝트의 성격이 달라진 것이었다. 이제 그것은 더 이상 랜드 시큐리티즈와 계약하면서 생각했던 간단한 일이 아니었다. 우리는 이제 짓기에도, 사용하기에도 수고롭고 빠듯한, 무언가를 추구하는 기념물 건축 사업에 들어간 것이었다. 원래 생각은, 오래된 창고처럼 가볍고 쉽게 사용할 수 있는 하나의 공간을 갖자는 것에 가까웠다. 단지 어쩌다 보니 새 건물이 되는 것뿐이었다. 자하의 건물에는 너무나 많은 에너지가 필요하고 너무나 많은 주목을 받게 되어, 그런 가벼움은 더 이상 가능하지 않았다. 결국 이런 변화는 치명적인 것으로 드러났다.

그녀의 디자인이 결코 쉽지 않은 방안이라는 것은 분명했다. 높이 올라앉은 화랑으로 사람들과 전시물을 들여놓는 일부터 문제였다. 그 건물은 큐레이터에게도 큰 부담으로 작용할 것이었다. 이렇게 화려한 건물에 걸려면 웬만한 그림은 미미해 보일 수 있기 때문이다. 우리는 또한 그 건물이 예산을 넘어서리라는 것도 알고 있었다. 그러나 재정을 담당한 마이크 허시는 기꺼이 그런 위험 요소를 안고 갈 생각이었다. 다른 심사위원들처럼, 그도 여타 응모작에서는 찾을 수 없던, 어떤 힘을 자하의 계획에서 찾아낸 것이었다. 그래서 우리는 그 계획을 당선작으로 발표하고, 응모작들을 전시하고, 파티를 열고, 연설을 하고, 텔레비전 뉴스와 인터뷰도 했다. 모든 일이 깨끗이 정리되는 듯 보였다. 동화에 나오는 못된 계모 같은 스티븐 베일리의 경고와, 내가 전시회 개막 파티에 입고 갔던 과도한 꽃무늬의 가나산 셔츠만 빼면 그랬다. 촘촘한 체크 무늬의 비비안 웨스트우드 정장을 그 위에 걸쳐 입자, 내가 생각 없는 사람이라는 걸 말해주는 것 같았다.

우리는 공모전에 떨어진 젊은 건축가들로부터 가벼운 몽둥이 세례를 받았다. 이런 일은 귀족 자하 하디드가 아니라 아직 미천한 자신들에게 주어져야 할 기회라는 것이었다. 나는 그들이 무슨 말을 하는지 잘 알고 있었다. 하지만 그녀 역시 아직 실현시키지 못한 재능의 범주에 들어간다고 설명했다. 런던에는 아직 그녀가 지은 것이 하나도 없기 때문이었다.

우리는 일을 시작했다. 랜드 시큐리티즈는 그 프로젝트를 달성하기 위해 프로젝트 매니저와 전문가로 이루어진 강력한 팀을 구성하고, 어떤 어려움이 있어도 완수하라는 지시를 내렸다. 시공사인 보비스는 재단건물 바로 옆에 사무용 건물도 짓고, 그것의 백분의 일 규모로 건축재단 전시관도 짓기로 했다. 자하는 그녀가 클린턴이라 불렀던 건축가를 프로젝트 책임자로 앉혔다. 스트랜드 거리의 랜드 시큐리티즈 사무실에서 잇달아 회의가 열렸고, 스무 명 이상의 사람들이 두 시간에 걸쳐 치밀하게 모든 세부사항들을 검토했다. 그러는 동안 건축재단은 적자를 벗어나 흑자로 돌아섰고, 프로그램도 다시 활기를 되찾았다.

이것이 1월까지의 일이었다. 사람 손바닥보다 크지 않은 구름은 10월에 나타났다. 프로젝트를 담당하고 있는 랜드 시큐리티즈의 직원 두 명과 회의를 하면서였다. 그들은 랜드 시큐리티즈가 예상했던 대로 증가하는 비용을 충당하기 위해 추가 자금을 조달할 것이라고 내게 말했다. 그것은 좋은 소식이었다. 거기에다 비용을 조금만 절감하려고 노력한다면 그것으로 충분하다고 했다. 그러나 그들은 거기에다 프로젝트에서 자하의 역할이 줄어들 것이라고 내게 통보했다. 디자인은 여전히 그녀의 것을 채택하지만, 본사 소속 건축가인 앨리스와 모리슨이 시공사에 그 디자인을 해석하는 역할을 할 것이라고 말했다. 이것이 그들이 위험요소를 관리하는 방식이었고, 자하가 바로 그 위험요소였던 것이었다.

이런 방식에 건축가는 예민할 수 밖에 없다. 그것은 한 작가에게는 구성을 짜라고 해놓고, 다른 사람에게 대화를 쓰라고 시키는 식이나 마찬가지다. 또는 화가에게 스케치를 그리라고 해놓고는, 다른 사람에게 채색을 하라는 격이다. 자하는 모욕감을 느꼈다. 그녀의 사무실은 이제 백오십 명의 인력이 전 세계의 건물들을 디자인하고 있었다. 건축재단 빌딩은 그녀의 사무실이 맡은 가장 작은 일거리였다. 그녀에게 그것을 다루지 못하게 한다는 것은 터무니 없는 소리였다.

자하는 자신의 생각을 한 번 얘기하고는, 그냥 자세를 바꿔 그 조치를 받아들였다. 그러나 이제 이 프로젝트는 상처를 입었고, 자신감과 공통의 목표를 상실했다. 허시와 자하 사이에는 불신이 생겼고, 그들은 서로를 무례하고 건방지다고 생각했다. 그리고 그들의 회사 간에도 틈이 벌어져 다시는 아물지 않았다. 몸이 약해지면 그러하듯, 프로젝트에도 기생충이 꼬이기 시작했다. 건축잡지의 기자들이 나타나기 시작했다. 심해 물고기처럼 창백하고 눈이 퀭한 이 사람들은 어떤 기사거리를 잡으면 바로 전화를 걸어왔다. 그들의 목소리는 경력을 높일 수 있는 나쁜 뉴스 한 꼭지를 손에 쥐었다는 기쁨을 감추지 못하고 있었다. 나는 매주 초면 그들이 전화하리라는 것을 알게 되었다. 임박한 기사 마감에 맞춰 무슨 답이라도 얻어내려는 것이었다. 그들은 어디서 흘러 다니는 이야기 조각을 긁어 모아 내게 전했다. 자하가 완전히 밀려났다던데, 그녀가 불같이 화를 냈다던데, 예산이 통제 불능이라던데, 사실인가요?

사람들이 언론에 그러하듯, 나도 정중해야 했다. 모든 일에는 다 충분히 그럴만한 이유가 있는 거라고, 하지만 걱정할 이유는 하나도 없다고 설명했다. 그러나 그 해저생물들이 사방으로 튀기는 참기 어려운 침방울은, 그 이야기들이 완전히 부정확한 것도 아니기는 했지만, 스무 명이 두 시간 동안 하는 회의 분위기에 전혀 도움이 되지 않았다.

게다가 우리가 예산을 줄이려고 애를 쓰면 쓸수록, 어떻게 된 건지 예산은 점점 올라갔다. 당초 예산의 네 배가 되나 싶더니 그것마저도 넘어섰다. 원가보고서는 환상의 작업이 되었다. 갖가지 이유들이 제시되었다. 그처럼 좁은 부지에 콘크리트를 부어 넣는 게 얼마나 어려운지 아느냐, 건물의 복잡한 형상에 맞춰 제작된 프레임을 싣고 트럭이 런던의 교통을 뚫고 지나가는 게 가능하겠느냐는 등의 문제였다.

도무지 말이 되지 않았다. 도대체 무슨 계획이, 어떤 꿍꿍이가 돌아가는 건가? 나는 새벽까지 잠들지 못하고, 고민하며 전전긍긍했다. 한 번은 엘리베이터에서 보비스의 사람들과 마주쳤다. 그들은 고개를 푹 숙인 채 "진짜 이 건물은 짓고 싶은데"라고 중얼거렸다. 나는 그 말을 믿어야 할 지 알 수 없었다. 자하가 항상 이국적으로 보이기는 했지만, 진짜 이상한 사람들은 정장을 입은 바로 그 사람들이었다. 나는 언젠가 패션디자이너 미우치아 프라다가 자신의 매장을 디자인한 렘 콜하스에게 물 쓰듯 돈을 쓰는 것을 보고, "신들이 없애고 싶어 하는 두 사람이 처음으로 건축의 후원자가 되었다"고 쓴 적이 있다. 돈이 없어 디자인을 못 살리는 내가 그런 말을 했다니.

나는 원가전문가와 마주 앉았다. 그는 볼펜을 꺼냈다. "이게 우리가 할 수 있는 겁니다." 그러면서 그는 자하의 디자인을 흉내낸 그림을 쓱쓱 그렸다. 유리로 둘러싸인 큰 공간에는 중간에 여러 층을 두었다. 걸려있는 V는 보다 쉽게 지탱할 수 있도록 그 아래 기둥이 하나 받쳐졌다. 화랑과 같이 쓰임새가 있는 공간을 V에 집어넣으려면 너무 비싸게 먹힌다. 그래서 안에 아무 것도 없는, 커다란 장식으로 V를 세우면 외관은 그런대로 유지할 수 있다. 그는 그 건물을 그로테스크한 조각품 하나를 갖다 붙인 조그마한 사무실 건물로 만들고 있었다. 마치 머리 꼭대기에 가발 하나 얹은 모양이었다. 나는 그가 진지하게 얘기하는 건지 알 수 없었다. 웃어야 할지, 울어야 할지, 또는 자리에서 일어나버려야 할지도 알 수 없었다.

그러고 나서 나는 자하와 그녀의 러시아 황제풍이면서 미래적인 핸드백을 만났다. 그녀가 물러나겠다고 제안했다. "그들은 나를 원하지 않아요." 그녀를 교체하는 문제가 거론됐을 때, 프로젝트 매니저의 발걸음에 갑자기 활기가 넘치는 것을 보며 말하던, 그녀가 옳았다. 하지만 그녀는 고도의 홍보 전략을 살려 완전히 물러나지는 않았다. 자하는 당시 2012년의 가장 빛나는 건축물인 런던 올림픽 수영경기장 작업도 함께 진행하고 있었다. 거기서도 역시 올라가는 비용과 초조해하는 시공사라는 익숙한 이야기가 흘러나오고 있었다. 작은 프로젝트를 포기하면 큰 프로젝트에서도 그녀의 위태로운 위치에 심각한 타격을 입을 수 있었다. 나는 내가 잔인하다고 느꼈다. 자하는 공모전에서 당당히 당선되었고, 그녀의 건축이 쉽지 않은 것은 분명했지만, 나는 그것이 불가능하다는 생각을 거부했다. 그래서 나는 그녀의 홍보 전략에 동의했다. 그녀는 남아 있어야 했다.

우리는 계속 압박했다. 마이크 허시는 450만 파운드까지 돈을 댈 수 있다고 발표했다. 그 돈으로 근사한 건물을 짓되, 콘크리트가 아닌 강철로 다시 설계해야 한다고 했다. 바로 다음날, 이 프로젝트 매니저는 우리에게 《밀튼 케인즈 시티즌》신문의 한 페이지를 흔들어댔다. 거기에는 사무실 지구에 삼각형 양철 헛간이 하나 놓인 사진이 실려 있었다. 이것이 우리가 할 수 있는 정도의 일이라고, 그는 씩 웃으며 말했다. 볼펜을 들고 있던 그 원가전문가는 비용을 높이는 요인이 무엇인지 설명했다. 내부 바닥공간 대비 외벽 높이의 비율도 문제였다. 외벽이 비싸니 층간 외벽의 높이를 낮춰야 한다고 했다. 하지만 부지의 특성 때문에 적정비율을 실현하기는 불가능했다. 달리 말하면, 자하는 머릿속으로 어떤 생각이라도 할 수 있지만, 그렇게 하면 이 프로젝트는 절대 예산에 맞출 수 없다는 것이었다. 하지만 생각 없고 안전하게만 가려는 건축가라도 그걸 맞출 수는 없었을 것이다.

이런 어려움에도, 자하와 그녀의 팀은 다시 작업을 시작했다. 그들은 내부 배치를 보다 단순화해 새로운 뭔가를 만들어냈다. 여전히 큰 창이 있었지만, 거울처럼 반사하도록 광을 낸 스테인리스로 외면을 덮었다. 그것으로 기억에 남을 만한, 수정 같은 존재감을 연출했다. 대규모 회의는 계속되었고, 미미한 비용 절감 방안을 논의하는 동안 전문가들 수수료는 차곡차곡 올라갔다. 전체 예산은 세밀하게, 엄격하게 검토 관리되고 있었다.

그런데 설계를 단순화했고, 원가관리도 철저히 했는데, 비용은 다시 올라가기 시작했다. 말도 안되게 이전보다 더한 800만 파운드

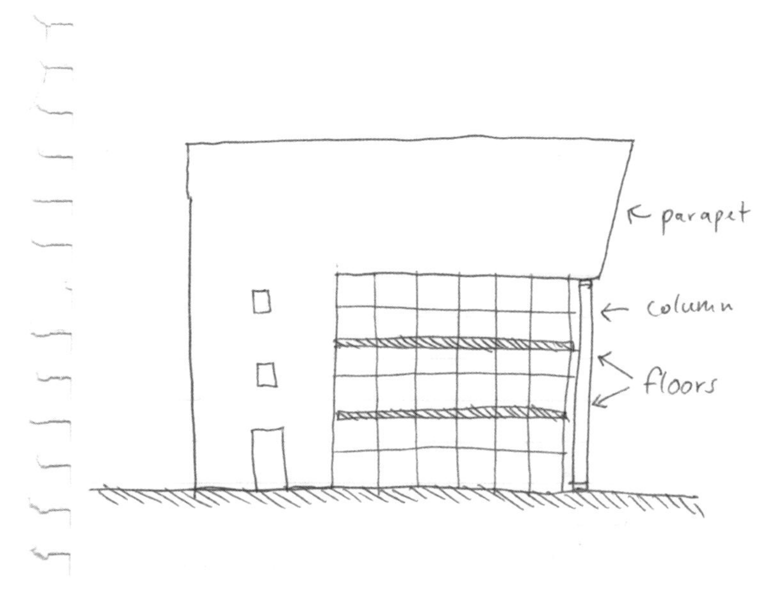

위 건축재단 건물의 변경을 제안한 원가 전문가의 스케치, 2006년 (재건축 방안).
아래 건축재단 건물, 런던, 자하 하디드 설계. 두 번째 버전, 2006년.

까지 치솟았다. 경기 과열로 건설비가 올라갔다는 말도 나오고, 철강을 싹쓸이하는 중국 때문에 일어난 인플레이션 효과라는 지적도 나왔다. 그러나 비용 상승의 주된 이유는 따로 있는 듯했다. 2년 간의 회의와 엘리베이터에서 구두를 내려다보던 사람들이 다짐을 했지만, 결과적으로 보비스는 그것을 짓고 싶어 하지 않았다. 그들은 편하고 쉽게 돈을 벌고 싶었던 것이다.

건축재단은 새 이사장을 맞았고, 우리는 이 프로젝트를 포기할 것인지 논의했다. 그러나 새 이사장은 건물을 임대하는 것이 아니라 아예 매입할 자금을 조달할 수 있다고 했다. 다시 추진하기로 결정했다. 나는 프로젝트가 진행되는 동안 잠시 재단의 회계를 맡아주었던 다른 개발업체의 담당자와 함께 마이크 허시를 만나러 갔다. 트라팔가 광장이 내려다보이는 마이크의 사무실에는 책상 뒤 기둥에 넬슨 제독 사진이 붙어 있었다. 그와 회계사는 남자들 농담에 빠져서는, 축구클럽이나 여자 밝히는 매니저들 얘기를 했다. 마이크는 자기 오토바이 엔진이 구두쇠 사장이 모는 자동차 엔진보다 더 크다고 자랑했다. 마이크는 또 재단의 후원자 가운데 한 사람의 집에서 열린 만찬에 이사들과 함께 참석했다고 말했다. 그 집의 벽에는 베이컨, 호크니, 바스키아의 그림이 걸려 있다고 했다. 이제 그 둘의 자랑 경쟁이 더 심해졌다. 자기 거래처 사람들이 얼마나 중요한 사람들인지, 자기가 다루고 있는 프로젝트의 예산 규모가 얼마나 되는지를 하나씩 나열하기 시작했다.

우리는 랜드 시큐리티즈가 건축재단에 그 건물을 매각한다는 원칙에 합의했다. 대신에 보비스보다 규모는 작지만 보다 의욕적인 시공사를 선정하여 더 낮은 비용에 프로젝트를 수행하도록 했다. 매매

가격은 450만 파운드에서 500만 파운드 사이로 논의되다가, 어찌어찌 600만 파운드로 올라갔다. 그래도 이사장은 이 올라간 금액을 조달할 수 있다고 했다. 건물과 관련한 여타 비용이 들지 않을 것이기 때문이었다. 나중에 외장 개보수라든가 프로그램 운영에 대해서는 별도로 자금을 조달해야 하지만, 그는 재단의 활동에 동조할 후원자들을 알고 있다고 했다.

그러다 증권시장이 폭락했다. 잠재적 후원자 가운데 한 사람이 이렇게 말했다. "불황으로 끝나지 않을 겁니다. 공황이 올 겁니다." 개보수와 프로그램 운영에 들어갈 돈을 찾을 가능성은 제로가 되었다. 건물은 아름답지만 부채 상환가능성이 희박해지자, 건축재단의 투자위원회는 프로젝트 취소 외에는 다른 선택의 여지가 없었다. 자하 하디드의 지어지지 않은 경이가 놓일 부지는 막스앤스펜서 매장 바깥의 한 귀퉁이였다. 테이트 모던 미술관과 가깝다는 것을 활용한 한 광고판은 주변 개발단지의 매력 포인트를 광고하고 있었다. 간략한 체크리스트를 적어놓고, 각 단어 옆에는 체크박스를 달아두었다.

초현실주의

샌드위치

쇼핑

거기에는 '쇼핑' 옆에 체크표가 되어 있었다.

틀어져 버린 일로 더 이상 독자를 지루하게 할 생각은 없다. 자하 하디드, 랜드 시큐리티즈, 보비스는 문화적으로 서로 달랐다. 그리고 나 자신과 다른 몇 사람의 오판도 있었다. 나는 프로젝트에 참여했던 대부분이 선의를 갖고 행동했다고 생각한다. 많은 사람들이 전문가였고, 몇몇은 대단히 훌륭했다. 몇몇 언론은 내가 묘사했던 모습보다 훨씬 품위가 있었다.

그러나 이 질문은 던져야겠다. 자하와 그녀의 건축이 너무 어렵고, 실용적이지 않고, 돈이 너무 많이 들고, 사용자를 하나도 고려하지 않는가? 그녀가 제시한 두 가지 버전 모두 유리창 닦기가 상당한 모험이라는 것 하나는 분명하다. 클린턴에게는 그 건물의 주된 용도가 건물 자체를 전시하는 게 아니라 아닌 다른 뭔가를 전시하는 것이라는 걸 일깨워줘야 할 필요도 있었다. 예산이 한창 올라가고 있을 때 그는 쾌활한 어조로, 자신과 자하가 진짜 원했던 모든 디테일을 다 포함시키면 액수가 그 두 배는 되야 할 거라고 말했다. 그리고 예산을 거덜낸 걸작으로, 프랭크 로이드 라이트의 폴링워터를 예로 들기도 했다. 나중에 내가 힘들어 할 때, 홍보전문가는 자하와 다른 건물을 만들었던 어떤 디렉터는 완공될 무렵 "거의 미칠 지경"이었다는 말을 해주었다. 그 전문가의 조언은 생각만큼 나를 위로해주지 못했다. 나는 돌아버리고 싶지는 않았다.

우리는 여기서 '예술'을 위해 '지불'해야 할 '대가'에 대해 이야기하고 있다. 의뢰인을 쥐어짜는 아름다운 건물은 오래된 현상이다. 폴링워터의 의뢰인인 에드거 카우프만은 그 건물에 '떠오르는 흰 곰팡이'라는 이름을 붙였다. 습기차단이 제대로 되지 않아 생기는 문제 때문이었다. 아돌프 로스의 조수 가운데 한 사람은 로스의 방 하나에 들어간 비용이면 "매우 멋진 단독주택 한 채"를 지을 수 있다고 말했다. 바르셀로나에 있는 안토니 가우디의 카사 밀라는 뒤얽힌 돌더미 형상으로 '라 페드레라', 즉 돌산이라고 불리는데, 건축규정을 어기고 부지경계 바깥으로 튀어나와 공공도로를 침범하고 있다. 그 결과 강제철거 경고를 받는가 하면, 소유주에게 벌금을 물게 하기도 했다. 소유주는 이후 건축가와 칠 년에 걸쳐 소송을 벌였다. 독일 바이에른의 한 바로크 수도원의 수도사들은 그곳에 묻히게 해 달라는 건축가의 요청을 거절했다. 그가 자신들의 돈을 건물에 흥청망청 쏟아부은 데 분개했던 것이다. 베네치아에 있는 팔라디오의 교회, 일 레덴토레는 당초 예산의 최소 일곱 배는 들어갔다(게다가 음향은 엉망이다). 영국 웰스와 솔즈베리의 중세 성당들은 교차 부위에 커다란 X자형 아치가 있어 지금 봐도 놀라운데, 지을 당시에 구조물의 흔들림을 잡기 위해 비싸게 강구한 응급조치였다.

건축의 대가가 클 수 있다는 것은 부인할 수 없는 진실이다. 비용은 돈뿐 아니라, 때로는 공사 지연이나 리스크로 치르기도 한다. 여기에는 건물이 의도한 역할을 하지 못하거나, 전혀 사용할 수 없게 되는 리스크까지 포함된다. 이 정도의 대가를 치르는 게 정당하다고 생각해, 엄청난 역량을 지속적으로 쏟아 건물을 만들다 보니, 예산은 사소한 항목으로 여겨지게 된다는 주장이 있을 수 있다. 때로는 의뢰인의 이러저러한 주장을 수용하거나 어쩔 수 없이 받아들이기도 하지만, 일단 동의하고 나면 너무 깊이 얽혀 들어가 달리 선택의 여지가 없음을 깨닫기도 한다. 또 가우디의 라 페드레라에서 후손이 그런 타협을 보았을 때처럼, 건축가가 원 의뢰인의 동의 없이 돈을 사용하게 되기도 한다. 물론 그 건물은 장관이다. 바르셀로나가 관광 수입으로 환산한 가치는 카사 밀라의 불행한 소유주 페드로 밀라이 캄프스가 치렀던 비용을 훨씬 능가한다. 이제 와서 가우디가 좀 더 책임감을 가졌더라면 하고 바래야 소용 없다. 그다지 얻는 것도 없이 고통의 대부분을 견뎌야만 하는 일은 그의 의뢰인 몫이다.

현대의 유명 건축가에 대해서는 하나의 암묵적 합의가 있다. 우리가 그들을 선택했다면 결코 순조로울 것이라 기대해서는 안 되며, 대신에 완성된 건물(거기까지 다다를 수 있다면)은 비범하고, 새로운 것을 보여줄 것이며, 아름답고, 기존의 인식을 뒤흔드는 새로운 세계의 한 단편이 되리라는 것이다. 우리는 이를 '걸작에 대한 변론'이라 부를 수 있다. 하지만 위험은 거기서 멈추지 않는다. 건축가는 일단 함께 일을 하기로 하면, 자신의 천재성을 근거로, 의뢰인의 고통을 대가로 마음껏 하고 싶은 대로 할 것이다. 때로는 최종 산물이 비범하지도 새롭지도 않은, 보잘것없는 졸작일 수도 있다.

원래 그런 위험은 눈에 띄기 위한 과시의 대가이기도 하다. 성당이나 부호의 저택, 호화로운 미술관을 짓는다면, 장엄함과 화려함이 주목적이라는 사실을 의뢰인과 건축가 모두 분명히 알고 있다. 카 도로 궁의 금 이파리와 군청색 페인트는 그것들이 바닷바람에 오래 가지 못한다는 것을 알면서도 그렇게 했다. 그런 낭비를 눈에 띄도록 하는 것이 중요하다. 열망에 사로잡힌 사람들이 너무나 어려운 프로젝트를 시도되는 일도 매우 잦아졌다. 그들은 구두와 양복 차림으로 에베레스트 산에 도전하는 용감한 아마추어의 자세로 그 일을 한다.

예정된 '위대한 작품'이 형편없는 거래일 때도 많다. 어마어마한 비용과 건설과정의 희생으로 정당화했지만, 결과적으로는 세상의 건축물 더미에 아주 작은 한 조각을 보탤 뿐이다. 진짜로 위대한 작품에는 '걸작 변론'을 적용할 충분한 이유가 있지만, 실제로는 그렇게 하지 않는다. 역사책이나 잡지들이 주로 그런 변명을 들이대는

데, 과함이 만들어낸 업적에 너무 초점을 맞추면, 예산과 기능에 손상을 덜 주고도 더 큰 성취를 이뤄낸 많은 건축가들에게 피해를 주게 된다. 그러나 건축의 모든 단계에서 가치와 비용을 두고 싸움이 벌어지는 것은 어쩔 수 없다. 싸고 쉬운 것은 최선이지만 최적은 아니다. 건축물에 대한 지출이 아니라, 옷이나 음식을 놓고 생각해보면 그런 사실을 한층 쉽게 받아들일 수 있을 것이다.

건축 예산이란 단순히 실행상의 문제로, 예산 한도를 지키는 것은 전문가가 가져야 할 기본적인 스킬이라고 생각할 수 있다. 건설 프로젝트가 당초 추정 예산의 두 배 혹은 세 배 이상 초과한다면 대부분의 사람들은 터무니없다고 느낄 것이다. 그러나 예산이란 순전히 사실의 문제만은 아니다. 그것은 일종의 경연장이고, 표현의 형식이며, 사회에 대한 발언이기도 하다. 그것은 건축이라는 게임의 룰 가운데 하나로, 검증되고, 문제를 제기하고, 조정되어야 할 어떤 것이다. 건축가가 해야 할 일에는, 의뢰인이 원하는 바를 맞추기에 예산이 충분치 않다는 것을 지적하거나, 또는 비용절감 요구가 너무 과하면 건물의 질이 낮아져 만들 만한 가치가 없다고 판단하는 것까지도 포함된다. 하지만 때로는 금액이 얼마가 주어졌건 거기에 맞추고, 그것으로 최대한의 성과를 내는 것이 건축가의 일이기도 하다.

장엄함과 너그러움을 한껏 드러내는 것이 건축의 한 축이라면, 그와 달리 스스로를 극도로 제한하는 데 주력하는 전통도 있다. 최소한의 것으로 많은 것을 표현하려는 경향이다. 여기서는 상징과 수단, 보이는 것과 실제가 서로 다른 길을 택한다. 미니멀리즘이 그 극단적인 예로, 호화 주택이나 호텔이 소박하게 보이기 위해 막대한 비용을 쓰는 경우다. 마리 앙투아네트의 시골아낙 놀이를 현대판으로 정성들여 재현하는 격이다. 먼 데서 찾아낸 희귀한 돌과 목재를 평범하게 드러내기 위해서는 높은 수준의 기술이 필요하다. 어쩌면 단지 꽤 큰 나무판을 만들 만큼 커다란 나무가 몇 그루가 있어 그랬다거나, 안을 파내 욕조를 만들 만큼 거대한 돌이 채석장에 몇 개 굴러다녀서 그랬는지도 모르겠다. 하지만 어쨌든 규모나 남다르거나, 어디서 들어보지도 못한 아주 예외적인 공법으로밖에 할 수 없는 폭이 매우 넓은 출입구가 있는 경우가 있을 수 있다. 그런 작업에는 막대한 비용이 들어간다. 하지만 첫눈에는 절대 알아채지 못할 그런 방식으로 표현해야 한다.

또 다른 경향도 있다. 건축가가 정말 빠듯한 예산을 가지고 작업해야 해서, 없어보이는 것을 표현의 한 매개로 삼는 경우다. 1925년 파리 장식예술 박람회에서 콘스탄틴 멜니코프는 만오천 루블이라는 얼마 안 되는 예산으로 한 달도 안 되는 기간에 소비에트 전시관을 지었다. 값싼 목재와 유리를 사용하고, 러시아에서 농부들이 만든 조립식 부품을 현장으로 가져와 그 자리에서 짜 맞췄다. 영국의 한 참가자는 그것을 '온실'이라고 비웃었고, 미국의 한 언론은 '짓궂은 장난'이라 불렀다. 그러나 단순한 구조에 역동적 사선을 조합한 그 전시관은 박람회의 관심을 한 몸에 받았다. 몇몇 유력 건축가와 프랑스의 잡지들은 그것을 박람회 최고의 건축물이라고 말하기도 했다. 전시관은 혁명 후 러시아가 무일푼이라는 사실도 반영했지만, 사치를 부리지 않은 그 모습은 오히려 당당한 용기와 원초적 에너지의 표현이기도 했다. 그것은 부르주아적 퇴폐와는 정반대에 있는 어떤 본질을 보여준 것이었다.

위 소비에트 연방공화국 전시관, 파리 장식예술 박람회, 콘스탄틴 멜니코프 설계, 1925년.
아래 프랭크 게리의 집, 미국 캘리포니아 주 산타모니카, 프랭크 게리 설계, 1978년.

리나 보 바르디는 '가난한 건축'에 대해 말했다. 그것은 그녀가 브라질 북동부에서 5년 동안 살았던 경험에서 나온 것이었다. 가난한 건축이란, "날것 그대로의 직접적인 방법으로, 지식인들(그리고 오늘날의 건축가들)이 그토록 사랑하는 모든 문화적 속물근성을 제거"하는" 것이다. 상파울루 미술관에서 그것은 미장없는 콘크리트, 석회 도료, 돌과 산업용 고무로 된 바닥, 강화유리로 나타났다. 이는 그녀의 건축이 소박하다는 의미가 아니다. 화려함은 오히려 공간과 식물, 물과 예술 작품, 활동들에서 나왔다.

프랭크 게리는 티타늄과 스테인리스강철로 된 정교한 건물로 유명해지기 전에, 사슬 모양의 철망과 합판, 주름진 금속판으로 건물을 지었다. 이런 소재는 매우 저렴해 다른 비싼 소재들보다 훨씬 풍족하게 사용할 수 있었다. 그런데 바로 이런 것들이 이제껏 우리가 간과하고 있던 물건의 가치를 한층 더 잘 드러내 주었다. 무시당하던 도시, 로스앤젤레스에서 일상적으로 볼 수 있는 소재들이 그 자체로 아름답다는 것을 보여준 것이다.

다음으로, 진짜 거의 아무 것도 없는 상황이 있다. 빈곤의 예술적 표현이건 뭐건 간에 그런 것은 모두 중요치 않다. 수케투 메타는 뭄바이를 이렇게 말한다.

> 인도의 도시에서 뚜렷한 직함 없이 살아가는 사람들은, 모두 뭉뚱그려 '슬럼 거주자'로 분류된다. 슬럼은 그런 지역을 뜻하는 말일 뿐이지만, 그 단어의 무게는 빈민을 여지없이 짓누른다. 슬럼은 무엇인가? 당신도 나도 그 말을 좋아하지 않는다. 그래서 우리는 그곳을 슬럼이라 부른다. 뭄바이의 슬럼에 사는 사람들은 그곳을 부르는 다른 말이 있다. 바스티. 공

동체란 뜻이다. 공동체의 공간에는 바스티가 넘쳐난다. 변소를 향한 줄에, 수도꼭지 앞에 선 줄에, 텅 빈 공터에, 물건을 사러 들락거리는 수백 개의 작은 가게들 앞에도 있다. '뭄바이 정신'에 바스티를 세우는 것은 필수적이며, 그 정신이 홍수나 폭동, 테러로부터 이 도시를 구한다.

바스티의 모든 방은 벽과 천장을 포함한 모든 세부구조가 거주자에 맞춰 절묘하게 지어져 있다. 각 방들은 서로 다 다르다. 수십 년이 흐르면서 거주자의 수요에 딱 맞춰진 것이다. 그곳에서는 가족 구성원의 수에 따라 칸막이와 별도의 층들로 나눠지는데, 그런 구분은 한없이 자유롭다. 외부와 내부는 거주자의 취향에 따라 색을 칠한다. 전 세계 어느 곳이든 슬럼 지역을 가 보라. 색깔이 각양각색이다. 그럼 이제는 슬럼이 철거되고 그 대신 들어선 공공주택을 한 번 보라. 한 가지 색뿐이다.

…… 이 이야기로 하고 싶은 말은 바로 이것이다. 슬럼을 철거하지 말고, 오히려 활용하라.

메타의 주장은 과장일 수 있다. 슬럼은 떠밀리다 떠밀리다 더 이상 갈 곳없는 사람들에 의해, 아니면 지반이 불안정해 사태를 유발하는 곳, 혹은 희귀한 식물생태계나 급수원을 파괴하는 곳에 지어지기도 한다. 이런 식이라면 궁극적으로는 누구에게도 이롭지 않다. 물론 그의 말이 이해가 가지 않는 것은 아니다. 가난한 거주지에는 긴급한 필요에 의해 생기는 효율과 지혜가 있다. 그곳은 구석구석이 거주자 개개인이 원하는 바에 맞춰져 있다. 그리고 공동체로 함께 생활하는데 필요한 네트워크 공간이 존재한다. 가난한 건축architettura povera에 대한 메타의 신념은 오늘날 영국의 시골 오두막을 높게 평가하는 데서도 확인된다. 그 집들은 돌이나 짚으로 만들어졌는데, 그

런 재료들을 가까이에서 손쉽게 구할 수 있었기 때문이다. 그가 지적하는 한 가지 사실도 그의 믿음을 뒷받침한다. "우리는 리스본의 옛 도심을 보고 경탄하고, 로마의 트라스테베레, 파리의 마레, 뉴욕의 이스트 빌리지에 살기 위해 프리미엄을 지불한다. 이곳들이 백 년 전에는 모두 '슬럼'이었다."

자급자족하는 가난한 집들은, 그곳을 개선하려는 건축가나 도시계획가들, 열악한 위생과 인구과밀과 같은 슬럼의 폐해를 해결하려는 사람들에게 하나의 문제를 던져준다. 슬럼의 좋은 요소를 파괴하지 않고 어떻게 그 작업을 해내느냐는 문제다. 오늘날의 뭄바이와 마찬가지로, 전후의 유럽에도 겉보기에 구제불능인 것 같은 곳들은 그냥 철거하고 새로 짓는 것이 공식적 해법이었다. 하지만 이런 프로그램은 대개 오늘날 실수로 판정이 났다.

칠레의 건축가 알레한드로 아라베나는 "빈민의 삶을 실질적이고 효과적으로 높일 수 있는 주택과 공공공간, 기반시설과 교통 프로젝트의 개발"을 목표로 엘레멘탈이라는 회사를 설립했다. 그는 기존 시스템을 걷어차지 않고, "현존하는 정책 법규들과 시장 조건을 바꾸지 않으면서" 목표를 이루기 위해 노력한다.

엘레멘탈의 첫 프로젝트는 사막도시 이키케의 퀸타 몬로이였다. 가구당 7500달러로 책정된 정부 표준 예산만으로, 30년을 버틴 무단 거주지를 허물고 새로 집을 지었다. 그 예산이면 내부 면적 약 30-40제곱미터의 집을 만들 수 있는 금액으로, 그리 넉넉하지는 않

퀸타 몬로이, 이키케, 칠레, 엘레멘탈 설계, 2004년.
위 처음 지어졌을 때. **아래** 거주자들에 의해 바뀐 후.

은 편이었다. 아라베나의 아이디어는 최종 산출물을 '그냥 조그마한 집 한 채'가 아니라, '살만한 집의 절반만'으로 하려는 것이었다. 그래서 엘레멘탈은 최대한 효율적으로, 가장 기본적인 수요에만 맞춰 단순하게 방을 만들었다. 그리고 집의 나머지 절반은, 그곳에 사는 가족들이 수십 년 동안 무단거주하면서 자신들의 보금자리를 만들었던 것처럼, 자신들 스스로가 만들 수 있도록 열어두었다. 전문가의 기술이 필요한 주방과 욕실은 1단계에서 만들었다. 엘레멘탈은 "계획 과정에 개별 가구와 공동체를 참여시켰다. 건물의 절반은 바로 그들이 만들어가야 하기 때문이었다. 조율만 잘 한다면 작업을 나눠 하는 편이 더 효율적이다."

집은 3층짜리 건물을 줄지어 세운 형식인데, 동과 동 사이에는 입주자들이 원할 때, 그리고 할 수 있는 여건이 됐을 때 채워가도록 빈 공간을 두었다. 이런 구조에서는 단층 판잣집보다 효율적으로 땅을 이용할 수 있다. 바깥에서 보면 알록달록 그림 같다고 할 사람도 있겠지만, 거주자에게는 빈민의 낙인밖에는 되지 않는 너덜거리는 외관에 단순한 건축적 질서를 부여했다. 개인적으로 넣고 싶은 요소는 그 빈 공간에 들어가게 된다. 그것은 또한 공동체 활동을 위한 공동 공간을 만드는 데도 일조했다. 똑같은 테라스지만, 사람들이 제각각 여러 종류의 베이나 발코니, 창문, 색깔, 장식과 같은 다양한 요소를 덧붙여 생동감을 자아냈다.

건축가들은 공동체가 관여하면 어지간해서는 일이 안 된다고 생각한다. 하지만 퀸타 몬로이에서는 그 일이 일어났다. 정부의 적은 지원금을 이용하고, 자신들의 거주지를 개선하려는 주민들의 의지가 작용하여 가능한 최대의 효과를 끌어냈다. 이 모델이 얼마나 널리 보급될 수 있을지는 더 두고 봐야 할 테지만, 어쨌든 엘레멘탈은 2004년 퀸타 몬로이 작업을 완료한 후, 비슷한 원칙을 적용한 프로젝트 몇 개를 더 실행했다.

그들의 접근법은 단지 돈을 효율적으로 쓰자는 것만은 아니었다. 그 방식은 개인, 공동체, 국가가 각자 기여할 수 있는 부분을 조합하고 극대화하여, 재정적 압박을 사회적 · 물질적 이익으로 실현해내는 것이었다. 이것이야말로 건축적이다. 사람들이 살아갈 방식을 제시하는 공간을 만드는 데 건축 설계라는 지성이 유감없이 사용되었기 때문이다. 그것은 단순히 물질적인 주거 단위를 전달하는 데 그치지 않고, 어디에도 정해져 있지 않은 거주의 개념을 보여준다. 건축이란 건물에 담길 활동 없이는 언제나 반쪽일 수 밖에 없다. 그런 면에서 퀸타 몬로이의 반만 지어진 집들은 이를 분명하게 증명하고 있다.

그 집들은 정부의 지원금을 필요로 했으므로, 그렇게 값싼 주거지라 할 수는 없다. 우리가 주목해야 할 부분은 돈이 무언가를 짓도록 쓰여졌고, 실질적으로 공간을 만들어내도록 사용되었다는 점이다. 우리는 그 공간에서 거주자들이 보다 나은 삶을 살 것이라 기대할 수 있다.

건축과 돈의 관계는 건설예산의 문제 그 이상이다. 건물과 도시에는 그것을 형성한 경제 체제의 우선 순위가 반영돼 있다. 코벤트가든 광장이 프랑스와 이탈리아의 광장과 다른 까닭은, 그것이 국가나 왕조가 아닌 개인 지주의 투기에 의해 만들어졌기 때문이다. 파는 것을 목적으로 설계되었기 때문에, 건축은 광고가 되었고, 이미지는 현실을 넘어섰다. 선전 효과를 극대화하는 데 모든 것이 들어갔다.

세인트 폴 교회는 너무 서둘러 짓느라 격조를 잃었다. 광장을 향한 인상적인 석조 주랑은 뒤로 가면 맨살이 그대로 노출된 벽돌 헛간으로 바뀐다. 주택들도 전면에서 후면으로 가면서 유사한 품질 차이가 나타난다. 교회의 고전적 대칭은 아직까지도 완성되지 않았다. 그런 작업을 하겠다고 약속은 했지만 그 장소를 팔고 나자, 그걸 완성시키는 것은 이제 꼭 필요한 일이 아니게 된 것도 이유 중 하나다. 코벤트가든 광장은 보주 광장의 궁정의식 대신에 식료품 시장과 매춘으로 채워졌다. 그곳의 경제학이 그렇게 이끌었기 때문이다.

《파이낸셜 타임스》는 두바이를 '자신들만의 특별한 원칙으로, 돈 되는 비즈니스를 하는 독특한 공간'이라고 불렀다. 이곳의 시설은 '시티'라 불리지만, 사실은 투자를 끌어들이기 위해 각자 개별적인 세금체계와 법률조항을 가진 일종의 금융소국이다. 예를 들어, 두바이 국제금융센터에서는 비즈니스 언어가 영어고, 달러를 사용하고, 서구의 법이 적용된다. 미디어시티와 인터넷시티에는 아랍의 검열도 콘텐츠 통제도 없다. 하버드 의대는 이곳에 60억 달러의 헬스케어 빌리지를 세우는 데 전문 인력들을 투입했다. 인도적지원시티까지 있다.

고급 호텔에서는 술을 마시고 노출이 심한 옷도 입을 수 있고, 간통에 관한 법도 적용되지 않는다. 출입이 통제된 주거단지, 엄격하게 회원관리를 하는 골프장, 인도와 파키스탄의 이주노동자들은 출입조차 할 수 없는 바다 위 쇼핑몰도 있다. 그런 반면 서구 신문에서 폭로 기사를 내는 경우 외에는 거의 드러나지 않는 노동자숙소에는 한 방에 이주노동자들이 열두 명이나 배정되는가 하면, 어떤 곳은 에어컨도 없이 불결한 위생 환경과 부족한 물을 공급받으며 생활하고 있다.

이미 만들어졌거나 만들어질 예정인 상징물과 테마파크가 포함된 지도는 얻을 수 있어도, 두바이 전체를 보여주는 지도는 찾을 수 없다. 하지만 지도에 보이지 않는 이 지역들이 아랍에미리트에서 중추적 기능을 수행한다. 아랍에미리트는 건설 이주노동자들과 잡역 노무자들(이들이 인구의 대다수를 차지한다), 외국기업 직원들, 관광객, 대부호, 드문드문 보이는 베컴 스타일의 유명인들 등으로 불균질하게 이루어져 있으며, 토착 아랍에미리트인은 전체 인구의 5분의 1도 되지 않는다. 두바이는 다양한 사회적 집단들에게 서로 다른 권리와 특혜, 제약을 가하는 기반 위에서 작동하며, 이런 구조는 서로 구분된 집단들을 지역별로 분리해야만 가능하다.

이슬람의 법을 따르라는 요구와 함께 이곳을 방문하는 사업가들에게는 무제한의 음주와 매춘이 가능하다. 이렇게 지역을 구분하면 출입이 통제된 주거단지 내 거주자들에게는 안전이 보장되지만, 노동자 숙소에 머무는 사람들은 위험에 그대로 노출된다. 두바이는 비즈니스에 유리할 때는 언론의 자유를 허용하고, 정부 당국에 위협이 될 때에는 언론을 막거나 통제한다. 이곳에서는 법률이 적용되는 정도도 제각각 다르고 거래의 투명성 여부도 천차만별이다. 두바이 국제금융센터처럼 공신력있는 곳부터, 금과 다이아몬드를 몰래 거래하는 암시장까지 다양하게 존재한다. 《월스트리트 저널》에 따르면 "이곳의 시장은 일종의 물물 교환소이자 비공식 환전창구이며, 암시장 거래자들이나 무기상, 테러리스트 자금조달자들과 돈세탁 하는 사람들이 자유로이 드나들며 거래하기에 좋은 환경을 제공하고 있다."

무엇보다도 이런 지역에서는 비즈니스를 하기가 좋다. 마이크 데이비스는 두바이에서는 "국가와 기업이 거의 구분되지 않으며", 정부는 "실제로 하나의 자산관리팀"이라고 말한다. 이 정부를 이끌고 있는 단 한 사람, 셰이크 모하메드 알-마크툼은 통치자이면서 동시에 최고경영자다. 데이비스는 "만약 두바이가 하나의 기업이라면, '대의 정부'란 말은 요점을 벗어난다. 단적으로, 제너럴일렉트릭이나 엑슨은 민주주의가 아니며, 광적인 사회주의자를 제외하고 어느 누구도 그러리라 기대하지 않는다"고 말한다.

그래서 여기서는 일반 대중이란 개념도 사라진다. 만약 그런 계층이 있다면 사람들마다 다른 법을 적용했을 때 야기되는 갈등을 참지 못할 것이다. 그 개념을 없애는 것은 정치적이고, 법적이며, 또한 공간적이다. 두바이에는 공공공간이라 부를 만한 곳이 거의 없다. 이 도시의 이주노동자들이 더 이상 견디지 못하고 집단 시위에 나섰을 때, 그들은 우선 시위할 공간부터 찾아야 할 것이다. 그들은 전혀 다른 용도의 공간, 즉 셰이크 자예드 로드라든가, 나중에 부르즈 할리파가 된 부르즈 두바이의 건설 현장에서 시위를 벌였다.

이 도시는 두 개의 버전이 있다. 보이는 도시와 감춰진 도시. 보이는 도시는 대다수 언론의 주목을 받는 팜의 섬들, 초고층건물, 거대한 쇼핑몰, 돛 모양의 호텔, 날라가는 스카이라인이다. 그 중 일부는 계획만 발표되었을 뿐 실제로는 존재하지도 않는다. 그곳들이 팔리면서, 사람들의 관심도 꺼진다. '우주에서 보인다는 팜'에 대한 그 모든 흥분이 지나고 나서야, 파산한 아프가니스탄 은행에서 횡령된 수백만 달러가 팜 섬의 이파리 지역 부동산을 통해 세탁되었다는 사실이 새어 나왔다. 감춰진 도시는 이곳저곳에 담으로 에워싸인 지역들이다. 이곳은 비즈니스를 일으키고, 일부 사람들에게는 특혜를 주고, 다른 사람들에게는 자신의 분수를 알게 하기 만들어졌다.

일반 대중이 있을 자리에 두바이는 외관을 세워놓았다. 비전을 보여주는 그 유명한 상징을 통해 이 도시는 강력하고 일관된 하나의 브랜드를 세계에 자랑했다. 그리고 자신의 분리된 구조에 대한 관심을 분산시켰다. 분명히 같은 곳인데 내용은 서로 다르다. 우리는 하나만 보지 다른 쪽은 보지 못하도록 강요받는다. 감각을 다른 쪽으로 돌리면 더 많은 것, 즉 호텔 베개의 향기, 노동 수용소의 냄새, 수영장의 시원함, 에어컨 공기의 기계 냄새, 건설현장의 무거운 열기가 느껴진다. 하지만 이런 것들에 누가 관심을 갖는다 해도, 홍보 비디오의 내용과 연결하기는 쉽지 않다.

달리 말하면, 두바이의 유명한 건축적 장관, 그 비전의 제국, 보이지 않게 분리된 구조는 금융으로 만들어진 것이다. 문제는 건설 예산에 있지 않다. 오히려 회계조작을 통해 예산이 추가로 몇백만 달러 부풀려진 것이었다면, 그 돈으로 정말 건물 잘 지은 거라고 할 수 있다. 핵심은 두바이가 자신이 좋아하는 방식을 통해 사업 운영에 가장 적합하다고 생각한 형식을 찾아낸 데 있다. 형식은 언제나 돈의 뒤를 따른다.

21세기의 첫 10년간, 낭비와 저급함의 보기 드문 조합이 영국에서 이루어졌다. 정부와 기업 모두 엄청난 돈을 건물에 쏟아 붓는 데 망설임이 없었지만, 그 돈이 제대로 쓰이게 할 신중함과 꼼꼼함, 다시 말해 좋은 디자인에 대한 투자는 선뜻 하지 않았다. 이런 양상은 '새천년 체험'에서부터 나타나기 시작했다. 새로운 천년을 기념하기 위해 기획된 이 행사는, 애초에 정확한 계획도 없이 밀레니엄 돔이라는 거대한 원형 텐트 아래 일련의 테마전시관을 지었다. 목적이 교육인지 오락인지 불명확한 채 그 둘 사이에 어중간하게 자리 잡아, 평단이나 대중 모두로부터 성공을 거두지 못했다. 방문객 수는 목표에 턱없이 미달했고, 거의 10억 파운드(약 2조 원)는 될 돈이 아무도 원치 않고 요구하지도 않은 행사에 퍼부어졌다. 그 행사는 교육적으로도 아무런 도움이 되지 못했고, 아예 그런 특성이 있지도 않았다.

토니 블레어 총리의 노동당 정부는 영국의 모든 중등학교를 재건축 또는 개보수한다는 계획을 갖고 있었다. 블레어 총리는 선거 운동을 하면서 자신의 정책 목표가 '교육, 교육, 또 교육'이라고 선언했다. 엄청난 건축 계획이 자신의 공약을 실천하는 획기적인 방법이라고 생각했다. 건축의 상징적 혹은 도구적 특성을 적당히 이용해 건물만 지어놓으면 적어도 공약을 실천하는 모양이 나올 거라고 생각했을 수도 있다. 하지만 이런 대규모 건설사업이 교육을 개선하는 효과적인 방법인지에 대해서는 어떤 근거도 없다는 것이 문제라면 문제였다.

학교의 상당수는 이른바 '민간자본주도'라 불리는 계획하에 진행되었다. 한때 사회주의를 믿었던 노동당이 민간부문의 효율성과 지혜를 신뢰하게 되면서 나타난 정책이다. 민간자본주도 계획에 따라 대기업들도 입찰에 참여했다. 그들은 단지 학교를 짓는 것뿐 아니라, 향후 30년간 유지보수와 청소, 그리고 화장지에서 소프트웨어까지 모든 물품의 공급권을 갖는 조건으로 입찰에 임했다. 많은 학교가 단일계약에 번들로 묶여 버린 셈이었다.

이론상으로는 위험과 책임을 민간부문이 떠맡으면서, 대규모 자본이 들어가는 프로젝트가 공공예산에 즉각 반영되지 않는다는 추가적인 이점도 있다. 대금 지불이 30년에 걸쳐 이루어지므로 그 비용은 미래의 납세자들이 부담할 것이기 때문이다. 반면 새 건물의 개관식과 같이 목표가 달성되었다는 것을 알리는 인상적인 그림이 만들어 내는 정치적 이익은 바로 거둘 수 있을 것이었다.

하지만 그로 인한 부작용이 없을 수 없는데, 그 중 하나가 바로 품질이었다. 좋은 디자인이 의뢰인과 사용자, 건축가가 서로 긴밀하게 작업을 할 때 나온다는 것은 정부 기관을 포함해 모든 사람들이 인정하는 사실이다. 그러나 민간자본주도에 의한 프로젝트에서는 학교 선생님들과 관리인들만이 건물을 설계하는 건축가들과 제한적으로 만날 뿐이었다. 여러 학교의 건설 사업이 하나의 패키지로 묶여 진행되다 보니, 어느 한 학교의 특수 상황을 감안하기는 더욱 어려웠다. 또한 민간자본주도 프로젝트를 감독하는 수많은 법규가 품질에 대해 아무리 자세히 규정하고 있다 하더라도, 이익을 최우선으로 하는 하청업자들은 규정을 어긋나지 않을 정도의 가장 낮은 수준에서 건물을 만들 수 밖에 없다. 창문은 너무 작은데다 개수도 적어 하루 종일 전등을 켜야 하는 어처구니 없는 학교 건물들이 설계되고 지어졌다.

더욱 좋지 않았던 것은 민간자본주도 프로젝트가 돈을 제대로 절약하지도 못한다는 점이었다. 건축업자들은 금융권에서 차입한 돈으로 비용을 마련했는데, 그 이율은 정부가 직접 빌릴 때보다 높다. 입찰 절차는 까다롭고 비용은 많이 들었다. 건축업자들은 학교에 대한 일괄계약에 입찰하는 데 300만 파운드(약 50억원)를 내야 했다. 그들이 세 건 당 하나 정도 낙찰을 예상한다면, 입찰 비용을 회수하기 위해서라도 건당 900만 파운드를 벌어야 한다. 계약기간 동안 발생할지 모르는 예기치 않은 추가지출도 감당해야 하는데, 과연 그들이 그만한 돈을 벌 수 있을지는 두고 보아야 할 문제다. 그런 계산을 두고 건축업자들이 고용한 변호사와 정부 변호사 간에 밀고 당기기가 벌어졌는데, 당연히 이런 방면에는 민간기업 쪽 변호사들이 셈이 더 빠르기 마련이다.

2010년에 새 연립정부가 들어서자, 신임 교육부 장관 마이클 고브는 전임자들의 낭비를 비판하기 시작했다. 그는 건축가들도 학교건축 프로그램에서 터무니없는 수임료를 "뽑아 먹고"있다고 거듭 주장하면서, 자신은 학교 설계에 "수상경력이 있는 유명 건축가들과 더 이상 일하지 않겠다"고 목소리를 높였다. 하지만 그는 사실을 왜곡하고 있다.

만약 "뽑아 먹기"가 있었다면, 그것은 변호사들과 금융기관과 그곳의 고문들이 그렇게 했다. 또한 도급업체도 했을 수 있는데, 그들 중 상당수는 2008년에 결탁과 가격담합으로 유죄판결을 받았다. 흔히 하는 말로 의뢰인을 갈취한 것이다. 이 판결은 학교가 아닌 다른 프로젝트에 대한 것이었지만, 그 같은 가격담합이 학교 건축에서 일어나지 않았다고 보기는 어렵다. 그에 반해 건축가들은 대개 최소 수익 혹은 손해를 각오하고 학교 설계를 맡았다. 이런 일은 그들 사무실에서는 수익이 가장 낮은 일이다. 또한 민간주도계획의 문제점을 처음으로, 그리고 유일하게 지적한 사람도 건축가들이었다. 더 중요한 것은, 불리한 여건에도 훌륭한 건축가들이 학교를 만들어내면서, 교사들이 실제로 혜택을 보았다는 사실이다. 예를 들어, 조명과 음향, 학생들의 동선이 잘 고려되어 괴롭히기가 발생할만한 장소

샌드힐 뷰 학교, 선더랜드, 2002년.

들을 미리 없앨 수 있었다. "사람들을 기분 좋게 해주는 건물"이라고 어느 교장은 말하면서, "좋은 디자인은 편안한 공동체를 만든다. 우리가 교육이 중요하다고 말한다면, 아이들에게 제대로 된 교육 환경을 만들어주면 그 말을 실현할 수 있다"고 덧붙였다. 그러나 고브는 자신의 주장을 고집하면서, 정해진 틀에 맞춰 표준화된 최소한의 설계만 들어가는 학교가 지어지도록 하고, 결탁의 가능성이 높은 몇몇 도급업체에 더 큰 힘을 실어주었다.

정치인들은 이에 대한 논쟁을 비용 문제로 국한했다. 그러나 진짜 문제는 가치를 어디에 두는가에 있다. 그들은 아무런 증거도 없이 대기업과 대규모 자금은 최선의 교육 장소를 제공할 것이라 믿고 싶어 했다. 그것은 그들이 크고 돈 많은 조직이면 무엇이든 잘 할거라는 생각에 빠져 있었기 때문이었다. 동시에 그들은 좋은 디자인과 같이 무형의 소프트웨어에도 투자할 가치가 있다는 생각에는 거부감을 드러냈다. 그들은 잘 만들어진 학교를 한사코 피했는데, 아마도 이런 것까지 해줘야 하느냐는 악의적인 언론기사를 의식했기 때문일 것이다. 게다가 정치인들은 불확실성을 걱정한다. 디자인도 그 중 하나로, 잘못 나올 수도 있고, 우스꽝스러운 꼴이 될 가능성이 없지 않고, 엄청난 걸 하겠다고 했는데 실제로는 하지 못할 수도 있기 때문이다. 그래서 그들은 정량적인 것, 즉 몇 군데 혹은 언제까지와 같이 숫자들을 챙기는 게 더 낫다고 생각한다.

그들은 공공기관 혹은 관련 전문가들이 바람직한 배움의 환경을 고안해낼 수 있고, 그것을 만들 건축전문가들을 고용할 능력이 있을 거라 생각하지 않았다. 그래서 그들은 건축가의 12시간 작업보다는 변호사의 자문료 1시간에 1000파운드를 기꺼이 지불했다. 또는 조금 더 나은 의자, 사물함, 문손잡이, 바닥 마감 같은 것처럼 눈에 보이는 데에는 돈을 썼다. 그들은 표준화가 효율적이라는 어느 도급업자의 근거 없는 주장을 믿었지, 디자인이 교육에 도움이 된다는 어느 교장의 이야기는 듣지 않았다.

그것은 오늘날 악명을 떨치고 있는 시장의 지혜를 과도하게 믿고 있기 때문이기도 하다. 무엇보다 정치인들은, 자신들이 실제 해야할 일은 그렇지 않은데도, 목표지향적이고 추진력있는, 비즈니스맨 같은 모습으로 보이는데 관심이 많다. 그래서 결과물로 나타난 것이, 앞으로 수십 년 동안 사용할게 될, 사무실 건물처럼 보이는 배움의 장소들이다. 독일 출신의 건축사가 니콜라스 페브스너가 지적했듯이, 영국인들은 값싸게 보이기 위해 비용을 아끼지 않는다.

출범 초기에 토니 블레어 행정부는 건축의 중요성을 역설했다. 건축가 로저스 경(예전에는 리처드 로저스)은 이전의 어떤 건축가들과 비교가 되지 않을 정도로 정부에 강력한 영향력이 있었다. 또 종종 '세계 최고'라고 일컬어지기도 하는 영국 건축가의 위대함이 바로 그 정부에서 발표되기도 했다. '쿨 브리타니아Cool Britannia'라는 기치 아래 디자인, 음악, 미술 등의 분야에서 광범위하게 표방된 영국의 창의성에 건축도 들어갔다.

로저스는 '도시특별위원회'의 수장으로 임명되었고, 이 팀은 1999년 〈도시 르네상스를 향하여〉라는 보고서를 펴냈다. 로저스의 저서 《작은 행성을 위한 도시》와 결론이 유사하다. 이른바 '압축 도시Compact City'를 주장했는데, 인구밀도가 높아지면 어수선함으로 빠지기 보다는, 사회적 임계수준을 넘어서면서, 비슷한 사람들끼리 서로 '공명'을 일으키게 된다는 것이다. 사람들이 서로 모여 살고 일터 가까이 산다면, 더 많이 걷거나 대중교통을 더 이용해서, 차를 덜 몰게 된다고 보고서는 말한다. 또 해당 지역의 상점과 식당, 학교를 지속하기에 충분한 수준으로 인구가 형성되면, 잘 관리된 거리와 공공공간을 유지할 정도의 세금도 충분히 걷히게 되리라고 했다. '거리를 지켜보는 눈'이 더 많아져 범죄는 줄어들게 된다. 행인들이 많다는 사실만으로도 나쁜 짓을 하려는 사람들을 위축시킨다는 것이다. 압축도시는 지속가능하며, 도시 인근까지 확산된 교외지역보다 땅도 덜 사용하게 될 것이라고 주장한다.

이런 주장들에는 여러 설명이 덧붙는다. 로저스와 동료들은 파리, 뉴욕, 바르셀로나와 같은 고밀도 도시들이 매우 바람직한 지역이 되었다고 지적한다. 켄징턴이나 첼시 같은 런던 자치구는 영국에서 가장 인구밀도가 높은(이곳 거주자들의 상당수가 가지고 있는 전원 별장들까지 감안하면 수치가 좀 낮아지긴 하겠지만) 곳이며, 또한 가장 비싼 지역이기도 하다.

하지만 숫자가 전부는 아니다. "살고, 일하고, 사회생활을 할 수 있는 매력적인 장소로 마을과 도시가 거듭 나기 위해서는 디자인 주도의 혁신이 이루어져야 한다"고 로저스는 말했다. 건축가들이 압축도시의 고밀도 아파트 단지 사이에 "제대로 된 공공공간"을 만들어야 한다고 했다. 대중들의 활기찬 생활이 일어나려면 수용할 공간이 필요하고, 건축가들이 그것을 만드는 데 핵심적인 역할을 해야 한다는 것이다. 여기서의 모델 역시 거리와 광장에 대한 관심과 자원이 풍부한 파리와 바르셀로나였다. 특별위원회는 영국의 도시계획 체계가 낡아, 지혜와 예측력을 갖고 미래의 도시를 구성할 역량이 부족하다고 보았다. 강력한 리더십과 "효과적이고 열린" 민주적 절차들이 필요했다. 보고서는 도시와 지역 위원회가 새로운 도시계획 전문가를 양성할 기관을 설립할 것을 추천했다.

로저스의 아이디어들 가운데 상당 부분이 채택되었다. 이후 십여 년에 걸쳐 그의 원리와 유사한 개념이 적용된 '도시 혁신' 프로젝트가 영국 전역의 예전 공업도시들에서 수행되었다. 건축 및 건축환경 위원회(이하 건축위원회)라는 정부 단체가 설립되어 설계의 품질을 높이는 일을 도왔다. 중요한 건축 프로젝트에 대한 평가를 제공하는 '디자인 리뷰'를 작성하는 것이 위원회의 역할 가운데 하나였다. 건축위원회의 리뷰는 계획을 허가할지 결정되는 데 상당한 영향을 미쳤다.

부동산 개발업자들은 고밀도라는 개념에 그저 행복할 뿐이었다. 자신들의 땅에 더 많은 아파트와 사무실을 집어넣을 수 있었기 때문이다. 또한 블레어 행정부가 자신들을 비롯해 모든 기업들을 좋아했기 때문에 그것 역시 행복한 일이었다. 하지만 불행히도, 로저스가 예상한 숙련된 도시계획가 양성 기구와 강력한 리더십, 민주적 관여는 생겨나지 않았다. 그것은 공공자금을 사용해야 하고, 지방 정부에 힘과 자원을 투자하는 등 이제는 철회된 노동당의 옛 가치관으로 회귀하는 것을 의미했기 때문이기도 했다. 그런 것은 구식 시청의 종이와 가죽 냄새가 너무 풍긴다고 생각했다. 이제는 거의 모든 일을 민간 부문의 효율적인 손에 맡기는 시대였다. 도시계획 전문가 양성이라는 생각은 사라졌다.

'좋은 디자인'이 미래에 일어날 일을 예측하고 그에 따른 계획을 수립하고, 여러 다양한 요구들 사이에 균형을 잡아주고, 쪼개져있는 부분을 하나로 통합하는 것이라면, 그것은 이제 불가능해졌다. 그 일을 할 주체가 없었다. 그 대신 좋은 디자인보다 한참 느슨한 '고품질 건축'이 채택되었다. 하지만 이 말은 결국 거의 모든 것을 허가한다는 뜻이었다. 이 개념에 따르면, 어떤 건축 프로젝트에 대해 충분한 수의 건축가와 전문가들이 건축위원회의 디자인 심사단 같은 단체를 통해 품질이 높다고 말하면, 그 프로젝트는 고품질로 인정되는 것이었다. '고품질의 건축'은 대체로 '평판 높은 건축가의 설계'와 같은 뜻으로 여겨졌다. 그것은 특별위원회가 요구했던 '디자인 주도의 혁신'이 아니라, 디자인이 첨부된 개발안일 뿐이었다.

그러는 동안 로저스가 설계한 돔에서 '새 천년 체험'이 시행되었다. 1997년 블레어 행정부가 출범했을 때 가장 먼저 내려야 할 결정 가운데 하나가, 이전 정부에서 기획된 이 프로젝트의 진행 여부였다. 로저스는 그것이 압축도시의 원리에 그다지 맞지 않는데도, 치열하게 로비를 벌였다. 당시 그것은 짧은 기간 동안만, 상설이 아닌 임시로, 도심을 벗어난 외곽에 오락센터 하나를 만드는 것 정도로 기획되었고, 내부를 들여다볼 수 있는 구조물로 지어질 계획이었다. 사실 이런 오래 버티지 못할 공간을 만드는 것은 결코 좋은 디자인이 아니다. 돔에 투자된 자원을 다른 곳에 배정했더라면 공공공간의 활력과 품질에 분명 더 크게 기여할 수 있었을 것이다.

하지만 로저스는 19세기 미국 건축가 헨리 홉슨 리처드슨의 언명에 따라 행동했다. 그는 건축의 첫 번째 원리가 일거리를 만든다는 것이라고 했다. 그는 주장하고, 유혹하고, 회유했다. 존 프레스콧 부총리는 마침내 이렇게 말했다. "우리가 이 작업을 해내지 못한다면, 하나의 정부라고 할 수도 없다." 그래서 새 천년 체험과 돔은 진행되었고, 결국 재앙으로 막을 내렸다. (2007년에 일부 구원의 시도가 있긴 했다. 휴대전화 회사의 광고를 겸한 대형 음악 행사인 'O2'를 위해 돔을 재개장했을 때였다. 그렇다 해도 특별한 지원 없이도 성공이 예상되는 상업적 프로젝트에 쏟아부은 공공투자를 정당화할 수는 없다.)

돔은 어떤 원리 혹은 행동 패턴을 만들어 냈다. 예를 들면, 건축물의 정치적 힘이다. 즉 실제로는 그렇지 않더라도, 목적이 있고 고민한 것 같아 보이는, 거대한 규모의 활동이 갖는, 저항할 수 없는 매력 같은 것이다. 돔은 또한 사람들의 관심을 불러모으는 힘과 납기의 신성함을 보여주었다. 그것은 변경할 수 없는 날짜에 완공되어야만 했기 때문에, 제때에 이루어냈다는 것 자체가 그것의 정당성이었다.

그것은 창의적이고 비전을 제시해야 했는데도, 그리고 어느 한 건축가가 관여했는데도, 그런 결과가 생기면서 디자인에 오명을 남겼다. 그리고 그 이후 노동당 집권 동안 디자인이 변방으로 더욱 밀려

나게 하는 데 한몫 톡톡히 했다. 무엇보다 그 돔은 쓸모있거나, 사려깊거나, 좋은 것이 아닌데도 거액의 돈을 기꺼이 지출할 수 있다는 것을 여실히 보여주었다.

블레어에 대한 로저스의 영향력은 줄어들었다. 아마도 그가 직접 나서서 총리에게 팔았던 그 돔이 골칫거리가 돼버린 탓이 어느 정도는 작용했을 것이다. 그러나 그는 런던 시장인 켄 리빙스톤이라는 또 다른 후원자를 찾아냈다. 리빙스톤은 로저스를 건축 및 도시계획에 관한 수석 고문으로 임명하고, 이 건축가와 친밀한 동료들을 요직에 앉혔다. 한때 극좌익으로 여겨졌던 이 시장은 런던을 위한 대단한 아이디어를 하나 가지고 있었다. 금융서비스 부문의 끝없는 호황을 예상한 그는 그것을 부양하기 위해 자신이 할 수 있는 모든 일을 하는 한편, 그 수익에서 십일조를 떼어내 '적정가격'의 주택을 보급하는데 사용하려 했다. 다시 말해 높은 이율로 주택을 구입하기 어려운 많은 사람들에게 보조금을 지급해 주택을 제공한다는 것이었다. 부동산 인플레이션의 대부분이 금융서비스의 호황으로 생겨났기 때문이라고 했다.

리빙스톤은 매년 프랑스 칸으로 건너가 국제 부동산 박람회에 참석했다. 거기서 개발업체들과 중개인들은 거대한 모형과 화려한 영상물로 표현된 도시의 미래를 거래했다. 또한 해마다 부두에 정박된 대형 요트들의 크기가 점점 커지는 것을 통해 늘어나는 러시아의 부와 영향력을 측정하고, 판매전시회를 주관하는 여성들을 통해 점점 길어지는 다리 길이를 가늠하기도 했다. 칸에서 그는 런던의 부동산맨들이 가능한 많은 돈을 벌어서 자신도 그 중 일부를 가질 수 있게 해달라는 내용의 연설을 했다.

리빙스톤의 정책은 더 큰 건물을 이용한 고밀도 토지 이용을 의미했다. 그렇게 하면 더 많은 금융의 신들이 한층 대단한 마술을 부릴 것이고, 그렇게 자신도 돈을 벌고 건물을 짓는 사람도 돈을 벌고, 게다가 시장이 스스로 세운 도시계획도 굴러가게 될 것이라고 생각했다. 그것은 더 많은 아파트를 고층으로 쌓아 올리면 더 많은 집을 적정가격으로 보급할 수 있다는 뜻이기도 했다. 다시 말해 초고층건물을 짓겠다는 것이었다. 사실 초고층건물이 아니라도 고밀도는 이룰 수 있다. 이런 초고층건물은 비용도 많이 들고 시공기간도 길지만, 그래도 이런 건물을 세우겠다고 말하는 것은 시장 자신과 부동산 개발업자들의 신념이자 권력의 과시인 것이다. 그는 초고층건물을 짓지 못하면 '세계 도시'라는 런던의 위상이 위기에 처할 것이라고 거듭 주장했다. 그러려면 초고층건물이 런던의 역사적 기념물들과 제대로 어울리지 않는다고 반대하는 보전주의자들을 쳐부수는 것이 가장 먼저라고 했다. 정치가들, 개발업자들, 건축가들은 하나같이 타워를 좋아한다. 그것이 자신들을 결단력있는 사람으로 보이게 하고, 자신들의 이름을 런던의 스카이라인에 영원히 새겨주기 때문이다.

그래서 리빙스톤의 아이디어와 개발업체 및 금융기관의 이해 관계, 로저스의 '압축도시' 이론이 한데 모여 시너지가 발생했다. 이들은 모두 예전보다 더 많은 건물이 있어야 하고, 더 많은 사람들을 수용해야 한다는 데 의견을 같이 했다. 유일한 난점은 그런 구상에 '좋은 디자인'과 '제대로 된 공공공간'을 확보하는 일이었다. '런던 플랜'이라는 문건이 있기는 했지만, 거기에는 도시의 미래를 일관된 형식으로 그려보려는 활동이나 의지는 존재하지 않았다. 그렇다고 로저스가 모델로 자주 거론했던 바르셀로나 스타일의 건축주도형 도시개조를 따라하는 것도 가능하지 않았다. 로저스의 영향을 받은 리빙스톤은 100개의 새로운 공공공간을 만들겠다고 발표했다. 카탈루냐의 그 도시가 투자했던 방식을 따라하겠다는 것이었다. 하지만 그가 런던 시장에서 물러날 때까지 그런 곳은 단 다섯 곳만 완성되었다. 시장의 지혜가 최고라고 여겨졌던 골드러시의 도시 런던에서는, 압축도시의 기업친화적 부분이, 까다로운 공공친화적 부분보다 활개칠 가능성이 너무 컸던 것이다. 그리고 두 늙은 좌파, 리빙스톤과 로저스가 어떻게 해볼 도리도 없이 그냥 그렇게 흘러갔다.

초고층건물에 대한 계획은 가능하다. 맨해튼이 좋은 예다. 뉴욕시 1916 지역조성 조례를 적용한 이 지역은 타워들이 일광을 너무 가리지 않게 어느 정도 거리를 두도록 규정했다. 런던도 반쪽짜리 계획을 갖고 있다. 고층건물이 세인트 폴 성당과 같은 주요 기념물의 조망을 가리지 못하게 한다거나, 리치먼드 공원에서 적어도 15킬로미터는 떨어져야 한다거나 하는 제법 상세하고 오래된 법규가 있다. 하지만 소위 이런 '전략적 조망'에 대한 것 외에는 규정된 게 거의 없다. 그렇게 되면 이제는 논의와 협상의 문제로 넘어간다. 개발업체들은 자신들의 행운을 시험해보고, 시의 관련부처는 밀어주거나 혹은 가로막는다. 이런 결정은 여론에 호소하다가, 준 법적 조사에 부쳐졌다가, 결국에는 정부의 해당 부처에 의해 결론이 난다.

잘 규정된 법규가 없는 상황에서는 전문가의 의견이 그 자리를 대신한다. 건축위원회의 디자인 심사단의 판단이 무게를 갖고, 계획조사 단계에서는 대개는 심사단에 속하지 않은, 다른 건축가들이 전문 감정인으로 참여해 특정 제안이 좋은지 나쁜지 조사한다. 다시 말해 '좋은 디자인'이란 '건축가가 포함된 심사단이 좋다고 인정하는', 그리고 '일반적으로 잘한다고 인정받는 건축가에 의해 디자인된' 어떤 것을 의미한다. 디자인 심사단의 일부 건축가들은 논란이 된 초고층건물의 설계 당사자이기도 했다. 그들이 자신들의 이해 관계에 따라, 점잖게 말하고 떠나고 나면, 다른 동료들이 그들의 작업을 고품질 건축이라고 공개적으로 말하곤 했다. 그리고 다음에는 그들이 심사단으로 들어와 다른 이들의 작업을 칭찬했다. 공개 조사에서는 유력 건축가들이 나서서 현재 논의중인 프로젝트의 천재성에 열변을 토했다. 그리고 그들의 작업이 조사 대상에 오르면, 다른 건축가가 그들을 위해 똑같은 일을 해주었다. 소수의 사람들이 디자인 전문가로 행세하고, 종종 여러 역할을 한꺼번에 수행하기도 하면서, 부당한 영향력을 행사했다. 그렇게 그들이 좋아하는 건축가들은 승승장구했다.

개발업체들은 이런 시스템이 잘 먹히리라 생각되는 건축가들을 고용하기 시작했다. 시장의 고문이자 정력적인 전문 감정인이었던 로저스는 자신의 사업도 운영했다. 그리고 2000년대 첫 10년 동안 런던에 예닐곱 개 초고층건물의 설계를 의뢰 받았으며, 논란을 일으킨 원 하이드 파크와 옛 첼시 병영의 개발 사업도 맡았다. 로저스의 예전 파트너였던 렌조 피아노 같은 '세계적 수준'의 건축가도 들어왔다. 피아노는 샤드라고 불리는 높이 300미터의 타워를 설계했다. 하지만 이런 시스템에서는 진짜 세계적 수준의 건축이 아니더라도 충분히 우기기만 하면 통할 수 있다는 사실이 이내 드러났다. 런던의 엘리펀트 앤드 캐슬에 있는 스트라타 타워가 적절한 사례일 것이다. 삐뚤빼뚤한 수직선들이, 꼭대기에 있는 이름뿐인, 세 개의 터빈을 향해 치솟는 건물이다. 사우스 런던의 높이 180미터의 복스홀

스트라타 타워, 엘리펀트 앤드 캐슬, 런던, BFLS 설계, 2010년.

타워는 그다지 '세계적 수준'으로 여겨지지 않는 브로드웨이 말리안이라는 업체가 설계했다. (그 타워 옆에 있는 또 다른 그들의 작품은《아키텍츠 저널》에서 동료 건축가들이 투표로 뽑은 세계 최악의 빌딩에 두 번이나 선정된 적이 있다.) 이 타워는 모순적인 모티프들의 혼란스러운 범벅이며, 형태도 좋지 않은데다, 아래의 개방 공간도 불편하기 짝이 없다. 이는 웨스트민스터 다리에서 제대로 볼 수 있는 '중요한 조망'에 대한 침범으로 간주하는 편이 옳을 것이다. 공개조사 과정에서 공식적인 조사관도 이 제안을 보고 같은 생각을 했는지 거부 의견을 내놓았다. 하지만 주무 장관인 존 프레스콧의 개인적인 결정으로 그의 의견은 묵살되었다. 켄 리빙스톤 역시 복스홀 타워의 열렬한 지지자였다. 건축위원회는 이 건물이 '잘 다듬어진, 깔끔하고 매력적인 설계'라고 평가했다.

'세계적 수준'에 대한 이처럼 관대하고 넓은 정의에는 그럴 만한 이유가 있다. 렌조 피아노의 건물이 어떤 면에서는 브로드웨이 말리안의 것보다 더 자신감 있고, 더 일관적이고, 어쨌든 좀 더 낫다고 평가받지만, 그래도 근본적으로는 크게 다르지 않다. 더 좋고 나쁘고의 외부적 평가의 이면을 들여다보면 그것은 똑같은 건물이다. 실제로 피아노의 샤드는 브로드웨이 말리안과 협업으로 설계되었다. 얼마간은 브로드웨이 말리안의 작품인 것이다.

개발업체는 스스로 어느 작은 지역의 미니시장이 되어 주택, 상점, 공공공간, 심지어 학교와 사무실을 지으며 해당 지역의 전체 모습을 결정하기 시작했다. 그들은 점점 더 많은 돈을 도시계획업체를 고용하는 데 사용했다. 그들은 여러 도시계획의 운명을 좌우했던 위원회와 심사단을 거치면서 제안서들을 조작하는 데 능숙한 사람들이다. 이러한 도시계획업체들은 한 곳에서 작업하고는 다른 곳으로 옮겨가, 선견지명을 발휘해달라고 공공기관에 고용되기도 했다. 그리고 실제로는 시스템을 주무르고 조작하는 비생산적인 일에 들어간 엄청난 돈의 상당 부분을 급여로 챙겨갔다. 그 바람에 모든 건축 프로젝트들이 흥정과 재촉, 투기와 책략, 도박이 되었다. 제정신이 아니었다. 그 과정은 효율성이나 낭비의 억제, 경제성, 제대로 된 건물을 짓는 것에 대한 것이 아니라, 개발업체들이 마련한 수익성 있는 계획에 기어이 합의를 얻어낼 수 있도록 영향력을 행사하는 것일 뿐이었다.

대다수의 건축가들은 건물이란 그 건물의 건축지침서 이상 좋을 순 없다고 자조적으로 말하곤 한다. 예를 들어, 건축지침서가 어느 장소에 대규모 개발을 하기로 했다면, 거기에 무엇이 지어지든 그것은 불가피하게 이웃 주민들을 위압할 것이며, 일류 건축가라 하더라도 그것을 누그러뜨리기 위해 할 수 있는 일에는 한계가 있을 수 밖에 없다는 것이다. 하지만 어느 건축가가 이런 저런 주위 건물들이 만들어낸 누적 효과를 고려하지 않고, 특정 건물의 설계를 의뢰받는다면, 우리는 주변 환경과 동떨어진 어색한 풍경만 얻게 되기 십상이다. 2000년대 런던에서는, 좋은 건축가에게 나쁜 지침을 주며, 그럴듯하게 만들어내라는 주문이 내려졌다. 건축은 스카이라인의 변형을 돕는 윤활유였다.

그 때, 로저스의 회사인 로저스 스터크 하버 파트너스는 '세상에서 가장 멋진 주소'라 불릴 만한 것을 디자인해달라는 요청을 받았다. 의뢰인은 닉 캔디와 크리스천 캔디라는 매력적인 젊은 형제였다. 찰스 디킨스의 재치가 느껴지는 이름을 가진 그들은 화려함과 부, 성공과 스타일에 대한 광적인 열정으로 시대와 절묘하게 호흡하는 자신들의 놀라운 감식안을 자랑하고 싶어했다. 얼스 코트의 한 아파트에서 수익낸 것을 시작으로 그들은 유명 건축가들에게 작업을 의뢰하여 놀랄만한 부동산 개발 실적을 거두었다. 성공 이야기에 목마른 잡지들은 그들의 이야기를 부풀려 소개했다.

원 하이드 파크 프로젝트는 크고 못생긴 1960년대의 건물을, 그보다 두 배나 크지만, 그래도 봐줄만한 건물로 대체하는 일이었다. 새로 지은 건물에는 여든여섯 채의 아파트가 들어간다. 그 아파트의 엄청난 가격에 대해, 말은 되지만 확인할 수는 없는 기사들이 쏟아져 나왔다. 침실 3개짜리 아파트가 1500만 파운드(약 250억원), 3천 제곱미터의 3층짜리 펜트하우스가 1억4000만 파운드로, 역사상 가장 비싼 아파트라고 소개됐다.

그 아파트는 지어지자마자 모든 면에서 최고를 자랑하는 건물로 팔려나갔다. 1층에는 제임스 터렐의 '찬사가 끊이지 않는 예술'이 있고, 롤렉스 매장과, 맥라렌 자동차 대리점이 자리잡고 있으며, 그곳의 설계는 리처드 로저스가 맡았다. 그곳의 입주자들은 다른 런던 시민들과 같은 땅을 디디거나 같은 공기를 호흡할 필요가 없다. 그들은 단지 깊숙한 내부까지 차를 몰고 들어갈 수 있고, 놀랍게도 인근의 만다린 오리엔탈 호텔과 지하터널로 연결돼 있어 호텔의 룸서비스를 아파트에서 바로 받을 수 있다. 길이 21미터의 수영장, 스파, 영화관, 스크린 골프연습장도 있다. 혹시나 누군가 예기치 않게 침입할 것이 우려된다면, 홍채인식 스캐너를 포함한 최상의 보안시스템과 방탄 유리에 마음을 놓을 수 있다. 안전요원들 또한 SAS에서 훈련받은 사람들이다. 이 부대는 1980년에 원 하이드 파크에서 길 하나 건너편에 있는 프린스 게이트의 이란 대사관을 점령한 테러리스트들을 진압하면서 세계적 명성을 얻은 영국 공수특전단이다.

이 프로젝트는 논란이 많았다. 이 건물이 하이드 파크에 좋지 않은 영향을 줄 것이라는 반대 여론이 있었다. 로저스를 자신의 건축 고문으로 끼고 있으면서, 런던을 부자친화적 도시로 만들겠다는 한결같은 신조를 갖고 있던 리빙스톤 시장은, 공원의 나무 위로 치솟게 될 그 단지가, 런던이 '세계 도시로서 해야 할 역할'에 상당히 큰 비중을 차지할 것이라고 말했다. 약간의 타협은 어쩔 수 없었다. 건물 면적은 처음 제안 그대로 둔 채, 건물의 높이만 약간 낮아졌다. 런던은, 어떤 기적이 일어나서 가능했는지는 몰라도, 예전처럼 세계의 도시로 남게 되었다.

로저스가 이 프로젝트의 건축가라는 사실이, 수백만 파운드의 이

익이 나겠지만 통과가 쉽지 않을 거라 예상됐던 이 프로젝트에 의심의 여지없이 중요한 역할을 했다. 그는 '고품질 건축'의 항목들을 끼워 맞췄고, 그의 디자인은 당연히 건축위원회의 승인을 얻어냈다. 우리는 여기에 그와 시장의 친분, 그리고 시장의 개발위주 정책이 그저 조금 도움이 되었거나, 또는 의뢰인 입장에서 아주 최소한도로 도움이 되었으리라 상상할 수도 있다.

그러나 이 건축가는 1997년 다음과 같은 글을 썼던 바로 그 사람이다. "새로운 형태의 성채가 등장했다. 버튼을 누르면 접근이 차단되고, 방탄 스크린이 가동되고, 폭탄을 막는 셔터가 내려온다." 그런 성채는 "부자와 빈자를 격리하고, 시민의식의 근간을 뒤흔든다." 그는 또 "도시가 사회계층별 구분과 경제적 차이, 인종과 육체적 차별을 막기 위해 끊임없이 노력하지 않는 한, 그곳의 공동체는 분해되고 도시는 결국 작동하지 않을 것"이라고 썼다.

그러던 그가 여기에 성채라고 불러 마땅할 것을 설계했다. 생각없는 홍보대행사는 로저스가 개탄했던 바로 그 보안장치들을 칭찬했지만, 그것은 부자와 빈자를 통합해주는 것은 아니었다. 그의 회사는 건물의 외부에는 최고의 시설을 설치했고, 건물 내부는 아파트의 이익을 위해 설계했고, 주위 환경에는 모든 곳에 영향을 미쳤다. 계획은 효과적이었다. 외부는 로저스 회사의 전형적 스타일이었다. 콘크리트 프레임, 건물 외장, 차양, 승강기는 모두 공장에서 고도로 정밀하게 만들어 정교한 스타일을 자랑했다. 그것은 기계 제조와 가공의 측면에서 장인정신을 보여주며, 금속성의 쨍한 느낌과 우아함을 잘 살렸지만, 전체적으로는 강하게 튀는 효과를 만들어낸다. 이론적으로는 그 스타일이 주변 환경에 맞게 조정된 것이라고 한다.

위 원 하이드 파크, 런던, 로저스 스터크 하버 파트너스 설계, 2011년.
아래 원 하이드 파크, 인도에서 본 유리 울타리.

원 하이드 파크의 흰 콘크리트와 동판은 주변 건물의 석재 및 붉은 벽돌과 어울리도록, 그리고 불규칙한 스카이라인은 주변의 첨탑 및 돔들과 어떤 연관이 있도록 했다고 한다.

한때 이 스타일은 사회주의 주택 프로젝트와 관련이 있었고, 다음에는 퐁피두 센터같은 공공문화 건축물에서 그러했다. 하지만 여기서는 아무도 만족시키지 못한다. 그곳에서 살게 될 백만장자들과 이웃 부호들의 구미에 맞추기에는 너무 소박하다. 그러면서도 로저스가 내세웠던, 그리고 그 스타일이 한때 제시했던 건축의 시민적 임무를 달성하지도 못한다. 그 빌딩의 주된 후원자가 된 카타르 정부는 화려함이 부족해서 마음에 들지 않아 했다는 소문이 있다. 한편, 역시 캔디 형제, 로저스, 카타르 정부의 협업으로 재개발하게 된 인근의 첼시 병영에서는, 주변에 사는 주민들이 땅에서 솟아올라가는 원 하이 드 파크의 모습에 놀라, 이들의 계획을 멈추게 하기 위한 노력을 배가했고, 결국 높이를 약간 낮추도록 하는 데 성공했다.

그러나 결과적으로, '제대로 된 공공 공간'은 어떻게 됐을까? 원 하이드 파크는 도로 하나를 재배치해 공원으로 접근할 수 있는 길을 마지못해 제공했다. 그러나 좁은 포장도로에다 잠글 수 있는 문까지 달아두었다. 설계상의 여러 이유 때문이겠지만 그곳은 무언가로 덮여 있는데, 그때문에 이 길이 단지에 소속되었다는 느낌이 난다. 건물에는 또한 맥라렌과 롤렉스 상점, 아부다비 이슬람 뱅크 사이에 낀, 나이츠브리지 쪽을 향해 있는, 유리로 둘러싸인 이상한 공간이 있다. 대중들은 미니어처 조경이 조성된 이곳에 들어와 앉아, 진열창 안의 마네킹 또는 어항 속의 물고기처럼, 지나가는 행인들을 내다볼 수 있다. 여기서 이렇게 도시 르네상스는 막을 내린다.

마지막으로, 나이츠브리지의 호화 단지는 말 그대로다. 초부호를 법으로 소멸시키지 않는 이상에야, 그들은 이런 장소를 원할 것이다. 또 이왕 있을 바에야 문으로 차단된 교외 단지보다 도시 한가운데 있는 편이 낫다고 할 수도 있다. 도시에서는 그들이 가진 부의 일부가 어떻게든 빠져나와 공공의 이익에 사용될 수 있기 때문이다. 정치인들은 원 하이드 파크에서 십일조를 뜯어내, 그보다 약간 덜 호화스러운 핌리코 지구에 적정가격 주택을 짓는 데 지출했다.

로저스 같은 건축가가 이런 작업을 맡았다고 비난할 이유는 없다. 그런 프로젝트들이 존재하는 세상에서, 건축가가 그 프로젝트의의 설계를 거부하는 것은 공허하고 비현실적인 일이다. 여기서 이슈는 그가 공개적으로 말하는 이상주의와 실제 활동하는 정치적 현실 사이의 거리다. 차라리 건축가들이란 협상의 세계에서 일하며, 그 속에서 가능한 최선의 성과를 얻기 위해 싸워야만 한다고 인정하는 편이, 더 윤리적이고 더 생산적이며 결과적으로 덜 당혹스러울 것이다.

원 하이드 파크의 결함은 그것이 존재한다는 사실 자체가 아니다. 디자인이 그 건물을 오만하게 보이도록 만들었고, 공원으로 들어가는 공공접근로를 너무 엉성하게 만들었다는 점이 문제다. 그 건물의 어느 정도 사회주의적인 스타일은 호화스러운 내용과도 맞지 않는다. 차라리 부를 솔직하게 드러내면서 주변 환경으로 보다 덜 공격적으로 정착해 들어가는 편이 나았을 것이다. 나이츠브리지의 많은 건물들은 그렇게 하고 있다.

시티 오브 런던의 타워들과 마찬가지로, 원 하이드 파크는 부와 정부의 특정한 관계를 보여주는 하나의 사례라고 할 수 있다. 그것은 고도로 투기적인 자본을 비정상적인 수준으로 존중하던 시기와 장소에서 이루어졌다. 그것은 단순히 비즈니스의 문제일 뿐 아니라, 하나의 사회적 · 문화적 힘으로까지 간주되었다. 좌익으로 기울었던 로저스가 바랐던 관계는 그런 것이 아니었다. 나는 그와 그의 직원들이 이런 결함 있고 반사회적인 생각에 보통 수준 이상의 장식을 제공하려고 건축을 한다고 생각하지 않는다. 그러나 그는 꽤 이른 시기에 어떤 판단을 내렸던 것으로 보인다. 도시에 대한 자신의 비전을 실현하기 위해서는 정치와 사업에 관여할 필요가 있고, 협상과 타협을 해야 한다고 생각했던 듯하다. 그런 판단하에 외관이 갖는 힘, 즉 이렇게도 저렇게도 보일 수 있는 건축의 특성이 그의 길을 편하게 해주었다. 일찍이 퐁피두 센터에서 보았듯이, 명백히 급진적인 건축이 보수적인 대통령의 이해에 봉사했다. 퐁피두 센터의 경우는 결과가 수단을 정당화했다. 선전했던 바와 같지는 않더라도, 도시를 바꾸는 비일상적인 변화가 이루어졌다.

원 하이드 파크는 공공 영역에서 그런 좋은 결과를 얻어내지 못했다. 마치 건축가인 로저스와 그의 회사가 크고 번쩍이는 대상을 만든다는 흥분에 도취해 무슨 일이 일어나고 있는지 전혀 알아채지 못한 게 아닌가 싶다. 건축가들은 급진적으로 보이는 구조물이 실제로도 급진적일 거라는 생각을 너무 쉽게 받아들인다. 두바이에서와 마찬가지로 런던에서도, 외관은 판매도구이자 주의분산용으로 금융투기에 도움이 될 뿐이었다.

2000년대 런던의 부동산 개발업자들을 모두 자기 이익만 챙기는 사람들이라고 몰아붙인다면 그건 너무 지나친 단순화다. 그들 중 일부는 도시를 개선하고 훌륭한 건축물을 만들기를 원했다. 부동산 말고도 부자가 되는 쉬운 길은 여럿 있다. 다른 사람들의 연금을 가지고 도박을 하는 사람들도 있는 세상이다. 그래도 몇몇 사람들은 진정으로 뭔가 만들고 짓는 일을 좋아하고, 훌륭한 작업을 남기고 싶었기 때문에 부동산 개발 사업에 뛰어든다. 그러나 호황의 화려한 열광에 입문한 도시계획자와 정치가들은 신중함과 통찰보다는 눈부신 건축적 포장을 선호했다.

그럼 나는 어땠을까? 나 역시 거기에 빠져들었다. 금융 파도로부터 거품 한 방울이라도 건져서 그것으로 비범한 건축을 만들어보고자 애썼다. 상업적 개발지와는 너무나 어울리지 않는 작은 땅뙈기 위에 하나의 상징물, 사실 그것은 하나의 상징물 이상의, 충격적 형식이 갖는 의미가 있긴 했지만, 어쨌든 그 프로젝트를 시작했다. 우리는 걸작 빌딩이라는 에베레스트를 적절한 장비도 없이 오르려한 것이다. 그리고 이렇게 굉장한 볼거리를 제공하는 상징으로서의 건축은, 계획과 개발 단계에서 근본적인 질문들을 잊게 만든다는 것도 배울 수 있었다. 만약 그것이 첫 번째 버전 그대로 지어졌더라면 너무나 놀라운 물건이 되었을 것이고, 그것으로 자신의 존재를 정당화할 수 있었을 것이다. 그것이 어떻게 만들어졌느냐는 조건들 따위는 초월해버렸을 것이다. 그러나 지어지지 않았기 때문에 그럴 기회는 사라졌다. 처음에 생각했던 보다 가볍고, 주위와 잘 어울리고, 쉽게 지을 수 있는 건물이 지어졌더라면, 아마도 건축에 대한 어떤 생각 하나를 조용히 웅변하고 있을런지도 모른다. 건물은 주위 상황에 잘 맞춰 설계해야 한다. 그런데 그런 생각은 계획 단계에서는 하나같이 끌리지 않는다.

탐욕의 다른 이름… 희망

7

“이해 관계와 욕망의 해결 불가능한 중복,
교차, 대치, 협력, 바로 이런 것들이 도시를
구성한다. 우리가 마찰을 일으키며 살
수 밖에 없다는 것은 생물학적, 사회적,
문화적, 경제적 진실이다. 그래서 희망은
마찰에 있다.
하지만 말뿐인 희망은 마찰을 거부한다.
비전과 환상은 희망이라는 이름으로
추구되기 때문에 쉽게 받아들여진다.
하지만 힘이 가해질 때면 언제나 마찰을
피하고 숨기고 없애려 한다. 더 나은
미래를 위한다는 명분으로 한가운데 있던
까다롭고 곤란한 것들을 쓸어버린다.
그러면서 희망은 탐욕에 미래를
열어준다.”

"세계 무역은 세계 평화다"라고 그 건축가는 말했다. 따라서 교역을 위한 공간은 "인도주의에 대한 믿음, 개인의 존엄에 대한 요구, 사람들 간의 협력에 대한 믿음, 협력을 통해 위대함을 찾아내는 인간의 능력을 표상하는 곳"이어야 한다고 했다. 건축가는 그곳에서 전세계의 사람들이 모이고 만나, 서로를 이해하기를 바랬다. 사람들은 건축가가 설계한 광장에서 자신들 나라의 전통 공연을 펼치기도 하리라. 그리고 건축가 자신은 높은 곳을 두려워했지만, 사람들 머리 위에는 일본식 조화의 원리를 적용한 추상적 아름다움의 타워들이 세계 최고의 높이로 우뚝 서 있을 것이다.

그는 미국에서 일본인 부모 아래 태어나 시애틀의 가난한 지역에서 자랐다. 가파른 비탈에 지어진 집들은 밀리고 쓰러지기 일쑤였다. 그는 음산한 알래스카의 연어 통조림공장에서 일하며 대학교 학비를 벌었고, 더 나은 인생을 살 거라고 다짐했다. 다른 많은 일본계 미국인들처럼 그는 2차 세계대전에 징집되지 않았다. 하지만 진주만 공습 불과 이틀 전에 결혼하기로 하면서, 이 우연의 일치는 예상

미노루 야마사키, 뉴욕 월드 트레이드 센터 모형 옆에서.

치 않은 군대의 의심을 불렀다. 그는 이렇게 썼다. "선입견과 편견이 한 사람의 종합적 사고에 어떤 영향을 미치는지 개인적 경험을 통해 알게 되었다. …… 모든 인간이 아무런 억압도 받지 않고 자신의 능력을 최고 수준으로 성취할 기회를 갖는다면, 우리 세상은 훨씬 더 나은 곳이 될 것이다."

그 건축가보다 훨씬 뒤에, 이집트의 한 젊은이가 공부를 시작했다. 그는 미국의 현대적인 초고층건물이 아랍의 전통적인 도시 구조를 파괴하고 있다고 생각했다. 그는 엄격하고, 경계가 분명하고, 균질한 초고층건물과는 너무도 다른, 복잡한 세포 조직과 같은 할라브•의 시장을 연구했다. 그곳에는 엄청나게 많은 영역과 사람들의 활동이 겹치며 자연스레 공존하고 있었다. 오늘날 그의 작업은 일반에 공개되지 않기 때문에 확실히 알 수는 없지만, 그는 자신이 싫어했던 기업형 단일문화의 상대적 형태로 시장을 보았던 것 같다. 그는 연구만 하지는 않았다. 한 테러리스트 그룹을 이끌었다. 그들은 상부의 지시에 따라 여객기 두 대를 납치했고, 그것을 몰고 날아가, 일본계 미국인 건축가가 평화의 표지로 설계한 두 타워에 처박았다. 거의 삼천 명의 사람들이 죽었고, 그 이후로 최소 십 년 이상 전쟁이 이어졌다.

월드 트레이드 센터의 트윈 타워가 미노루 야마사키의 희망을 제대로 담아내지 못했다고 말하는 것은 다시 한 번 생각해볼 여지가 있다. 어떻게 보면 그 건축가는 자신의 작업을 다른 사람들의 관점에서 보는 데 실패했다고 할 수도 있다. 그가 추상적 미와 세계의 조화를 보았던 반면, 어떤 사람들은 그 건물을 제국주의의 오만함을 과시하는 성채로 보았던 것이다. 그는 '더불어'를 생각했지만 그들은 '배제'를 보았고, 그는 세계를 맞이하는 환영인사로 보았지만 그들은 두 개의 손가락을 쳐들어 엿먹인다고 생각했다. 트윈 타워를 이렇게 본 사람은 모하메드 아타같이 살인을 서슴지 않는 극단주의자만은 아니었다. 그 건물이 지어지고 있던 1960년대부터 월드 트레이드 센터는 맨해튼 심장부의 거리 패턴을 망가뜨린다고 맹비난을 받았다. 거리를 가로막고 차단하면서, 뾰족하게 솟은 건물들의 스카이라인에 억지로 끼어든다는 것이었다. 야마사키의 프로젝트가 오해에 시달렸던 것은 이뿐만이 아니었다. 미국 세인트루이스의 프루이트-아이고 단지는 원래는 가난한 사람들의 생활을 개선하려는

• 시리아의 최대 도시로 기원전 6000년부터 사람이 살았다.

의도로 지어졌으나, 범죄가 기승을 부리고 공공기물 파손이 너무 많아 1972년에 철거되었다. 비평가 찰스 젠크스는 그 순간을 모더니즘의 죽음이라고 했다. 사실 그 단지의 실패는 건물 자체보다는 주택 정책과 단지 관리에 더 큰 원인이 있었다. 야마사키는 불행한 기록을 하나 세웠다. 그의 작업 중에 하나도 아닌 둘이나 고의적인 폭발의 희생물이 된 것이다.

다니엘 리베스킨트는 언젠가 오프라 윈프리 쇼에 나와 이렇게 말했다. "건축가가 되려면 낙관주의자가 되어야 합니다. 그래서 나는 건축을 사랑합니다. 더 나은 미래가 있다고 항상 믿어야 합니다." 건축가는 건축 과정의 모든 좌절과 우여곡절에 직면할 때마다 매 순간, 언젠가는 목표에 도달할 것이며, 그것은 달성할 가치가 있다고 믿어야만 한다. 또한 자신의 아이디어가 어떤 식으로든 세상을 더 낫게 만들 것이기 때문에, 수백만 달러를 투자할 가치가 있다고 의뢰인이나 도시계획담당자, 정치가를 설득해야 한다. 작가와 예술가들, 특히 20세기의 그들은 허무주의와 절망에 빠져 힘들게 헤집고 다녔지만, 건축가는 그러지 않았다. 건축가는 의뢰인들에게 어둠과 소외에 투자하라고, 현 세계의 암담한 혼란에 표상을 세우기 위해 타워크레인과 콘크리트믹서를 사라고 요구할 수는 없었기 때문이었다.

건축가 개인은 우울한 성격을 가질 수 있다. 1909년 젊은 르 코르뷔지에는 자신의 부모에게, 축제와는 동떨어진, 정신병이 아닌가 의심되는 그런 크리스마스카드를 보냈다. 거기에는 이렇게 적혀 있었다.

비참하게 살아야 사람이 된다.

그 카드에는 산꼭대기에 올라앉아 번뜩이는 눈으로 주위 풍경을 내려다보고 있는 콘도르가 그려져 있다. 마치 카스파 다비드 프리드리히의 〈구름바다 위의 방랑자〉가 한 마리의 사나운 독수리로 바뀐 듯한 그림이다. 아마도 그 콘도르를 코르뷔지에 자신으로 생각하지 않았을까 싶다. 코르뷔지에라는 이름은 샤를-에두아르 잔느레라는 본명보다 강렬한 인상을 주기 위해 건축가가 스스로 선택한 것으로, 프랑스어로 '까마귀'라는 뜻이다. 카드의 글은 계속 이어진다.

> …… 그리고 그런 비참한 삶에 대한 경멸은 거대한 콘도르의 영혼으로 나타난다.

그러나 훗날 그는 공개적으로 유토피아를 주장했다. 삶의 복잡함이나 어려움과는 전혀 상관없는 유토피아는, 그와 또 다른 건축가들이 드러내놓고는 말할 수 없었던 일종의 다른 세상을 창조하려는 것이었을지 모른다. 그들은 단지 짓는 것만으로도 희망차서, 그리고 미래에는 그럴만한 가치가 있다는 것이 증명되리라는 믿음으로, 지금 온 힘을 다하여 짓는다. 때로는 그렇게 바라던 보상을 사후 세계에서 찾을 때도 있다. 전형적인 건축사에서 우리가 알고 있는 건축물의 절반 이상이 교회나 사원이다. 또한 이른바 '고급' 건축의 표식이라고 일컬어지는, 대칭, 반복, 기하, 축의 원리나, 그것들이 구현된 주랑 현관, 박공, 돔, 열주는 거의 모두 신과 관련된 건축물에 그 기원을 두고 있다. 심지어 종교를 떨쳐버리고 나서도, 건축은 구세주적인 톤을 버리지 못하고 있다. 르 코르뷔지에는 더욱 격앙된 어조로 이렇게 말했다.

공간! 존재하려는 강한 열망에 대한 응답, 허파가 호흡하고 심장이 박동할 수 있게 하는 해방감. 멀리서, 높은 곳에서, 너무나도 광대한, 무한히 끝없이 지속되는 이 비전의 표출.

심지어 재건이라는 이름으로 시골 한구석에 쇼핑몰을 짓고 그곳에 겉멋든 삶을 우겨 넣으려는 닳고닳은 낡아빠진 계획에도 '비전'이라는 단어를 쓰지 않고는 못 배긴다. '재건'이라는 말 그 자체에도 종교적 의미인 재생과 부활의 뜻이 어느 정도는 담겨 있다.

종교적 건축물이 바라는 바는 세속적 건축물과는 다르다. 종교적 건축물은 현세 이후의 희망을 제공한다. 지금의 건축물은 더 나은 세상의 대리물일 뿐이다. 하지만 세속적 건축물은, 적어도 종교에서 말하는 구원의 이미지를 간직하겠다는 건물은, 더 나은 세계를 그 건물이 지어진 바로 그곳에 실현하겠다고 약속한다.

그런 건물은 도구이면서, 상징의 역할까지 약속한다. 또한 사람들에게 뭔가 이루어졌다는 느낌을 주는 건축의 독특한 힘 때문에, 어떤 문제가 해결되었다거나 비극적 사건이 완화되었다는 증거가 되기도 한다. 모범 마을이나 이상적 집과 같은 개념이 반복적으로 등장하는 까닭도 바로 이 힘 때문이라고 할 수 있다. 영국 요크셔의 솔테어가 바로 그런 예다. 이곳에는 1850년대에 기업가 타이터스 솔트가 자신의 직조공장 주변에 노동자를 위해 지은 집들이 모여 있다. 또 1890년대부터 캐드베리 초콜릿 회사가 버밍엄 외곽에 지었던 본빌도 그런 곳이다. 두 곳 모두 어느 정도는 진정한 자선이라는 목적하에 세워졌다. 빅토리아 시대 공업도시들의 일반적인 집보다 더 좋고, 더 크고, 더 깨끗한 주택을 제공했다. 또 다른 면에서는 영리

위 솔테어, 요크셔, 잉글랜드, 1851년 건립.
아래 본빌, 버밍엄, 잉글랜드, 1893년 이후.

한 사업이기도 했다. 모범 마을은 행복하고 순종적인 노동력을 확보할 수 있게 해주었다. 두 곳은 또한 도덕적 · 현실적으로 개혁적이었다. 솔트와 퀘이커 교도인 캐드베리 일가는 술집을 없앴고, 운동이나 건전한 오락을 위한 공간에 돈을 썼다. 솔트는 교회와 예배당도 지었다.

모범 마을은 모두 선하지만, 통제력이 있는 지주, 육체적 · 정신적 개량, 이런 야심을 표현하는 독특한 시각적 형식이라는 공통점이 있다. 그곳은 경계가 분명하고, 솔테어처럼 규칙적인 기하학적 질서를 따르거나, 본빌처럼 거의 자연에 가까운 편안함에 따라 계획되었다. 이들 양식은 건축적으로 일관성이 있다. 솔테어는 밋밋한 돌, 본빌은 그림 같은 예술적 공예 스타일이다. 그것은 더 나은 미래에 대한 그림이자 그것을 이루기 위한 수단이었다. 개량적 건축이 왜 고립된 곳에서 특별한 규칙과 획일화된 양식을 따라 일어나는지 그 근본적인 이유는 알 수 없다. 그러나 조종가능한 단일 집단에 이상주의를 융합하는 형식, 즉 이런 완전함이 후원하는 사람들에게 독특한 매력을 주는 것만은 분명하다.

어느 봄날 아침, 나는 데브라 듀퍼와 이야기를 나누면서 희망을 표현하는 건축의 힘을 다시 한 번 느꼈다. 다섯째 아이를 임신한 그녀는 친구들과 자기 집 근처에 앉아 있었다. 몇 년 전 이곳은 엄청난 피해를 입었다. 허리케인 카트리나가 미시시피 강과 인근의 폰처트레인 호수를 잇는 산업 운하에 엄청난 양의 물을 쏟아부었던 것이다. 1965년 허리케인 베치를 맞고나서 미 육군 공병대가 엉성하게 지어놓은 제방이 수압을 견디지 못하고 결국 무너져버렸다. 그 대체물로 무심한 콘크리트 더미가 데브라의 어깨 너머로 보였다. 이웃인 일흔 살의 글로리아는 나무를 붙잡고 아홉 시간 반 동안 버틴 덕에 목숨을 건질 수 있었다. 몇 집 건너 살던 어린 샤나트 그린은 그만한 행운이 없었다. 할아버지가 그녀를 지붕 위에 올려놓고 다른 손자를 구하러 갔다 돌아와 보니 샤나트가 사라지고 없었다. 할아버지가 손수 만든 작은 비석들은 '2002-2005' 샤나트, '1931-2005' 그녀의 할머니 조이스를 기념하고 있다. 화환이 가득하고 옆면에 글이 잔뜩 쓰인 근처의 트레일러에는 이런 말이 보인다. "우리가 이 나라를 사랑하는 만큼 이 나라도 우리를 사랑해주기를 바란다. 이 나라의 힘은 우리 모두의 것이다. 부시는 뉴올리언스 로어 나인스 워드와 운하 건너 테네시 스트리트를 재건하라, 이라크는 이제 그만 하고." 그리고 그 뒤에는, "오바마, 새로운 책임의 시대."가 쓰여 있다.•

데브라, 글로리아, 그린 가족은 모두 뉴올리언스의 로어 나인스 워드Lower Ninth Ward에 살았다. 허리케인에 가장 큰 피해를 본 지역으로, 전체 1800여명의 사망자 가운데 이곳에서만 1000명 이상이 죽었다. 그 이후에도 많은 사람들이 자살이나 스트레스에 의한 병으로 사망했다. 허리케인 이전에 로어 나인스 워드의 인구는 1만4000명으로 거의 대부분이 흑인이었다. 5년 넘게 지났지만, 이곳에는 아직 파괴의 참상이 확연히 남아있다. 뉴올리언스의 관광 지구인 프렌치 쿼터와 가든 디스트릭트는 고지대라 피해가 적었고, 재난의 흔적도 말끔히 치워졌다. 로어 나인스 워드는 평야 지대에 있고, 목조 주택들이 가로를 따라 구획지어 있었다. 이제는 콘크리트 바닥과 현관

• 2007년 버락 오바마 대통령이 취임 연설에서 표방한 국정 슬로건이다.

앞에 서있던 벽돌 계단들이 반토막난 채, 꼭 죽은 자의 신발처럼 남아있다.

가장 피해가 컸던 이 지역에서 지금 가장 눈에 띄는 것은 '라이브 오크'라고 불리는 단단하고 푸른 참나무들과, 이제는 필요 없어진 전신주들이다. 얼마나 피해가 컸는지는 굳이 애써 찾지 않아도 주위 어디에서나 볼 수 있다. 산산조각 부서진 주택들과 그 사이사이 일부만 부서진 몇몇 주택들이 있는데, 거기에는 홍수로 물이 가득 찼을 때 구조대원들이 남긴 표식이 아직 걸려있다. 거기에는 각 집에 사람이 몇 명이고 동물이 몇 마리가 살았는지, 그리고 그들 중 몇 명이 살고 죽었는지가 나와있다. 군데군데 그곳 사람들이 몇 푼 안 되는 연방보조금으로 자기 집을 어설프게 수리하고 있는 모습도 보인다.

데브라 듀퍼의 집 뒤쪽과 그 주변에는 새 건물들이 들어섰다. 그 지역의 전통적인 목조 주택을 업그레이드한 집들로, 밝은 색상에 건축가가 설계했다는 것을 말해주는 날렵한 포물선도 보인다. 집은 여기저기 지어지고 있다. 스파이크 리 감독의 다큐멘터리를 찍는 사람이 있고, 멋지게 차려입은 백인 관광객들이 캠코더로 현장을 쭉 돌아보며 찍고 떠나기도 했다. 매일 십여 대의 관광버스가 찾아왔다.

이런 활동은 모두 브래드 피트 덕분이다. 그는 카트리나 이전에도 사회적 양심이 어떤 것이라는 것을 생각하고 있었고, 게다가 건축에 관심도 많았다. 그는 프랭크 게리, 렘 콜하스, 자하 하디드와 알고 지냈으며, 게리의 사무실에서 한참 동안이나 이 프로젝트에 대해 협의하며 시간을 보냈다. 카트리나가 몰고온 재난은 그의 열정을 좋은 일에 쏟을 기회를 제공했다. 그는 150채 이상의 집을 짓는다는 목표로 메이크 잇 라이트Make It Right라는 단체를 만들었다. 그는 이 프로젝트를 통해 "비극을 승리로 바꾸자"고 말했다. "보다 인간적인 건축 기준을 제공하며, …… 지속가능한 집을 만들고, 적정한 삶의 질을 위해서 청정 건축소재로 집을 지을 것이다. …… 안전하고 태풍에 견디도록 지을 것이다. 우리는 그 과정에서 새로운 일자리를 창출하고, 이 모든 것을 제대로 이룰 때까지 결코 멈추지 않을 것이다." 피트는 시간이 날 때마다 뉴올리언스에 왔다. 그리고 주거지 개발 프로젝트들에 따르는 길고 복잡한 회의를 마다하지 않았다.

"우리는 이 문제를 혁신적으로 해결하기 위해 우리 시대의 위대한 건축 지성 중 몇 명을 초청할 것이다"고 그는 말했다. "또한 대규모로 복제할 수 있는 하나의 표본을 만들 것이다. 우리는 공동체에 적극적으로 개입하여 주민사회의 여러 기능들을 정비하고, 그 지침에 따를 것이다." 피트에게 "가장 역겨웠던 것은 이 모든 일을 회피할 수 있으리라는 생각"이었다. 로어 나인스의 주민들을 보호해야 마땅할 공학자를 비롯한 전문가들이 그들을 배반했다는 것이다. 피트의 임무는 '잘못된 것을 받아서 그것을 바르게 만들기'였다. 그는 27명의 건축가로 팀을 조직했다. 베를린과 로스앤젤레스에서 작업을 하고 있는 그래프트GRAFT를 주축으로, 뉴올리언스 현지 회사인 윌리엄스 건축회사가 협력업체로 참여했다. 대다수는 프랭크 게리, 램 콜하스, 자하 하디드 같은 유명 건축가보다 한 두 단계 지명도가 떨어졌지만, 그래도 프리츠커상을 수상한 모포시스가 포함돼 있었다. 또한 네덜란드의 '앙팡 테리블' MVRDV와 1995년 고베 대지진이 일어났을 때 카드보드와 천으로 간이구조물을 만들었던 일본의 반 시게루가 가세했다. 또한 칠레 이키키의 무단거주자들을 위해 '좋은 집 반 채'라는 아이디어를 떠올렸던 엘레멘탈과 탄자니아 태생의 영국 건축가 데이비드 아자에도 있었다. 여기에 루이지애나와 인근 주에 있는 건축회사들이 동참했다. 모두들 비행기 표값도 되지 않는 보수로 일했다. 그냥 자신들의 시간을 이 프로젝트에 기부한 것이다.

건축가들은 일정한 지침에 따라 28개의 견본 디자인을 만들었다. 뉴올리언스의 전통 주택처럼 현관이 햇빛과 비를 가리고, 땅에서 적어도 1.5미터이상 집이 올라가도록 했다. 거주자들은 마음에 드는 견본을 고르고 수정을 요구할 수 있었다. 대부분의 사람들은 언제 닥칠지 모를 홍수에 대비하고 집 아래에 주차할 공간을 갖기 위해 가능한 지상으로부터 높이 올린 집을 선택했다. 로어 나인스 워드는 원래 주택소유율이 높았다. 이 주택들은 홍수 전에는 집을 갖고 있었으나, 현재는 땅 말고는 아무것도 남아있지 않은 사람들을 위한 것이었다. 만약 그들이 신축 비용을 다 부담할 수 없을 경우에는 '정부 사과 차원의 대출'을 받을 수 있었고, 그건 나중에 집을 팔아야 할 경우에만 갚으면 되었다.

이 프로젝트는 건축가들에게 하나의 특별한 도전이었다. 건축가들을 유명하게 만드는 요소인 비범하고, 유행을 선도하고, 재치 있고, 주의를 사로잡는 디자인을 구상하는 것과, 재난 후에 어렵고 긴급한 주택 재건축을 처리하는 것 사이에는 필연적인 연관성이 없기 때문이었다. 이 건축가들은 겸손을 찾아야만 했다. 피트의 지명도가 현실적 문제에 맞춰져야만 했던 것과 마찬가지다.

결과적으로, 멋과 기능의 완벽한 통합은 없었다. 신축 주택들이 이전에 로어 나인스 워드에서 보았던 어떠한 집들보다 훨씬 나았던 것은 모든 집에 공통적으로 적용된 재료와 기술이 좋았기 때문이었지, 27명 건축가 각각의 개인적 기교 때문은 아니었다. 240킬로미터 나 떨어진 곳의 트레일러에서 4년 동안이나 살았던 데브라 듀퍼는 집을 가져서 행복했다. 그러나 그 집을 설계한 건축가가 일부러 추가한 그 집의 날렵한 포물선 그늘막이 이 행복에 상당한 역할을 한다는 것을 독자들은 아마 느낄 수 없을 것이다.

메이크 잇 라이트를 위해 일했던 한 건설사는 이 프로젝트가 건축가들에게 "5백만 달러짜리 저택을 디자인하는 일이 아니라는 것을 일깨워주는" 투쟁이었다고 말했다. 프로젝트의 성격상 건축가들은 자신들이 애용하던 소재들로 뽐낼 수 없었고, 따라서 건물은 그들이 다른 곳에서 했던 작업보다 덜 현란하고 더 조용한 편이었다. 최악의 경우, 건축가들은 자신들이 거기 있었다는 것을 사람들이 알아채지 못할까 봐 우려하는 듯 지나치게 공을 들였다. 하지만 그들은 몇 가지 흥미로운 공간배치와 훌륭한 홍보 전략을 구사해 다양성을 만들어냈다. 그들은 표준화된 디자인으로는 구현할 수 없는 어떤 존재감과 성격을 이곳에 부여했다.

주목을 덜 받은 다른 단체의 경우, 메이크 잇 라이트보다 더 빨리, 더 싸게 집을 지었다. 메이크 잇 라이트가 2011년에 50채를 완성한 데 비해, 사랑의 집짓기 자선단체인 해비타트 포 휴매너티Habitat for Humanity는 허리케인 피해를 입은 4개 주에서 1300채 이상의 '단순하고, 품위 있으면서, 적정한' 집을 지었다. 또 다른 기구인 글로벌그린은 로어 나인스의 다른 지역에서 지속가능한 주택을 건설하면서, 개인 소유자들에게 주택 재건축에 대한 상담도 제공하고 있다. 이런 단체들은 피트가 불러일으킨 관심과 기금조성 열기에 감사해 하면서도, 그것이 또 다른 단체나 활동을 만들어 내기보다 자신들이 해

신축 주택들, 로어 나인스 워드, 뉴올리언스, 메이크 잇 라이트 설계.

온 노력을 지원해주는 쪽으로 쓰였으면 더 좋았을 것이라는 입장이다. 이와 더불어, 로어 나인스 워드를 말끔히 재건하는 것이 과연 최선의 행동인가 하는 의문도 제기되었다. 해수면보다 낮은 이곳에, 새로 더 튼튼한 제방을 쌓는다고, 앞으로 카트리나보다 더 강력한 태풍을 견디기에 충분할지는 아무도 확신할 수 없다. 뉴올리언스의 인구는 1960년의 62만5천 명에서 2005년 45만5천 명, 2010년엔 34만4천 명으로 줄었다. "그 지역의 상당 부분은 불도저로 밀어버려도 괜찮을 것 같다"고 일리노이 출신의 하원 공화당 대변인은 말했다. 그는 뉴올리언스에서 보다 한적하고 더 안전한 지역에 새 집을 짓는 쪽이 옳다고 보고 있다. 하지만 우리가 그의 냉랭함까지 공유할 필요는 없다.

로어 나인스는 그저 그런 주민사회가 아니었다. 뉴올리언스 흑인사회의 역사와 정서가 어린 곳으로, 영화나 노래로도 많이 다루어졌다. 블루스 피아니스트인 팻츠 도미노는 대단한 성공을 거뒀지만, 이 지역을 떠나지 않았다. 오직 홍수만이 그를 떠나 보낼 수 있었다. 주민들 간의 끈끈한 정서가 바로 로어 나인스가 버려지지 않았던 강력한 이유이며, 보다 근본적인 그 무엇이었다. 주택소유자들의 이름이 아직 거기에 남아있고, 그것을 다른 곳으로 옮길 수단은 없다. 그래서 메이크 잇 라이트의 대담한 주택들이 텅 빈 땅과 무성한 풀밭에 들어서는 것을 보고 있으면, 과연 아름다운 추억이 새겨진 활기차고 번화한 지역이 다시 돌아올 수 있을지 쉽게 상상이 가지 않는다.

할리우드의 동정심 어린 활동이 한 차례 지나가자, 피트는 보다 신중하고 적극적으로 활동을 펼쳤다. 무엇보다 피상적이고 자기선전에 신경쓰던 모습이 줄었다. 그러나 어떤 일도 일어나지 못하게 막고 있는 뉴올리언스의 복잡한 정치를 감안할 때, 순수하게 실용적이고 합리적인 무언가가 계속 이어질 수 있을지는 불투명하다. 어쩌면 극장 같은 것이 필요할지도 모르겠다. 피트의 사업은 여전히 동정심에 호소하는데, 그러려면 최악의 피해를 입은 감동적인 땅, 뉴올리언즈에서 가장 울림이 큰 지역을 보여줄 수 있는 무대가 필요하다. 또한 건축가들의 스타일이 드러나는 의상도 있어야 할 것이다. 그것은 희망의 쇼, 희망의 퍼레이드를 만들 것이다. 모범 마을에서 보았듯이, 희망은 가만 둔다고 행동으로 이어지지는 않는다. 그것은 어떤 형식을 갖춰야 한다.

희망에 의문을 제기하면 좋은 소리 못 듣겠지만, 희망에 어두운 면이 있는 것도 사실이다. 아니 희망이 가리개 또는 주의분산용으로 이용될 수 있다고 하는 편이 옳겠다. 이상적인 미래로 주의를 돌려 복잡한 현실로부터 주의를 벗어나게 하는 데 희망 혹은 희망의 모양을 띤 것들이 이용될 수 있다는 말이다. 그것은 또 실상 도달하지도 못할 완벽함이란 미명하에, 살아있는, 그리고 그곳에 있는, 하지만 거북한 것들을 제거하는 데 좋은 핑계가 되기도 한다. 그렇게 손쉽게 저항을 없애고는, 권력과 돈의 착취가 들어갈 빈 공간이 만들어진다.

1962년 미노루 야마사키는 월드 트레이드 센터의 건설 예산을 처음 보았을 때, 금액이 너무 엄청나 실수로 0이 하나 더 붙은 줄 알았다. 하지만 그것은 실수가 아니었다. 그 계획은 당시로서는 까무러칠 금액인 280,000,000달러를 지출하기로 되어 있었다. 게다가 나중에는 900,000,000달러로 올라갔다. 이는 뉴욕 시와 뉴저지 주의

막강한 항만청이 짓기로 한 건물이었기 때문에 가능했다. 이 공공기관은 공항, 부두, 버스 터미널, 교량, 터널 수익으로 엄청난 돈을 확보해 놓고 있었다. 야마사키가 세계평화의 상징으로 보았던 타워는 항만청 입장에서는 맨해튼에 세워진 자신의 힘을 상징하는 토템이자 보증인인 셈이었다. 자신들의 부를 누구도 빼앗아갈 수 없는 것에 투자하려는 것이었다.

항만청은 각종 부동산과 나대지를 사들일 힘이 있었다. '라디오 길Radio Row'이라 불리던, 창고와 전자제품 가게가 있던 거리도 거기에 포함되었다. 상점과 주택, 거리, 기업들이 타워가 들어설 광장을 위해 사라졌다. 항만청은 자신들의 영역 내에서는 뉴욕의 지역조성법규를 재조정할 수 있었다. 이 법률은 뉴욕의 다른 곳에서는 한 건물이 다른 건물에 그림자를 많이 드리우지 못하도록 제한하고 있다. 그래서 뉴욕의 고층건물은 바닥은 넓은 데 꼭대기로 올라가면서 좁아지는 독특한 계단식 형태를 띠게 된다. 하지만 야마사키의 타워는 엄청나게 넓게, 바닥에서 꼭대기 난간까지 수직으로 똑바로 일어서 있다.

땅과 하늘에 가하는 이런 폭력 때문에 타워는 환영받지 못했다. 뉴요커와 도시전문가들은 사라진 라디오 길의 활기를 아쉬워했다. 심지어 이 지구의 사업자들은 철거에 저항하는 법정투쟁을 벌였고, 이 부지를 가로지르던 그리니치 거리가 건물을 짓느라 중간에 잘린 것에 대해서도 반대했다. 또 부지가 경사졌기 때문에 평평한 광장은 거리 높이에서 9미터 정도 돋워야 했는데, 마치 도시에 장벽 하나를 세워놓은 것 같았다. 모든 것을 아우르는 조화를 추구했던 야마사키가 눈앞의 인간애를 부순 것이었다. 그는 이렇게 말했다. 타워는 "인간에게 필요한 적절한 규모로 관계를 맺으며, …… 사람들에

위 라디오 길, 뉴욕, 1936년. **아래** 월드 트레이드 센터, 뉴욕, 1973년.

게 솟구치는 느낌과 공동체로서의 자부심, 주변 환경에 품격을 심어 주려 한다." 그러나 다른 사람들은 간격이 좁고 변화가 없이 끝없이 계속되는 수직적 리듬을, 고집불통에 상상력 부족으로 받아들였다. 그 수직선은 바닥 근처에서 고딕 또는 이슬람 아치 형태로 약간 부풀어 오르는데, 이렇게 패턴을 부드럽게 만든 것도 비평가를 진정시키지는 못했다. 비평가들은 그것이 공허한 몸짓이며, "공연한 감상"일 뿐이라고 꼬집었다. 스카이라인에 나타나는 존재감에 대해서는 거칠고, 낯설고, 규모가 너무 커, 크라이슬러 빌딩이나 울워스 빌딩의 섬세하고, 올라가며 점점 가늘어지는 미묘함과 대조된다고 했다. 두 타워는 "거대한 담뱃갑", "지루함의 기념물", "비석들"이었다.

야마사키의 건물은 장식없고, 고고하고, 엄격한 것이 특징이다. 프루이트 아이고 역시 바늘 끝 하나 들어가지 않는 무표정이었으며, 시애틀의 레이니어 타워는 거대한 줄기 위에 올라앉은 불투명한 수직의 직사각형이다. 마치 거리와는 어떤 친밀감도 없다는 것을 절대적으로 확신하는 듯한 모습이다. 아마도 그는 어린 시절 자신의 집 아래 있는 불안정한 지반에 대한 반응인 듯 정착성을 추구했다. 그리고 비록 한 때에 그치고 말았지만, 자신의 건물들이 절대 변하거나 파괴될 수 없다는 느낌을 주려고 했다.

그러나 월드 트레이드 센터는 매력을 발휘하기 시작했고, 심지어 사랑받기까지 했다. 고공줄타기 곡예사인 필립 프티는 월드 트레이드 센터의 두 건물 사이에 한 가닥 줄을 걸고 그 위에서 걸어 다니며 춤까지 추었다. 이전에 나이아가라 폭포나 그랜드 캐니언에서 성취했던 것과 같은 대담함이었다. 월드 트레이드 센터는 하나의 지형이 되었다. 독일의 행위예술가 요제프 보이스는 이 건물을 자본주의의 수호성인으로 보고, 초기 기독교 순교자의 이름을 따 코즈마스와 다미안이라 불렀다. 라디오 길이나 예전의 스카이라인을 기억하지 못하는 젊은 뉴요커들은 이 타워를 뉴욕이라는 거대한 풍경화의 한 부분으로 받아들였다. 타워의 각 면을 따라 달라지는 빛을 볼 때면 확실히 미니멀리즘적인 아름다움이 느껴졌으며, 분주한 도시의 어느 지점에서 보더라도 고요하게 서 있었다. 타워는 자유의 여신상이나 브루클린 다리처럼, 뉴욕을 찾는 관광객들에게 유리구슬 속 상징물이 되었다.

그리고 타워는 쓰러졌고, 스카이라인은 처참하게 깎여 옛날로 돌아갔다. 만나본 사람들이 하나같이 빈틈없고 쌀쌀맞다고 했던 모하메드 아타라는 남자가, 똑같은 소리를 들었던 두 건물에 대한 공격을 주도했다. 그리고 기계 시대의 견고한 기차가 되어버린 비행기가 그 두 건물을 파괴하는 데 이용되었다. 그 건물이 사라지자, 타워가 얼마나 사랑받고 있었는지 알 수 있었다. 그것들을 대신할 것이 있어야 한다는 제안들이 열화같이 쏟아졌다. 사람들은 그 사건의 의미를 찾기 위해 노력했다. 그리고 그 의미를 매우 큰 건물이 사라졌다는 명백한 사실과 연결시켜, 그 자리에 무언가 들어서야 한다고 생각했다. 수천 명의 사람들이 알 수 없는 의무감에 자신들의 아이디어를 웹사이트에 올렸고, 그림을 그려 그 자리를 둘러싼 담벼락에 붙였다. 4천여 건의 의뢰받지 않은 제안서가, 재건을 위해 새로 설립된 로어 맨해튼Lower Manhattan 개발공사에 접수되었다. 개개의 희생자들을 기리는 2792개의 황동 천사상을 만들어 타워가 있던 거대한 구멍 주위에 세우자는 계획도 있었다. 수정돔을 세우자거나, 성조기의 별과 줄무늬 형태의 건물 혹은 거대한 9자와 거대한 11자 모양도 있었다. 많은 사람들이 신비로운 수비학을 되새기고 있었다.

> …… 당신은 왜 911이 응급전화번호로 선택되었는지 궁금하지 않나요? 마치 '메이데이Mayday'가 조난 호출 신호이듯. 오월제May Day, 즉 5월 1일은 마법의 안식일로 켈트의 전통 축제일이다. 또 9월 11일은 일 년의 254번째 날이다. 2+5+4=11이다. 이날부터 연말까지는, 111일이 남는데 이는 앞뒤로 11이 나란히 놓인 것이다. 'New York City'라는 단어는 11글자다. 'Afghanistan'이란 단어도 11글자다. ……

공터가 공원이 되어야 한다는 제안도 나왔는데, 그 상처가 자연에 의해 치유되도록 하자는 것이었다. 테러리스트들에게 받은 만큼 되돌려주자는 도전적인 제안도 있었다. 현장을 청소하던 일꾼들 사이에 인기를 끈 제안으로는, 예전과 같은 타워를 다시 짓되, 다섯 개를 나란히 세워야 한다고 했다. 네 개는 낮게, 가운데 것은 높게 하여 오사마 빈 라덴에게 손가락 욕을 먹이는 것처럼 만들자는 것이었다. 이 안은 이메일로 유포되고 티셔츠나 반바지에도 프린트되었다. 치유를 목적으로 한 제안들보다 이런 아이디어가 공습 후에 만연한 분노와 복수의 분위기를 사로잡았다. 한편, 일반대중들이 가장 호응했던 아이디어는 아주 단순했다. 타워를 원래의 모습대로 다시 짓되, 오히려 한 층 더 추가하자는 것이었다.

이런 아이디어의 대다수는 건축전문가가 아닌 목수나 간호사, 의사 등으로부터 나왔다. 그리고 그들의 상당수는 모종의 응답을 받았다고 했다. 미네소타의 간호사 왁츠콜드는 자신의 지역구 의원에게 그녀의 제안을 뉴욕 시장 블룸버그와 부시 대통령에게 무조건 강요하라고 했다. 그녀의 아이디어는 돔 하나, 황금 독수리 하나, 분수 하나, 소방관 동상 하나를 짓는 것이었다. 오리건의 한 가구디자이너는 블룸버그에게 이렇게 썼다. "어떤 확실한 느낌이 나에게 이런 비전을 갖도록 했습니다. 그것은 내 심장과 영혼으로부터 알게 된 그런 확신입니다. 내가 가진 비전은 다른 어떤 것들보다 가장 좋은 해법이라는 게 확실합니다."

건축가들도 크게 다르지 않았다. 공격이 있은 지 넉 달 후, 58명의 건축가들이 자신들의 아이디어를 맥스 프로테치 갤러리에 내놓았다. 너무 서둘러 졸속이었던 전시회였다. "너무 성급하고, 너무 끔찍하다"고 전시회에 참여하지 않은 한 건축가는 말했다. "참가작들은 전문적인 훈련을 받았다는 증거만 약간 보일 뿐이었고, 아마추어 작품보다 조금 더 정교한 문법을 지니고 있을 뿐이었다." 그것은 순진하다고 할 수도 있지만 자가당착이 더 맞을 수 있을 것이다. 그것은 대체로 흥미로운 입장을 취하고 있었는데, 군사적 공간과 도시적 공간이 이제 하나라고 본다거나, 또는 그곳이 기념할 필요가 없는 단순한 부동산일 뿐이라는 시각이었다. 하지만 하나같이 어떤 한가지 유사한 욕구를 드러내고 있었다. 그것은 남겨진 공터의 한가운데에 공포와 슬픔에 대응하는 자신들의 모습을 두고 싶어했다는 것이었다. 그래서 하나의 메시지를 전달할 수 있는 거대한 건설 프로젝트를 만들려고 했다. '폭파 전 타워', '기억의 연못', '하늘로 가는 계단' 등 건축가가 어떤 특징적 형태, 예를 들어 벌레처럼 생긴 튜브들, 조각난 파편들을 선택했더라도, 그것은 모두 거대한 자기중심적 몸부림이었다. 그것은 아마추어들이 가져온 돔이나 천사와 근본적으로 다를 바가 없었다.

비스듬한 월드 트레이드 센터,
그라운드 제로 부지를 위한 녹스 아키텍처의 컨셉 제안,
맥스 프로테치 갤러리의 전시회 '새로운 월드 트레이드 센터'를 위해 제작, 2002년.

공포에도 매혹이 있고, 치유에도 자아도취가 있다. 9/11 같은 재앙은 사람들을 뭉치게 하고, 이기심을 없애고, 협력하게 만들며, 사별의 아픔을 나눠 갖게 할 것이다. 현장을 치우기 위해 모였던 자원봉사자들을 비롯하여 대부분이 그러했다. 그러나 재앙은 또한 헐뜯고 모욕하고 잘난척 하고 조작하고 뒤통수치는 대회를 촉발하기도 한다. 개인들마다 그 엄청난 비극을 대변할 수 있는 사람이 바로 자신이 되고자 하기 때문이었다. 거기서는 죽은 자를 기리는 존엄은 찾아보기 어렵다. 이런 언쟁에 끼어드는 대다수는 9/11에 의해 직접적으로 깊은 상처를 받은 이들, 즉 죽은 사람을 알고 있거나, 바로 근처에서 건물이 무너지는 것을 목격했거나, 아니면 그 둘 다인 경우다. 그러나 모두는 아니었지만 일부는, 그 집단적인 슬픔을 개인의 것으로 삼으려 했다. 그들은 자신의 개인적인 상실감이 위로받고 인정받아야 하며, 다른 모든 사람들이 그것을 알아야만 하는 것이 무엇보다 시급한 일이라고 생각했다. 공격으로 비워진 무대 위에서 그들 모두는 햄릿이 되고자 했다. 관심을 끌기 위한 프로젝트를 들고 나오는 행상들도 있었고, 자신들의 아이디어가 최선이며 유일하게 가능하다는 믿음도 등장했다.

시장과 주지사들은 선거철에 맞춰 어떤 일을 해야 하는지 알고 있어서, 시기 적절하게 결정 사항을 선언하고 표를 얻고자 했다. 루돌프 줄리아니 시장은 2001년 12월 퇴임하면서 "우뚝 솟은 아름다운 기념관"을 요구했다. "나는 우리가 이곳을 상업적 개발을 위한 땅으로 생각해서는 안 된다고 진심으로 믿습니다." 뉴욕 주의 조지 퍼태키 주지사는 그곳을 "타워가 서있던 신성한 땅"이라고 선언했다. 로어 맨해튼 개발공사는 자신들의 목표가 "우리의 도시를 재건하는 것, 하지만 예전 그대로가 아니라, 그보다 더 낫게 만드는 것"이라고 했다. 감정에 과열되어, 정당한 입장 차이는 독설에 찬 분쟁으로 변했다. 현장 부근에 살던 사람들은 자신들의 지역사회가 단지 하나의 기념관이 될지도 모른다는 생각에 반발했다. 그 바람에 어느 주민 대표는 "지옥에서 타 죽어라"라는 소리까지 들었다. 건축가들도 싸움닭처럼 싸웠다.

현장 재건을 위한 첫 공식 제안은 2002년 7월 탄탄한 회사인 베이어 블라인더 벨이 선보였다. 당시 그랜드 센트럴 스테이션 개선작업으로 좋은 평가를 받은 업체였다. 그들은 여섯 가지의 대체가능한 마스터플랜을 만들어, 일정량의 사무실과 상업적 용도 일부, 기념관을 위한 공공공간과 여유 공간이 어떻게 배치될 수 있는지 보여주었다. 그들은 로어 맨해튼 개발공사와 뉴욕과 뉴저지 항만청이 제시한 지침을 따랐다. 그들 자신의 연구가 9/11을 기념하기에 충분하다는 과시는 전혀 내세우지 않았다. 그들의 설계는 계획만 놓고 보자면 상당히 합리적이었다. 그리고 결과적으로 그들의 아이디어 중 많은 부분이 현재 지어진 건물 배치에 그대로 나타나고 있다. 그러나 그들이 제시한 이미지는 열정이 느껴지지 않는 희끄무레한 블록의 조합으로 생기가 없었다. 베이어 블라인더 벨은 언론과 여론의 뭇매를 맞았다. 이 일이 여느 오피스단지 개발과는 전혀 다르다는 사실을 도대체 알아듣지 못한다는 비난이었다. 《뉴욕 타임스》는 그 건축회사를 "블랜드, 블랜드, 블랜드"•라고 불렀다. 또 다른 비평가는 그 설계를 "여섯 개의 과자 찍기 실패작"이라 했다. 그들은 맹공에 오

• Bland, Bland and Bland, 덤덤하고 아무 특징이 없다는 뜻으로, 베이어 블라인더 벨이라는 회사 이름을 비슷한 발음과 음절로 희화화한 것이다.

래 견디지 못했다.

다음에 나온 것이 '혁신적 디자인 연구'였다. 이 프로젝트는 406명의 참가자들을 7개 그룹으로 나눠 아이디어들을 내도록 한 것이다. 애초 목적은 베이어 블라인더 벨의 설계에 빠져있는 의미와 아름다움을, 전 세계에서 모인 재기발랄한, 그리고 '혁신적' 건축가들이 만들어내려는 것이었다. 하지만 각 팀이 고작 4만 달러의 수당만 받았다는 사실에서 결국 혁신과 의미는 그리 중요하지 않았다는 것을 알 수 있다. 아마도 이 프로젝트에 실제로 들어간 비용은 모형 제작과 직원들 비용만 해도 수십만 달러에 달할 것이다. 게다가 덜 중요할 수도 있지만, 이곳의 다른 측면에 대한 연구를 위해 컨설턴트에게 지불해야 할 금액은 대충만 따지더라도 이보다 더 클 것이다.

이 연구는 일종의 '무에서 유를 창조하는 사고 방식blue sky thinking'이었다. 연구 과정에서 좋은 아이디어들이 구름처럼 나타나면, 그 중에서 가장 좋은 아이디어들을 골라 그 이후에 진행할 일을 보다 풍부하게 만들고 한층 구체화하려는 계획이었다. 우승을 놓고 겨루는 경기가 아니기 때문에, 승자와 패자는 없다고 했다. "공모전이 아니다"라고 분명하게 밝히고 있다. 하지만 실제 진행되는 방식은 공모전과 매우 유사했다. 생각해보라. 실력있고 야심 가득한 건축가 일곱 그룹을 경기장에 집어넣고, 승패의 결과에 굶주린 언론들이 아우성을 치며 지켜보는 가운데, 세계 최대의 건축작업이 눈앞에 걸려있다면, 건축가 아니라 그 누구라도 승자 없는 발표회 정도로 취급할 가능성은 거의 없지 않겠는가. 건축가들은 언론의 지지를 얻어내려고 안간힘을 썼고, 경쟁자에 대한 흑색선전은 곳곳에 난무했다.

최종 후보자 둘이 선정되어, 아이디어를 보다 구체적으로 제안하

씽크의 월드 트레이드 센터 제안, 2002,
'혁신적 디자인 연구'의 최초 당선작. 월드 컬처럴 센터의 전경.

라는 요청을 받았다. 씽크THINK라는 컨소시엄과 다니엘 리베스킨트였다. 둘 다 "아름답고, 강렬하며, 의미있다"는 것이 공식평가였다. 리베스킨트와 씽크의 라파엘 비놀리, 프레드 슈워츠는 오프라 윈프리 쇼에 출연했다. 그리고 자신들이 어떻게 "상대편이 단순히 비워만 놓았던 그곳에 영감을 불어넣었는지"(오프라의 말)에 대해 말했다. 다니엘 리베스킨트는, 개방형 프레임에 작은 요소들을 사이사이 집어넣는 구조로 두 개의 타워를 다시 짓겠다는 씽크의 제안이 "해골"처럼 보인다고 평가했다. 리베스킨트의 적들은 그의 작품을 "구덩이", "죽음의 디즈니랜드", "놀라울 정도로 무미건조한", "싸구려"라고 불렀다. 공모전도 아닌 이 프로세스의 승자를 가리기 위해 위원회가 소집되었고, 결국 씽크를 우승자로 선정했다.

그러나, 나중에 리베스킨트가 말한 대로, "우리 편에는 주지사를 비롯해 엄청난 인간 관계를 자랑하는, 뉴욕 최고의 전설적인 마당발, 에드워드 헤이즈가 있었다." 헤이즈는 영화로도 만들어진 《허영의 불꽃》의 인상깊은 캐릭터 토미 킬리언 변호사의 실제 모델이다. 그 소설의 첫 장에 헤이즈에게 바친다는 문구가 쓰여져 있다. 그는 리베스킨트의 친구이자 변호사였고, 퍼태키 주지사의 친구이자 동창이기도 했다. 헤이즈는 주지사를 만나 이민자로서 그들의 기원에 같은 점이 얼마나 많은지를 하나하나 지적했다. 어린 시절 건초더미 앞에서 함께 찍은 사진을 둘 다 소중히 간직하고 있다는 사실이 무엇보다 명백한 증거라고 했다. 그리고 결정적인 순간에, 헤이즈는 리베스킨트의 계획이 가진 미덕을 퍼태키에게 상기시켰다. "당신이 했던 어떤 일보다 이 프로젝트가 바로 당신의 업적으로 기록될 거야." 그는 주지사에게 말했다. "당신은 옳다고 생각하는 일이라면 무엇이든, 최선이라고 생각하는 일이라면 무엇이든 해야만 해."

위원회가 씽크를 선정한 바로 그 다음날, 퍼태키는 위원회의 선정결과를 무시하고 리베스킨트를 선택했다. 그는 리베스킨트의 설계가 "비극으로 태어났지만 민주주의로 단련되었다"고 말했다.

다니엘 리베스킨트는 1946년 폴란드에서 홀로코스트 생존자의 아들로 태어났다. 그의 가족은 이스라엘에 갔다가, 다시 뉴욕 항으로 이주했다. 리베스킨트가 십대였을 때, 옛 이민자들이 그랬듯 배를 타고 뉴욕으로 들어왔다. 그는 의도적으로 건설 불가능하게 그린 개념적 디자인으로 학계에서 건축적 명성을 쌓았다. 실제로 그의 도면들은 통상적인 의미로는 전혀 '디자인'이라고 부를 수 없었다. 그가 설계한 첫 건물은 베를린의 유태인 박물관이었다. 유태인들의 삶이 그 도시에 어울려 들어갔던 방식, 그리고 그들을 찢어발긴 폭력을 전시하기 위한 건물이었다. 박물관은 2001년 9월 10일 리베스킨트와 그의 아내 니나가 참석한 가운데 공식 개관했다. 그의 개인적 삶과 건축가로서의 이력은 리베스킨트가 재앙과 상실, 재생에 대해 설득력있게 이야기할 자격이 있다는 것을 의미한다. 그는 오프라 윈프리에게 말했다. "나의 문화, 내가 자라온 배경은 바로 여러분들이 이 사악한 것들을 희망으로 바꾸어야만 한다고 말합니다." 이것이 그라운드 제로에 대한 그의 계획의 주제였다. 그는 그것을 '기억의 기초'이라는 이름으로, 예술적인 장식글씨를 덧붙여 제시했다. 그 프로젝트를 발표하면서 그는 "수많은 날을 고심했다"고 말했다.

불가능해 보이는 이항대립이었다. 이곳에서 발생한 그 끔찍한 죽음을 인식하면서 동시에 희망으로 미래를 본다는 것은, 도저히 결합할 수 없는 두 가지 모멘트였다. 나는 대립적으로 보이는 이 두 관점을 하나의 전혀 새로운 통합으로 이끌 해법을 발견하려고 애를 썼다.

그는 허드슨 강물을 막고 타워를 세우기 위해 설치했던 콘크리트 지하연속벽*을 완전히 노출시키자고 제안했다. 현재 남아있는 옛 건물의 잔재는 대부분은 그것들이었다. 그 벽들은 암반까지 내려가면서 거대한 공간을 둘러싸고 있는데, 리베스킨트는 그것을 "조용하고, 명상적이며, 영적인 기억의 공간"으로 노출시키자고 제안했다. 비평가들이 "구덩이"라고 불렀던 바로 그것이다. 리베스킨트에게 이 잔재의 의미는 남달랐다.

그것은 상상조차 할 수 없었던 파괴의 트라우마를 견뎌냈고, 이제는 헌법만큼이나 개인들에게 삶의 가치와 민주주의의 영속성을 웅변하며 서있다.

거기에는 "그 사건과 기억과 희망"의 박물관이 세워질 것이다. 거기에는 '영웅들의 공원'과 '빛의 쐐기' 가 들어설 것이다. 빛의 쐐기는 일종의 개방된 공간이다.

매년 9월 11일, 첫 번째 비행기가 충돌했던 오전 8시 46분과 두 번째 타워가 무너졌던 오전 10시 28분 사이에, 태양이 그늘을 드리우지 않고 빛날 것이다. 그것은 이타주의와 용기에 대한 영원한 헌사다.

---

* 약한 지반에서 굴착면이 무너지거나 지하수가 흘러드는 것을 막기 위해 안정액을 굴착 부분에 채워 넣고 뚫은 뒤, 연속된 철근 콘크리트로 벽을 형성하는 공법을 말한다.

지표면과 건물 벽에는 새로운 삶의 역동성과 고통을 표현하는 사선들이 뚜렷하게 그어졌다. 그 위로는 자유의 여신상의 횃불을 연상케 하는 나선형의 오피스 타워가 최고 정점을 향해 올라간다. 나중에 퍼태키 지사가 '프리덤 타워'라고 이름붙인 이 건물은, 원래의 트윈타워가 미국이 독립선언을 했던 해를 기념해 1776피트(538미터)의 높이로 완공되었을 때 그러했듯이, 세계에서 가장 높은 건물이 될 것이다. 타워의 꼭대기에는 정원이 놓인다.

'세계의 정원'이다. 왜 정원일까? 정원은 언제나 살아있다는 것을 확인시켜주기 때문이다. 하나의 초고층건물이 전작을 능가하여 올라간다. 자유와 아름다움의 우위를 확인하고, 이 도시에 최고의 영혼을 돌려주고, 위험에 맞서는 우리의 생명력과 비극의 여파에도 낙관을 소리높이 외치는 하나의 상징을 창조하면서.

삶은 승리한다.

그런데 문제가 하나 있었다. 리베스킨트는 퍼태키 지사가 선정하고 로어 맨해튼 개발공사로부터 의뢰를 받았다. 그런데 이곳에는 또 다른 주체가 하나 있었는데, 민간 개발업자인 래리 실버스타인이었다. 그는 2001년 여름, 타워를 다시 손볼 계획으로 그곳 7개 건물의 임대계약을 따냈다. 곧 닥칠 사건을 알 리 없었기 때문에 임대조항에는, 건물들의 사무실 공간 93만 제곱미터와 상가 5만 제곱미터를 하나도 빠짐없이 그에게 주도록 규정하고 있었다. 그런데 전혀 있을 법하지 않은 폭발이 일어났다. 건물이 무너지기 전에 실버스타인은 개

'삶은 승리한다', 다니엘 리베스킨트의 월드 트레이드 센터 마스터플랜, '기억의 기초'.

보수를 위한 건축가를 선정해 놓았었다. 2차 세계대전 이후로 미국 건축계를 장악해온 다국적기업 스키드모어 오윙스 앤드 메릴SOM이었다. 그들은 9/11 사건 2년 후까지도 그의 건축 담당회사였다.

평론가 필립 노벨이 지적했듯이, 실버스타인의 임대권은 트윈 타워의 철근보다 질겼다. 그리고 어떠한 비전, 열망, 마스터플랜, 선언보다 영향력이 셌다. 그는 재난의 의미는 상관하지 않고, 건물을 왜 다시 짓는지에 대한 근본적인 생각은 외면한 채, 엄청난 사무공간을 건물에 넣기로 결정했다. 만약 그 부지의 일부가 기념관과 공공공간을 위해 개발되어야 한다면, 그것은 한층 더 거대한 타워가 지어져야 한다는 의미였다. 이렇게 거대한 임대 공간이 도시계획상 바람직한지를 논의할 여지는 없어 보였다. 상업적으로 보더라도 문제였다. 그곳에 입주할만한 기업은 은행이나 금융회사들인데, 로어 맨해튼에는 이미 그런 업종이 빠져나가고 있었다. 미국 대통령까지 포함하여 힘있는 사람들이 그 부지에 관심을 갖고 있다는 사실도 아무런 소용이 없었다. 임대권은 불가침이었다. 베니스 상인의 포샤가 다시 와도 계약을 무효로 만들 수는 없었다.

이제 그 부지에 엄청난 규모의 사무실 건물을 넣으려면, 그쪽 방면에 경험이 많은 건축가를 고용해야 한다는 결론이 나온다. 래리 실버스타인의 참모 중 한 사람에 따르면, 그가 다니엘 리베스킨트에게 이렇게 말했다고 한다. "축하합니다, 아주 굉장한 디자인이군요. 그러나, 오해하지 마시고, 나는 내 건축가들이 각각의 건물을 디자인했으면 좋겠습니다." 그래서 SOM의 데이비드 차일즈가 리베스킨트의 파트너로 투입되었다. 둘은 어울리지 않는 커플이었다. 차일즈는 큰 키에 침착한 사람으로, 전통적인 고급 회색 정장이 아니었다면 라틴계 선생으로 보일 올빼미 인상이었다. 그는 또한 이 업계에서 성공하는 데 필요한 정중한 무자비함을 갖고 있었다. 반면에 리베스킨트는 키가 작고 성질이 급했으며, 검은색 셔츠에 넥타이는 매지 않고, 에너지가 넘쳐 머리카락은 덥수룩하게 솟아있었다. 또한 가장 유명세를 떨치고 있을 그 당시에는 카우보이 부츠를 신고 다녀 기이한 취향을 한껏 드러내는 사람이었다. 이 조합은 오래 가지 않았다. 한 차례 보이지 않은 씨름이 있은 후, 차일즈가 프리덤 타워의 건축가가 되었다. 실버스타인은 다른 세 개의 타워를 맡을 건축가 셋을 더 골랐다. 포스터 앤드 파트너스, 런던의 로저스 스터크 하버 파트너스, 그리고 일본인 마키 후미히코였다.

리베스킨트의 역동적인 소용돌이는 곧게 펴졌고, 어떻게 보면 자유의 여신상 횃불을 닮은 것 같았던 것도 가느다랗게 되었다. 다른 어떤 이유보다 그 앙상블을 완성하려면 적어도 수년은 족히 걸릴 것이라는 게 가장 컸다. 실버스타인 회사의 표현에 의하면, '중요한' 타워들을 맡은 저명한 건축가들은 '기억의 기초'가 구상하고 있는 통합성에 고개 숙일 건축물을 디자인할 생각이 전혀 없었다. 대신에 각각의 타워가 다 독특하고, 그 자체로 대칭적이며, 자기 색깔이 분명하고 주변 건물에는 무관심했다. 하나하나가 각 건축가의 습성과 특성을 마치 서명처럼 드러내면서 특정 건축가의 작품이라는 브랜드를 붙여 놓았다. 포스터의 건물은 수정 같고, 로저스의 건물은 외벽에 큰 엑스자가 붙었다. 건물을 안팎으로 뒤집기 좋아하는 자신의 기호를 그래도 약간 누그러뜨린 것이다. 마키의 타워는 미니멀리즘으로 깔끔하다. 프리덤 타워는, 차일즈가 이 타워의 상징적 중요성을 감안하여 조지 워싱턴 기념탑의 오벨리스크 형식에서 영감을 얻었다고 말하지만, 그냥 덤덤한 통합체다. 이 건물 역시 높이가 1776피트다. 리베스킨트가 낸 아이디어 중 그래도 끝까지 남은 꼭대기의 뿔까지 합해서 그렇다. 이 타워가 자신의 경력에서 가장 중요한 작업인데도, 차일즈는 그 높이의 마법적 숫자에 냉소적이었다. "1776피트, 그게 무슨 가치가 있나요." 그는 말했다. "몇 피트인지 아무도 따져보지 않을걸요."

그 모든 천사들, 수정돔들, 독수리들, 마법의 숫자들, 리베스킨트의 그 모든 열변과 주지사와 시장까지 연설했지만, 수년간의 싸움과 논쟁 끝에 나온 가장 뚜렷한 결과물은, 철석 같은 임대권에 의해 운명이 정해지면서, 상업적 사무공간으로 가득 찬 한 무더기의 거대한 유리로 된 경비초소들이다. 정확히 말하면 그리 상업적이지도 않다. 제정신이라면 어떤 개발업자라도 이곳에, 그리고 2008년 이후로 위기를 겪고 있는 금융시장에, 이토록 많은 공간을 투기적으로 짓지는 않을 것이다. 그것들은 또한 건설비용도 많이 들어간다. 높이 때문에도 그렇고, 미래 사무실 근무자들이 당연히 가질 법한 공포를 진정시키기 위해 광범위한 안전 규정이 요구되기 때문이기도 하다. 그러지 않으면 근처에 날아가는 비행기만 봐도 사람들이 움찔할 것이다. 《월스트리트 저널》에 따르면, 프리덤 타워는 건설비가 38억 달러로 미국 역사상 가장 비싼 오피스 빌딩이다. 차일즈에 따르면, 그것은 상업적으로도 잘못된 위치에 놓여 있다. 대중교통과 월스트리트에 최대한 가까이 있다면 더 좋았을 것이다. 그리고 지반 조건도 건설을 어렵게 만들었다. 하지만 타워는 리베스킨트의 계획이 거기 있어야만 한다고 말했기 때문에 거기에 있다. 그리고 이곳이 감정으로 충만한 땅이기에, 그 '기억의 기초'에 약간이나마 남은 (그리고 극도로 비

월드 트레이드 센터 부지에 대한 재건축 제안. (왼쪽에서 오른쪽으로) 각각 SOM의 데이비드 차일즈, 포스터 앤드 파트너스, 로저스 스터크 하버 파트너스, 마키 후미히코가 설계한 타워들. 맨 아래에 마이클 아라드와 피터 워커 설계의 9/11 기념 분수와 광장, 그리고 포스터의 타워와 로저스의 타워 사이로 산티아고 칼라트라바의 교통 허브가 보인다.

싼) 존중을 표하는 것이 중요하다고 느꼈기 때문에 그곳에 있다.

타워는 실제로는 사업적으로 수지가 맞지 않았기 때문에, 공공재정의 지원이 필요했다. 로저스와 마키의 타워는 항만청이 보증하여 실버스타인의 위험부담을 덜어줬다. 프리덤 타워는, 실버스타인이 그 타워는 짓는 게 위험 부담이 너무 크다고 말해, 항만청이 전체를 인수했다. 덕분에 항만청은 공공자금으로 건설비를 대고, 그 투자가 언젠가는 회수될 수 있기를 예상이 아닌 희망으로 안게 되었다. 이내 밝혀졌지만, 항만청은 교량과 터널 통행료를 인상해서 부족한 자금의 일부를 메우려 했다. 출판그룹 콘데이 나스트*가 프리덤 타워의 사무공간 3분의 1을 예약했는데, 그 임대료는 타워 손익분기점의 절반에도 미치지 못했다. 《뉴욕타임스》가 이를 지적했다. "다시 말해, 돈 많은 사람들이 읽는 고급 잡지를 출판하는 회사는 가까운 미래에 엄청난 정부 보조금을 받게 된다는 뜻이다." 다리와 터널을 이용하는 변변찮은 시민들이 그 계산서를 집어 들게 생겼다.

따라서 네 개의 경비초소는 국가가 후원하는 오피스타워인 셈이다. 이를 달리 생각해볼 수도 있다. 오피스타워란 자신의 상업적 생존능력을 스스로 갖춰야 하는 것인데, 이번에는 그것들을 후원해줘야 할 필요가 있다는 것이다. 왜냐하면 무언가를 짓긴 지어야 하고, 그것도 무언가 거대한 것을 지어야 할 필요가 있기 때문이었다. 그래도 테러리스트에게 타워로 된 주먹으로 손가락 욕을 먹이는 티셔츠의 정서가 사라진 것은 아니었다. 일이 진행되지 않고 지연될 때 건설 노동자들이 벌인 시위의 플래카드에는 이렇게 쓰여 있었다.

---

* 1909년에 설립된 출판미디어그룹으로 《뉴요커》《보그》《지큐》《골프 다이제스트》《와이어드》 등의 잡지를 출간하고 있다.

"잊지 말자 9/11. 완공 지연은 곧 패배다."

진짜로 거대한 초고층건물만이 대항의 메시지를 제대로 전달할 수 있으리라는 생각일 것이다. 그것들을 완성하는 데 10년이 넘게 걸리더라도, 오사마 빈 라덴이 죽는 그날까지라면 상관없다는 것이다. 실은 나쁜 놈들 중 정확히 누가 그 말을 들어야 하는지도 확실치는 않다. 또한 그들이 귀나 기울일지, 아니면 새로운 공격계획을 짜고 있지나 않을지도 잘 모른다. 그 타워는 오피스빌딩이 될 테지만, 그러나 또한 상징물도 될 것이다. 비록 상징으로서의 역할이 약간 퇴색하기는 했지만 말이다. 프리덤 타워의 이름마저도 원 월드 트레이드 센터로 바뀌었다. 미래의 세입자들이 느낄 상징의 무게를 좀 덜어주기 위해서였다.

수천 가지의 아이디어가 나오고 수년간 논쟁을 했지만, 근본적인 질문은 활발하게 논의되지 않았다. 예를 들자면, 왜 세계에서 가장 높은 빌딩을 지으려 하느냐는 물음이다. 두바이의 2717피트(823미터) 부르즈 할리파는 1776피트에 약 50퍼센트를 더하더라도 더 높을 텐데 말이다. 또 엄청난 높이는 공격의 위험을 증가시키며, 공격의 효과를 더 파괴적으로 만들 가능성이 크다. 이는 구조물 붕괴, 산산이 흩어지는 유리조각, 비상탈출에 대비해 더욱 비싼 수단을 강구해야만 한다는 것을 뜻한다.

이 프로젝트의 모순은 타워 아래 부위의 외장재에 집약돼 있다. 원 월드 트레이드 센터는 그 곳의 의미와 도발적인 높이 때문에 공격의 목표가 될 가능성이 있다. 미래의 테러리스트들에게 이를 다시 한 번 완전히 때려 부순다면 그 이상 통쾌한 일이 또 있을까? 또는 약간의 손상만을 입히더라도 마찬가지다. 그래서 이 타워는 바닥에서 높이 약 50미터까지, 보통의 오피스타워들이 고수익을 내는 공간을 배치할 층수에, 엄청나게 높은 아트리움•으로 둘러싼 승강기 통로 외에는 아무 것도 설치하지 않기로 했다. 그리고 아트리움은 두꺼운 콘크리트로 둘러싸고 작은 개구부만 몇 개 열어 두었다. 말하자면, 폭탄트럭이 밖에서 터지더라도 생명의 위험을 최소화하겠다는 생각이다. 그러나 콘크리트 벽이 외부에 보인다면, 이 타워의 이전 이름이 가졌던 자유라는 의미를 표현하는 이미지로는 그리 좋지 않을 것이다. 특히 이 타워가 상징적 역할로 대중들에게 개방될 때가 문제다. 사람들은 꼭대기에서 바라보는 전망의 장관을 즐기기 위해 승강기를 타고 올라갈 것이다. 타워는 이들을 환영하면서 동시에 방어해주어야 한다. 따라서 콘크리트의 바깥에 특수한 결정질 유리를 씌우자는 제안이 나왔다. 이는 엄청난 무게가 느껴지지 않게 하면서, 자동차의 유리와 같이 파괴될 때 사람에게 손상을 입히지 않고 부서지도록 하기 위해서였다. 그 유리는 중국의 한 업체가 만들기로 했는데, 나중에 이 업체는 원하는 품질을 낼 수 없는 것으로 밝혀졌다. 그래서 건축가들은 대안을 짜냈고, 결국 타워의 구조물을 문제가 되는 기초부 위로 조금 더 올리기로 했다.

한 때 라디오 길이라 불리다가 월드 트레이드 센터, 그리고는 그라운드 제로, 이제 다시 월드 트레이드 센터가 된 이곳에 세워지는 신축 건물은 하늘 높이 치솟은 빌딩만이 아니다. 지하철역도 들어선다. 여섯 혹은 일곱 개의 지하철 라인이 이곳에서 교차한다. 역 위에는 사람들의 눈길을 사로잡는 뾰족한 구조물이 돌아가게 될 것이

• 로마 시대 주택 가운데에 있던 정원으로, 현대식 건물에서는 개방된 중앙 홀.

다. 대중교통 시설에 이런 가시 모양의 인상적인 구조물을 만드는 것으로 유명한, 스페인 발렌시아 출신으로 현재 스위스 취리히에서 활동하고 있는 건축가 산티아고 칼라트라바가 설계했다. 이 역 또한 일종의 상징성을 발산해야만 했다. 칼라트라바가 선택되고, 역의 건축 예산이 무려 40억 달러(약 4조5000억원)까지 올라가도록 허용한 이유가 바로 여기에 있다. 역사의 지붕은 높이로 따지면 두 번째와 세 번째 타워 사이에 위치하는데, 어린아이의 손에서 날아오르는 비둘기를 형상화한 것이라고 한다. 하지만 의미는 접어두고 형태만 가지고 비교하자면 오히려 고슴도치가 먼저 떠오를 것이다.

이 곳에는 5만 제곱미터의 쇼핑 공간도 들어간다. 또 9/11 이전에 프리덤이라 불리던 타워와 아직 착공되지 않은 포스터의 수정 기둥 사이에 프랭크 게리가 설계한 공연예술센터도 언젠가는 지어질 것이라고 한다. 타워를 제외하고, 이 곳에서 가장 의미있는 요소는 바로 8에이커(약 3만2000제곱미터)의 광장이다. 여기에는 나무 415그루와 각각 넓이가 1에이커(약 4000제곱미터)인 사각형 구덩이 두 개가 들어간다. 이 구덩이는 무너진 두 개의 타워가 남긴 발자국이다. 2개의 구덩이에는 가로세로 60미터인 정사각형의 4면에서 엄청난 양의 물이 끊임없이 쏟아져 9미터 아래의 평면에 모인다. 그 물은 다시 9미터를 더 떨어져 작은 사각형의 구덩이 속으로 들어간다. 두 사각형을 두르고 있는 동판에는 9/11 때 그라운드 제로, 펜타곤, 유나이티드 항공 93편 여객기의 사망자와 1993년의 월드 트레이드 센터 폭탄 테러로 죽은 사람들의 이름이 새겨져 있다. 이 분수와 광장이 모여 마이클 아라드와 피터 워커가 설계한 9/11 기념관을 형성한다. 삶을 기억하고 동시에 삶을 이어나가는 장소다. "나무들 사이로 걸

미국 국립 9/11 기념관, 월드 트레이드 센터,
마이클 아라드와 피터 워커 설계, 2011년.

어 들어가면, 갑자기 이 폭포가 발 아래 펼쳐진다. 돌아나오면 다시 숲으로 들어가게 되는데, 그것은 삶을 상징한다." 광장 아래에는 약 9300제곱미터의 전시 공간을 갖춘 박물관이 있다. 희생자들은 이곳에서 사진과 개인 소지품, 가족들의 각종 기념물들로 기억될 것이다. 또한 폭탄 트럭의 파편들, 찌그러진 금속, 그리고 신기하게도 기독교 십자가처럼 생긴 예전 타워의 금속 조각 같은 유적들도 전시된다.

리베스킨트의 과장된 각도가 사라지면서, 타워와 박물관, 광장, 지하철역은 사각형 구도의 전통적인 격자형으로 배치되었다. 이는 유리와 녹지의 평범한 상업적, 도시적 구성으로, 그토록 혹평을 받았던 베이어 블라인더 벨의 계획과 그다지 다를 바가 없다. 다만 모든 것이 엄청나게 크고, 비싸고, 짓는 속도가 느릴 뿐이다. 두 번째로 높은 타워인 포스터의 건물이 완공되면 엠파이어 스테이트 빌딩을 넘어선다. 폭포의 총 길이는 약 500미터다. 박물관에는 런던 테이트 모던 미술관 전체 면적에서 터빈 홀을 제외한 넓이의 전시공간이 있다. 부지 위의 모든 것은, 무엇을 만들든 9/11을 추모 하기에 충분히 크지 않으리라는 두려움에 내몰린 듯 보인다. 그러면서 각 구성 요소들 사이에는 소통 또는 일관성이 없다. 지상의 기념관에서는 그 아래에 박물관이 있다는 어떤 느낌도 받을 수 없다. 제각각 유명 건축가들의 개별적 언어만을 말하고 있는 초고층 타워들이 모인 하나의 바벨탑인 것 같다. 칼라트라바의 역도 오로지 자신만을 드러내고 있을 뿐이다.

2004년 필립 노벨은 이렇게 말했다. "공격 후 불과 10개월 만에 재건 계획을 규정하는 모든 조건이 정해졌다. 정치적으로 용인된 유일한 해법은 2002년 여름에 이미 분명해졌다. 그 부지는 사람이 붐비고, 복합용도이고, 쇼핑집중적인 기업형 단지로 재건되어야 한다는 것이다. 그것에 둘러싸인 기념관은 크기는 하지만 기능은 제대로 발휘하지 못한다." 5년 후에 구조물이 그곳에 등장하기 시작하자, 그가 옳게 보았던 것 같다.

그것은 더 나을 수 있었다. 임대권의 전횡이 없었더라면, 사무실 공간을 줄이고 삶을 위한 장소를 더 넣을 수 있었다. 더 다양한 모습으로, 주변 지역과 어울릴만한 곳이 될 수 있었다. 그 부지는 야마사키의 빌딩이 만들어낸 감정, 즉 이곳은 별개의 영역이라는 생각을 계속 이어가는 대신, 주변 환경과 한층 더 어우러지도록 계획될 수 있었다. 임대권이 없었더라면, 그리고 높이에 대한 집착이 없었더라면, 그곳에 의미 없이 거대한 타워들이 도열하지 않아도 되고, 그것들이 요구하는 특별한 안전대책도 필요 없었을 것이다. 또 마치 교통시설의 역할이 다른 무엇보다 애도와 열망이라는 듯, 모든 것들 가운데 자신을 가장 두드러진 대상으로 만들려고 애를 쓰지는 않는, 다른 형태의 철도역이 들어설 수 있었을 것이다. 돈을 벌 기회가 더 많아졌다고 할 수도 있지만, 구성요소들간에 더 풍부하고, 미묘하고, 행복한 관계들을 만들 수도 있었다.

한 민간 개발업자의 오피스빌딩을 어마어마한 공적자금으로 후원하는 크나큰 어리석음도 피할 수 있었다. 또 그 초고층건물들과 지하철역사에서 값비싼 추모의 의무도 벗겨줄 수 있었다. 만약 그랬더라면, 맨해튼에서 제대로 생활하고 일할 수 있는 공간을 만드는 데 역점을 두었을 것이다. 추모는 박물관과 기념관만으로도 얼마든지 가능했다. 그것은 물, 나무, 이름들, 그리고 트윈 타워의 발자국만으로도 충분할 것이다. 터무니없이 많은 양의 폭포수에서 느껴지는 끊이지 않는 충격과 두려움 대신 친밀감을 줄 수도 있었을 것이다.

또는 수많은 사람들이 원했듯이, 단지 야마사키의 타워를 다시 세울 수도 있었다. 다시는 쉽게 무너지지 않도록 적당한 수단만을 강구하면 되었다. 최소한 그랬더라면 왜곡은 덜 하면서 더 웅변적일 수 있었을 것이다.

월드 트레이드 센터 50년의 역사는 희망의 이용과 희망의 오용에 대한 하나의 연대기다. 또한 수천 톤의 건설자재, 수십만 명의 건설인력, 수십억 달러를 동원한 방식이 담겨있다. 처음부터 거기에는 희망을 담은 초거대 구조물과, 비즈니스와 권력의 기반시설, 그리고 그 둘의 혼돈스런 교차가 있었다. 야마사키의 이상주의는, 나중에 결국 다 알려져 버린, 항만청의 재정적 야심을 가리는 역할을 했다. 9/11 후에는 치유에 대한, 재생에 대한, 이전보다 나은 건물을 짓겠다는 희망이 동력이었다. 아니 어쩌면 그렇게 보였다는 게 맞는지 모르겠다. 그러나 역시 큰 결정은 돈이 내렸다. 공적자금이 대대적으로 들어간 민간 자본이 그렇게 했다. 이상하긴 하지만, 그러나 그리 드물지도 않은 일이다. 이런 무도회, 아니 게임에서 리베스킨트는 자유를 대변했고, 차일즈는 돈을 내세웠다. 리베스킨트는 오프라 쇼에 출연하고, 언론 기사들에 오르내리고, 감동적인 연설을 하고, 자신의 흥미로운 삶에 대한 잡지 프로필에 시간을 쏟았다. 그러나 차일즈는 내내 거기에 있었다. 그리고 타워 건설을 따냈다.

그 게임은 건축물이 의미를 지닐 수 있다는 리베스킨트의 사고방식에 의해 한층 쉬워졌다. 그는 1776 같은 마법의 숫자, 나선과 강렬한 사선이라는 특이한 형태, 노출된 지하연속벽 같은 일화를 통해 의미를 부여하려 했다. 이러한 것들은 수사적 수단이다. 즉 일군의 건축물이 일종의 연설과 같다고 본 것이다. 따라서 그것들은 비교적 쉽게 보탤 수도 뺄 수도 있다. 이는 다른 사람들도 리베스킨트와 똑같은 게임을 펼칠 수 있다는 것을 의미한다. 차일즈는 자신의 타워가 조지 워싱턴 기념탑과 같다고 말할 수 있었고, 칼라트라바는 자신의 지붕이 비둘기를 닮았다고 할 수 있었다. 그리고 어느 누구도 이런 이미지들이 리베스킨트의 휘감긴 타워가 자유의 여신상의 횃불처럼 보인다는 관념보다 말이 안 된다고 할 수 없었다. '이전에 프리덤으로 불리던 타워'는 피트로 표현된 숫자의 의미를 간직할 수 있었고, 그 숫자 덕분에 모든 관계자들이 핵심적인 열망만은 보존했다는 자세를 취할 수 있었다.

이렇게 이야기하면, 리베스킨트는 희망의 편에 선 좋은 사람이고 차일즈는 돈이라는 어두운 쪽에 서 있다고 볼 지 모른다. 사실 두 사람 모두 그 부지에 올바른 일을 하려는 진실한 욕구를 가졌을 것이다. 그리고 결과적으로 보면 그 두 사람은 공모자다. 리베스킨트의 언변과 환상은 SOM의 계획이 이용할 수 있는 공간을 열어주었다. 하지만 둘 다 가장 어려운 요체는 빼놓았다. 그것은 모든 것들이 적당히 타협을 이루는 공간이 아니라, 각각의 차이가 확연하고 저마다 창의적인 공간을 만드는 것에 대한 문제다. 월드 트레이드 센터에서 핵심적인 결정들, 즉 그 장소가 진정으로 어떤 모습이어야 하는지에 대한 결정에는 다음과 같은 이슈들이 있을 것이다.

- 각 부분들은 서로 어떻게 연결되는가? 예를 들어, 기념관에서

사무동 로비, 박물관에서 쇼핑몰로 가는 이동경로는 어떻게 만들어지는가?
- 주변 거리나 건물과는 어떻게 연결되는가?
- 길거리나 건물 로비 혹은 지하 공간에서 봤을 때, 실제 어떤 모습처럼 보이는가? 뉴욕의 한 부분으로 느껴질 것인가, 아니면 어디에나 있을 수 있는 어느 단지처럼 보일 것인가?
- 유리, 강철, 돌, 콘크리트, 혹은 특정 소재가 쓰이는 진짜 이유는 무엇인가?
- 규모의 의미, 즉 왜 모든 것이 그렇게 크며, 또 그렇게 클 때 인간이 그 규모의 건물과 갖게 되는 관계는 무엇인가?

이러한 질문들이 완전히 무시되지는 않았다. 조경 담당 건축가 피터 워커는 기념 폭포가 있는 나무들로 채워진 광장의 디자인에 이들 중 일부 질문을 반영했다. 베이어 블라인더 벨, 다니엘 리베스킨트, 데이비드 차일즈 모두 야마사키에 의해 끊어진 맨해튼 거리의 격자 패턴을 원상복구해야 한다고 제안했다. 도시계획에 관한 동시대의 합의에 따르는 건축가라면 누구라도 그렇게 할 것이다. 즉 서로를 묶고 연결하는 '투과성'을 전적으로 지지하는 것이다. 그러나 이는 개론적인 문제다. 그라운드 제로에 관한 그 수도 없는 비전들 가운데, 이곳이 각각의 삶을 살아가고 있는 사람들과 어울렸을 때, 지면에서 어떤 모습의 거리로 보일 지에는 거의 신경을 쓰지 못했다. 그저 어떤 막연한 대답만 남겨놓고, 개괄적이고 검증되지 않은 기업의 관점들로 채워지기를 기다리고 있었다. 유리, 스테인리스강철, 석재, 그리고 높은 수준의 유지보수, 관리, 통제, 감시.

어려운 중간 과정은 어렵기 때문에 오히려 그냥 넘겨버렸다. 소재와 규모, 공간들간의 연결에 대해 정치가는 언급하지 않았고, 신문도 글을 쓰지 않았다. 그것은 또한 가장 중요하지만, 충분히 논의되지 않았던 결정 사항에 방해가 되기 때문에 넘어가 버렸다. 예를 들어, 타워의 높이가 비용과 안전대책 문제를 배가시킨다는 점을 충분히 고민했더라면, 왜 오피스타워가 그렇게 높아져야 하는지, 그토록 많은 사무공간은 어떻게 채울 것인지에 대한 물음이 제기되었을 것이다. 또는 그 곳이 맨해튼의 다른 지역들과 좀 더 비슷해져야 하는지도 논의했다면, 즉 삶과 일이 공존하는 장소라는 면에서, 작거나 커다란 규모라는 면에서, 친근함 혹은 장대함이라는 정서적 측면에서, 어떤 종류의 상점들이 그곳에 있어야 하는지, 그리고 그 거리에서 어떤 일이 벌어질 것인지에 따른 개방감 혹은 놀라움이라는 측면에서, 또한 주위 공간과의 어울림에 대해 물었어야 했다. 만약 이 질문을 철저히 따져봤더라면 10,000,000제곱피트(9만3000제곱미터)의 이면에 놓여있는 전제가 무엇인지, 아니면 실제 그런 것이 있기는 했는지 여부가 드러났을 것이다. 많은 사람들이 치열하게 묻고 따져봤지만, 이 지역 자체에 대한 논의는 거의 없었다. 그러는 사이에 이 지역을 어떤 모습으로 만들지에 대한 근본적인 결정은 테스트를 거치지 않은 채 그냥 통과되고 말았다.

타워가 무너졌을 때, 사람들의 말에도 이상한 현상은 일어났다. 희생자들은 '영웅'이 되었고, '자유'라는 단어는 특수한 형용사적 용법을 획득하면서 '미국'과 거의 동의어가 되었다. 전쟁이란 국가나 사람들을 상대로 하는 것이지 추상명사에 대한 것이 아닌데도, '테러와의 전쟁'이 선포되었다. '악의 축'이 발견되어, 서로를 미워하는 이란과 이라크가 가상의 동맹으로 묶었다. '그라운드 제로'는 미국의 공격으로 훨씬 더 많은 희생자를 냈던 히로시마와 나가사키에 쓰이던 말이었는데, 그것이 전용되고 전복되어, 미국의 희생을 표현하는 문구로 쓰이기 시작했다. 9/11 사건이 아무리 끔찍한들 1945년의 8월을 대신할 수 없는데도 말이다.

단어의 의미가 변질되면서 말도 안 되는 정치적 행동을 지지하는 경우를 여러 번 경험했다. 이라크 침공이 바로 그런 예다. 자유와 영웅이라는 말은 재건축에도 적용되었다. 건축의 영향력이 군사행동보다는 훨씬 덜 과격하더라도, 여전히 현실과 거리감이 있었다. 그것은 불분명한 논리로 행해진 거창한 몸짓이었고, 그곳의 여러 조건들과 행해진 잘못된 교전이었다.

야마사키의 평화의 타워, 미네소타 간호사와 오리건 가구디자이너의 기념관 아이디어, 리베스킨트의 마법의 나선, 칼라트라바의 '자칭' 비둘기, 모두 같은 현상이다. 거기에는 우주적인 것, 또는 적어도 매우 큰 것이 있다. 그리고 내가 있다. 거기에는 조화/관념/우주가 있고, 그리고 개인적 창조자가 있다. 그런 이상을 실현할 가장 적합한 사람은, 자신만이 가진 삶의 경험과 특별한 재능에 의해 자신이 그 일을 할 수 있다고 생각하는 것이다. 이런 극단 사이에는 많은 것이 빠져있다. 만남, 갈등, 해결, 불확실, 놀라움, 우연한 사건, 그리고 삶.

빠져있는 것을 모아보면 한마디로 마찰이다. 이해 관계와 욕망의 해결 불가능한 중복, 교차, 대치, 협력. 바로 이런 것들이 도시를 구성한다. 도시가 존재하는 이유이며, 물질적 · 정신적 부의 근원이기도 하다. 우리가 항상 마찰을 일으키며 살아갈 수 밖에 없다는 것은 기계적 · 생물학적 · 사회적 · 문화적 · 경제적 · 성적인 진실이다. 마찰에 희망이 있다.

말뿐인 희망은 마찰을 거부한다. 간호사의 돔과 데이비드 차일즈의 오벨리스크는 모두 표면이 매끈한 건물로, 주변 환경과 어떠한 접촉도 만들지 않는다. 그것은 비전과 환상이 희망이라는 이름으로 추구되기 때문에 쉽게 받아들여지곤 한다. 힘이 가해질 때면 마찰을 피하고 싶어, 숨기거나 없애려 한다. 야마사키의 희망이라는 관념도 마찰의 장소였던 라디오 길을 항만청이 부수는 데 일조했다. 더 나은 미래를 위한다는 명분으로 한가운데 있던 까다롭고 곤란한 것들을 쓸어버렸고, 그러면서 미래를 탐욕에 열어 주었다. 버락 오바마에게는 미안한 말이지만 그것은 '희망'의 탐욕rapacity of 'hope'* 이라 부를 수 있을 것이다.

* 버락 오바마의 책《담대한 희망*The Audacity of Hope*》를 빗대어 말하고 있다.

8

과대평가된 영원성 … 아름다움

"만들 필요는 있지만, 살지는 않아도 된다." — 브루노 타우트

그렇다고 희망이 없다고 말하려는 것은 아니다. 단지 시간과 장소라는 측면, 대안이라는 관점에서 현재를 평가하고, 환상이 아닌 실제에 대한 믿음을 말하려는 것이다. 그 사실이 모호하고, 이상하고, 유동적일지라도 말이다. 복잡하게 가로막고 서 있는 장애물에 기꺼이 맞서려는 의지를 말하려는 것이다.

뉴욕 맨해튼의 다른 공공사업을 예로 들어 보자. 이 사업은 새로운 월드 트레이드 센터를 세우려고 애를 쓰던, 바로 그 시기에 진행됐지만, 비용은 더 적게 들고, 논란도 크지 않고, 효과는 한층 더 컸다. 웨스트사이드 아래쪽에 있는 하이라인High Line이 바로 그것이다. 1930년대에 건설되어 1980년 이후로는 사용되지 않던, 화물열차가 다니던 길게 뻗은 검은색의 고가 철교를 공원으로 만들었다.

그 일에는 산업적 요구와 개인의 즐거움이 만나면서 마찰이 따랐지만, 그런대로 평화로웠다. 얼마 전까지만 해도 뉴욕의 공공공간들은 잠재적 또는 실제적 대립을 일으키기도 했으며, 심지어 폭력사태까지 유발하곤 했다. 다양한 개인과 단체들간의 다툼 때문이었다. 하지만 현재의 하이라인은 해변가와 비슷하다. 사람들이 거닐고, 일광욕을 하고, 물을 튕기고, 서로 사진을 찍어준다. 또한 좁은 길에서 스쳐 지나갈 때면 서로 배려하며 예의바르게 행동한다. 그렇다고 서로 거리를 두는 것은 아니다. 함께 있는 다른 사람들을 생각해 서로 조심할 뿐이다. 그들은 스스로를 드러내고 또 그런 남들을 보고 있다. 서로가 서로를 보고 있다는 사실을 알고 있는 것이다. 평상복 차림이지만, 이 고가철교 위의 사람들은 마치 패션쇼 무대를 걷는 듯한 모습이다.

이런 광경은 보행자 전용길에서는 으레 일어나는 일이다. 그런데 여기에 하이라인을 흥미롭게 만들어주는 부분이 있다. 바로 이곳의 전망이다. 여기서 우리는 화물차에서나 볼 수 있던 광경을 보게 된다. 빌딩의 뒷면, 낯선 각도에서 바라보는 익숙한 랜드마크, 그리고 맨해튼의 다른 곳에서는 건물에 가로막혀 보지 못하던 저녁노을을 볼 수 있다. 뉴욕에서 3, 4층의 사무실은 도로변도 아니고 그렇다고 고층도 아니라 인기가 가장 없는데, 이곳 하이라인 인근에서는 새로운 위상을 획득한다. 건물의 뒷면이 마치 앞면 같고, 창 밖으로 인도가 올라와 있다. 지상에서 올라와 있고, 도심에서 빠져 나와있어, 마치 시험삼아 만들어진 낙원에라도 들어온 듯한 느낌을 받게 된다. 그러면서도 이내 도시 속으로 되돌아 간다. 빌딩 블록과 도로가 교차하는 풍경은 익숙하지만, 7-8미터 높이에서 보면 한결 새로운 모습으로 다가온다.

하이라인의 매력은 견고한 산업적 산물을 하나의 놀이터로 만들었다는 데서 나온다. 이곳의 조경은 버려진 선로에서 자생한 여러 식물들이 모여있어, 편안하고 느슨하고 부드럽다. 나무로 덮인 숲

하이라인, 제임스 코너 필드 오퍼레이션,
딜러 스코피디오 렌프로 설계, 피트 우돌프 정원디자인, 2009년.

이나 잘 다듬어진 잔디밭은 아니지만, 습지나 이끼, 풀밭 같은 소소한 환경이 그 자리를 대신한다. 농업과 건축을 합성한 '애그리텍처agritecture' 원칙에 따라 조성되었다. 제한된 장소에서 솟구치는 정해진 패턴의 분수 대신에, 우연인 듯 스며들고 솟아 나는 물이 길 곳곳에 흐르며 찰랑거린다. 철로와 화차의 잔해가 풀과 길 사이에 언뜻 파묻혀 있다. 당연히 이게 뭔지 알지만, 그래도 뭔가 다른 물건이라는 인상을 받게 된다.

자갈이 군데군데 보이는 콘크리트 보도가 2300미터의 하이라인을 따라 쭈욱 뻗어 있다. 마치 냇물처럼 넓어졌다 좁아지고, 식물이 파고들었다 물러나면서, 끊어졌다 다시 이어지는 엇박자 패턴을 이룬다. 가끔은 위로 솟아 벤치가 되기도 한다. 길을 따라 걷다 보면 우리의 관심은 다른 데로 옮아간다. 도시, 풀, 지나는 다른 사람들, 나란히 흐르는 허드슨 강, 나란히 때로는 가로지르기도 하는 길쭉한 빌딩들, 그런데 어느 순간 스탠더드 호텔의 침실 유리창 안까지 들어간다. 벌거벗고 누워있는 자신들의 모습이 공원을 지나는 사람들에게 보여진다고 고객들이 불평하자, 이 호텔은 다음과 같은 알듯모를듯한 안내문을 붙여놓았다.

> 저희 객실 창문이 투명하여 커튼을 열어놓을 경우 객실 내 행동을 밖에서 볼 수 있습니다. 하이라인 시민공원 이용객들과 지역 주민들을 고려해주시기 바랍니다.

하이라인이 만들어지는 데는 설계보다 더 큰 역할을 한 것들이 있다. 바로 고가철교 상부를 개발하는 데 따르는 장단점을 면밀하게 조율한 것과, 물이 흐를 수 있는 수로를 유지하는 데 필요한 적절한 환경을 조성한 것, 그리고 얼핏 아무렇게 자란 듯 보이게 만든 조경의 절묘한 균형이 있었기에 가능한 일이었다. 또 댄스컴퍼니 매니저면서 부동산 중개인에 광적인 기차매니아인 피터 오블레츠의 공을 빼놓을 수 없다. 새들 슈즈에 푸른색의 벨벳 스모킹 재킷을 즐겨 입었던 그는 하이라인 인근의 철로에 68톤짜리 오래된 식당객차를 갖다 놓고 성대한 디너파티를 열곤 했다. 그는 법 조항을 교묘히 이용해 1984년 그 선로를 단돈 10달러에 사들였다. 그리고 그 부지를 개발해 이득을 얻으려는 부동산 이해당사자들에 맞서 법정 투쟁을 벌였다. 하지만 1996년 50세의 나이로 사망하면서 결과적으로는 성공을 거두지 못하게 되고 말았다. 그래도 그는 고가철교 철거를 지연시키면서, 이 구조물을 보존하고 공적 용도로 바꾸는 운동을 벌이게 된 계기를 제공했다.

뉴욕시의 도시계획국장인 아만다 버든은 이 운동을 지지했다. 한 잡지에 실린 인물 소개글에 따르면, 그녀는 도시 정책을 관장하는 공무원이면서 유명인사이기도 한 특이한 인물이었다. 스탠더드 오일 상속자의 딸이자, 국제 베스트 드레서 리스트라는 뜻모를 회합의 멤버이기도 한 그녀는 고형폐기물 처리라는 폼나지 않는 주제로 졸업논문을 썼다. 그녀는 하이라인에 대해 이렇게 말했다. "이것은 아주 멋진 하늘정원이 될 것이다. …… 이 놀라운 도시기반시설이 바로 새로운 지역사회를 결정짓는 특징이 될 것이다." 뉴욕에서는 이런 사회적 프로젝트가 사교계의 프로젝트가 되기도 한다. 유명인과 배우들이 동참했고, 후원자들이 모여들었으며, 기금마련의 연금술이 펼쳐지고, 정치인들도 찬성표를 던졌다. 경관전문가 제임스 코너, 건축사무소 딜러 스코피디오 렌프로, 정원 디자이너 피트 우돌프가 참여했고, 공원이 만들어졌다.

하지만 이렇게 멋진 하이라인에도 제약은 있다. 사실 이곳이 이렇게 편안한 것은 입구에 붙어있는 16가지의 금지 사항(흡연, 지정된 장소 외의 음주, 허가받지 않은 20인 이상의 집회 등)덕분이다. 또 스탠더드 호텔이 미리 알고는 의도적으로 영리하게 설계해 공공 영역을 일부 점거한 것 같기도 하다. 스탠더드 호텔이 공원의 부속인지, 아니면 공원이 호텔 입구가 확장된 것인지 논란거리가 되고 있다. 공원의 성공은 맨해튼의 땅값이 비싼 때문이기도 하다. 그래서 하이라인에는 하이라인 브랜드가 붙은 향수와 기념품을 판매하는 상점도 들어가 있다. 아무리 그렇다 해도 이곳은 이전에는 대중에 개방되지 않던 장소였고, 게다가 입장료도 없다.

하이라인에는 서로 다른 종류의 시간들이 함께 한다. 예전 철도가 운행되던 역사적 시간이 있다. 철로의 설치, 폐기, 재활용은 뉴욕 산업사의 한 부분이기도 하다. 또 식물의 생명 주기와 계절적 변화가 있다. 매일, 매달 달라지는, 그리고 낮과 밤이 교차하는 빛과 날씨의 변화가 있다. 사람들의 활동도 있다. 하이라인에서는 너무 빠른 활동은 자제하도록 이미 설계 때부터 고려했다. 인근 허드슨 강변의 조깅이나 자전거 타기에 비해 이곳은 느린 움직임의 장소다. 거기에는 단계별로 지어진 하이라인 개발의 시차도 있다. 그리고 공원이 성공하면서 주변에 하나씩 늘어난 새로운 건물과 레스토랑에 의한 변화도 있다.

이들 중 대다수는 건축물이 없어도 존재할 수 있다. 하지만 건축된 공간은 이런 것들을 억압할 수도 있고 더 펼칠 수도 있었다. 피터 오블레츠와 싸웠던 개발업자들은 낡은 구조물을 없애고 사무실과 아파트로 대체하기를 원했다. 에어컨은 날씨를 길들인다. 그러면 현재의 재료들 사이에, 다시 말해 낡은 콘크리트와 새로 들어온 석재의 차이 속에 존재하는 삶은, 사방의 유리 속으로 길들여져 들어갔을 것이다. 시야와 전망이 만들어내는 모든 우연한 사건들은 표준화되고, 오늘날 한 해 200만 명의 방문객이 찾고 있는 이곳의 단순한 즐거움은 존재하지 않았을 것이다.

물론 모든 건축물은 시간 속에 존재한다. '빌딩building'이란 말 자체가 완료형이 아닌 진행형이다. 우리는 건물을 '빌트built'라고 하지 않는다. 문제는 시간이 건축을 해방하는 데 사용되느냐, 아니면 시간을 억압하는 데 사용되느냐에 달려 있다.

하이라인과 같이 시간에 대해 열린 자세를 가진 건축물은 그리 많지 않다. 건축은, 특히 그것이 원대한 목표를 갖고 있을 때는 대개 불멸을 열망한다. 어떤 건물에 대해 '시간을 초월한다'고 하면 그것은 찬사다. 실제로 인간의 생애를 능가하는, 그래서 여러 세대를 잇는 건물의 능력은 건축의 특별한 힘 가운데 하나다. 고정된 것, 지속적인 것, 현재를 초월하는 것은 건축가의 흔한 레퍼토리다.

하지만 그 영원성은 곧잘 과대평가된다. 무덤이나 신전의 무게감에서 빌어온 과도한 가치가 건축에 덧씌워진다. 역사책에서도 그렇지만, 현대의 가장 칭송받는 건물들에서도, 완전하고, 변하지 않으며, 꿋꿋하게 서있는 기념물을 선호하는 것을 볼 수 있다. 특히 고대 신전의 석축과 기둥을 채택하는 건물들에서 가장 분명하게 드러난다. 근대의 걸작들 가운데는 형식의 완성을 위해 그런 경향을 약간

줄인 것도 있다. 그러나 역동성과 운동을 표방하는 건축물이라 하더라도, 결국에는 정적이며 변화에 적대적이다.

건축물은 그것을 지은 사람보다 오래 가기 때문에, 그리고 우리는 대개 죽은 자들이 만든 건축물로 둘러싸인 도시들에 살기 때문에, 건축은 언제나 죽음과 불멸에 익숙하다. 하지만 우리는 죽기를 원치 않는다. 그래서 특히 건축가와 의뢰인은 영원한 무언가를 남기는 것이다. 미국의 건축가 필립 존슨은 죽으면서 말하기를, 모든 건축가들은 불멸을 원하는데, 자신은 아흔여덟까지 살았으니 꽤나 잘해냈다고 했다.

역사상 최초로 이름을 남긴 건축가는 기원전 2600년 전의 임호텝이다. 그는 죽음을 기리는, 세상에서 가장 오래된 양식을 창안했다. 당시의 전통적인 장례기념물은 납작한 탁자 모양의 분묘인 마스타바였는데, 그는 분묘의 크기를 줄여가며 하나씩 위로 쌓아 올리는 발상을 했다. 이것이 최초의 피라미드다. 사카라의 계단식 피라미드가 바로 의뢰인인 파라오 조세르의 매장지다. 그 이후의 피라미드들은 원형을 살리면서 정교하게 다듬어 계단 형태에서 평평한 삼각형 모양의 측면 윤곽을 띠게 되었다. 임호텝은 자신의 혁신적인 디자인으로, 사후에 신격화되어 신의 반열에 올라 불멸이 되었다. 오늘날 저명한 영국 건축가에게 수여되는 기사나 여타 작위를 훌쩍 뛰어넘는 것이다.

1879년 모라비아의 브르노에서 여덟 살 소년 아돌프 로스는 아버지 아돌프 로스 시니어의 죽음으로 상심에 빠져 있었다. 그의 아버지는 석공으로 묘비나 기념물, 건축물 장식을 조각했는데, 아들에게는 작업장에서 놀던 행복한 추억과 함께 무서운 어머니만 남겨주고

위 조세르의 피라미드, 사카라, 임호텝 설계, 기원전 27세기.
아래 자신의 무덤 스케치, 아돌프 로스.

떠났다. 로스는 결국 어머니를 피해 도망간다. 성인이 된 그는 이렇게 말했다.

> 건축에서 아주 작은 부분만이 예술에 속한다. 무덤과 기념물이다. 기능이 있는 나머지 모든 부분은 예술의 영역에서 제외된다.

그리고 같은 에세이의 뒷부분에 덧붙인다.

> 숲에서 우연히 무덤을 만날 때가 있다. 폭 2미터 너비 1미터, 삽으로 피라미드처럼 솟게 만든 그것을 보면, 우리는 숙연해진다. 그리고 우리 안의 무언가가 말한다, 여기에 누군가 묻혀 있다고. 이것이 바로 건축이다.

그는 자신의 가장 중요한 건축 작품 가운데 하나라며, 스스로를 위한 묘비 디자인을 남겼다. 대충 끄적거린 그 그림에는, 한 면에 자신의 이름이 새겨진 밋밋한 육면체 돌덩이 하나가 나지막한 디딤돌 위에 올려져 있다.

임호텝과 로스 사이에는 다섯 번의 천년이 있었고, 그 기간 동안에 이른바 서구 건축이란 것이 만들어졌다. 중요하고 유명한 서구의 건축물에는 무덤이나 기념관이 간혹 있고, 더 흔하게는 사원이나 교회를 볼 수 있다. 모두 불멸과 관련이 있다. 모든 건축이 열망하는 최고의 형식은 영원의 건축이라는 믿음이 생길 만도 하다. 심지어는 주택이나, 의회, 때로는 상점과 같은 살아있는 사람을 위한 공간에도 죽은 자를 위한 건축 형식이 들어간다.

임호텝의 피라미드와 로스의 육면체에는 영원의 건축이라는 속성이 그 형태에 압축적으로 담겨 있다. 이는 일상의 구조물에도 계속 모방되었다. 매우 단순하지만, 오늘날까지도 건축가들은 이 특성에 경의를 표한다. 바로 돌과 같은 영구성과 단단함이다. 우리가 바깥에서 봤을 때 그렇다고 느껴지는 특성을 가진 소재가 바로 그 구조물의 느낌을 만들어 내는 것이다. 그 소재는 원칙대로라면 절대 변하지 않는다. 불변이다. 감정이 섞여있지 않고, 스스로 버틸 수 있고, 고정돼 있다. 우리가 어느 방향에서 보더라도 이런 특성을 떠올리게 된다. 일관되고, 기하학적으로 균형이 잡혀있으며, 빈틈이 없다. 소재 자체가 바로 형식이다.

영원의 건축은 대칭적이다. 건물의 대칭성은 인간의 얼굴과 육체의 대칭에 근거한 것이라고 한다. 그러나 살아있는 사람들은 행동과 표정 모두 거의 언제나 한쪽으로 편향되어 있다. 기도 중이거나 매장을 위해 염해 놓은 상태를 제외하고는, 또는 데스마스크를 제외하고는, 인간의 자세와 얼굴에서 완벽한 대칭을 찾기는 쉽지 않다. 무덤 또한 대개는 원통형 또는 피라미드 형으로 기하학적 대칭이다. 그것은 아마도 벽 하나로 가두어진 봉함 속에 자신을 격리해 상하좌우 어느 쪽에서도 방해받지 않으려는 것이라고 생각된다.

죽음의 건축은 완결성을 목표로 한다. 그것은 내구성 있는 재료로 만들어지며, 그것을 설계한 사람은 모든 부분 상호간에, 그리고 부분과 전체의 균형을 맞추려고 한다. 또한 정확성과 완벽한 디테일을 추구한다. 건축적 완벽함은 기능적 수요를 제한할 때, 그리고 거주자가 문제를 덜 일으킬 때 한층 쉽게 이룰 수 있다. 그래서 구조와 표면이 하나로 된 곳에서는 언제나 버팀기둥과 보, 또는 쌓아서 만든 벽을 볼 수 있다. 죽음이란 우리가 알고 있는 것보다 더 큰 새로운 삶의 시작이라는 믿음이 수없이 많았지만, 그래도 이런 건축에서는 언제나 마지막과 결단을 추구한다. 그리고 장례의 건축은 언제나 시간을 멈추려 한다.

이와 비슷한 특성을 고전주의 신전에서 찾아볼 수 있다. 특히, 사원양식뿐 아니라 모든 건축물의 궁극적인 전형이라고 여겨지는 파르테논에서 그러하다. 어느 평론가는, 그것은 "육체적 아름다움을 어떻게 하면 가장 잘 성취할 수 있는지 찾았던 건축 가운데, 역사상 가장 완벽한 본보기"라고 했다. 또 다른 이는, "세상이 이제껏 보았던 건축과 조각 중에서 비할 상대가 없는 놀라운 업적"이라고 했다. 르 코르뷔지에는 파르테논 신전을 "건축의 결정적 순간, …… 정신이 만들어낸 순수한 창조의 정점, …… 완벽하고 최고의 영성을 품은 작품"이라고 불렀다. 파르테논은 대칭성, 기하학적 특성, 정면 구도나 축의 구도, 질량감, 영구성, 쌓기구조, 버팀기둥과 보, 사물과 장소의 분리, 경계와 구획의 표시, 반복, 일관성, 통제, 완결성을 갖고 있다. 그것은, 적어도 현재 보이는 상태로는, 자립적이고 자족적인 형식이다. 오늘날 우리가 고전주의 건축이라고 생각하는 것의 전형이 바로 이것이다. 그래서 지난 수 세기 동안 주택, 법정, 화랑, 의사당, 교회, 은행에서 이 형식이 구현되었다.

무덤 반대편에는, 최소 지난 한 세기 동안 건축가들을 사로잡았던 투명성이라는 개념이 있다. 그것은 어둠이 아니라 빛을, 무거움이 아니라 공기와 같은 가벼움을 추구하는 것이다. 건축가들은 그것을 과거에 대한 기억이 아닌, 미래에 대한 희망의 상징으로 사용한다. 하지만 그것 역시 우리 생각보다 옛 피라미드나 사원들과 공통점이

PARTHENON.

ARCHITECTURE

III

PURE CREATION OF THE MIND

르 코르뷔지에의 《건축을 향하여》(1923, 로스앤젤레스: 게티 연구소, 2007)의 231쪽에서, 파르테논 신전.

많다.

1919년 베를린의 건축가 브루노 타우트는 1917년 가을부터 1918년 여름까지 그린 일련의 선구적 스케치를 모아 《알프스 건축》을 출간했다. 표지에 그는 이렇게 써놓았다.

> 만들 필요는 있지만, 살지는 않아도 된다.

이런 극단적 모토는 적지 않은 건축가들이 혼자 간직하는 신념일지도 모르지만, 결코 많은 사람들에게 받아들여지지는 않는다. 어떤 그림은 눈에 확 띄는 핑크와 오렌지색으로 칠하기도 한 그의 스케치는 1차 세계대전을 겪은 공포 이후에 등장할 새로운 세계를 보여준다. 도시는 버려지고, 사람들은 다시 자연에서 살아간다. 타우트는 선언한다.

> 자연은 위대하다.
>
> 원자 속 아니면 거대한 산 속 어디라도, 영원히 아름답고, 영원히 창조적이다……
>
> 자연 속에서, 자연과 함께 창조하자, 그리고 자연을 아름답게 꾸미자!

이런 새로운 질서의 출발점이자, 정신의 중심은 스위스의 알프스다. 산 속에 투명한 구조물이 지어진다. 3703미터의 베터호른 정상은 구형의 유리 건물로 더욱 빛난다. 다른 산들에도 유리로 만든 아치와 테라스가 세워져 왕관처럼 둘러싸고 있고, 사람들은 그곳에서 비행기나 비행선에서 내려다보는 듯한 조감과, 빛과 물의 분수쇼를 구경한다. 입술 모양으로 배열된 유리꽃잎들이 긴 타원형 호수를 에워싼다. 마치 우주 비행사가 하늘에서 거대한 꽃을 내려다보는 듯하다. 주변은 삐죽삐죽한 봉우리들이 이빨처럼 들어차 있고, 그 위를 거대한 프로젝터에서 나온 듯한 빛이 가로지르고 있다.

가장 중요한 건물은 '크리스털 하우스'로, 만년설로 덮인 구역에 온전히 채색유리로만 지어진 성당 형태의 구조물이다. 여기서는 사람들에게 말을 하는 것이 전혀 허용되지 않으므로 종교 의식 비슷한 것이라고는 있을 수 없다. 오로지 정적뿐이며, 때때로 "미묘한 오케스트라와 오르간 음악"이 흐르는 가운데, 장엄한 건축과 그보다 더욱 장엄한 풍경의 조망만이 존재한다.

타우트의 계획은 알프스에서 멈추지 않았다. 안데스와 미크로네

'화관 계곡', 《알프스 건축》(1919)에서,
브루노 타우트 그림.

시아를 밝게 빛낼 상상도 했고, 우주 공간에 있는 성당인 '스타 빌딩'을 구상하기도 했다. 그는 "비용이 엄청난데, 그에 따를 희생이란!"이라며 그것이 결코 쉽지 않을 것임을 인정하기는 했다. 하지만 실제 의도는 전쟁 기간 파괴에 쏟아 부었던 자원을 평화와 아름다움에 전환하려는 것이었다. 그는 '유럽 사람들'에게 이렇게 호소했다.

> 분쟁, 갈등, 전쟁을 걷어치우자. …… 가장 미미한 사람에서 가장 위대한 사람까지, 모든 이들을 충족시키는 하나의 거대한 사업에 대중을 투입하자. 그것은 용기와 에너지, 수십억 명의 용기와 힘, 그리고 피가 들어가는, 막대한 희생을 요구하는 사업이다.

토마스 만은 《마의 산》에서, 스위스의 알프스를 전쟁에 의해 없어질 무기력한 하나의 대륙이자 소우주로 그렸다. 하지만 타우트는 알프스를 권태와 투쟁으로 파괴된 유럽이 재생의 길을 찾을 장소로 보았다. 그는 그곳을 민족, 갈등, 정치는 물론 부르주아의 재산마저 넘어선 새로운 세계의 중심으로 삼으려 했다. 그는 전쟁을 "순수한 지루함" 그 자체라고 비난했다. 그리고 1917년 아내에게 보낸 편지에 이렇게 썼다.

> 지루함은 모든 악의 어머니요. 우리가 요즘 지루함에 빠져들지 않았소? 세계 전체가 온통 그것에만 모든 관심을 다 쏟고 있지 않소? 먹기, 마시기, 나이프, 포크, 기차, 다리 등등. 하지만 대체 이런 것들로부터 뭐가 나오겠소?

유리의 구원적 힘을 믿었던 사람은 타우트 뿐만이 아니었다. 1914년 시인이자 소설가인 파울 쉐어바르트는 유리 건축이 "우리의 문화를 한 단계 더 높은 수준으로 올려줄 것"이라고 주장했다. 1918년 타우트의 동료 건축가 아돌프 베네는 유리 건축이 불편하지만, "그런 면이 오히려 장점으로, 무엇보다 유럽인들로부터 편안함을 제거해야만 하기 때문"이라고 말했다. 20세기 말로 접어들면서 유리 건물이 흔해지자, 그것이 너무 춥거나 너무 덥다는 불평이 이어졌다. 이런 결함이, 적어도 일부 건축가에게는, 의도적인 것이었다는 것을 알아챈 사람은 거의 없었다.

유리 건축이 정치나 민족은 물론, 하찮은 관심사까지 넘어서는 것이라면, 그것은 시간 또한 초월한다. 건설 과정의 엄청난 노력이 끝나면, 그것은 눈 속에 동결된 채 영원히 서있을 것이기 때문이다. 타우트는 산 속으로 들어가, 역사와 기억이 얽혀있는 도시에 더 이상 얽매일 필요가 없는 장소를 찾아 다녔다. 그는 완전히 새로운 출발을 하고자 했다. 즉 현재까지의 세계를 없애고자 한 것이다. 1917년의 세계 상황을 감안하면 고개를 끄덕일만도 하다.

하지만 투명한 유리가 과거보다 미래에 더 관심을 두고 있다 해도, 이 또한 무덤과 유사한 점이 없는 것은 아니다. 둘 다 시간을 벗어난, 불변의, 완료된, 현재의 영향을 받지 않는, 격리된 대상이다. 타우트의 유리 세계 또한 개인을 위한 공간은 없다. 오직 초개인, 즉 그것을 디자인한 자신만을 위한 곳이다. 그의 도안에는 사람이 나오지 않는다. 어쩌다 개미 같은 점들로만 찍혀있을 뿐이다. 그의 환상적 구조물은 인간의 축척이 감안된 규모는 전혀 제시되지 않는다. 오로지 산의 규모로만 그려져 있다.

타우트가 진지한 인물이 아니었다면, 오늘날까지 이어질 정도로 그의 영향력이 크지 않았다면, 그의 알프스 건축은 전쟁의 스트레스로 유발된 시각적 광란, 또는 공상과학 예술에 대한 초기 공헌 정도로 치부될 수도 있었다. 유토피아적인 환상을 지녔는데도, 그는 베를린에서 노동계급을 위한 인간적이고, 실용적이며, 쾌적한 주택 프로젝트를 디자인했다. 그는 또한 유리 건축이 오늘날 어디에서나 볼 수 있는 건물 형식이 되도록 하는 데 일조했다.

1946년에 시작해 1951년까지 미국의 일리노이 주 플라노에 지어진 판스워스 하우스는 사원 건축과 유리 건축을 혼합한 것으로, 20세기의 가장 영향력 있고 감탄을 자아내는 건축물 중 하나로 꼽힌다. 전면에 기둥이 받치고 있는 현관이 서 있고, 본채를 땅에서 띄워 놓았다는 면에서 사원을 닮았다. 또 한쪽으로 치우쳐 있는 계단 진입로와 역시 한쪽에 자리잡고 있는 욕실을 빼고는, 건물 전체가 축을 중심으로 대칭이다. 뼈대가 그대로 노출돼 있고, 대리석이 아닌 흰 페인트를 칠한 가느다란 강철이지만, 상인방• 구조다. 즉, 기둥과 보로 이루어진 고전적 사원 구조다. 강철과 유리는 현대적이지만, 대리석으로 만들어진 진입로는 고대의 분위기를 풍긴다. 또는 이 집이 시간을 벗어나, 로마 기념물의 소재와 시카고의 산업적 재료가 하나로 어우러지는 숭고한 영역에 존재하기를 열망했다고 볼 수도 있다. 어느 평론가는 판스워스 하우스를, "시간의 단편이 시대를 초월해 진실의 수준으로 승격했다"고 표현했다.

• 기둥 위에 수평보만 얹은 건축 구조.

판스워스 하우스,
플라노, 일리노이,
1951년, 루드비히 미스 반 데어 로에 설계.

마치 하나의 수정처럼 그것은 각기둥 형태다. 유리의 순수하고 매끄러운 표면에 투명, 반사, 굴절이 나타난다. 이 집의 건축가 미스 반 데어 로에는 타우트와 같은 시기에 베를린에서 활동했다. 1920년대에 그는 알프스 건축의 꿈을 실제 구조물로 실현하고자, 유리로 된 각진 초고층건물을 구상했다. 판스워스 하우스를 지을 때에는 직각과 직선만을 구사했지만, 매끈한 유리 건축에 대한 매혹은 여전히 남아있었다.

기념관, 사원, 수정궁처럼 이제 이 집도 하나의 형식이다. 땅을 가볍게 디디고 서있다는 것 외에는 다른 무엇과도 접촉하지 않는 자립적 건물이다. 시간과 변화를 초월한 이상적인 것이 되기 위해, 점점 낡아가는 것이 아니라 언제든 최초의 상태로 되돌아갈 필요가 있을 때면 깨끗이 지우고 다시 칠할 수 있도록 디자인되었다. 미스는 완벽함을 위해 비싼 비용을 각오했다. 그는 지상의 강철판을 용접하여 정교하게 가공한 포장석에 연결했다. 이로써 그는 건축가들로부터 '결정판'이라는 평가를 받았다. 이는 각 부위가 모두 고려되었으며, 그것들이 전체라는 개념 속에 맞아 들어간다는 뜻이다. 미스는 이렇게 표현했다.

> 구조를 우리는 어떤 철학적인 개념이라고 생각한다. 구조란 꼭대기에서 바닥까지, 마지막 세부 하나까지, 하나의 생각으로 만들어진 전체다. 우리는 그것을 구조라고 한다.

그의 집착은 이 집을 아름답게 만들었다. 그러나 무덤과 마찬가지로, 그곳의 거주자가 집의 존재를 느끼지 못하게 할 수 있었다면 한층 더 행복했을 것이다. 타우트와 그의 동지들이 갖고 있던 편안함에 대한 경멸을 충실히 이어받아, 미스는 여름에는 너무 덥고, 추울 때는 김이 서리고, 방충망 따위로 집을 망치지 않겠다고 한사코 우겼기 때문에, 날벌레가 들끓는 집을 디자인했다. 미스와 치열한 법정 다툼을 벌인 뒤, 이디스 판스워스는 자기 소유의 집으로부터 느낀 '소외'를 토로했다. 집은 나중에 영국의 부동산 개발업자이자 미스의 열성팬인 피터 팔럼보에게 넘어갔다. 그에게 그곳은 주말별장이면서, 예술컬렉션 중 하나이기도 했다. 오늘날 그곳에는 사람이 살지 않으며, 단체관광객 방문은 가능하다.

판스워스 하우스를 고정된 순수함이라고 한다면 그건 잘못일 것이다. 그 집이 갖는 효과는 완벽한 대칭과, 건물로 들어가는 비대칭적 L자 계단, 그리고 변화하는 주변 풍경과의 조합에 있다. 유리는 투명하기도 하지만 반사도 하기 때문에, 이 건물에서는 깨끗한 수정과 같은 존재라는 역할을 넘어, 문화와 자연이 한데 어우러지는 보이지 않는 춤의 한 부분을 차지한다. 이런 시간들이 바로 이 건물이 무덤처럼 따분하지 않다는 걸 잘 말해준다. 하지만 그래도 여전히 극히 선별적이고 제한적일 뿐 아니라, 집으로서의 역할도 대부분 배제되어 있다.

사용해야 할 건물을 기념물로 만들어버린 미스가 극단적이라고 생각할지 모르지만, 사실 그는 다른 건축가의 선례를 따랐을 뿐이다. 16세기에 안드레아 팔라디오는 박공과 기둥이 있는 고전주의 사원의 전면부 형식을 귀족들의 별장이나 전원주택에 적용했다. 이탈리아 베네토의 지주 계급을 위해 설계한 것이었다. 이 박공 현관은 오늘날 너무 흔해 집에 대한 열망을 표현하는 대명사처럼 되었다. 그러다 보니 우리는 불멸의 존재를 위해 만들어진 형식을, 살아있는 사람들의 집에 대담하게 전용한 것이라는 것을 좀처럼 깨닫지 못하고 있다.

기념물을 과대평가하는 것은 니콜라스 페브스너의 《유럽 건축사 개관》에서도 찾아볼 수 있다. 수십 년 동안 입문서 역할을 했던 이 책이 다루고 있는 대다수의 건축물이 성당이나 교회다. 또한 모든 개별 작품은 건물들이 모여 만들어지는 도시 공간보다 우선시 된다. 관광객들 또한 어느 도시를 방문하고 이해하기 위한 방법으로 기념물을 고를 때 이런 편견을 드러낸다. 기념물이란 말의 펑퍼짐한 의미도 이를 보여준다. 원래는 옛 분묘나 기념관만을 꼭 짚어 일컫던 말이 오늘날에는 일정 수준 이상의 지속성과 의미를 가진 건축물을 모두 다 그 범주에 넣고 있다.

일반적으로 우리는 위대한 건축은 시간을 초월해야 한다고 생각한다. 그리고 기억을 후대에 전하고 서로 다른 시대를 연결하는, 건물의 내구성을 중요하게 여긴다. 그러나 이런 초월적 시간에 대한 숭배로 유동적이고 일시적인 것을 간과하면서, 건축에 대한 우리의 관념이 왜곡되고 있다. 예를 들어 18세기의 런던은 오늘날에도 여전히 건재한 광장과 테라스, 몇몇 우아한 별장과 교회로 기억된다. 하지만 사라져버린 복스홀 유원지도 런던의 사교 공간, 축제의 장소, 성애의 공간으로 똑같이 중요했다. 사실은 그곳이 중요하지 않았기 때문에 오히려 사람들을 더 많이 끌어들였다.

파르테논을 표현하는 그 유일한 완벽함은 몇 가지 사실을 무시하고 있다. 그곳의 대리석은 소재 그대로가 아니라 칠이 되어 있었다.

그것은 독자적 대상으로 만들어진 것이 아니라, 일련의 외부 공간들을 규정하는 조합의 한 부분으로 설계되었다. 예식과 의식이 파르테논 주변에서 벌어질 때, 그것들을 위해 극장식 효과를 내는 장치들로 치장되고 보강되었을 가능성이 크다. 르 코르뷔지에가 파르테논을 "빛 속에 이루어지는 능란하고, 적확하고, 장엄한 형식들의 연극"의 전형이라고 했을 때, 그는 자신이 햇빛뿐만 아니라 어둠에 대해서 이야기하고 있다는 사실을 몰랐다. 신전 내부의 가상복원도는 이 건물의 다른 버전을 보여준다. 건물 중앙의 어두운 방에 금색과 상아색의 거대한 아테나 여신상이 그늘 속에 어슴프레 보인다.

파르테논의 영구성도 의문이다. 그것은 물리적으로 변했다. 장식이 있고 지붕이 얹힌 건물에서 이제는 그저 폐허로 남았다. 그것은 여러 시기에 걸쳐 부분적으로 보수되었고, 해체 후 재조립되기도 했다. 일부 돌은 복원작업으로 원래의 것이 아니다. 마치 우리 몸의 세포가 교체되듯 파르테논 신전도 바뀌었다. 용도도 신전에서, 교회, 모스크, 폭발물 저장소, 채석장, 그리고 관광 명소가 되기까지 여러 번 달라졌다. 그것은 사람에 따라 다른 물건으로 보였다. 엘진 경에게는 보물창고, 바이런 경에게는 시적인 눈물을 쏟게 만드는 장치, 현대 그리스인에게는 국가의 상징이자 관광수입 촉진제다. 어떤 면에서는 지금의 파르테논 신전은 기원전 5세기의 파르테논 신전과 같은 건물이다. 몇몇 부위와 특징은 그때 그대로이기 때문이다. 하지만 그 유사성이란 노인과 그의 소년시절을 비교한 것과 다를 바 없다. 영국의 건축가 세드릭 프라이스는 모든 건물은 일시적일 뿐이며, 다만 그 중 어떤 것들은 그 시한이 더 짧을 뿐이라고 말했다. 파르테논을 보면 자신이 옳았다는 것을 분명히 말해준다고 했다.

파르테논 내부를 가상으로 복원한 그림. 《함스워스 세계사》에서. 1908년.

미스 반 데어 로에 건축의 기념물적 성격은 나의 독창적 생각은 아니다. 동시대인들도 그것을 알고 있었다. 그래서 그와 반대되는 형식의 현대 건축이 나타나, 유동성과 유연성, 기술이 가진 해방의 힘을 찬양했다. 그런 버전 가운데 하나가 미국의 공학자이자 건축가이고, 발명가, 생태학자, 시인에 선지자이면서 이 모든 걸 독학한 리처드 버크민스트 풀러에 의해 개발되었다. 미스보다 아홉 살 어린 그가 선언한 자신의 임무는 다음과 같다.

> 우주의 지배 원리를 탐구하고, 그에 맞춰 인간 능력이 더욱 빨리 발전하도록 돕는다 …… 이 세상 모든 곳의 모든 사람들이 더욱 많이 가지게 될 것이라는 목표를 위해, 보다 적은 것으로 보다 많은 것을 할 수 있는 방법을 찾아낸다.

그는 지오데식 돔geodesic dome으로 유명하다. 원래는 브루노 타우트가 1914년에 초창기 원형을 만들었지만, 그것을 보다 정교하게 만들고 널리 알린 사람이 풀러였다. 이는 삼각형 모양의 격자를 서로 붙여 구의 형태로 만든 구조물이다. 격자는 강철이나 알루미늄, 대나무 혹은 판지튜브로 만들었고, 삼각형의 격자 평면은 유리, 플라스틱, 알루미늄, 합판으로 메웠다. 이 구조물은 빠르게 지을 수 있으며, 강도에 비해 놀랍도록 가볍다. 풀러는 수십만 채의 지오데식 돔이 미국에 보급되어 저렴하면서도 아름다운 집들이 신속하게 지어지기를 바랐다. 그는 이를 시로 쓰고 때때로 읊었다.

리처드 버크민스터 풀러,
캐나다의 몬트리올에서 열린 엑스포67을 위해 지은 자신의 바이오스피어 앞에서.

건축가여, 미학을 노래하라
부유한 의뢰인들이 무리지어 무릎 꿇을 것이다
내게 집을 한 채 주시오. 거대한 원형 돔으로
그곳에서는 모든 압박과 긴장이 풀어질 것이다

집을 떠돌다 돔에 이르니 한때 조지왕조풍과 고딕풍이 서있던 곳
이제 화학적 결합만이 우리 여인들을 지켜주니
심지어 배관마저 보기 좋구나

1968년 그는 맨해튼을 22번가에서 64번가까지, 섬을 가로질러 하나의 지오데식 돔으로 덮는 구상을 했다. 효율이 아주 좋은 소재로 만든 덮개를 만들어, 기후를 차단하고 스모그가 없으며, 개별 건축물이 더 이상 그런 요소들에 대비하여 스스로를 대비할 필요가 없는 온화한 환경을 창조하고자 한 것이다. 1851년 대박람회에서 수정궁을 본 존 러스킨은 수천 배로 커진 그것이 런던을 덮는 악몽을 꾸었지만, 풀러에게는 그 악몽이 하나의 꿈이었다. 크기가 어떻든 간에, 지오데식 돔은 자유를 가져다 줄 것이었다. 돔으로 덮인 인공하늘 아래에서 사람들은 무엇이든 원하는 일을 할 수 있게 될 것이다. 군산복합체의 기술적 노하우가 히피들에게 천국을 가져다 줄 수도 있었다.

풀러는 실용적인 미국인이었다. 독일 아헨에서 태어나 베를린에 살며 활동하다가 시카고로 건너온, 과도하게 문명화된 미스와는 상반된다는 뜻이다. 풀러 스스로가 그렇게 생각했다. 그는 미스 같은 바우하우스 출신의 건축가들이 건물 구성 요소들의 외관을 바꾸는

데만 관심이 있지, 그 이면의 기술에는 무관심하다고 말했다.

> 그들은 오로지 최종 결과물의 표면을 다듬는 문제만 들여다보고 있다. 하지만 그 최종 결과물은 처음부터 기술적으로 이미 쓸모 없어진 세계의 하위함수일 뿐이다.

미스 반 데어 로에의 지지자이자 협업자였던 필립 존슨은 이런 관점에 동의했다.

> 사람들의 주거지라면 …… 버키 풀러가 만들게 하자. 그동안 우리 건축가들은 사람들의 무덤과 기념관을 디자인할 수 있게.

그러나 풀러의 이 유명한 작업은 기술적으로 탁월하고, 공학적 원리도 상당한 파급력이 있었지만, 그가 바랬던 것처럼 세상을 바꾸지는 못했다. 지오데식 돔은 1964년 뉴욕, 1967년 몬트리올, 1986년 밴쿠버 세계박람회를 위해 지어졌다. 진보적으로는 보였지만, 그것이 예견하는 미래의 전조로는 설득력이 떨어졌다. 돔은 새장이나 세인트 로렌스 강의 박물관, '극한의 공룡들'이라는 프로그램을 전시하는 '과학 세상'에 사용되고 있다. 모두 다 재미있는 장소라고 할 수는 있지만, 꼭 필요하다고 말하기는 어렵다. 디즈니는 미래 사회의 실험적 원형이라는 설정의 테마파크인, 에프콧에 지오데식 돔을 설치했다. 미군은 헬리콥터로 실어 나를 수 있을 정도로 가벼운 지오데식 구조물을 실험했으며, 날아오는 핵 미사일을 탐지하기 위한 레이더망 기지로 몇 개를 더 지었다. 풀러는 자신과 아내를 위한 집으로 한 채를 지었다. 이는 현재 미국의 국가등록 사적지에 포함되어 보호를 받고 있다. 그 집은 카본데일에 있는데, 판스워스 하우스와 같은 일리노이 주에 있다. 미스의 사원과 마찬가지로, 풀러의 돔도 기념물이 되었다.

미래를 보여주는 발명이 종종 그런 것처럼, 돔도 스스로의 자연적 서식처를 테마파크와 박람회에서 찾았을 뿐, 사람들이 살아가고 집을 짓는 방식을 바꾸지는 못했다. 판스워스 하우스나 타우트의 알프스 건축과 마찬가지로, 지오데식 돔의 약점 역시 하나의 고정된 형식이라는 점이다. 일관되고 완벽하다. 그러나 우발적이고, 특수하고, 일시적인 것에는 경직되고 무관심하다.

지오데식 돔은 건물 부지가 항상 둥글지는 않다는 것을 비롯해 몇 가지 사실을 간과하고 있다. 거리에 집들을 배치하거나, 실내에 가구와 칸막이를 설치하기에는 사각형 쪽이 더 수월하다. 돔은 또 굴뚝, 창문, 환기파이프 등을 설치하기가 곤란하며, 연결부위가 워낙 많아 누수의 우려도 있다. 덮개 아래에서는 자유를 보장한다고 하나, 구조물 자체는 고치거나 늘리기가 쉽지 않다. 풀러의 개념은 하드웨어에, 구조에, 그리고 건축가로서 그가 통제하는 것들에 너무 많은 마술을 부려 놓았다.

지오데식 돔이 해방의 효과를 주장하지만, 그것은 힘의 도구일 뿐이다. 다양성에 관심을 주지 않는 돔은 그 안과 주변에 살게 될 개인들의 역사와 욕구를 억압한다. 또 그런 형식을 만들려면 해당 건축가에게 의존할 수밖에 없는 만큼 건축가의 권위는 커진다. 맨해튼 돔을 만든다고 하면, 그 아래에서 살고 일하고 이해관계를 갖게 될 모든 사람들의 동의를 얻어내기 위해, 엄청난 힘과 부와 조직을 가진 존재가 필요할 것이다. 거대한 지붕이 덮인 장소, 예를 들어 쇼핑몰은 우리의 경험상, 대개는 대기업이 만들었다는 것을 안다. 때로는 그것이 우리의 사용과 즐거움에 봉사하지만, 그들의 이익을 위해 우리를 조작하기도 한다. 그 안의 규칙은 주인이 정한다.

《알프스 건축》이 현재의 기업적 건축으로 이어진 또 다른 계보가 있다. 투명한 기념물이라는 타우트의 개념은 미스 반 데어 로에의 1920년대 초고층건물 디자인과 다른 모더니즘 건축가들의 작품에 받아들여졌다. 처음에는 타우트의 화려한 형상 대신 절제된 직사각형 형태로 구사되었지만, 완벽한 유리 건물이라는 개념은 남아있다. 미스를 비롯한 건축가들의 디자인에서 유래한 유리상자는 2차 대전 후 오피스빌딩의 일반적인 형식이 되었다. 사람들이 거기에 질릴 즈음에 포스트모더니즘이 잠시 끼어들기는 했지만, 그 형식은 오늘날까지도 이어진다. 게다가 오늘날에는 타우트의 형상을 구현할 기술도 존재한다. 대개의 사무실이나 아파트 건물은 여전히 평평한 사각형이지만, 때로는 삐죽삐죽 하거나 다면체도 있고, 포물선이나 곡선으로 만들 수도 있다.

두바이의 스카이라인은 알프스 건축의 어색한 패러디라고 할 수 있다. 그것은 산이 없는, 사회주의와 형제애가 없는, 타우트의 세계관과 같다. 다만 그 유명한 실내 스키슬로프에 깔린 눈만은 비슷하다. 레이캬비크에서 시드니에 이르기까지, 건축가들은 자신의 건축물이 '수정 같다'고 말하곤 한다. 이 말은 자연의 권위에 가치 혹은 아름다움의 개념을 교묘하게 결합하고 있다. 수정 같다는 말은 다이아몬드나 멋진 술잔을 연상케 하기도 한다. 또한 건축가들에게 반짝이고 날카로운 모서리를 가지기만 하면 어떤 형태든 원하는 대로 만들어도 좋다는 자유를 부여하기도 한다.

한때 함께 일했던 어느 건축가는 자신의 어린 시절 이야기를 내게 들려주었다. 그의 부모는 아들에게 뭔가를 심고 기르라고 정원 한쪽을 떼어주었다고 한다. 미래의 그 건축가는 이 일을 진지하게 받아들였다. 그곳을 아름답고 제대로 만들기 위해 최선이라고 생각되는 일을 하기 시작했다. 그는 땅을 깨끗이 고르고 정리했다. 불순물 한 점 또는 그런 조짐조차도 제거했고, 초대받지 않은 외래 생명체는 죄다 뽑아냈다. 지렁이도 출입금지였다. 마침내 그는 완벽하게 정화된 사각형 땅을 만들었다. 그것은 그가 지배하는 잘 정돈된 땅이었지만, 사실은 작은 사막이나 마찬가지였다. 나중에 그는 우리가 함께 일했던 회사에서 승승장구했고, 남에게 모범이 되는 전문가 정신으로 건물을 지었다. 그리고 나는 오르지 못했던 그 회사의 이사로 현재 재직중이다.

정원은 건축의 동반자다. 때로는 단단함에 대한 부드러움, 남성에 대한 여성처럼 아주 상반되는 것으로 여겨지기도 하지만, 건물 짓기는 정원에서 배울 점이 있다. 정원은 살아있는 생명을 기른다는 용도 외에는 실용적인 기능과 직접적인 관련은 없다. 그리고 정원을 만드는 데 필요한 조건도 그렇게 까다롭지는 않다. 정원은 그 기능이 실재한다 하더라도 상당히 미묘하다. 〈내일은 없다〉에 나오는 T부인의 정원은 명상이나 즐거움을 제공한다. 때로는 파티, 놀이, 예식의 장소로 이용되기도 한다. 정원의 제약은 기둥 위에 보를 얹는 역학적 조건 같은 것이 아니라, 각 식물의 특성과 그에 맞는 흙, 온도, 빛, 물이라는 조건이다.

정원은 건물보다 더욱 분명하게 시간과 얽혀있다. 계절, 낮과 밤의 순환, 식물의 번성과 사멸, 해마다 자라는 나무의 성장이다. 정원은 결코 완성되지 않으며, 관리와 돌봄을 통해 계속 만들어지고, 어떨 때는 완전히 새롭게 재탄생하기도 한다. 정원은 최초 디자이너의 의도에 완벽하게 일치하도록 '원래 상태'로 되돌리는 것이 불가능하다. 정원이 처음 만들어졌을 당시의 나무는 그보다 훨씬 어렸으며, 그 외 어떤 부분도 정확히 같을 수 없다. 본래 모습은 정원의 시간이 흐르면서 자연스레 나타난다.

정원의 지속성은 물리적으로 얼마나 강한 재료를 썼느냐가 아니라, 얼마나 지속적으로 관리하느냐에 달려있다. 때로는 정원을 없애고 뭔가를 지으려는 계획을 막아야 하는 경우도 있다. 그것은 개인, 시 공무원, 보존협회 어느 한 사람이라도 그것을 돌보고 가꿀 생각이 있어야만 한다. 몇백 년씩 내버려둬도 괜찮은 피라미드와는 다르다. 정원은 시간의 흐름과 함께 경험할 수 밖에 없다. 하나의 관점에서 모든 걸 다 볼 수 없다(이 또한 피라미드와 다르다). 여기저기 걸어다니고, 어울리고, 함께 살아야만 제대로 볼 수 있다. 기후가 달라지고, 계절이 바뀌고, 빛과 어둠이 교차하기도 한다. 단 한번도 똑같은 정원인 적이 없다.

일본 교토에 있는 17세기 에도 시대 황제의 별장이자 정원인 가츠라리큐桂離宮는 수십 년에 걸쳐 만들어졌다. 이곳은 서구와 일본의 건축가들에게 특별한 관심을 받았다. 브루노 타우트는《알프스 건축》출간 14년 후 이곳을 방문하고, 자신의 황홀한 감상을 글로 펴냈다. 국적의 폐지를 주창했던 타우트는 죽을 때까지도 무국적이다. 소비에트 러시아에서 경력을 쌓으려 했던 그는 뜻을 이루지 못했다. 사회주의자이자 유태인이기 때문에, 나치 치하의 독일로 돌아갈 수도 없었다. 그는 결국 터키의 이스탄불에 정착했다. 그리고 1938년 앙카라에서 사망하기 한 달 전에, 무스타파 케말 아타튀르크의 관대*를 디자인했다.

스위스 낙원과 마찬가지로, 가츠라리큐는 타우트에게 조화로운 우주의 이미지였다. 그가 지녔던 초기의 환상과는 달랐지만, 이곳은 마땅히 그러해야 할 세계의 모습이었다. 유리나 수정 따위는 전혀 없더라도 가츠라리큐는 "자유로운 개인들의 좋은 사회"였다. 이곳은 "극도로 정제된 형식에 인간 관계와 그들의 결속을 반영"하고 있다. 그의 수정 성당과 기념관 그림에 찍혀 있던 개미 같은 몇몇 점들에서는 발견하기 어려운 관계와 자유였다.

가츠라리큐는 도시히토 태자의 교외 별장으로 만들어지기 시작해 그의 후계자 도시타다 때까지 이어졌다. 도시히토가 살았던 시절은 사실상의 통치자였던 쇼군에 의해 왕실의 힘이 위축된 때였다. 쇼군은 왕이라는 이름이 가진 권위를 이용하려고 했다. 태자는 명예로운 볼모 또는 허수아비에 가까웠다. 도시히토는 행복했던 옛 시절의 문학을 좋아했다. 일본의 현대 건축가 단게 겐조는 가츠라리큐가 태자의 애독서에서 영감을 얻은 것이리라고 추측했다. 예를 들어 11세기의 《겐지 이야기》에서 달 밝은 밤의 음악과 소나무 소리를 묘사한 부분이다. 태자는 "사물에 대한 짙은 감상에 빠진 사람"이었다고 단게는 말했다. 그 역시 이 별장과 정원을 "정靜과 동動 사이의, 귀족과 평민 사이의, 형식적 완벽함과 순수한 창의성 사이의 경이로운

* 관을 올려놓는 받침대.

균형"으로 보았다.

이곳은 궁정의 의식과 예식을 전혀 치르지 않은 것은 아니었지만, 주로 명상과 위안을 위한 장소였다. 주 건물은 세 채의 이어진 구조물인 고쇼인古書院, 주쇼인中書院, 신고텐新御殿이다. 쇼인이란 일종의 '강당', 고텐은 왕의 '궁전'을 의미한다. 이곳은 큰 행사를 치르면서 여러 차례에 걸쳐 지어졌고, 마지막 행사는 왕의 방문이었다. 가츠라리큐에는 그 외에도, 중앙의 구불구불한 연못 주위의 정원에 산재한 다옥茶屋들, 묘지, 출입문과 다리들이 있다. 정원과 건물들은 걷거나 배를 타고 가면서 감상하게 되어있다. 길 군데군데에는 석등이 서 있고, 특정한 경치 또는 감상을 느낄 수 있도록 쉬어가는 곳도 마련되어 있다.

가츠라리큐에서는 건물과 자연이 상호침투한다. 큰 지붕에 목조로 지어진 구조물인 쇼인은 대체로 전경으로부터 떨어져 있도록 잘 정돈된 건물이지만, 층층의 툇마루와 가리개가 내부와 외부를 중첩시킨다. 여기서는 안과 밖이 직접 연결된다. 예를 들어, 고쇼인의 주실과 달을 감상하는 누각인 겟파로月波樓 사이에는 난간이나 장식이 없는 긴 대나무 발판이 설치되어 있어, 주변 부속물과 연못에 비친 반사상을 볼 수 있다. 타우트는 종이가 발린 미닫이문을 열어보고는 이렇게 말했다.

> 정원의 '그림'이 마치 집의 일부인 듯 한번에 왈칵 다가와 우리를 압도한다. 정원의 존재감이 실내를 지배한다. 벽의 표면 하나하나가 정원을 반사하기 위해 디자인된 듯 보일 정도다. 반사된 모습은 금색과 은색의 불투명한 미닫이 칸막이에서 특히 선명하다.

가츠라리큐와 정원, 교토, 17세기.
일상적으로 사용한 다옥, 외부와 내부.

다옥과 출입문에서는 정원과 건물이 더 친밀하다. 모두 소재를 자연적 형태에 가깝게 사용하고 있다. 진흙, 짚, 거친 돌, 구불구불한 나뭇가지, 또는 껍질이 그대로 붙어있는 코르크참나무 줄기다. 실내는 완전히 막혀있지 않아서 바깥의 땅이 안으로 스며든다. 기둥 사이로, 창문틀 사이로 경치가 조각조각 보인다. 격자 가리개를 통해서는 숲의 밝은 녹색이 비쳐든다. 다옥은 다리, 섬, 오솔길, 나무와 같은 정원의 중요한 요소들에 대응하여 놓여 있다. 실내의 경치는 바로 그런 것들로 이뤄진다. 차를 만드는 도구인 점토 화로와 물통들 자체가 바깥에 있는 바위와 나무로 만들어져 있다.

정원은 찾아낸 것과 꾸며낸 것의 합작품이다. 경사진 땅, 달이 뜨고 지는 경로, 너무나도 멋진 나무와 같은 자연적 요소들을 이용해 정취는 한층 무르익는다. 물길의 특정 부위에 반딧불이가 모여 등불이 된다. 형태나 질감 같은 본래의 특성을 살려 돌을 선택했고, 그것들을 절묘하게 배치했다. 뾰족하고 수직으로 선 것들은 산맥처럼 보이게 나란히 붙여놓았다. 검은 자갈들을 모아, 마치 의도하지 않은 듯 물속에 쏟아 부어, 튀어나온 곶을 만들었다. 경사면이나 짚으로 엮은 지붕에는 이끼가 자라게 했다.

여기서는 서로가 서로를 잦아들지만, 경계의 모호함은 없다. 안과 밖, 빛과 그늘의 차이에 대한 날카로운 인식이 있다. 그리고 하나로부터 다른 것으로 넘어가는 단계적 변화가 표면과 경계들의 미묘한 연속을 통해 펼쳐진다. 다다미 바닥에서 나무 테두리로, 돌계단으로, 땅바닥으로, 자갈들로, 이끼로, 물로 넘어간다. 여기에는 또 소재의 특성에 대한 인식과 그것들의 차이를 과장하는 익살스런 즐거움도 있다. 길을 포장한 것은 거친 바위거나 네모로 자른 평평한 석판이다. 돌은 흩어진 자갈이거나, 다리를 만든 5미터 짜리 큰 바위일 때도 있다. 나무들은 가지치기가 되어 있기도 하지만, 무성하게 뻗어있기도 하다. 이곳에는 자연적으로 번성하는 것들도 있지만, 겨울 추위를 견디도록 싸주어야 하는 것들도 있다. 자연적으로 흠집이 생긴 돌 하나가 결이 뚜렷한 나무 옆에 놓여 있다. 뒤틀린 패턴이 얼마나 닮았는지 보여주려는 것이다. 왕의 연단 옆에 있는 선반의 작은 구석에도 열여덟 가지의 다른 목재가 사용되었다. 그리고, 혹시 일본의 건축이 자연적인 단순함에 국한된다고 오해할까 싶어, 갑자기 금, 은, 옻칠, 그리고 구상적인 그림이 개입한다. 바위나 식물 중에는 일부러 기이하게 만든 것도 있다. 제자리에 있지 않은 소나무 군집 같은 것들이다.

우리는 돌이나 목재의 소리, 그리고 그것들의 온기와 냉기를 느낀다. 폭포 밑에는 물 떨어지는 소리가 잘 들리도록 돌 대야가 놓여있다. 여기에는 진흙, 꽃, 소나무의 향, 다례의 미각과 촉각이 있다. 한때는 음악도 있었으리라. 불규칙하고 들쑥날쑥한 포장길은 우리로 하여금 아래를 내려다보고, 어디를 걷고 있는지 확인하게 하고, 다른 각도에서 주위를 둘러보라고 주문한다. 난간이 없는 다리와 누각은 우리의 몸이 어떻게 움직이는지 주의를 기울이라고 경고한다.

브루노 타우트는 가츠라리큐에서 고도의 기능주의를 보았다. 그것은 디테일에 있었다. 나무 기둥은 물에 썩지 않도록 돌받침 위에 세워져 있고, 짚이나 기와 혹은 얇은 나무판으로 된 지붕은 햇빛을 가리고 지붕의 물을 빼도록 적당하게 기울어져 있다. 이런 것들이 풍요로움을 만들어낸다. 통풍이 잘 되도록 구멍 뚫린 가리개, 진흙 담이 빗물에 녹아내리지 않도록 작은 지붕 모양으로 씌운 갓돌도 마찬가지다. 서재에 들어가기 전에 신발을 벗어두는 돌덩어리인 섬돌은 빗물이 고이지 않도록 중앙이 약간 볼록하게 솟아있다. 찻물을 끓일 때 나오는 열을 막아주는 작은 판, 그 옆에 있는 돗자리, 다기를 얹어 말리는 나무 선반은 제각각 디자인의 아취가 묻어난다.

하지만 서로 튀지 않고 하나로 어울린다. 타우트는 이렇게 말했다.

> 이곳의 모든 부분은, 어느 면에서 보더라도, 원래의 목적을 행하는데 놀라울 정도로 탄력적이다. 각각의 부분들로 이뤄져 있지만, 마치 하나로 된 전체 같다. 일상용품이건, 공식적인 의례용품이건, 심지어 높은 철학적 정신을 표현하기 위한 도구이건 다를 바가 없다. 더욱 놀라운 것은 이 세 가지 용도가 모두 긴밀하게 통합돼 있어, 우리는 그들 사이의 경계를 인지할 수 없다는 점이다.

다시 말해, 달을 감상하는 누각, 섬돌, 다기 받침, 선반, 부엌, 왕의 연단, 공놀이 잔디밭, 손을 씻을 수 있도록 개울 속으로 뻗어 내려가는 디딤돌 모두가 그 전체의 일부인 것이다.

시간은 핵심 요소다. 별장과 정원은 사람의 움직임을 통해 살아난다. 다례가 행해지는 공식적인 경로를 이동하든 정원을 무심히 거닐든, 그 움직임은 매일, 매년 서로 다른 시간에서 일어날 것이다. 미닫이 칸막이는 방들 사이의 관계, 안과 밖의 관계를 바꿔놓는다. 시간은 일생이 기록되어 있는 나무의 결 속에, 돌의 지질학적 연대 속에, 달과 날과 계절의 순환 속에, 물의 흐름 속에, 나무, 꽃, 또는 지붕에 있는 이끼의 성장에도 있다. 꽃이 피거나 잎이 지면, 그것들은 자갈이나 포장석과 어우러져 땅의 무늬를 만든다. 시간은 하나로 흐르지

가츠라리큐의 정원 전경.

만, 진흙, 종이, 짚, 나무, 돌은 서로 다른 속도로 늙는다. 여기에는 뭔가를 만들어간다는 의식이 깃들어 있다. 가공한 돌과 가공하지 않은 돌의 대비, 짜맞춰진 나무, 자갈과 포장석의 배치 모두가 만들어가는 시간의 관심 대상이다.

가츠라리큐에서 정원과 건물은 하나로 어우러진다. 무엇이 무엇인지는 분명하지만, 어느 하나가 없으면 다른 하나도 의미를 잃는다. 게다가 그것들의 특성은 중첩된다. 건물 소재의 상당수를 차지하는 진흙이나 짚, 종이, 대나무는 약하고 비영구적이다. 그것들은 정원의 식물들과 마찬가지로 관리, 유지, 보수가 필요하다. 반면에 정원에는 단단하고 움직이기 어려운 바위들도 자리잡고 있다. 서구 건축의 보편적 개념, 즉 건물은 단단하고 영구적이며 정원은 부드럽고 일시적이라는 생각이 이곳에는 없다.

대신에 가츠라리큐는 다른 종류의 강인함이 있다. 로마의 건축가이자 저술가 비트루비우스는 건축의 핵심 요소가 '유용함, 견고함, 기쁨'이라고 했다. 일견 너무나 명백하고 뻔한 통찰이어서 다음에 어떻게 해야 할지, 무슨 말을 해야 할지 알 수 없게 만든다. 하지만 스위스의 건축가 자크 에르조그는 이 세 요소가 서로 상관성을 가질 때 보다 흥미로워진다고 지적했다. 어떤 건물의 유용함이란 우리에게 제대로 된 기능을 제공하는 것을 말하는데, 그것이 곧 기쁨이다. 만약 어떤 건물이 누구의 관심도 끌지 못하고, 그래서 유용함을 갖지 못하다면, 사람들이 그것을 없애버리려고 할 테니, 견고함을 상실한 것이다. 수많은 콘크리트 건물이 폭파되고 해체되었다는 사실이 이를 증명한다. 이와 반대로, 어느 건물이 약한 소재로 만들어졌지만 기쁨을 준다면, 그것은 강인함을 갖게 된다. 가츠라리큐를 비롯해 사실상 교토의 모든 정원, 사원, 궁들이 이를 잘 보여준다. 관리가 없었다면 그것들은 사라졌을 것이다. 하지만 그 건물들은 사람들에게 보살피고 싶은 마음이 들게 했고, 그래서 지금까지 버티고 있다.

이를 월드 트레이드 센터의 트윈 타워와 대비해볼 수 있다. 건축가 미노루 야마사키는 교토의 가츠라리큐와 그곳의 다른 사적지에 나타나는 조화의 원리에 영감을 받았다고 했다. 2차 세계대전 중에 교토의 사적지들은 일본의 다른 도시들을 파괴했던 공습을 모면했다. 핵폭탄도 나가사키에 떨어졌다. 신혼여행을 교토에서 보냈던 미국 국방장관 헨리 스팀슨이 그렇게 아름다운 장소는 보존되어야 한다고 우겼기 때문이었다. 트윈 타워는 노화와 충격에 견디도록 설계된 껍질을 두르고 있었지만, 어찌되었든 공격을 유도해 지어진 지 30년도 되지 않아 파괴되었다. 가츠라리큐를 지었던 태자는 뉴욕과 뉴저지의 항만청보다 더 선하지도 더 합리적이거나 민주적이지도 않았다. 그러나 그들의 건축적 표현은 매우 다른 결과를 가져왔다. 진흙과 종이가 강철보다 더 강할 수 있다는 게 증명되었다.

서구 건축에는 파르테논 콤플렉스가 널리 퍼져있다. 그것은 불변의, 그리고 더 이상 보태거나 뺄 수 없는 완전한 대상에 대한 숭배로, 그리스의 처녀신 아테나에 바쳐진 고대의 신전이 유발한 일종의 강박증이다. 아니 그보다는 실제 건물의 여러 측면은 무시한 채, 파르테논 신전에 대한 상상 버전이 이런 현상을 유발했다고 하는 편이 맞을 것이다. 그 콤플렉스는 색깔이나 장식, 건물이 지어지게 된 맥락보다는 형태적인 완벽함과 있는 구조적 순수함과 같은 무덤의 특성을 선호한다.

목적은 생명과 시간을 초월하여 영원으로 가려는 것이다. 그렇게 건축가는 자신과 의뢰인에게 힘을 실어준다. 자신들의 통제하에 있는 형식과 구조, 디테일의 위상은 한껏 높이고, 다른 것의 기여도는 낮춘다. 예를 들면, 그 장소에 얽힌 기억과 욕망, 그리고 마법의 대상이라고 부를 만한 이 건물을 만드는데 관여했던 사람들도 드러내지 않는다. 또한 건물을 사용하면서 생기는 효과, 건물의 사용자들이 받는 영향, 우연적 사건, 건물의 노후화, 다른 건축물에 의한 효과도 역시 보여주지 않는다. 그 건물이 아닌 그 외의 모든 정체성은 억제되고 무시된다.

힘의 건축이 갖는 형식들, 즉 반복, 대칭, 항구성, 고립성, 완결성, 굳건함은 무덤의 형식이다. 장례 절차에서 이것들을 빌어와 건축가는 자신의 사무실 건물과 주택에 중력을 부여한다. 그들 자신이 불멸의 존재에 대한 수호자가 되는 것이다. 파르테논 콤플렉스는 심지어 그것을 거부하는 듯한 사람에게도 전염된다. 버크민스터 풀러 같은 경우다. 그는 자신의 건축물이 목표가 아니라 수단이라고 누누이 강조했지만, 그의 건축물은 기념물이 되고 말았다.

영원성은 과대평가되고 있다. 그러나 이는 시간을 초월하는 것이 중요하지 않다는 말은 아니다. 일상에 명백하게 무관심했지만, 미스 반 데어 로에의 건물은 강력하고 인상적이다. 그 주변에 있는 삶의 리듬과 음색까지 바꾼다. 시간을 벗어난 존재라는 근대적 환상을 야기하고 있는 파르테논은, 거주지가 아닌 단일 대상물로서는 최대한의 감동이다. 모든 건축은 힘의 작품이기 때문에, 그 힘을 주장하기 위해 불멸의 형식을 사용하려는 욕구가 일어나는 것은 당연하다.

그것이 없어지기를 바라는 것은 어리석은 생각이다. 요점은, 시간을 초월한 영원성, 더 정확히는 매우 오랜 수명이란 건축의 여러 항목 가운데 하나일 뿐이라는 것이다. 그런데도 파르테논 콤플렉스는 오로지 시간의 한 가지 형식만을 선호한다.

가츠라리큐와 하이라인의 강인함은 다른 수준의 시간을 사용하고 있는 데서 나온다. 하이라인은 산업적 고고학을, 식물 성장의 리듬, 인간의 사용 패턴과 결합한다. 가츠라리큐는 꽃과 돌로 만들어졌다. 두 경우 모두, 풍경과 식물이 건물과 함께 어우러지면서 미묘함과 다양성을 보다 쉽게 확보할 수 있었다. 하지만 꼭 눈에 보이는 성장하는 대상이 없더라도 시간에 대한 감수성은 얻을 수 있다. 건물을 짓는 것과 정원을 가꾸는 것은 서로 대립적일 이유가 없다. 다만 공간만들기 작업의 서로 다른 측면일 뿐이다.

튀니지 카이르완의 9세기 모스크가 하나의 사례다. 이곳은 매우 단순하다. 아케이드가 설치된 넓은 안뜰 뒤로 기둥이 많은 기도실이 있다. 그 안에는 카펫들이 깔려 있고, 기도하는 사람들은 자신이 원하는 곳에 자리잡는다. 기둥은 이곳에서 160킬로미터 떨어진 카르타고 유적지에서 가져온 고대 로마 시대의 것들이다. 크기와 형태가 다양하고, 원래의 장소에 세워졌을 때와 같은 규칙적인 질서는 없다. 카이르완은 건조한 지역이라 모스크는 물 수집소이자 저수장이기도 하다. 지붕을 타고 안뜰로 흘러내린 빗물은 뜰 가운데 있는 구멍으로 들어가 아래의 저수조에 고인다. 구멍 주위는 먼지를 걸러낼 수 있도록 물결무늬가 새겨진 대리석으로 테가 둘러져 있다. 비가 그치고 나면 건물이 서서히 마르면서, 증기 구름이 중앙 구멍으로 좁아 들다가 그 속으로 사라진다. 모스크는 힘들이지 않고도, 그리

우크바의 모스크, 카이르완,
튀니지, 670년 착공, 9세기에 복원.

고 얼마간은 우연에 의해, 로마 유적의 역사적 시간과 기도자의 인간적 시간, 빗물이라는 기상적 시간을 우아하게 수용한다.

다른 예로는, 일본 가나자와의 21세기 미술관이 있다. SANAA의 공동대표인 세지마 카즈요와 니시자와 류에가 설계한 것이다. 이 미술관은 공원 안에 놓인 납작한 디스크 형태인데, 영원과 무덤의 형식인 원형을 채택하고 있다. 또한 유리로 둘러싸여 있다. 확실히 무덤이고 수정이다. 그러나 이 미술관은 높이가 낮고 옆으로 넓기 때문에 밖에서 볼 때 어떤 기념물 같은 걸로는 보이지 않는다. 다만 유리의 투명함과 반사에 의해 끊임없이 움직이는 곡면으로만 보인다. 잘 보이지 않는 출입구를 찾으려면 멀찌감치 물러서서 보면 알 수 없고, 건물을 따라 돌아야 한다.

내부는 사각형, 직사각형, 원형 공간이 느슨한 격자로 배열되어 있다. 그 공간들은 화랑, 카페, 사무실, 강연장이기도 하고, 때로는 공개회의장이기도 하다. 거리처럼 느껴지는 통로들이 교차하는 이곳은 마치 마을 하나를 축소해 놓은 듯하다. 여기에는 다양한 수준의 개방성이 있다. 어떨 때는 겹겹의 유리를 통해 걸러진 바깥의 전망이, 어떨 때는 벽으로 완전히 둘러싸인 공간이 나타나기도 한다. 수영장 하나, 식물이 뒤얽힌 벽 하나, 제임스 터렐이 디자인한 방 하나가 고정된 시설로 일종의 이정표가 된다. 그 외의 모든 화랑은 전시회를 위해 개방돼 있다.

이곳은 걸어서 돌아다녀야 발견할 수 있는 건물이다. 내부에는 다양하게 경로들이 뚫려 있고, 어느 것이 우선이라는 순서도 없다. 그래서 매번 방문할 때마다 다른 경험을 하게 된다. 이 미술관은 사실 가츠라리큐나 하이라인보다 차갑고 딱딱하다. 정확하게 원형으로

21세기 미술관, 가나자와, 일본, SANAA 설계, 2004년.

범위를 구획하고 있어 고정성은 영구성의 한 항목으로 작용한다. 그러나 시야가 유리벽을 통과해 지나면서 그 영구성은 쉽게 해체되기도 한다. 원은 하나의 중심에 무게중심이 부여되기 마련인데, 여기서는 중앙이 흩어져 있다. 다른 것들보다 더 중요한 하나의 지점이란 것이 없다. 여기서 우리는 길을 잃었다가 다시 찾는 놀이를 하게 된다. 원은 방향을 가리키지 않는다. 격자형 평면이 방향을 알려주고, 어디에나 있는 흰 벽과 유리가 공간을 비슷하게 만들었다가, 이정표가 다시 그것들을 구별하게 만든다. 이곳은 하나의 상냥한 미로다.

또 다른 예로는, 시네롤리엄이 있다. 2010년 런던 클러큰웰 지역의 오래된 주유소를 개조해 만든 가설극장으로, 열다섯 번 영화를 틀었다. 이곳은 사실상 이름도 없는 어느 학생그룹이 자신들의 노력과 다른 사람들의 지원을 모아 불과 6500파운드(약 1100만원)로 지었다. 주택 공사를 할 때 습기차단막으로 쓰는 은색의 합성부직포인 타이벡으로 주유소를 둘러싸 관람석을 가렸다. 영화가 끝나 커튼이 올라가면 관객들은 갑자기 거리 한가운데를 바라보게 된다. 이는 특별 추가공연인 셈인데, 물론 지나가는 행인들도 그들을 보게 된다. 즐겁게 영화를 보던 흥분이 가라앉자, 갑작스레 구경꾼에서 구경거리가 되는 것이다.

이 작업의 매력은 순간의 기회를 제대로 포착한 데 있다. 주유소를 이용할 수 있게 되었을 때, 가설구조물을 짓도록(아마도 상설 극장이라면 허가가 나지 않았을 것이다) 도시기획자들에게 허가된 자유와, 쪼들린 시간과 돈이 만들어낸 창의성을 최대로 활용했다. 올라가는 커튼이 자아낸 놀라운 효과, 그리고 실제 완성되지 않은 건물이 만들어냈다는 점에서, 이 건축은 공연에 가까웠다. 사실 그곳에서 상영된

시네롤리엄, 런던, 어셈블 설계, 2010년.

영화들은 앞으로도 영구히 보존될 60년대, 70년대의 고전들로, 그 영화들이 시네롤리엄보다 훨씬 더 오래 시간을 견뎌낼 것이다.

이는 자발성과 움직임의 건축이다. 그것은 자동차를 위해 만들어진 장소를 점유하고, 거기에 움직이는 그림을 들여놓았다. 그것은 시간 속에 거품 하나를 만들었다. 그 속에서 우리는 런던의 변형된 모습 하나를 볼 수 있다. 영화의 순수한 즐거움을 제외하고라도, 지금보다 훨씬 더 축제같고 꿈같은 곳일 것이다.

9

삶, 그리고 삶의 모습 … 생활

"리나 보 바르디는 쎄시를
상파울루 미술관보다 '더욱
흉하게' 만들고 싶다고 했는데,
그 말은 아름다움은 건물이
아니라 사람에게서 나와야
한다는 뜻이었다."

혹시 하이라인에서 너무 고상한 면만 부각됐다고 생각하는 독자들이 있을지 모르겠다. 하지만 그런 의심은 리나 보 바르디가 브라질 상파울루의 한 공업지대에 1977년부터 1986년까지 10년에 걸쳐 만들었던 사회문화센터에는 맞지 않는다. 바로 쎄시 폼페이아SESC Pompéia다. 그곳은 단지 수동적인 예술과 볼거리를 제공하는 데 그치지 않았다. 물건과 이벤트가 만들어지는, 창조와 오락, 스포츠와 노동의 사회적 공간이었다. 그곳에는 1200석 규모의 극장과 수영장, 야구장은 물론, 작업 공방과 도서관, 사진 현상실이 있었고, 바와 레스토랑, 일광욕을 즐길 수 있는 공터와 체조와 레슬링, 춤을 출 수 있는 체육관이 있었다. 포르투갈어로 '상업 활동의 사회적 지원Serviço Social do Comércio'라는 뜻의 쎄시SESC는, 문화적 활동에서 치과 치료까지 모든 것을 제공하기 위해, 여러 회사로부터 재원을 조달하여 만든 단체다. 쎄시 폼페이아는 그들이 운영하는 여러 센터들 중 하나다.

보 바르디는 몇 년간 제대로 일을 할 수 없었다. 군부 독재정권이

브라질의 권력을 장악하자, 그녀가 꿈꿔왔던 좌익 정치가 더 이상 호응을 얻지 못했기 때문이다. 쎄시 폼페이아는 상파울루 미술관을 완공한 지 10년 만에 그녀가 처음으로 맡은 큰 프로젝트였다. 한때는 드럼통을 만들다가 나중에는 냉장고를 만들기도 하던 옛 공장터에 세울 예정이었다. 깨끗이 철거하는 게 아마도 좋을 듯 싶었다. 하지만 거의 무너져 비가 줄줄 새는 폐공장을 두 번째 방문했을 때, 그녀는 이곳에서 꽤 많은 활동이 일어나고 있다는 것을 알았다. 그녀가 만들려고 했던 환경이 바로 그곳에 있었던 것이다.

> 행복한 사람들. 아이들, 엄마들, 할머니들, 연금수령자들이 이 창고에서 다른 창고로 가고 있다. 애들은 달리고, 청소년들은 부서진 지붕 사이로 떨어지는 비를 맞으며 축구를 했다. 그들이 물웅덩이에서 공을 찰 때마다 웃음이 터져 나왔다. 엄마들은 클레시아 거리 입구에서 바비큐를 굽고 샌드위치를 만들었다. 그곳에서 가까운 곳에 인형극장이 하나 있는데, 아이들로 가득했다. 나는 생각했다. 이곳은 계속 되어야 해, 이토록 행복 가득한 모습과 함께. 나는 토요일, 일요일에 여러 번 거기를 갔다. 그리고 마침내 알았다. 사람들의 행복한 모습을 그제야 진정으로 이해했다.

그녀는 그곳에 사무실을 차리고, 프로젝트 건설업체 사람들, 앞으로 그곳을 사용하게 될 사람들 모두와 함께 일했다. 그녀는 옛 공장이 이미 새로운 용도로 훌륭히 쓰이고 있으므로 그대로 두기로 했다. 바꾸어야 할 부분은 주로 내부였다. 가구를 새로 놓고, 칸막이를 제거하거나 다시 설치하고, 표면을 매끄럽게 처리하고, 표지판을 새로 만들었다. 그녀는 공간을 거의 다 터버렸다. 그녀는 내부에 '랜드

스케이프'를 만든 것이다. 공간을 분할하는 벽들도 가능하면 사람 키의 절반 높이로만 설치하여 개방성이 유지되도록 했다. 그것은 마치 하나의 홀에 여러 종류의 마을이 둘러싸고 있다거나, 또는 마을에 있는 지붕 덮인 광장과도 같았다. 뭐든지 할 수 있었다. 사용자들은 자신의 생각에 따라 마음껏 만들고 바꿀 수 있었다.

쎄시가 어떻게 전개될 것인지 상상하면서, 그녀는 점들과 삐뚤삐뚤한 선, 화살표, 휘갈겨 쓴 메모, 색칠, 촘촘한 빗금, 점선들이 가득한, 자유롭고 느슨한 도면을 만들었다. 그것은 생각, 운동, 활동, 공간, 건설을 동시에 표현한 것이었다. 도면은 어린아이의 그림 같이 보이지만, 그래도 그녀가 이탈리아에서 수련했던 규율과 기법이 배어있었다. 나무와 물, 움직임을 나타내는 상징들이 기둥이나 벽만큼의 비중을 차지한다.

일반적인 건축 드로잉과는 달리, 판매를 위한 소개 자료나 도구가 아니었다. 건설업체 사람들, 이 건물을 사용할 사람들과 소통하고 논의하기 위한 수단이었다. 소박한 표현은 기술 도면에 가득한 전문성의 장벽을 무너뜨리기 위한 것이었다. 아마 그녀 자신에게 보내는 메시지일 수도 있다. 하나의 생각을 실체화하여 세상에 내놓기 위한 방법으로, 그녀는 자신의 생각을 자기 스스로가 볼 수 있도록 그림으로 그리고, 그걸 보며 다시 고치는 중이었을 것이다.

그녀는 여러 아이디어를 그곳에 뿌렸는데, 그 중 일부만 싹을 틔웠다. 그 중 하나는 브라질 남동부에서 북동부를 관통하여 흐르는 상프란시스쿠 강의 축소판을 그곳에 만들려는 구상이었다. 그녀는 작은 물줄기가 단지 안에서 굽이치고 넘실대며 흐르게 하기 위해 여러 방식을 시험해보았다. 결국 그 물줄기는 옛 공장의 지붕 아래를

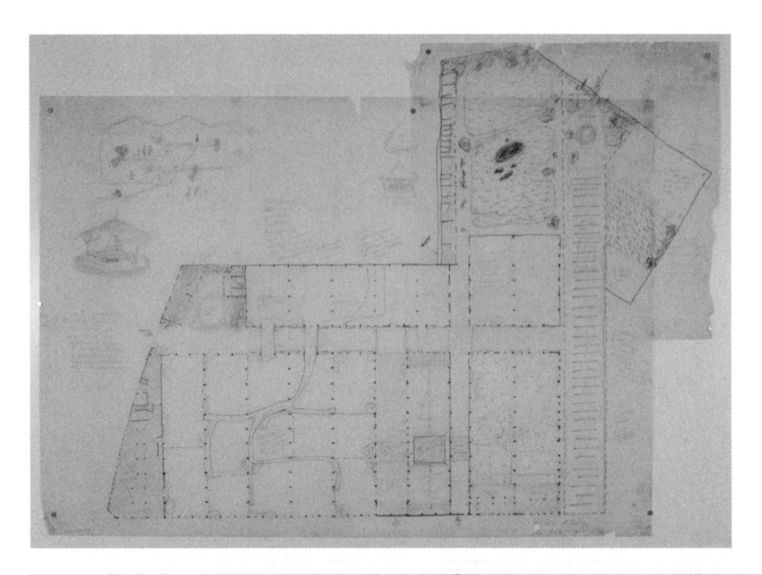

쎄시 폼페이아, 상파울루, 1977–1986년. 리나 보 바르디의 그림.
위 단지의 예비조사 도면, 1977년. **아래** 스포츠센터 내의 '행복한 스낵바' 전경, 1984.

흘러, 다용도로 만들어진 큰 홀 안에 자갈 깔린 구불구불한 수영장을 형성하게 된다. 그녀는 또 쎄시의 진입로를 따라, 악마의 눈을 막아준다고 알려진 식물인 산세베리아를 심자고 제안했다. 그녀가 적었던 메모에 따르면, "글과 낙서와 그림으로 채워진 큰 벽(142미터), 즉 브라질의 역사"를 만들려고도 했다. 나중에는 브라질산 대리석과 준보석급 돌들로 긴 '카펫'을 깔자고 했다.

실내를 관통하는 강 가장자리에는 난로가 하나 만들어졌다. 건물 외부의 강변에는 조개 껍질과 유리 조각, 대리석을 섞어 넣은 콘크리트 바닥을 깔고 그 위에 긴 일광욕 데크를 설치해, '해변'이라고 이름 붙였다. 그녀는 산업사회의 노동이 이제는 사람들과 함께 하는 놀이로 바뀌었음을 뜻하는 쎄시의 로고를 디자인했다. 굴뚝 같이 생긴 급수탑에서 꽃들이 피어나는 모양이다. 전시회도 기획했는데, '브라질 아이들을 위한 천 개의 장난감'이라든가, 그 지역의 곤충들을 보여주는 '어린이들을 위한 막간 휴식' 등이었다. 그녀는 개장 전시로, 최고의 팀에서 "가장 평범한" 팀까지 전국의 모든 축구 클럽을 한데 모으는 기념전을 제안하기도 했다.

쎄시는 종교적 관습에서 축구까지, 브라질의 땅과 문화에 대한 보바르디의 열정을 상파울루 미술관보다 더 잘 표현하고 있다. 그녀는 특히 브라질의 북동부 지역과 살바도르 시에 매료되었는데, 한때 거기에 살면서 상파울루에서 한 것보다 더 토속적이고, 작고, 저렴한 건물을 디자인하기도 했다. 거기서 또 신에게 봉헌한 동물의 사지와 머리들, 강의 배 위에서 복작거리며 살아가는 사람들의 사진들을 보여주는 전시회도 개최했고, 독재정권이 들어서면서 없애버린 대중예술 박물관을 계획하기도 했다. 그녀의 이러한 관심은 쎄시에서

쎄시 폼페이아, 다용도 공간과 도서관.

'촌놈과 시골뜨기-나뭇가지로 엮은 울타리에 진흙을 발라 만든 허술한 벽'이라는 전시회로 나타났다.

그녀는 북동부에 비하면 상파울루가 "유골더미"이며, "자기 파괴에서는 세계 챔피언"이라는 생각을 갖고 있었다. 그런 면에서 쎄시는, 브라질의 세련되지 못한 부분을 하나의 영감으로 활용해, 대도시 한구석에 활력을 불어넣으려는 시도라고도 볼 수 있다. 그래서 '상프란시스쿠 강', 장난감과 '촌놈' 전시회가 옛 공장 안에 지어진, 마을 같은 실내에 펼쳐지는 것이다.

마을 옆에는 세 개의 콘크리트 타워로 이루어진 성을 하나 지었다. 타워 하나에는 1층에 수영장이 있고 그 위로 스포츠 경기장을 층층이 쌓아 올렸다. 두 번째 타워에는 스포츠 경기장을 이용하는 사람들을 위한 탈의실과 바가 있고 그 옆에는 레슬링과 체조를 하거나 춤을 출 수 있는 방들이 있다. 이 두 타워는 고가다리로 이어져 있어서, 탈의실에서 경기장으로 가는, 별것 아닌 이동을 공중에 떠서 움직이는 흥미로운 여행으로 만들어준다. 세 번째 타워는 원통형의 급수탑이다. 각각의 타워는 투박하고, 원시적이면서, 독특하다. 층층의 경기장에는 원시인들이 뚫어놓은 듯한 창문들이 제각각 나있다. 탈의실 타워는 네모난 나무 몸통 같은데, 거기서 고가다리들이 가지처럼 뻗어있다. 급수탑 외벽에는 총 예순여덟 개의 울퉁불퉁한 고리가 감겨 있는데, 탑을 만들 때 콘크리트를 부어 넣었던 자국들이다. 이런 자국은 건설과정에서 생길 수 밖에 없는 부분으로, 보통은 면을 평평하게 고르는데, 때로 노출된 채 남기기도 하지만 이렇게 거친 경우는 드물다.

이 타워들은, 옛 공장의 개조가 예민했던 만큼 상대적으로 자기

쎄시 폼페이아, 스포츠센터.

쎄시 폼페이아, 스포츠센터에서 내려다본 '해변'.

색깔이 분명하고, 공장이 폐쇄적이었던 만큼 반대로 열려있다. 그것들은 쎄시를 상징하면서, 브라질의 거친 정치에 대응하는 듯 강력한 모습을 내보인다. 비즈니스 타워들처럼 이곳도 과시하듯 스카이라인을 내건다. 그래서 적대적인 정권이라도 그것들을 제거하기 어렵게 만들었다. 이 단지는 '해방의 성채'라고 불린다. 방어하는 곳이면서, 동시에 누구나 접근가능한 장소라는 뜻이다. 리나 보 바르디는 이렇게 말했다.

> 극장은 광장과 거리로 나가 도심으로 들어가고, 의자와 가구가 집을 떠난다. 사람들, 남자들, 여자들, 아이들, 군중들은 그리고 1936년 르 코르뷔지에가 브라질을 방문했을 때 구스타보 카파네마 장관에게 보낸 유명한 편지에 한껏 흥이 올랐다. "장관님, '무대'와 '좌석'을 갖춘 '극장'을 만들지 마세요. 광장과 길, 나무로 가득한 공간을 그대로 두고, 그저 누구나 이용할 수 있는 나무로 만든 연단만 몇 개 준비하세요. 브라질 사람들은 거기에 올라가서는, 타고난 우아함과 지성으로 '즉흥적'으로 사용할 겁니다."

쎄시에서 그녀는 규정이 없는 열린 공간들을 모아 하나의 영토를 창조했다. 그곳에서는 즉흥성이 마음껏 펼쳐질 수 있었고, 실제로도 그러했다. 한 번은 내부에서, 어떨 때는 외부에서, 그것들은 한데 어우러져 마치 공원 같은 공간을 만들었다. 거기서는 정해진 기능과 자유가 함께 공존한다. 어디서든 앉고, 읽고, 만나고, 생각하고, 아니 그 어떤 것이든 마음 내키는 대로 할 수 있다. 그녀는 내버려두기와 과감하게 개입하기를 조합했고, 단지 내부는 영리하게 바꾸면서 외부에는 단호한 타워를 올리도록 구성했다. 그녀는 이렇게 말한다.

> 폼페이아 공장 레크리에이션 센터의 건축은 다른 현실을 창조하려는 욕구에서 나왔다. 우리는 그저 작은 물건 몇 개를 거기에 살짝 갖다 놓았다. 물 조금, 난로 하나.

이 말은 전혀 '작은 물건'이 아닌 세 개의 타워를 낮잡아 보는 것도 같은데, 어쨌든 궁극적인 목적은 이렇다.

> 사람들을 존중한다면, 그들이 온전하게 부여받은 사회적 통합을 제대로 할 수 있게 해주는 것이다.

이는 희망에 찬 말이다. 게다가 어린이와 농부에 대한 언급을 보면, 그녀의 날카롭고 단호한 얼굴은 결코 그런 사람이 아니라고 말하지만, 감상적이기까지 하다. 그녀는 굳세지만 쾌활하기도 하다. 그리고 그녀의 희망은, 그라운드 제로를 둘러싸고 입으로만 떠들어대던 것들보다, 훨씬 타당성 있게 실행에 옮겨졌다. 이 희망은 현장에 뿌리를 내리고 있지, 위에서 떨어진 것이 아니었다. 그것은 건물이 아니라 활동에 존재하고 있었다. 건물은 물론, 기물과 환경, 도구는 단지 하나의 대상이지, 그 자체가 목적은 아니다.

쎄시는 유동적이다. 거기에 있는 모든 고정된 것들도 이런 유동성을 위해 존재한다. 보 바르디는 전시회를 개최하고, 영구적인 건물과 함께 무대를 위한 일회성 디자인도 하면서, 영구적인 것과 일시적인 것을 구별하지 않았다. 그것들 모두 그녀의 건축이었다. 성채

쎄시 폼페이아, '해변'.

와 마을이 어울리지 않는다면, 또는 뭔가 맺어지지 않거나 완결되지 않은 것 같다면, 그것은 의도된 것이다. 쎄시는 오로지 그 안에서 사람들이 사용하고 표현할 때에만 의미가 생겨난다. 보 바르디는 쎄시를 상파울루 미술관보다 "더욱 흉하게" 만들고 싶었다고 했는데, 그 말은 아름다움은 건물이 아니라 사람에게서 나와야 한다는 뜻이었다.

쎄시의 희망에는 시간이 들어가야 한다. 보 바르디는 공장을 없애지 않고 유지하기로 하면서, 옛 건물의 기억을 되살리고, 그녀가 거기서 발견했던 "행복한 사람들"의 리듬을 보존했다. 거기에는 그녀가 불러일으켰던 신화와 전설의 알 수 없는 시간들과, 건설의 시간이 있다. 그녀에게 이들 시간은 살아 가고 즐겨야 하는 것이지, 완성될 때까지 견뎌야 하는 것이 아니었다. 콘크리트 주입 자국이 남아 있는 타워들은 건설이라는 하루하루 사건의 기록이다. 타워들 사이의 다리는 움직임을 찬양한다. 그녀는 네 개의 스포츠 경기장을 사계절로 부르자고 제안했다. 경기장 색깔도 계절에 맞추었다. 사람들은 1번 또는 3번이 아니라 '봄'이나 '가을' 경기장에서 만나기로 약속한다.

쎄시는 시간이 흐르며 완성된다. 보 바르디와 다른 사람들이 여는 전시회와 이벤트를 통해, 사람들이 그곳에서 하는 일을 통해, 과거로부터 현재까지, 또 현재를 넘어 미래까지 그렇게 스스로 자신을 실현할 것이다.

건축가들은 '삶'에 대해 말하기를 좋아한다. 멋진 장소에 사람들을 그려넣은 도표나 행복한 사람들의 움직임을 상징하는 화살표를 정성껏 스케치하기도 한다. 그들은 자신들이 만든 디자인을 좋아하는 사람들과만 이야기한다. 거기에 얼마나 진정성이 있는지는 또 다른 얘기지만, 그들은 자신들이 실제로는 인간의 삶에 대해서는 그다지 관심이 없고, 개인적 기념물의 창조에만 지나치게 관심을 기울인다는 비난이 있다는 것을 항상 인식하고 있다. 건축가들이 삶을 잘 모른다는 얘기는 언제나 나온다. 여성 화장실에 소변기를 집어넣거나, 주방의 구조에 깜깜한 남성 건축가들에 대한 도시 전설도 있다. 젠체하던 건물이 현실적 사용에 직면하자 난처한 꼴을 겪게 되는 것은 이 분야에 널리고 널린 우스갯소리다.

건축가들은 또한 삶이 일어나리라고 예상되는 형식을 만들어내고 싶어한다. 1970년대에는 '담화실'이라는 것이 유행한 적이 있다. 사람들이 편안하게 대화를 나눌 수 있도록 거실 한가운데를 약간 낮추고 그 안을 쿠션으로 채웠다. 이런 공간을 확대하면 바로 '아트리움'인데, 공동체 활동의 표식이다. 스페인어로 플라자, 이탈리아어로 피아짜라는, 정감있고 활기찬 느낌의 광장도 마찬가지다.

그러나 이런 형식들이 약속했던 삶을 항상 태동시킨 것은 아니었다. 대화는 구덩이 하나 파 놓는다고 시작되기에는 너무 미묘하고, 유동적이고, 알 수 없게 일어나기 때문이다. 광장도 마찬가지다. '대화 시작'이라는 말만큼 대화를 죽이는 것도 없다. 건축은 사회의 다양한 활동들을 연결하려고 한다. 하지만 미리 규정하려고 하면 대부분 실패한다. 어떨 때는 건축가들이 자신들의 디자인이 바란다는 즐거운 소란을 진짜 원하는지조차 의심스럽다. 스튜어트 브랜드가 지적했듯이, I.M. 페이가 설계한 MIT 미디어 랩의 "거대한 아트리움"은 "열린 계단, 우연한 만남 공간, 입구 공유 등으로 사람들을 불러

모을 것"으로 기대됐으나, 실제로는 전혀 그렇지 않았다.

> 사람들을 서로 격리시킨다. 멀리 떨어진 세 개의 입구(모두 커다란 유리문), 세 개의 승강기, 몇몇 계단이 있는데, 5층 높이의 공간 어디에서도 사람을 볼 수 없다. 사람이 보일만한 곳이면, 내부의 뿌연 유리창으로 철저히 가려져 있다.

그런 공간은 건축가 자신이 살기 위해서거나, 아니면 건물이 완공되고 인도되고 난 후까지도 그 자신이 정신적으로 머물기 위해 만들어진 것이 아닐까 싶다.

오늘날 공동의 삶을 수용하고 권장하는 건축 방식은 크게 두 가지가 있다. 커다란 지붕과 테마파크다. 일견 상반돼 보이지만, 실제로는 손을 맞잡고 있다. 이들은 긴 계보를 갖고 있다. 적어도 수정궁과 그것이 지어졌던 1851년의 대박람회까지 거슬러 올라간다. 조지프 팩스턴이 지은 유리와 강철 구조물은 효율성과 속도, 혁신적 건설의 기적적인 위업이었다. 그곳에서 역사적인 양식들의 모방작과, 장식으로 둘러싸인 인공물과 진기한 물건의 전시회가 치러졌다. 위에서는 기발한 공학의 깔끔한 선들이, 아래에는 기계를 활용한 제조라는 억제할 수 없는 힘이 뽑아낸 물건들의 장터가 펼쳐졌다. 돌아다니기 위한 장소로서, 또 저속한 작품들의 마구잡이 전시에 의해 감각이 촉발된다는 면에서, 그것은 테마파크의 원형이었다.

17세의 윌리엄 모리스는 존 러스킨이 그랬듯 반감을 느꼈다. 미래의 시인은 이렇게 외쳤다.

생산물의 미적 수준은 가증스러울 정도였고 …… 어떤 관점에서 보더라도 잘못되었으며 …… 참담함이 넘쳐나고 …… 너무 지나치고, 너무 과장되었으며 …… 순수한 형태, 순수한 소재, 순수한 장식 패턴의 아름다움을 이토록이나 외면하는 감각없는 예술가가 괴물 같을 따름이다.

수정궁은 기술적 과감성과 전래 양식에 대한 무관심 덕분에, 현대 건축에 영감을 주는 원천이 되었다. 브루노 타우트의 유리 성당과 버크민스터 풀러의 돔 뒤로 수정궁의 영향이 보인다. 또 노먼 포스터가 설계한 영국박물관 대광장과 베이징 공항의 돌출 지붕, 리처드 로저스의 런던 사우스뱅크 센터의 지어지지 않은 덮개 디자인과 밀레니엄 돔에도 나타난다. 수정궁의 힘은, 핵심적 개념이 하나도 다르지 않은 프로젝트들이 150년이나 지난 후에도 여전히 재현되는데도, 여전히 '혁신적'이라 불린다는 점에서 확인할 수 있다.

온갖 잡다한 물건들을 내놓던 대박람회는 기본 원칙은 없었지만, 그래도 사라지지 않았다. 1851년의 모델을 따르는 세계박람회나 엑스포는 1889년 파리 국제박람회에서 에펠탑과 기계홀, 1951년 영국 축제에서 발견의 돔, 1967년 몬트리올에서는 버크민스터 풀러의 공 모양의 대담하고 미래적인 구조물을 계속 만들어냈다. 베네치아, 파리, 로마의 복제물이나, 1893년 시카고의 세계 콜럼버스 박람회에서 벨리댄서들로 꾸며졌던 '카이로의 거리' 같은 모방물도 나왔다. 미국의 부와 힘을 과시하기 위한 시카고 박람회는 페리스휠, 아침식사용 말린 곡물, 형광등과 지퍼의 선구격인 제품들을 세계에 선보였다. 이 이벤트는 일라이어스 디즈니라는 한 건설노동자에게 일자리를 제공하기도 했지만, 젊은 프랭크 로이드 라이트에게는 1851년 월

대박람회, 런던, 1851년.

리엄 모리스가 경험했던 것과 비슷한 경악을 안겨주었다. 라이트에게 유럽 양식의 퇴보적 개조는 자신감에 찬 젊은 나라가 만들어내야 할 독창적인 국가적 건축과는 반대되는 것이었다.

나중에 일라이어스의 아들 월트는 콜럼버스 박람회를 모델로, 계산된 즐거움을 끝없이 보여주는 야외극을 만들었다. 첫 번째가 캘리포니아의 디즈니랜드, 이어서 플로리다의 디즈니월드, 그리고 이를 반복한 도쿄, 파리, 홍콩의 매직 킹덤이다. 그는 1893년의 박람회에서 중앙의 큰 거리와, 다양한 볼거리로 뻗어나가는 갈림길이 있는 평면 구조를 따왔을 뿐 아니라, 돈을 낸 구경꾼들의 눈길을 끌만한 건축적 외관, 즉 바이에른의 성, 시골의 통나무 오두막, 미국의 메인 스트리트 등도 잡다하게 이것저것 빌어왔다. 이는 이미 전례가 있는 아이디어였다. 코니 아일랜드의 드림랜드가 바로 그런 곳으로, 스위스와 베네치아를 합쳐 놓았고, 매일 화염에 싸이는 폼페이를 보여주기도 했다. 1911년 너무 진짜 같은 화재로 유원지 전체가 타버릴 때까지 그런 볼거리를 제공했다. 그 아이디어에는 추종자들이 있었다. 디즈니의 테마파크는 아이디어를 한정된 구역 내에 구현했는데, 1990년대 들어 라스베이거스의 리조트 호텔들은 그것을 거리 전체로 확장했다. 이집트, 아서 왕의 잉글랜드, 고대 로마, 파리, 카리브해의 해적섬을 연상케 하는 것들이 스트립•에 우후죽순으로 들어섰다. 라스베이거스에서 테마화는 더 이상 공원 하나의 경계 내에 머무르지 않는다. 그것은 도시를 형성했고, 그 자체가 도시가 되었다. 그래도 라스베이거스는 오락과 일상탈출을 중심으로 한 특별한 케

• 약 6.5킬로미터에 이르는 라스베이거스 대로의 별칭

위 드림랜드. 코니 아일랜드, 뉴욕, 1904–1911년.
아래 룩소르 호텔, 라스베이거스, 1993년.

이스라고 할 수 있다. 하지만 테마화라는 아이디어가 일상을 포용하게 되기까지는 오래 걸리지 않았다. 디즈니가 플로리다에 지은 마을인 셀리브레이션, 중국 선양에 지어진 홀랜드 빌리지 등이 그런 경우다. 선양의 빌리지는 오래 가지 못했는데, 억만장자인 개발업자가 세금 포탈로 감옥에 간 후 철거되고 말았다. 그곳에는 암스테르담의 기념물과 수로가 중국 북부의 주거단지에 복제되었다.

큰 지붕이라는 아이디어에는 모든 것을 포용하는 안식처를 만들겠다는 생각이 들어있다. 원칙적으로는, 그 아래에 사람들이 모여 무엇이든 하고 싶은 일을 할 수 있다는 것이다. 그것은 무심한 하늘을 최대한 흉내내면서, 눈이나 비, 강한 햇빛과 같은 실제 하늘이 주는 불편함을 누그러뜨린다. 테마파크라는 아이디어는 사람들이 직접 참여하여, 미리 설정해놓은 감각과 반응을 말초적으로 느끼게 하려는 것이다. 롤러코스터를 탈 때 어느 정도의 공포를 느낄 것인가도 미리 다 계획된다. 그래서 비명을 지르는 순간 우리는 자동 카메라에 그 모습이 찍힌다. 웃음, 놀람, 배고픔도 다 계획에 따라 자극되고 충족될 것이고, 찾아올지 모를 지겨움은 느끼기도 전에 제거될 것이다.

큰 지붕 건축은 추상적이고 규모가 짐작되지 않는다. 테마파크의 건축은 우리에게 익숙하다. 성이나 베네치아의 일부를 우리에게 보여주는데, 그것들이 우리의 의식에 언제 처음 들어왔는지는 너무 어릴 때라 기억조차 어렵다. 아마도 어린이 그림책이나 과자깡통에서였을 것이다. 사물의 원형 그 자체보다, 더 원형처럼 보이는 변형을 통해 우리를 과도하게 익숙한 상태로 만들어 놓았다. 유명한 장소를 처음 경험할 때 느끼게 되는 강한 인상이나 충격, 다시 말해, 냄새, 함께 있던 사물들, 예상과 다른 크기 따위를 별것 아니게 만들고 있기 때문이다. 테마파크는 우리의 기대를 하나도 빼놓지 않고 받아서는, 우리의 기대대로 똑같이 만들어 우리에게 돌려준다. 아니면 우리가 갖고 있는데도 몰랐거나, 어쩌면 실제 갖고 있지 않았던, 하지만 무언가가 우리에게 심어놓은 기대를 충족시켜준다고도 할 수 있다.

지정된 구역 내에 허구적 현실을 창조하는 이러한 기법은 테마파크가 아닌 곳에서도 찾을 수 있다. 심지어 새로 지은 주거단지들도 그러하다. 파운드베리가 그런 예다. 황태자의 지도 아래 영국 남부의 도싯에 전통 잉글랜드의 모습 그대로 지어진 이 마을은 마을 상점들과 마켓 홀, 선술집들, 최근에는 '파운드베리 재산관리 사무소'까지 갖추며 완성되었다. 모든 것이 최근 20년 사이에 만들어졌다. 미국식 결단력으로 플로리다에 실현한 셀리브레이션도 마찬가지다. 모델 타운을 짓고자 한 늙은 월트의 꿈을 사후에야 실현한 이 마을은 1990년대 디즈니 사의 주도로 만들어졌다. 에프콧과 디즈니랜드에서 고속도로로 한 구간 떨어진 이곳의 목적은 옛날식 현관과 주택들로 그 옛날의 주민사회를 복원하려는 것이다. 광고에는 셀리브레이션이 "작은 마을을 훌륭하게 만들었던 과거의 가장 좋은 요소들은 취하면서, 미래의 비전을 보탠다"고 선전한다.

우리는 실제로는 존재한 적이 없는 과거의 모습 하나를 제공받는다. 그곳에서 우리는 집을 사고, 살고, 일하고, 아이들을 키울 수 있다. 가장 흔한 양식은 식민지풍 마을로, 잘 관리된 조경에 커다란 현관과 베란다를 갖고 있다. 사람들은 자연스럽게 흔들의자를 갖다 놓는다. 뉴잉글랜드 양식의 교회가 있고, 사무용 건물에는 향수를 불러 일으키는 데 적절한 양식인 아르데코 장식이 곁들여진다. 메인 스트리트가 있고, 관목 숲 사이에 설치된 스피커를 통해 음악이 끊

파운드베리, 도싯, 1993년부터 건설.

이지 않고 흘러나온다. 옛날식 마을사무소, 식당, 마을 신문인 셀리브레이션 뉴스 같은 것들도 있다. 환락가나 홍등가는 없다. 게토도 없다. 그럴 필요도 없는 것이, 거의 모든 사람들이 백인이기 때문이다. 심지어 하늘도 조작되어 있다. 쾌적한 흰 솜털베개에서 올려다보면, 기상 현상에 의해 어쩌다 한 번 생길법한 웃는 얼굴 모양의 흰 덩어리 하나를 볼 수 있다. 그건 희한한 구름이 아니라, 보이지 않는 기계 손이 그런 모양을 만들어 놓은 것이다.

큰 지붕에는 나름의 구조와 형식이 있다. 건축가들이 '통일성'이라고 부르는 것이다. 건물을 만드는 재료, 건물을 세우는 방식은 물론 우리 눈에 보이는 건물의 모든 것을 다 같은 하나로 보이게 하는 특성을 말한다. 테마파크는 외관과 이미지를 중시한다. 플라스틱, 석고, 합판, 페인트? 무엇으로 만들어졌는지는 알 필요도 없고 상관도 없다. 형태는 자극, 모방과 섞여 하나가 된다. 라스베이거스의 리조트 겸 카지노인 뉴욕뉴욕에는 미국 동부의 화려한 초고층건물과 고풍스런 적갈색 사암집은 물론 소화전, 노란 택시, 식료품점, 길거리 낙서까지 모방되어 있다. 뉴욕의 센트럴파크를 실내에 작게 꾸며 놓은 곳도 있다. 하지만 가로세로 격자형 거리가 그곳에서는 구불구불한 무정형의, 방향성 없는 배치로 바뀌었다. 그래도 방문객들은 리조트의 자상한 보살핌에 의존하는 수동적 탐방자가 되어, 뭘 해야 할지 결정해야 하는 부담감은 없다. 방문객들은 단지 무엇을 살 것인가만 결정하면 된다. 거기에는 지평선까지 오직 소비만이 펼쳐져 있다.

우리는 콤파스만 있으면 보지 않고서도 버크민스터 풀러의 돔을 그릴 수 있다. 포스터의 공항도 그보다 크게 어렵지 않다. 어차피 디즈니월드의 전체 모습은 불분명하고, 설사 보인다 하더라도 크게 중요하지 않다. 테마파크의 모든 것에는 이유가 있고, 철저하게 계산돼 있지만, 구경꾼들에게는 그 모든 것이 모호할 뿐이다.

큰 지붕과 테마파크는 문화적 취향이 맞지 않지만 서로를 받아들인다. 큰 지붕은 예술가들의 존경과 비평가들의 칭송을 받으며, 수상의 영예까지 얻었다. 건축가들(대개는 유명한 사람들)이 설계하고, '혁신적'이고, 공공 마인드를 갖고 있다고 여겨진다. 큰 지붕은 수정과 무덤의 친척이다. 완벽하고, 독립적이며, 완전한 모습이다. 테마파크는 소비주의적이고, 통속적이며, 이용의 수단일 뿐이며, 퇴보의 대상이다. 디즈니의 용어인 '이매지니어'•들과 정체를 알 수 없는 기획자들에 의해 만들어진다. 큰 지붕은 모더니즘이고, 테마파크는 포스트모더니즘이다. 한쪽은 추상적, 다른 쪽은 팝컬처다. 이쪽이 세계주의 혹은 온건한 중도좌파를 추구하는 정부의 작업에 가깝다면, 다른 한쪽은 이윤을 추구하는 엔터테인먼트 기업의 작품이다.

건축의 역사에서, 수정궁의 정신분열은 불운한 착오 또는 실수로 여겨진다. 그토록 여러번 반복되지는 않았어야 할 실수지만, 반복되어 왔고, 반복되고 있다. 지오데식 돔의 가장 열성적인 수용자들 가운데 하나가 디즈니로, 에프콧이 돔 모양을 하고 있다. 엑스포에 세워졌던 돔들은, 예를 들어 '극한의 공룡들'을 전시하고 있는 밴쿠버의 돔처럼, 테마 관광을 수용하는 용도로 마무리되는 경향을 보인다.

노먼 포스터가 런던의 스탠스테드 공항을 디자인했을 때, 그는 우아하고 투명한 큰 지붕을 만들었다. 하지만 그의 기대와는 달리, 아

• imagineer는 imagine과 engineer라는 말의 합성어.

첵랍콕 공항, 홍콩, 포스터 앤드 파트너스 설계, 1998년, 소매점은 다른 사람들이 설치.

래의 바닥면에는 상점들만 달라붙었다. 이어서 그는 홍콩의 첵랍콕 공항을 디자인했다. 여기서도 똑같이 우아하지만, 더 큰 지붕을 만들었다. 그 아래에는 역시 팔고 소비하는 야단스러운 혼란이 쌓였다. 그는 다시 실망했다. 그럼에도 그는 나중에 베이징의 새 공항에 여전히 우아하고 훨씬 더 큰 지붕을 달았다. 공항을 개장하기도 전에, 아마도 건축가로서는 좋지 않았겠지만, 가짜 탑과 번쩍이는 상징물이 멈추지 않는 좀비처럼 모여들었다.

위에는 큰 지붕이 있고 아래에는 테마파크가 있는 수정궁의 형식을 모든 공항이 복제하고 있다. 런던의 밀레니엄 돔도 그랬다. 새 천년을 기념하는 원래 모습도 그랬고, O_2의 음악 행사를 하면서 재개장했을 때도 그랬다. 그 거대 구조물은 하나의 큰 지붕에, 강철망으로 지지되는 테프론 코팅막을 열두 개의 기둥에 매달았다. 기둥들은 시계의 숫자를 암시하기도 하고, 1951년 영국축제에 세워졌던 모더니즘 구조물을 연상시키기도 했다. 토니 블레어는 이 구조물 아래에 놓여지는 것은 아래와 같다고 약속했다.

> 대담하고, 아름답고, 가슴을 들끓게 하는 이 기념물은 영국의 자신감, 모험정신과 함께 세계의 미래를 몸소 보여줄 것이다.
>
> 디즈니월드처럼 신나지만, 그것과는 또 다를 것이다. 과학관처럼 교육적이고 서로 소통하지만 그것과는 또 다를 것이다. 런던 웨스트엔드의 뮤지컬처럼 감성적이고 희망을 북돋지만, 그것과는 또 다를 것이다.

실제 그 내용물은 수정궁의 아래 부분을 둘러쌌던 대중을 즐겁게 하기 위한 장식들과 사람 모양을 한 커다란 인형들, 그리고 울퉁불퉁 삐죽삐죽한 물체들이 요란스레 흔들리며 손짓하면서, 인간과 세상이란 이런거야라고 가르치는 메시지였다. 하지만 자세히 들여다보면 그다지 관중을 끌만한 것도 아니었다. 오히려 디즈니월드가 보다 전문적이고 더 재미있다고 할 수 있다. 새 천년 축하가 지나고 나자 이 구조물로 무엇을 해야 할지 고민하느라 수년이 흘렀다. 그리고 마침내 2만석 규모의 콘서트장이 밀고 들어왔다. 네모난 콘서트장과 둥근 돔 사이의 공간에는 라스베이거스에서 흔히 볼 수 있는 쇼핑을 위한 상점들로 채워졌다. 열두 개의 노란 기둥은 안타깝게도 가짜 아르데코 스타일의 장식에 반쯤 파묻히거나 에워싸여 버렸다.

어떤 면에서 보면, 160여 년의 반복 끝에 나타난, 테마파크에 의한 큰 지붕의 오염은 후회로 끝날 사건 정도가 아니라 하나의 병리 증상이라고 인식되어야 한다. 상반된 이 두 가지 사이의 강박적 애착을 설명해야 할 필요는 없다. 아마도 둘 사이의 연결 요소는 개별적이고 유일무이한 삶에 대한 관심의 부족, 혹은 그것에 대한 적대감이 아닐까 싶다. 큰 지붕은 원칙적으로는 그 아래의 대중을 존중한다고 하지만, 실은 사람들을 원자로, 흐름 속의 점으로 간주하고, 개별적인 욕구는 그다지 중요하지 않게 여긴다. 그래서 그들의 문제는 알아서 하도록 내버려둔다. 큰 지붕이 베푸는 자선은 멀리 떨어져 있고, 보는 이들에게 제공하는 경험은 유리된 경외감뿐이다. 아마도 사람들은 이렇게 말할 것이다. '와, 크군! 그런데 어쩌라고?' 테마파크도 원래는 고객 개개인의 욕구를 만족시키고, 그들을 보다 직접적으로 개입시켰다. 하지만 이제는 오직 공식에 맞는 만족만을 제공한다. 오늘날 그 공식이 보다 정교해졌다고 하더라도 크게 다르지는 않다.

큰 지붕과 테마파크는 둘 다 깨끗이 지워진 빈 장소, 즉 행동의 완전한 자유를 위한 '빈 서판'*을 요구한다. 큰 지붕은 미래지향적이고 테마파크는 향수를 부르지만, 둘 다 사탕발림된 시간 속에 존재한다. 그 시간은 과거와 미래 시간의 가공된 버전을 제공하며, 복잡한 현재는 배제한다. 둘 다 디자이너와 각본가가 공급하는 것 외에는, 어쩌다 향수를 건드려 옛 기억을 존중하는 척하기도 하지만, 실제 살아온 기억들은 제거된다.

그들은 글로벌이라는 수사를 즐겨 동원한다. 빅토리아 여왕의 부군 앨버트 공은 대박람회가 "사실상 모든 역사들이 지향하는 위대한 목표의 달성과 인류 통합의 실현"을 기념하고 확인한다고 믿었

* 존 로크는 인간의 본성이 백지와 같은 상태로 태어나 후천적 요인에 의해 형성된다고 설명한다.

다. 디즈니랜드의 구경거리 중에서 월트가 개인적으로 가장 좋아했던 곳은 '세상 참 좁지It's a Small World'라는 테마관이었다. 거기서는 오디오-애니매트로닉스가 적용된 300여 개의 인형들이 세계 각국의 민족의상을 입고, 피사의 사탑이나 성 바실리 대성당 모형을 배경으로, 앨버트 공의 감회와 비슷한 내용의 노래를 부른다. "세상 참 좁지"라는 구절을 계속 반복하면서, 인형들은 모든 인류가 공유하는 희망과 눈물을 강조한다.

월트 디즈니가 직접 관여했던 '세상 참 좁지'라는 테마관은 1964년 뉴욕 세계 박람회에서 펩시가 후원하는 유니세프 전시관을 위해 처음 만들어졌는데, 나중에는 각국의 매직 킹덤에도 복제되었다. 디즈니 소속의 형제 작곡가 로버트 셔먼과 리처드 셔먼은 이 노래를 쓰기 위해, 준비 중이던 뮤지컬 〈메리 포핀스〉의 주요 대목을 바꾸기까지 했다고 한다.

앨버트 공에서 월트 디즈니까지 그리고 사실상 오늘날에도, 모든 엑스포와 세계 박람회는 이런 세계 조화의 이야기를 다룬다. 1851년의 런던에서 1893년의 시카고와 2010년 상하이 엑스포에 이르기까지, 이런 행사는 겉으로는 조화를 말하지만 사실은 주최국의 힘을 과시하기 위한 것이다. 그것들이 내세우는 세계 평화라는 정서를 반박하기는 어렵지만, 앨버트 공과 디즈니가 언급하는 세계론에는 각 나라 사람들의 구체적이고 세세한 차이가 빠져있다. 의상에 변화를 준 것은 잠깐 제쳐놓고라도, 그들은 우리 모두가 똑같다는 노래를 부르면서, 특정한 삶을 구성하는 시간과 장소의 구체성은 무시하고 있다. 그러면서 앨버트 공의 부인인 빅토리아 여왕이 통치하던 대영제국이나 월트가 창업한 디즈니는 세계를 상대로 한 자신들의 공격적인 비즈니스를 보다 수월하게 수행할 수 있었고, 자신들의 이상에 맞지 않는 반대세력을 가볍게 제압할 수 있었다.

큰 지붕과 테마파크는 '세계'라는 이미지를 차용하면서, 자신들의 영역을 넘어서는 모든 장소들을 지워버리고, 자기충족적인 세계를 창조하려고 한다. 그 세계는 오로지 내부적인 지평만을 가지고 있고, 자신들의 시나리오와 각본을 벗어난 어떤 것도 인정하지 않는다. 두 형태는 모두 통제되고, 또 통제하면서, 결국에는 〈트루먼 쇼〉와 같은 완벽한 통합을 찾으려 한다. 이 영화에서는, 내부에서 보면 하늘처럼 보이는 매우 큰 지붕이 어느 목가적인 마을을 덮고 있다. 트루먼 버뱅크는 모르고 있었지만, 이는 사실 그가 주인공인 텔레비전 리얼리티쇼의 세트였다. 그의 삶은 그가 전혀 모르는 어느 프로듀서에 의해 통제되고 조작되고 있었다.

〈트루먼 쇼〉는 플로리다에 고전주의 양식으로 만들어진 시사이드라는 모델타운에서 촬영되었다. 이 마을은 셀리브레이션을 만들었던 '신도시주의' 마을 건설파의 선구적 작업 가운데 하나였다. 시사이드와 셀리브레이션은 허구로 지어졌지만, 우리가 실제로 들어가 살 수 있다는 면에서는 '현실'이기도 하다. 두 곳은 우리 자신의 상상력을 사용해야 하는 부담을 덜어준다. 〈트루먼 쇼〉에서 시사이드는 다시 허구가 되었다. 허구적 캐릭터가 현실이라고 믿었던 바로 그 허구다. 그를 가두고 있는 큰 지붕과 테마파크 같은 마을의 그럴듯함이 그를 통제한다. 여기서 버크민스터 풀러와 월트 디즈니가 손을 잡고, 밝고 푸른 그들의 천국에서 미소지으며 내려다본다. 둘의 합작으로, 인간이 된다는 것이 무엇인가라는 물음은 사라져 버린다.

*

쎄시와 상파울루 미술관의 리나 보 바르디 작업, 그리고 하이라인 건축가들의 성취는 큰 지붕도 테마파크도 아닌 공간을 발견하고, 넓히고, 풍성하게 한 것이다. 이들은 한편으로는 개방성, 또 한편으로는 생각을 불러일으키는 디테일을 갖지만, 어느 쪽도 전체주의적 야심은 없었다. 이들은 움직임의 자유를 제공하지만, 마찰 없는 원자들의 흐름을 추구하지는 않는다. 기억과 상상을 촉발하지만, 각본을 주지는 않는다. 이들은 기술적 공허에 우리를 내버려두거나, 우리의 생각과 감정을 프로그래밍하지 않는다. 이곳에서는 강력한 힘이 느껴지지만, 우리를 압도하지는 않는다.

쎄시 폼페이아의 옛 공장은, 상파울루 미술관의 광장 위에 떠 있는 두 개의 층들과 마찬가지로 큰 지붕이다. 그러나 이들은 추상적이거나 무관심하지 않다. 쎄시에는 역사가 있고, 미술관에는 예술작품과 예술 체험이 존재한다. 하이라인의 옛 고가교는, 지오데식 돔과 마찬가지로 공학적 산물이며 거대구조물이다. 그러나 시간이 흐르며 쌓이고 적응하면서 육체와 상상이 함께 살 수 있는 곳이 되었다. 쎄시에서 기억과 상상은 만들어진 강과 성채 같은 타워, 동굴 모양의 창문, 대중예술의 한시적 전시들이 불러왔다. 하이라인에서는 철도 유적을 활용하고 야생과 인공적으로 심은 식물들로 가능했다.

이 작업들의 성공은 균형을 얼마나 잘 잡느냐에 달려 있다. 이들은 언제 주장하고 언제 물러설지를 안다. 콘크리트 타워나 하이라인과 스탠더드 호텔의 거리두기와 같이 언제 끝까지 밀어붙여야 하는지를 안다. 그건 좋은 게 좋은 거라거나 평균을 취하는 것과는 분명히 다르다. 이들은 스스로 채택한 구조에서 무엇을 유지하고, 꾸미고, 제거해야 할지를 안다. 이들은 원칙에 단호하지만 그와 함께 뭔가 부족한 부분은 사용자들이 스스로의 방식으로 완성토록 한다. 거기에 그런 개방성을 어떻게 이룰 것인가에 대한 규정은 없다. 그것은 건축가와 의뢰인의 생각과 우연한 사건들의 만남이 만들어낸다. 중요한 것은 그런 우연과 같은 행운이 마법의 수정구슬이나 완벽한 각본에 의해 처음부터 가로막히지 않았다는 점이다. 다만 그런 행운이 나타날 때 누군가 그걸 알아채고 키울 수 있도록 한 것이다.

쎄시, 상파울루 미술관, 하이라인은 현대의 대도시 규모에서 가능하다는 면에서 인상적이고, 희귀한 예라고 할 수 있다. 숲 속의 오두막이나 산 위의 교회에서 그런 일을 꿈꾸기는 상대적으로 쉽지만, 상파울루나 뉴욕 같은 대도시에서는 쉽지 않다. 상파울루 미술관이 접하고 있는 파울리스타 대로가 두바이의 셰이크 자예드 로드보다 그리 작은 편이 아니지만, 두바이에는 상파울루 미술관이 제공하는 공공 공간의 풍부함이나 복잡함이 전혀 없다는 점을 보면 알 수 있다.

하지만 이들은 오늘날 도시가 지어지는 규모에 비하면 여전히 작은 건축이다. 중국을 예로 들면, 선전深圳 같은 도시는 불과 30년 만에 수천 명의 인구에서 천만 명 이상의 대도시로 성장했다. 또한 2025년까지 인구 천만 명 이상의 도시가 여덟 곳이나 생길 거라고 한다. 이렇다면 세심한 관찰과 손재주로 옛 공장 한 채를 서서히 개조한 리나 보 바르디의 작업보다 훨씬 더 크고 더 강력한 무언가가 필요할 것으로 보인다. 이는 규모와 동시에 속도의 문제이기도 하다. 어느 한 개발업체가 30층짜리 타워들이 들어찬 단지를 단번에 만들어낸다고 하면, 그 단지를 순수하게 만들어내는 걸 논외로 하더라도, 거기에 따르는 미묘한 의미, 꿈, 디테일, 균형, 개방성 등 다

선전, 중국.

른 모든 것들은 어떻게 될까? 쎄시와 하이라인은 각각의 땅에서 발견한 예상치 못했던 풍성함을 끌어냈지만, 그 땅보다 훨씬 더 큰 황무지이고, 시간 혹은 장소와 어떠한 직접적 연관성도 없는 곳이라면 어떤 일이 벌어질까?

그것은 또한 어떻게 물리적으로 구현할까의 문제이기도 하다. 건축 기술의 발전은 점점 늘어나는 건물 공간의 용도폐기의 역사와 함께 한다. 빅토리아식 저택은 각각 온도, 공기흐름, 규모, 표면 특성과 같은 물리적 특성에 따라 분리된 공간들, 예를 들어 식품 저장실, 식기 보관실, 얼음 창고, 세탁실 등을 갖추고 있었다. 하지만 오늘날에는 가로 세로 높이 60×60×90센티미터의 백색 제품인, 냉장고, 식기세척기, 냉동고, 세탁기에 의해 그런 기능들이 아주 간단하게 충족되고 있다.

고딕 대성당은 탁월한 공학으로 이루어진 위대한 공간이라는 면에서 현대의 공항이나 철도역과 비교되기도 하는데, 사실 더 정확한 비교대상은 영화다. 중세에는 풍성한 내용, 감각적 관여, 빛에 의한 움직임의 감동적인 장관을 창조하는 최선의 방법이 건축이었다. 스테인드글라스와 조각상, 그림을 갖춘 돌로 된 틀을 짓고, 거기서 음악, 공연, 의식을 치르는 것이다. 성당의 아치, 늑재, 버팀벽들은 더 많은 빛을, 따라서 더 큰 장관을 얻기 위한 수단이었다. 이런 요소들 자체가 인상적이라, 미래의 역사가와 관광객들에게는 하나의 매혹이지만, 사실 그런 요소는 오늘날 텔레비전 수상기 뒤에 놓인 회로와 거의 동일한 역할을 하고 있는 셈이다. 대성당과 영화는 재능과 돈의 동원에서도 유사한 능력을 필요로 한다.

성당을 만든 사람들 리스트에는 건축가, 화가, 조각가, 석공, 유

리제조자, 목각공, 목수, 모자이크화가, 도금공, 은세공사, 납가공사, 음악가, 합창단, 그리고 성직자가 들어있다. 영화를 만든 사람들 리스트에는 프로듀서, 감독, 배우들부터 각본가와 카메라맨에 이어 장비담당까지 들어간다. 한 편의 대작 영화에 들어가는 예산은 대단한 건물 한 채의 비용을 충분히 댈 수 있다. 1997년 영화 〈타이타닉〉과 빌바오 구겐하임 미술관이 각각 오픈했을 때, 〈타이타닉〉은 2억 달러, 빌바오 미술관에는 1억 달러가 들어갔다.

영화는 볼거리를 집약하여, 영사기의 기적에 힘입어 깜깜한 방안에서 그것을 무한히 보여줄 수 있다. 초기의 영화관 설계자들은 웅장하고, 장식적이고, 종교적 분위기의 객석을 만들 필요가 있다고 생각했다. 하지만 영화 자체만으로도 충분히 황홀하다는 사실을 깨닫고는, 복합상영관들이 들어찬 단조롭기 짝이 없는 네모상자만을 요구했다. 예술성이라고는 여러 층의 잘 조직된 주차공간만큼도 찾아볼 수 없고, 장식은 더할 나위 없이 어지러워졌다. 마침내 영화는 전화기에까지 옮아왔다. 한때 길이 100미터 이상에 적어도 높이 30미터의 건물을 필요로 했던 장관은 이제 주머니 안에도 들어갈 수 있는 수준이 되었다.

냉장고든 영화든 기술이 건축물의 필요를 줄여 놓았다면, 그리고 건축이 오락에 대한 책임을 벗게 되었다면, 이제 건축은 19세기까지 당연하게 받아들여지던 용도와는 다른 방식으로 움직여야 했다. 그래서 건축은 기이한 외관으로 용도의 불확실성에 대처하려 했고, 지금도 그렇게 하고 있다. 그러나 그것도 한계에 다다랐다. 순수하게

구겐하임 미술관, 빌바오, 프랭크 게리 설계, 1997년.

재미와 흥분의 수준으로 치면, 건물이 영화를 능가하는 것은 불가능하다. 건축은 다른 매체들에는 없는 특성을 강조해 대응해야 한다. 건축이 지닌 삼차원의 물질적 존재감, 시간을 견뎌내는 내구성, 구성적 혹은 공예적 성격이다. 이것이 미니멀리스트 디자인이다. 주의를 분산시키는 요소는 없애고, 나무나 돌의 결, 혹은 나무나 돌을 자르거나 붙이는 방식, 빛을 막거나 열고 빛의 양을 조절하는 비율에 초점을 맞추는 것이다.

그러나 건축이 공예적 본질로 물러나는 데에도 한계가 있다. 건축은 이미지를 사랑하는 문화에 존재해야 하며, 이런 여건을 무시하면 스스로가 무의미해질 수도 있는 위험을 무릅써야 한다. 그렇지 않으려면, 좋든 싫든 건축은 이미지가 되어야만 할 것이다. 단순한 외양을 넘어서겠다는 목표에도 불구하고, 미니멀리즘은 잡지들의 사랑을 받는 양식으로, 흰 페인트와 창백한 나무로 한껏 치장한 채, 전 세계 인테리어 장식가들의 복제를 기다리는 대상이 되었다.

어떤 구호나 배너 한 마디로 압축해서 표현하기는 어렵지만, 좋은 건축이란 현실적으로 이런 모든 특성과 가능성을 아우르는 것이다. 건축은 만들어지는 것이고, 거주하는 것이고, 보는 것이다. 건축은 이런 과정에 존재하는 것이지, 어느 하나로 고정되어 머무르지 않는다. 만약 건축이 시각적인 부분에 집착한다면, 하나의 상징물이 될 뿐, 흥미로운 다른 일이 일어날 공간은 될 수 없다. 만약 공예적 기술에 집착한다면, 그것은 감정가들의 놀이가 될지언정, 주변의 삶과는 별 관계가 없게 된다. 육체적으로든 상상이든, 거주야말로 건축의 주된 용도다. 그러나 그것 자체만 고려해서는 최선의 거주 공간을 얻을 수 없다.

*

유럽에서 가장 유명한 두 건축사무소는 2008년 베이징 올림픽을 위한 기념물을 구상하면서, 중국의 수도에 걸맞은 규모로 만들어야 한다는 요구를 받았다. 두 사무소는 메트로폴리탄 건축사무소Office of Metropolitan Architecture, OMA와 에르조그와 드 뫼롱Herzog & de Meuron, HdM이다. 라인 강의 반대편에 각각 자리한 부자나라 네덜란드와 스위스의 업체들로, 하나는 평지의 로테르담, 다른 하나는 험준한 바젤에 있다. 그들이 만든 기념물은 각각 중국의 국영방송국 본사와 올림픽 주경기장이다.

두 사무소 모두 프로젝트를 개념화하여 구상하고, 그 개념을 도발적인 형식으로 보여주는 능력을 가졌다는 면에서 공통점이 있다. OMA가 지성적이라면 HdM은 보다 감성적인데, 프로젝트마다 그런 성향은 약간씩 달라지기도 한다. 둘의 작업은 뚜렷이 구별되지만, 특징적인 양식보다는 태도나 접근법에서 차이가 난다. 일반적으로 20세기의 건축가들은 모더니즘의 깃발 아래 모여들었다. 그것은 강철이나 유리, 콘크리트와 같은 특정 소재와 형식을 부각하고, 장식보다는 단순한 표면을 선호했다. 하지만 라인강변의 이 두 건축사무소는 어느 프로젝트에서는 플라스틱을, 다른 데서는 진흙을, 또 다른 데서는 거울과 유리를 사용하는가 하면, 직선과 곡선, 직각과 예각, 여백과 장식을 함께 사용했다. 스타일로는 하나로 묶을 수가 없었다.

모더니즘 경향은 자신들의 원칙에 보다 충실하게 따를 것을 요구했다. 이는 마르크시즘과 같은 정치적 이데올로기를 흉내낸 것이다. 하지만 OMA와 HdM은 보다 유동적인 정치의 시대, 즉 신념과 윤리

위 프라다 매장, 로스앤젤레스, OMA 설계, 2003년.
아래 프라다 매장, 도쿄, 에르조그와 드 뫼롱 설계, 2004년.

가 분명치 않고 제약이 덜할 때 성장했다. 두 사무소는 프라다에서 의뢰를 받기도 했지만, 중화인민공화국의 의뢰도 물리치지 않았다. 패션회사와 제국 모두 정교함과 현란함을 조합하는 그들의 능력을 높이 산 것이다. 미우치아 프라다는 지금은 세계적인 여성 사업가지만 한때는 공산당원이었다. 중화인민공화국은 겉은 분명히 공산주의 국가지만 비즈니스를 매우 사랑한다. 이 둘은 자신들의 힘과 이중성을 표현할 곳으로 같은 건축가를 선택했다.

최근 수십 년 간 스포츠 경기장은 관중들의 시선이나 관람객의 이동이나 수용과 같은 실용적인 조건을 충족하는 것을 중심으로 생각해왔다. 그러면서 경기장의 지붕을 표현의 주된 수단으로 삼았다. 런던 웸블리 구장 윗부분의 장력기둥과 케이블, 거대한 캔틸레버와 트러스, 거대한 포물선 아치는 모두 관중을 비와 햇빛으로부터 가리는 실용적 해법이 극적으로 표현된 것이다. 에르조그와 드 뫼롱이 중국의 예술가 아이웨이웨이와 함께 디자인한 베이징 경기장은 크다는 것과 작다는 것을 동시에 보여주도록 구상되었다. 그 건물은 하나의 도시 건축물일 뿐 아니라, 거대 도시에 새롭게 등장하는 주요 건물이 되어야 하면서, 동시에 사발과 같은 단일 물체여야 했다.

올림픽 주경기장은 '독특한 역사적 랜드마크'라는 컨셉과 함께 '신선하고 전향적이면서 단순하고 고풍이 연상되도록' 계획되었다. 공식적인 목표는 파리의 에펠탑과 같은 베이징의 실질적 상징이 되도록 만드는 것이었다. 또한 경기장 대부분이 경기가 없을 때면 언제나 그렇듯, 쓸모없는 덩어리로 전락하지 않기를 바랐다.

바깥에서 보면 진짜 하나의 사발이다. 위로 올라가며 서서히 부풀었다가 꼭대기에서는 중심으로 떨어지면서 가장자리가 둥그렇게

올림픽 주경기장, 베이징, 에르조그와 드 뫼롱 그리고 아이웨이웨이 설계, 2008년.

올림픽 주경기장, 베이징, '아케이드'.

원을 이룬다. 마치 의도하지 않은 듯 교차하는 강철 격자들은 얼기설기 엮여 있다. 누구든 작은 나뭇가지들로 만들어진 새둥지를 즉시 떠올려, 지금은 누구나 알고 있는 이 경기장의 별명*이 만들어졌다. 둥글게 둘러싸면서 교차하는 구조로 벽과 지붕이 만들어졌다. 벽은 진짜 얼기설기한 가리개에 불과해, 사람들이 경기장 안에 있는 중앙홀이나 계단, 바와 레스토랑을 들여다보고 걸어 들어 갈 수 있게 되어 있다. 경기장 외벽에는 문이 달려있는 열린 공간이 모여 있는 구역이 있다. 건축가가 아케이드라고 표현한 곳으로, 올림픽이 열리는 동안 그리고 그 이후에, 혹은 경기가 있건 없건, 베이징의 도시 생활이 이곳에서도 이어질 수 있도록 하기 위한 용도다. 중국 도시들의 공터에서 자주 볼 수 있는 체조나 놀이 활동, 쇼핑이 이곳에서도 일어나기를 바란 것이다. 올림픽 경기장의 내부는 마치 굴 껍질의 안쪽처럼 매끄럽고 회백색이다. 그곳에서는 사람들의 행동에 주안점을 두고 있어, '인간들이 무리지어 만들어낸 건축'을 볼 수 있다.

이 건물은 볼 때 받는 느낌과 실제가 어긋난다. 경기장은 두말할 나위 없이 엄청나게 크지만, 그냥 하나의 사발로 마치 집어 옮길 수 있을 것 같아 보인다. 건물의 구조가 그대로 노출돼 있어 파르테논(칠을 해놓았을 고대의 것이 아니라 현대의 폐허 버전)의 전통과 최신 엔지니어링의 흐름을 따르고 있으나, 비스듬히 일정한 규칙 없이 교차하는 선들에 의한 스크린은 마치 무게를 부인하고 있는 듯 하다. 지어졌다기보다는 그려지거나 이차원의 표면에 새겨진 일차원적 스그라피토 같아 보인다. 하지만 가까이 다가가서 보면 무게감이 느껴진다.

---

* 새둥지라는 뜻의 냐오차오라고도 불린다.

대신 가까이 가면 윤곽을 이루던 스크린이 사라진다. 보이는 것은 오직 선들뿐이다.

이 새둥지 경기장이 서로 다른 규모 사이에서 어느 한 쪽에 자리잡지 않고 왔다갔다 한다면, 이는 또한 사발과 새둥지라는 서로 다른 은유에 양다리를 걸치고 있는 셈이다. 중국이라는 존재를 상징을 통해 가르치려는 위험한 시도일 수도 있다. 그러나 이런 형식적, 구조적 대담함과 시각적 복잡함을 결합한 이 건물의 효과는 어느 정도는 싸구려 예술에 가깝다. 그것은 파르테논이면서 장식용 구슬이고, 자연 현상이면서 동시에 싸구려 관광기념품이다. 그것은 사람들을 유혹한다. 에펠탑만큼 기억에 선명하지만, 또한 그만큼 쉽게 기념품이나 장식이 된다.

올림픽 주경기장은 상징물로는 성공적이었다. 올림픽은 텔레비전으로 중계되었고, 텔레비전은 주경기장을 사랑했다. 주경기장은 중국의 통치자들이 중화인민공화국에 대해 말하고 싶은 모든 것을 모두 보여주었다. 강력한 파워, 과감함, 미래, 자신감, 영리함, 세련된 모습. 그 웅장함은 과장이 아니었다. 나치가 1936년 베를린 올림픽을 위해 지은 경기장과는 차원이 달랐다. 하지만 그 경기장은 철강과 노동력의 낭비 덩어리였다. 2012년 런던 올림픽 주경기장은 강철을 이 경기장의 4분의 1만 사용했다 베이징은 밀어붙이기 식으로 엄청난 인원을 투입했고 안전의식이 높이 않았던 건설 과정에서 발생한 사망자수는 비밀에 부쳐졌다. 경제성과 효율을 전혀 생각지 않아 힘들어 했던 엔지니어들은 "새들에 대한 모독"이라고 말했다. 하지만 그 건물은 매혹적으로 보였고, 지금도 그 매력은 여전하다.

그것은 베이징의 어디에서나 시선을 사로잡는 랜드마크로, 희뿌연 빛을 내며 스모그로 가득한 공기 속으로 스며든다. 넓게 펴져있는 베이징의 형체 없는 랜드스케이프에 또렷한 하나의 형체다. 올림픽이 끝난 후 주경기장은 여러 성패를 겪었다. 행사가 열린 적은 단 몇 번뿐으로, 대다수의 올림픽 경기장에 내려졌던 저주를 피하지 못했다. 단 하나의 짧은 축제를 위해 만들어진 크고, 무겁고, 비싼 구조물로, 축제가 끝나면 언제나 다른 용도를 찾기 위해 애를 쓰곤 했다. 경기장 주변의 아케이드 안팎을 보면, 휴면 중인 다른 올림픽 경기장들에 비해서는 활기있는 편이지만, 애초에 원했던 만큼은 되지 않았다. 그 대신 경기장은 인기 있는 관광명소가 되었다. 하루 수천 명의 사람들이 비어 있는 이 건물에 돈을 내고 찾아와 기념사진을 찍고 있다. 바라보기 위한 새로운 에펠탑으로는 상당히 성공적인 셈이다.

이 경기장은 두 가지 삶을 살고 있다. 하나는 올림픽을 위한 효과적인 일시적 구조물이고, 올림픽 이후로는 용도는 불확실하지만, 강력한 조형적 대상으로서의 삶이다. 복잡하고 깊이가 있다는 면에서, 또 강철빔으로 된 가리개 사이에서 무언가 계속 일어난다는 면을 보더라도, 경기장은 삶을 닮았다. 하지만 그것은 실제 살아있다기보다는 살아있는 척하는 것에 가깝다.

중국 중앙텔레비전CCTV 본사 건물의 공모전에 응모하고 당선되는 과정에서, OMA의 창업자이자 대표인 렘 콜하스는 세계의 권력이동을 언급했다. 2002년 당시는 그라운드 제로의 재건을 놓고 엄청난 논쟁이 벌어지고 있던 때였다. 콜하스가 마스터플랜을 짜는 작업에 도전하리라 많은 사람들이 기대하고 있었다. 그는 세계에서 가장 매력적인 건축가 가운데 한 명으로 꼽히고 있었으며, 당시 《뉴욕타임스》의 건축 평론가는 그를 거의 우상화하고 있기까지 했다. (한 조사에 따르면, 이 평론가가 쓴 기사 중에서 콜하스를 언급한 경우가 37퍼센트나 되는 것으로 나타났다.) 그러나 이 건축가는 아마도 세계에서 가장 클 수도 있는 작업을 맡을 기회를 포기했다. 그가 보기에 더 큰 기회, 즉 아마도 정점을 지났을지 모르는 나라의 기념물보다는, 떠오르는 나라의 상징물을 만들기 위해서였다. "그것은 초점을 어디에 두느냐의 문제"라고 콜하스는 말했다. 이후 그라운드 제로에서 벌어진 일들을 생각하면, 그는 현명한 선택을 한 셈이다.

평론가 이언 버루마는 콜하스가 야만적인 독재정권의 중요한 업적 가운데 하나가 될 프로젝트를 맡았다고 비판했다. 텔레비전 방송국은 경찰청이나 대통령 관저와 동급으로 취급되는 폭정의 장치로, 정권이 무너지면 텔레비전 방송국은 혁명 군중의 공격 대상이 되곤 한다. 베오그라드에서 밀로세비치가 몰락했을 때 바로 그랬다. 그들은 정보와 오보의 상징적, 그리고 실질적 힘을 정확하게 알고 있었다.

버루마가 말했듯이,

> 어느 훌륭한 유럽 건축가가 세간의 평판을 크게 잃지 않고, 70년대에 피노체트를 위한 텔레비전 방송국을 짓는 일은 상상할 수 없다.

에르조그와 드 뫼롱[HdM]은 아이웨이웨이와 협업하면서 그런 비난을 면할 수 있었다. 아이웨이웨이는 수 차례의 수감과 고문을 통해 중국에서 가장 유명한 반체제인사가 된 사람이다. 그는 베이징 올림픽이 중국 인민들에게는 아무 도움이 되지 않는 "공허한 이벤트"라고 말했다. 그런 용기와 원칙을 가진 사람이 자신의 재능을 그 정권의 기념비적 구조물에 빌려줄 용의가 있다면, 누가 감히 그것을 비판하겠는가?

한편 콜하스와 그의 동지들은 세 가지 이유를 들어 대응했다. 첫째, 각국의 대통령과 수상들, 기업의 최고경영자들, 국제올림픽위원회가 중국 정부 앞에서 몸을 낮추는데, 왜 유독 건축가들만이 서구 민주주의의 양심을 지켜야 하는가? 둘째, 이 일을 통해 OMA는 현대 중국의 지배계층에 보다 진보적인 요소들을 접목하고 강화할 수 있다. 콜하스는 이렇게 말했다.

> 나는 물론 그곳의 부정적인 발전상을 인식하고 있다. 그러나 전체적으로는 믿기 어려울 정도의 변화의 노력 또한 그곳에 있었다. 그곳에는, 특히 베이징에는, 상황을 개선하고자 하는 진정한 욕구가 있었다.

세 번째는, 그 건물이 어쨌든 지어져야 한다면 OMA 같은 업체가 줄 수 있는 어떤 지성의 혜택을 받는 편이 더 낫다는 것이다. 그래서 일당 독재라는 가치관에 대한 대안을 작게라도 마련할 수 있다면, 해볼 만한 가치가 있는 작업이라는 말이다. 하지만 이런 주장은 예기치 않은 결과를 가져올 수도 있다. 의뢰인이 현재 권력관계에 급격한 변화를 허용할 가능성이 전혀 없는데, 건축가가 아무리 좋은 영향을 미치려 한들 그것은 디자인의 지엽적 측면에 국한될 것이다. 설사 계몽적 개입이라는 것을 인정한다 해도, 그때는 디자인이나 디테일, 혹은 형식이 어떻게든 더 민주적이어야 그런 주장이 말이 될 수 있다. 또 이런 전략에는 위험도 있다. 콜하스 같은 건축가가 작업을 하게 되면서 의뢰인을 자유로 이끄는 것이 아니라, 오히려 그들의 이미지만 세탁해주고 말 수도 있다. 진보가 실제 일어나지도 않는데, 그런 외양만 부여해주는 꼴이 되는 것이다.

OMA는 CCTV 본사 건물 공모전에서 부시 대통령을 내세워 로비를 벌였던 SOM을 누르고 당선되었다. 콜하스는 미국식 초고층건물이라는 '식상한 유형'과 상반되는 제안서를 제출했다. 승강기가 들어가는 중앙의 수직통로가 건물꼭대기까지 올라가지 않고, 51층 234미터 높이에서 순환하는 형태를 제안했다. 사각형의 통로 하나가 바닥에서 위로 (비스듬히) 올라가, 꼭대기에서 옆으로 연결되어 꺾인 후, 다시 바닥으로 내려오는 형태다. 다시 말하면, 두 개의 사각형 다리가 꼭대기와 바닥에서 만나면서 그 가운데에 큰 구멍을 남기는 구조다. 수직은 물론 옆으로도 움직일 수 있는 특수한 승강기가 건물의 내부를 연결한다. 이런 형태가 나오게 된 배경은, 부서를 층별로 배치할 경우 발생하게 되는 장벽을 해체할 수 있어, 내부소통이 원활해진다는 것이다.

OMA는 대다수의 초고층건물이 "뻔한 패턴에 따라 배열되어 그저 일상적인 활동만 수용할 수 있을 뿐"이라고 말한다. "형태적으로 수직성은 상상력을 저해한다고 밝혀졌다. 수직으로 솟으면, 창의력은 무너진다." 다른 건물과 달리 CCTV는 "건물에서 일어나는 모든 활동을 하나의 연속적인 흐름"으로 통합하여, "작업자들이 항상 자신의 동료를 의식하게 될 것"이라고 한다. 즉 "고립이 아닌 연대를, 대립이 아닌 협업을 촉진하는 상호의존적 사슬"이 된다는 것이다. 또 그 순환로는 방문객들이 건물 내에서 어떤 경로를 택하든 그곳의 활동과 그 너머 도시 전망을 다 볼 수 있어 "전례없는 수준의 공공

접근성"이 가능하다고 했다.

그 건물의 작동에 대한 OMA의 이론이 얼마나 효과적인지 시험해보기는 아직 불가능하며, 또한 몇 년 동안 사용해보기 전에는 알기 어려울 것이다. CCTV 본사 건물은 원래 2008년 올림픽 개막에 맞춰 주경기장과 짝을 이루는 랜드마크로 세워질 계획이었다. 기한은 어긋났고, 2009년에는 CCTV 본사 건물 옆에 있는, 역시 OMA가 디자인한 만다린 오리엔탈 호텔 예정지가 화재로 타버렸다. 공식 원인은 음력설을 축하하는 불법적인 불꽃놀이 때문이었던 것으로 밝혀졌다. 진척은 더 느려졌고, 단지 화재 때문만은 아니었다.

그런데, 건물의 관을 단순한 수직통로 대신 순환로로 바꾸면 더 활발한 상호작용이 일어나리라는 주장에는 의문이 남는다. 먼 부서로 가려면 회로를 한 바퀴 빙 돌아가는 것보다 일반적인 승강기로 오르내리는 쪽이 더 쉽다. 의사소통의 원활함도 그냥 걸어서 갈 수 있는 넓은 평면바닥에서 더 잘 이루어진다. 옆으로 이동하는 승강기라는 참신한 발상에 따라 설치된 건물 내부의 공공 통로가 소통을 활성화하리라 볼 수도 있지만, 이 또한 약점이 있다. 건축적 문제라기보다는 건물의 개방성을 결정할 보안정책에 허점이 될 수 있기 때문이다. 이전의 중국 국영 텔레비전방송국에게는 낯선 개념인 공공접근성을 채택한 것은 칭찬받을 만하나, 그러한 접근성은 이 회사에 의해 언제든 차단될 수 있다. 그것은 텔레비전 채널을 돌리는 것만큼이나 쉬운 일이다. 더 두고 봐야 알겠지만, CCTV 본사 건물은 자칫 담화실 신드롬의 확장판, 즉 공동체가 완전히 형성되지 않은 상태에서 공동체의 활동방식을 제시하는 형식이 될 우려가 있다.

올림픽 경기장과 마찬가지로, 생활의 공공 영역을 조성하려는 이

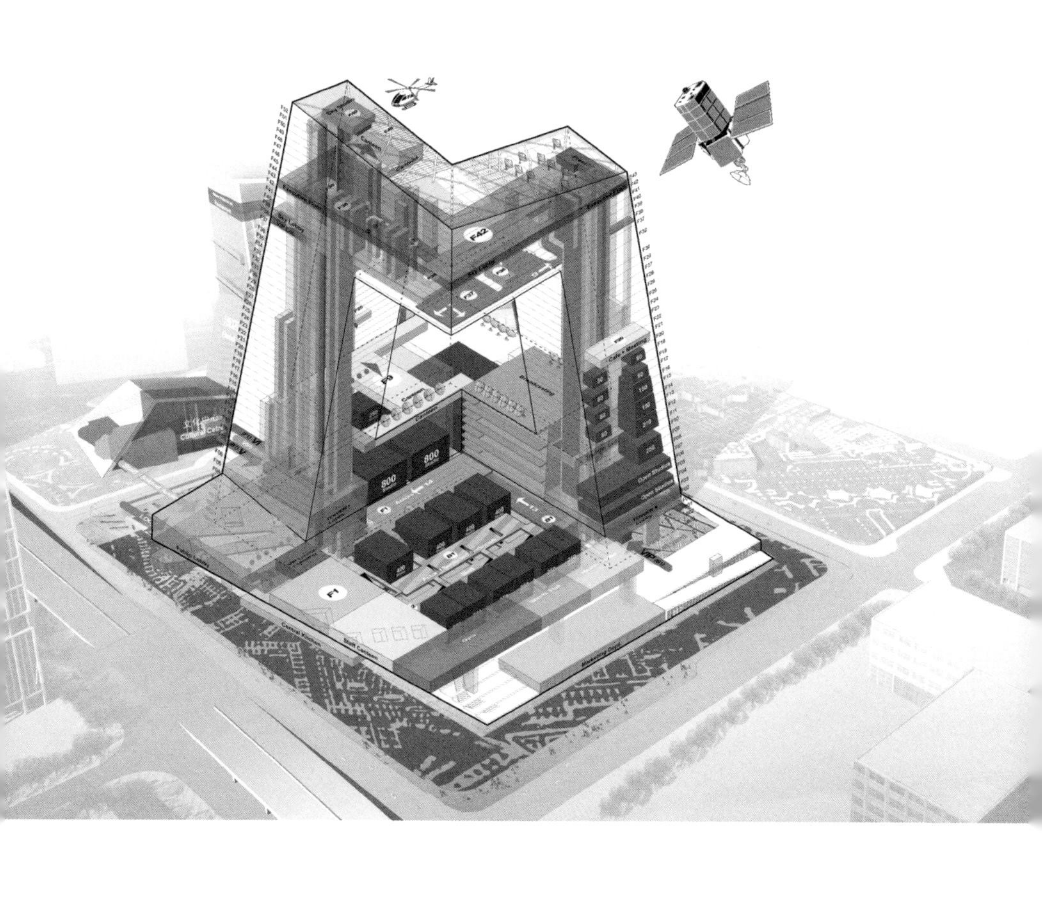

CCTV 본사 건물, 베이징,
OMA 설계, 2012년, 순환로를 보여주는 단면도. AXO 완성.

CCTV 본사 건물, 베이징.

건물의 열망도 제대로 성공하기는 어려울 것 같다. 또 경기장처럼 이 건물 역시 베이징의 스카이라인에는 어울리지 않는다. 베이징의 첫 인상은 낮은 건물들과 타워들이 서로 엉켜 있거나 산만하게 흩어져 있는 모습이다. 그 건물들 각각은 이런저런 양식들, 다시 말해 여기는 탑 모양 지붕, 저기는 뾰족하거나 포물선이거나 피라미드 같은 다양한 양식을 갖고 있지만, 전체로 보면 특색이 하나도 없어 보인다. 그런데 CCTV 본사 건물은 다른 어떤 건물도 하지 못하는 강력하고 과감한 몸짓으로 시선을 사로잡는다. 그것은 무게와 규모, 삼차원적 입체감을 갖고 있다. 다른 대다수 건축물은 수명을 다한 듯 보이는 상황이라, 그것은 어딘가 다른 장소에서 체험해야 할 특징 같아 보인다. 그렇지만 CCTV 본사 건물은 그 자리를 우기고 있다. 멀리 떨어진 고속도로나 교외에서 보면, 그 건물은 우리가 어디에 있는지를 알려준다. 그리고 가까이에서 보면, 그것은 자신의 영역을 똑똑하게 규정하고 있다.

네덜란드인이 디자인한 이 상징물은 스위스인의 작품과 유사한 점이 있다. 무엇보다 규모에 대한 감이 불분명하거나 모호하다. 전체적인 패턴을 위해 층들의 배열이 억제돼 있다. 자신의 구조를 표현하는데, 기둥이나 보들 중 어느 하나가 아니라, 교차하는 선들로 이루어진 불규칙한 모양의 격자가 그 역할을 한다. 이 선들은 부하가 가장 크게 걸리는 부위에서 한데 모이고 묶인다.

그 건물의 크기를 가늠하는데 도움이 될 만한 보통 크기의 문이나 창문 따위는 전혀 없다. 순환로 안에 엄청나게 거대한 구멍만 있을 뿐이다. 그것이 입구 또는 대문이라면 순전히 상징적이다. 방송국은 분명 크지만(14만 제곱미터), 이 또한 책상 위에 올려 놓는 장식물과 같은 이동가능한 물건의 모양을 하고 있다. 수평과 수직 표면 둘 다 똑같은 양식으로 처리되어, 건물이 하나의 물건이라는 느낌을 강화한다. 올림픽 경기장과 마찬가지로, 그것은 어느 한쪽에 고정되지 않는 은유를 제시한다. 한자로 보이기도 하고, 베이징의 인민들은 사각팬티에 비유하기도 하며, 포르노적인 이미지로는 무릎 꿇은 여자의 하반신 같기도 하다. (콜하스는 이 마지막 이미지가 의도된 게 아니라고 공개적으로 부인했다.) 특정한 무엇처럼 보이기는 하는데, 그것이 무엇인지 꼭 집어 말할 수가 없다.

CCTV 본사 건물은 불투명한 표면과 단단하게 각진 형식으로, 올림픽 경기장보다 더 엄격하고 덜 매력적이다. 그러나 이 건물 역시 삶의 모습을 추구한다. 거대한 입구의 형태는 환영 또는 거주의 몸짓이다. 모였다가 흩어지는 선들로 이루어진 표면은 일종의 에너지를 나타낸다. 바닥에는 큰 광장이 하나 형성돼 있는데, 그것은 풍성하고 역동적인 공공장소가 될 수도 있지만, 그렇지 않을 수도 있다.

주경기장은 올림픽과 함께 최대의 순간이 지나갔지만, CCTV 본사 건물은 아직 그렇지 않다. 그러나 둘 다 현대 중국의 광대함과 속도를 비슷한 방식으로 말하고 있다. 둘 다 대담한 몸짓을 취하면서, 복제하고 모방할 수 있는 에펠탑의 공식을 얻어내고 있다. 그것들은 그림 같고 로고 같으면서, 그러나 또한 거대하고 조형적이다. 그리고 우리가 두바이에서 얻는 일대일의 지칭(이것은 돛, 저것은 튤립, 그것은 진주)이 되지 않도록, 이미지로 구슬치기 게임을 하고 있으며, 복잡성과 호기심을 제공한다. 우리는 쳐다볼 때마다, 계속 다른 무언가를 볼 수 있다.

건축물의 외관과 형태는 대개 과장되어 있다는 것이 이 책에 깔려 있는 믿음이다. 건축가들은 형식에서 마법이 나오기를 기대한다. 그러나 빛, 규모, 건설방식, 맥락, 시간이 형식과 분리된다면, 그런 형식만으로는 큰 의미가 없다. 건물은 각지거나 둥글거나, 밋밋하거나 장식적이거나, 대칭적이거나 그림 같거나, 고딕이거나 현대적일 수 있다. 이러한 특성 중 어느 것도 그 자체만으로 건물이 괴상한지 아름다운지, 엄격한지 우호적인지 결정하지 않으며, 그 안과 주변의 삶에 이바지할지 아니면 그것을 파괴할지도 말해주지 못한다. 중국 정원에 있는 탑은 런던의 큐 가든에 있는 탑과 다르며, 테마파크에 있는 것과도 다르다. 나무나 타일로 만들어진 탑은 또 콘크리트로 만든 40층 높이의 탑과도 다르다. 핵심은 탑의 형태에 있지 않다는 것이다. 피렌체의 교회에서 고상하게 보이는 것이라도 조지아 주 애틀랜타의 래리 딘 저택으로 옮겨놓으면 그렇지 않을 수 있다. 또한 어떤 건물이 핑크색 하트 모양이라고 그것이 꼭 사랑스러울 거라는 보장은 없다. 형식은 여러 가지 도구(특성 혹은 효과) 중의 하나라고 하는 편이 맞다. 그것은 문장, 단어, 구절 등 언어의 요소들과 크게 다르지 않다. 문장이나 단어는 언어 속에서 의미를 갖지, 그것 자체만으로는 그리 효과적이지 않다. 건축도 감각이나 관능성과 상호작용을 하고 활용을 해야 의미를 얻는다. 즉 삶과 함께 해야 하며, 형식에만 집착하는 건축은 삶을 부정하게 된다.

HdM과 OMA는 많은 현대의 건축가들보다 이를 더 잘 이해하고 있다. 그러나 베이징의 올림픽 주경기장과 CCTV 본사 건물은 모습과 형태의 수준에서만 대단히 인상적이다. 공공성에 대한 그들의 시도가 가치 없는 일이라는 게 아니다. 성공일지 아닐지는 시간이 지나야 알 수 있겠지만, 그런 시도를 한 것만으로도 대다수의 다른 올림픽 경기장이나 전체주의적 방송국들보다 한 발짝 더 나갔다. 그들이 제공한 모습들은 덤덤함과는 거리가 멀다. 그것들은 무언가를 암시하면서, 도시의 광범위한 지역에 강력한 영향을 미치는 데 성공했다. 그것들은 단지 쳐다보기만 하는 대상이 아니라 더 넓은 영역에 대한 인식을 바꾸는 존재가 되었다. 그것들의 형식적 이상함도 어떤 면에서는 두바이의 타워들보다 더 의미있다. 그것들은 적어도 어떤 지성을 전달한다.

올림픽 게임은 대박람회, 엑스포, 테마파크와 같은 세계관을 공유한다. 세계의 조화, 국가간의 결속과 우애, 평화를 옹호한다. 그들은 그런 이상에 대한 순진한 믿음에서 그렇게 한다. 그러나 개별성을 희생하여 보편성을 추구하면서, 그들은 권력의 이해관계에 자신을 내맡긴다. 1936년의 베를린과 2008년의 베이징 올림픽은 독재의 이미지를 미화하고 찬양하는 데 이용되었다. 반복되는 올림픽의 거의 모든 경우에, 도시에서 거북하게 여겨지는 지역들을 쓸어버리고, 그곳에 재개발을 하고 있다. 올림픽을 앞두고 일어난 베이징의 건설 붐은 담과 마당으로 된 전통적 주거지인 후통 지역의 상당 부분을 없애버렸다. 좁은 골목길이 복잡하게 얽힌 이 지역은 특정한 삶의 방식을 지켜나가던 곳이었다. 최근 들어서야 후통의 가치가 인식돼 남은 곳들의 상당수가 복구되고, 고급화되고, 바람직하고 값비싼 삶의 장소로 다시 가꿔지고 있다.

올림픽 경기장과 CCTV 본사 건물에는 역설적인 목적이 내재돼 있다. 올림픽 게임과 베이징 재개발은 차별과 마찰, 특수성을 없애려 하는데, 실제 건물은 오히려 이런 특성을 강화하고 복구시켜 놓았다. 경기장 주변을 따라 만들어진 활기찬 공공 아케이드나, 사람들이 CCTV 본사 건물의 다중적 내부 구조를 따라 이동하는 '순환로'가 이런 차이를 만들어내려 하고 있다. 결과가 성공적일지는 더 두고 보아야 한다. 그들은 외양을 통해 이런 목적을 달성할 수 있다고 확신하는 것 같다. 두 구조물의 복잡한 모습은 실체가 없는 환상이 될 위험을 감수했지만, 결과적으로는 이 두 건물을 감싸는 스타일의 차이만 만들어내고 있을 뿐이다.

이 두 건축물은 현대 도시의 광대함을 다루려는 시도다. 그것은 전세계를 상대로 하는 매체의 수준에서는 유의미한, 그리고 매우 큰 메트로폴리스에 맞는, 지역적 특성이 구체적으로 반영되는 곳에서 통하는, 어떤 건축의 스케치 혹은 초안이라고 할 수 있다.

10

빵처럼 꼭 필요한, 일상이라는 매혹

“오늘 우리에게 일용할 매혹을 주소서.

Da nobis hodie incantum quotidianum”

— 지오 폰티

래리 딘이 미국 애틀랜타에 자신의 불운한 저택을 의뢰했을 때의 생각은, 하이라인을 밀어붙였던 아만다 버든이나, 아잠 형제, 미노루 야마사키, 가츠라리큐를 지은 일본의 왕족들과 크게 다르지 않았다. 그들은 모두 이 세상을 대체할 작은 세계, 즉 자신들이 바람직하다고 생각하는 삶의 모습을 담은 세상을 만들고자 했다. 이들 각각은 저마다 서로 다른 아픔과 허전함, 꿈과 사랑을 갖고 있었다. 하지만 그들에게는 하나의 공통된 충동이 있었다. 그들은 자신의 욕망을 현실로 만들어줄, 적어도 물리적으로 실현해줄 건물의 힘을 믿었던 것이다.

그들이 어느 정도 성공을 거둔 것은 일부는 행운의 덕이다. 또한 건축이라는 매체의 특성과, 이 특성을 이용하거나 혹은 일부러 이용하지 않았던 그들의 방식 때문이기도 하다. 래리 딘은 형식과 외관의 힘에 과도하게 투자한 반면, 주변의 인간적 현실에 쏟는 관심은 너무나도 적었다. 하이라인에 실제보다 더 많은 행복이 있는 것 같다면, 그것은 사람들이 하이라인에 숨겨진 기억과 가능성, 그리고 그곳에서 일어날 것이라고 생각하는 삶에 관심을 기울였기 때문이다. 그들은 억지로 끼어들지 않았다. 오히려 그들이 관찰하고 발견하면서 자연스레 자라나, 미래가 들어와 살고 해석이 덧붙여질 여지가 생겼다.

건물은 분명히 만드는 사람들이 존재한다. 건물이 존재하기 전에 건설회사, 건축가, 도시계획가, 의뢰인이 한데 모여야 한다. 건물은 또한 사용자에 의해서도 만들어진다. 건물에 거주하는 방식은 물론 소유인, 임차인, 그 앞을 지나는 행인들까지 건물과 엮인 모든 사람들의 상상과 체험 속에서 건물은 만들어진다. 사람들 대부분은 피라미드를 지은 이집트의 파라오도 아니고, 집을 통째로 옮겨 다니는 뉴펀들랜드의 어부도 아니다. 그래도 사람들은 자신들만의 세계 한 조각을 만들기를 원한다. 나만의 땅을 찾고 건설업체에 의뢰한다. 또는 그렇게 할 수 없으면, 우리는 어떻게든 찾아낸 공간에 거주하면서, 실제로 또 상상에서 자신만의 세계를 만들어낸다. 크레인을 가져다 강철로 그런 공간을 만들 수 없다면, 우리는 존 버거가 "말이나 농담, 생각, 혹은 몸짓들"이라고 표현했던, 옷을 입거나 움직이는 방식들로 그런 장소를 만들어 낸다.

건축은 인간의 감정과 욕망이 만들어내고, 이 건축물은 다시 또 다른 감정과 욕망을 만드는 환경이 된다. 건축은 감정과 욕망의 덩어리에서 돌덩어리가 되고, 그리고 그 반대로도 계속 왔다갔다 한다. 그래서 건축은 불완전하다. 오직 그 안과 주변의 삶에 의해서만 완성된다. 건축은 배경이다. 물론 베네치아나 맨해튼, 알프스도 배경이 될 수 있다. 하지만 이 말은 건축이 표정 없이 뒤로 한 발짝 물러나있어야 한다는 뜻은 아니다.

건물은 가만 있는 듯 보여도, 건설 과정에서, 사람이 살면서, 낡고 노후화되면서, 재건축되고, 적응하는 과정을 통해 끊임없이 변한다. 건물은 언제나 시대성을 띤다. 하지만 어떤 건물은 훨씬 더 시대와 밀착해 있다. 일반적으로 건축은 종종 정원 설계나 실내장식, 무대장치 디자인과는 다르다고 생각한다. 보다 오래 지속된다는 점 때문에 그런데, 그런 구분은 잘못된 것이다. 스스로 자라난 것과 애써 찾아 드러낸 것을 이용하는, 가츠라리큐나 하이라인의 경관은 시간이 공간을 구성하는 하나의 요소가 될 수 있다는 것을 보여준다.

건축은 홀로 움직이지 않는다. 주위의 다른 건물이나 기후, 풍경, 문화, 정치와 같은 건물을 둘러싼 모든 것과 엮여있다. 베이징 올림픽 경기장은 실제 주변의 물리적 환경과도 관계를 맺지만, 텔레비전과 같은 전자매체가 만들어낸 공간에 모습을 드러내기도 한다. 사실 그것 역시 주변 환경의 일부다. 공터라는 것은 없다. 건축은 건물을 설계하는 것이라기보다는, 건물이 만들어내고 바꾼 내부와 외부 공간들을 설계하는 것이다. 그 공간은 건물이 세워지거나 만들어진 후 적응하면서 유연하게 혹은 급격하게 형성되고 변한다.

건물에는 힘의 관계가 수반된다. 땅을 가진 사람들과 시민이라는 서로 다른 사용자들 사이에, 의뢰인과 건설업체 사이에, 건축가의 꿈과 사용자의 체험 사이에 나타나는 관계들이다. 건물에는 이해관계와 욕망의 중첩에 의해 야기된 마찰이 따라다닌다. 그것을 환영할 때도 있고, 어떨 때는 제거하려 들기도 한다. 건물에는 권리를 부여하는 특성도 있다. 주변에 자유와 가능성과 풍성함을 허용하기도 하지만, 때로는 차단하고 동결하고 제한하기도 한다. 그것은 멍청함과 무관심, 완결과 완벽, 고정과 부동, 또는 시각적 형식에 대한 집착으로 우리를 억압할 수도 있다. 미래의 모든 행동을 예측하려고 지나치게 프로그래밍을 한 건축물 역시 마찬가지다.

건축은 상징과 도구 두 가지로 다 작용한다. 상징인데 마치 도구인양 보이기도 한다. 이런 현혹에 재앙이 잠재돼 있다. 두바이가 타워라는 물리적 존재로 재정적 지원이 떨어졌다는 것을 가리고 있는 것이 바로 그런 예다. 그러나 건축의 불안정성은 또한 건축의 품위이기도 하다. 그래서 독재자의 작업이 인간적이고 아름다워질 수도 있다. 존 손의 주택과 박물관이 그의 아들을 교양인으로 기르는 도구로는 실패했지만, 대신에 다른 것이 될 수 있었다. 지식과 예술에 충실한, 살만한 세상의 이미지이고, 적어도 그런 존재가 있다는 것만으로도 아름다운 위안이 된다. 퐁피두 센터는 혁명적 이상이나 유연함의 이론들을 정확하게 실현하지는 못했지만, 그래도 파리에 대한 경험을 바꾸어 놓았다. 아잠 교회는 18세기 가톨릭의 반동적 선전 이상의 그 무엇이 될 수 있었다.

다행히도 공간과 사용, 형식과 내용 사이에는 어떤 관계가 존재한다. 그것은 시의 건축적 형식이라 불러도 좋을 것이다. 셰이크 모하메드와 리나 보 바르디는 둘 다 '시'라고 불렀던 무언가를 추구했다. 하지만 그에 대한 둘의 이해는 거의 정반대였다. 셰이크에게 그것은 자신의 시에 표현된 매처럼, 내리꽂히다 솟구치는 건물의 문제다. 이는 경탄하는, 그러나 수동적인 관람자들에게 황홀한 형식을 보여준다. 리나에게 그것은, 인간과 자연을 공간에 함께 아우르는 문제였다. 그것들 사이에는 운율이 느껴진다. 이런 운율의 본질은 그녀의 작업을 실제로 체험하고 거주하는 사람들의 적극적인 관여다. 문학적인 의미에서 시의 두 가지 특성은, 세상에 대한 열림과, 은유와 운율을 통해 새로운 의미의 연결고리를 만드는 능력이다. 그녀의 건축에는 이 두 가지 특성이 모두 들어있다.

나는 지금 에디피시오 코판에 들어와 있다. 여기에 아파트를 갖고 있는 한 친구 덕분이다. 이 건물은 웅크리고 있는 도시 상파울루의 랜드마크로, 38층짜리 콘크리트 덩어리에 3000명을 족히 수용할 집들을 담고 있다. 형태는 마치 연필로 한 번 스윽 그어 S자를 그려놓은 듯한데, 그 모양이 주변에 모여 있는 단지들에 형태와 에너지를 부여하고 있다. 건물의 정면은 수십 차례 반복되는 수평선들의 리듬으로 진동한다. 그 선은 깊숙한 차양 구조물인 브리즈솔레유brise-soleil로 뒤에 있는 유리벽을 보호하기 위한 것이다. 수평선은 이 굴곡진 절벽을 따라 올라가다가 두 지점에서 한 박자씩 건너 뛴다. 그 지점은 원래 공동 시설과 정원을 넣기 위해 폭을 넓혀놓은 곳이다. 흔히들 코판이 삼바 춤과 같다고들 하는데, 그 말이 전혀 딴판인 것은 아니다. 이것이 이렇게 차분히 흔들고, 점잖게 휘돌지 않는다면, 그야말로 삼바를 추는 듯 보였을 것이다.

코판은 1950년대에 전설적인 건축가 오스카 니에마이어가 설계했다. 장수 건축가이기도 한 그는, 2012년 106세로 생을 마감했는데, 브라질의 새 수도 브라질리아에 의회, 대통령관저, 법원, 성당과 여러 행정부 건물을 만들었다. 현란한 백색에 자유로운 곡선을 구사한 니에마이어의 건물이 건축에서 갖는 위상은, 음악에서 〈이파네마에서 온 소녀〉에 비견할 만하다. 브라질의 자유, 정열, 품위를 노래하지만, 다분히 남성적 욕망을 표출한다. 니에마이어는 그런 말을 한 적이 없지만, 여성의 육체는 그의 건축에 영감을 준 원천이었다.

〈이파네마에서 온 소녀〉가 전 세계의 엘리베이터나 호텔 바에서 배경음악으로 자주 사용되고, 전화벨 소리로도 애용되는 것처럼, 니에마이어로부터 유래한 곡선도 건축적 주제로 그 못지않게 널리 채택되고 있다.

코판은 원래 브라질 록펠러 센터로 설계되었는데, 브라질리아를 만들면서 부풀어 올랐던 건설 거품이 꺼지면서 공사가 미뤄졌다. 1966년 완공되었을 때는 건축가의 희망 사항과 실제 건물이 조금 달라져 있었다. 예를 들어 공동체의 정원으로 의도했던 공간에는 아파트가 추가로 들어섰다. 주변의 센트루도 살기가 힘들어졌다. 누군가 내게 경고했던 것처럼 이 거리가 치열한 전쟁터는 아닐지라도, 낮에는 총격전 비슷한 소리가 들리던 곳이다. 코판은 오늘날 상파울루가 알려지면서 세계에 많이 소개됐지만, 이미 세월이 꽤 흘러 곳곳에서 모자이크 타일들이 떨어져나가고 있다.

"이런 멍청한 니에마이어." 레지나 레다의 단편소설 〈코판 빌딩 이야기〉에서, 브라질의 마지막 위대한 극작가라는, 뚱뚱하고 지저분한 마르시우 플라비우는 이렇게 말한다. "그가 한 모든 것이 그렇지만, 여기는 사진 찍기는 좋아. 하지만 살기는 엉망이지. 하나만 예를 들지. 이곳 화장실에는 창문이 없어. 방귀라도 뀌면 숨막혀 죽을 거야." 부동산 거품이 붕괴하면서 코판에 투자했다가 망한 88세의 여성이 이 극작가가 쓰레기 투입구의 문을 닫지 않은 데 분개하여, 표백제와 은 손잡이가 달린 지팡이로 그를 살해한다.

나는 플라비우의 견해에 공감한다. 니에마이어에 대한 개인적 느낌은 그가 명석하지만, 치장이 요란한 듯하다는 것이다. 내부를 희생하면서 형태를 장엄하게 표현하고 있기 때문이다. 코판도 이런 특

에디피시오 코판, 상파울루,
오스카 니에마이어 설계, 1966년 완공.

징을 드러내는데, 바로 그 '브리즈솔레유'다. 그것은 건물의 멋진 스타일에는 큰 기여를 하지만, 내부에서 바깥을 바라볼 때는 큰 장애물이다. (그리고 사실상, 햇볕을 가리는 데에도 100퍼센트 효과적이지는 않다.) 그렇기는 해도, 니에마이어의 디자인은 지상에서는 사랑스러운 뭔가를 한다. 거기에는 휘말리고 경사진 쇼핑 아케이드가 들어가 있는데, 안쪽으로는 카페와 이 단지의 웰빙에 필수적인 네일케어숍들이 들어와 있다. 코판은 크고 동떨어진 건물이지만, 이 아케이드의 도움으로 비로소 주변 환경과 연결된다.

건물 주변의 격자형 거리는 고전적 형태에 가깝다. 상당수 건물에는 주차장과 자동차 수리점이 지하에 들어있다. 자동차 기반의 도시가 옛 도심의 형태에 새로 장착되고 있는 것이다. 센트루(이제는 더 이상 이 도시의 중심이 아니다)의 웅장해 보이는 몇몇 아파트 단지들은 비어 있다. 오늘날 고급 부동산에 필수적인 주차공간과 안전을 제공하지 못하기 때문이다. 400제곱미터에 달하는 대형 아파트들이 불이 꺼진 채, 이 거리에 이상한 어둠을 던지고 있다.

거리의 일부 구역에는 불룩한 가슴과 가는 다리를 내놓은 창녀들이 어슬렁거린다. 목소리를 들어야만 남자라는 걸 눈치챌 수 있다. 같은 구역의 쓰러져가는 어느 모던한 건물에, 프리츠커상을 받은 건축가 파울루 멘데스 다 로샤의 사무실이 있다. 그곳은 과거에서 옮겨온 듯한 조용한 방으로, 컴퓨터는 없고, 종이, T자, 삼각자, 연필, 줄지은 갈색 파일박스들만이 놓여 있다. 인근 루스벨트 광장은 카페와 극장, 바들로 가득하다. 넓은 콘솔라숑 거리를 향해 가다 보면, 높은 담이 둘러쳐진 고딕과 이집트 풍의 가족 무덤이 가득한 묘지가 나오고, 거기를 지나면 현재 상파울루에서 그래도 번화한 지역에 닿

상파울루 풍경, 2012년.

게 된다. 곳곳에 걸쳐진 콘크리트 육교는 교통난을 해소하기 위한 것인데, 육교 아래에는 알 수 없는 공간이 남겨져 있다. 어떤 경사로는 올라가다 말고 미완성으로 끊어진 채 서있기도 하다. 그 위에서 행인들이 익숙지 않은 자유를 누리며 배회한다.

상파울루는 육지로 둘러싸인 지역이다. 가장자리에 조그마한 강이 하나 흐를 뿐이다. 도시를 형성하기에는 어울리지 않는 곳인데, 그런데도 오늘날 1100만이 넘는 인구가 거주한다는 사실이 더 이상하다. 초기에는 식민지 교두보였던 이곳이 대도시로 급부상한 것은, 19세기에서 20세기로 넘어갈 무렵의 커피 붐 때문이었다. 오늘날 이곳은 비즈니스 도시다. 공공 장소가 다소 부족한데도, 필요할 때면 언제나 뭉툭한 새 건물을 불쑥 일으켜 세우는 실용적 태도가 곳곳에 보인다. 어렴풋이 로스앤젤레스를 연상시키기도 한다. 교외로 계속 번져나갈 것 같고, 큰 도로들에 의존하고 있지만, 그래도 인구밀도는 덜 하다. 로스앤젤레스라면 나지막한 주택들이 들어서 있을 곳에 여기서는 고층건물이 올라가기 때문이다. 이곳은 저 너머가 보이지 않는 도시다. 코판의 뒤쪽에 설치된 아찔한 나선형 비상계단에서 바라보면, 지평선이 건물들로 가득 채워져 있다. 텔레비전 안테나의 반짝이는 불빛들이 점점이 찍힌 건물들 덩어리다.

나는 이 책에서 묘사한 장소를 둘러보기 위해 상파울루에 와 있다. 건축가들도 만나보고, 관심이 가는 다른 장소에도 가 보겠지만, 또 한 사람의 호기심 많은 방문자로서 관광을 하기 위해서기도 하다. 샌프란시스코와 비슷한 느낌이 나는 예술품 가게들이 있는 언덕지역, 이탈리아인들이 모여 사는 지역의 벼룩시장, 공항에서 오는 길에 있는 삼바 축구장을 보고, 커다란 바비큐 레스토랑의 기름 타는 냄새도 맡았다. 부자들이 교통체증과 납치를 피하기 위해 이용한다는 헬리콥터도 여럿 보았다. 1920년대 커피 농장주들의 낡은 저택들은 이제 타워들에 둘러싸여 푹 꺼져 있다. 엄청나게 큰 무화과나무가 가운데 놓여있는 예쁜 레스토랑에도 가보고, 기적과도 같이 맛있는 구아바 수플레도 먹었다.

멋진 피나코테카 미술관과 뱀이 휘감은 듯한 뿌리가 인상적인 나무들로 가득한 공원 인근 지역이 바로 뤼즈다. 그곳에는 1901년 영국사람이 지은 기차역이 하나 있다. 한쪽 편은 빅토리아 식의 고상한 살롱처럼 보이는 매표소인데, 흰색의 높은 코린트식 기둥들로 받쳐진 가운데 피아노 한 대가 놓여 있다. 재능 있는 음악가들이 연주하는 중에, 한 소녀가 연주하고 그 뒤를 이어 나이 든 남자 하나가 피아노에 앉아 행인들에게 음악을 들려준다. 아름다운 자메이카 여성이 가만히 듣고 있다. 다리를 건너 역의 반대편으로 갈 수 있다. 그 주변의 낡은 건물들은 비참한 모습이다. 마약 중독으로 뒤틀린 사람들, 등 뒤로 손가락을 펼쳐 가격을 알리는 창녀들, 그들에게 애걸하며 흥정하는 사람들, 위협하거나 얼이 빠져 가만히 서있는 사람들. 무장 경찰관 한 명이 다리 위에 서서 피아니스트와 중독자의 세계가 서로 떨어지도록 지키고 서 있다. 얼마 있다 그가 떠나자, 한 세계가 다른 쪽으로 흘러 들어가기 시작한다.

도시의 다른 쪽에서는, 한 건축가가 파라이소폴리스 빈민촌을 개선하기 위한 계획을 논의 중이다. 슬럼 정화의 전통적 방식인 싹쓸이와 새로 시작하기가 아닌, 이미 있는 상태에서 조정을 통해 해결하려는 것이다. 비즈니스 잡지인 《폴야 데 상파울루》의 편집장은 건축의 열렬한 애호가로, 잘빠진 모던한 아파트 단지인 하이지에노폴리스를 심야에 돌아본다고 한다. 이 지역은 이름이 그러하듯 처음부터 건강함을 유지한다는 조건으로 개발된 곳이다. 2011년에 들어서자, 경제가 좋아지고 사람들도 낙관적으로 바뀌었다. 남반구에서 보면 달이 다른 각도로 보이듯, 문제 많은 유럽에서 온 한 방문자를 대하는 관점도 흥미롭게 달라졌다.

쎄시 폼페이아에 가보니, 노인네들이 모여 체스를 두고 있다. 그 옆에서 어린이들은 다소 시끄러운 인형극을 보고 있는 중이다. 옆에는 세계적으로 유명한 현대예술의 총아 올라퍼 엘리아슨의 설치작품이 놓여있다. 운동경기를 할 수 있는 타워에서는 5대5 축구 경기를 하고 있다. 브라질 사람들답게 공 다루는 기교와 터치가 예사롭지 않다. 그곳의 콘크리트 다리에서 새로운 쇼핑몰을 하나 볼 수 있다. 특별해 보이지는 않지만, 여러 층의 주차공간에 연결된 이중 나선형 경사로가 눈에 띈다. 아래 위로 얽혀 있는 그 경사로에서 양방향으로 끊임없이 차량 흐름이 이어진다. 로마의 바티칸 박물관에 방문객을 위해 설치된 나선형 통로의 자동차 버전인 셈이다. 쎄시 '해변'의 나무판 위에서 사람들이 일광욕을 하고 있다. 적도에 가까운 지역이라 태양은 서있는 사람들에게 아주 작은 그림자만을 남긴다. 저녁이 되어 댄스 쇼를 보러 관중들이 모여들자, 비가 퍼붓기 시작한다. 이 단지의 수직 홈통과 배수로가 그제야 생명을 얻는다. 홈통에서 분출하는 물은 가난한 사람들의 트레비 분수처럼 쏟아져 자갈 깔린 바닥을 배경으로 급류를 이룬다. 데이비드 그린은 "옥스퍼드 거리에 비가 내리면, 건물은 비만큼이나 중요하지 않다"고 했다. 여기서도 건축은 비와 구분되지 않는다.

나는 지금 도시에 있다. 도시는 도박, 이상, 허영, 힘의 공작, 계획

쎄시 폼페이아, 상파울루, 비 내릴 때.

가의 지도, 교통공학, 배관, 정치적 · 종교적 손길, 우발적 사건, 건설 방법, 적응, 집 또는 비즈니스를 만들려는 개인들의 노력, 세일즈, 광고, 사람과 차량에 대한 실용적 요구들로 형성돼 있다. 도시는 내부와 외부 모두, 그것을 만든 사람들에 의해, 예측되거나 혹은 예측되지 않은 방식으로 이용되고 혹은 악용된다. 얼마나 효과적인가는 배치, 관계, 비율, 빛과 어둠, 소재, 음향, 냄새, 표지, 예술, 장식, 질량, 본질, 내구성, 표면, 세부, 숙련된 솜씨를 통해 이루어진다.

그것은 날씨, 오염, 식생, 가구, 유지관리, 붕괴, 취향, 자산 가격, 법률, 접근과 사용에 대한 자유와 제약, 정서, 상징, 유대, 인식, 교통, 밀도, 관습, 분위기, 활동, 공포, 의복, 음식, 기술, 지진의 조건, 인공 및 자연적 조명에 의존한다. 도시는 이런 영향을 때로는 강화하고 때로는 억압하고 어떨 때는 반발하면서 대응한다.

도시에는 이례적인 건축 작업들도 있다. 눅눅한 수증기로 화사한 페인트칠이 얼룩이 돼버린 고딕-바로크 양식의 교회가 있고, 코판이나 쎄시와 같은 공간도 있다. 이런 건축물은 우리들의 주의를 사로잡기도 하고, 우리를 감동시키거나 도발시키기도 한다. 그것은 엽서나 안내책자에 실린 랜드마크나 관광명소가 될 수도 있고, 영화촬영지나 소설의 배경이 될 수도 있다. 하지만 건축은 주변을 둘러싼 것들과 그 안과 밖에서 발생하는 사건이나 생각들과 동떨어져 존재할 수 없다. 건물이 이런 불가피한 상황을 무시한다면, 그것이 바로 나쁜 건축을 지칭하는 한 가지 표현이다.

건축에 대한 가장 명백한 사실들이 가장 잘못 알려져 있다. 건축이 고정적이고, 불변이며, 영원하다는 것, 건축은 단일하고 유일무이한 물체를 만들어내는 일, 건축은 시각적이라는 것이다. 이런 사실은 기껏해야 절반의 진실이다.

건물을 짓는 일은 결단과 확신, 마감을 요구한다. 하나의 건물은 미래에 대한 나름의 모습을 보여준다. 새롭게 지어진 건물은 현재 실제로 일어나는 일과 정확히 맞지는 않는다. 따라서 벌어지는 일을 열린 마음으로 받아들이면서 자신의 최종 결정과 맞춰나가야 한다.

이런 이유로 건축은 손에 잘 잡히지 않는다. 인식은 언제나 우리를 속이고 가치는 쉽사리 뒤집힌다. 건축은 많은 노력을 하지만, 그래도 효과는 불안정하고, 혜택은 알 수 없고, 위험은 크다. 그러나 이런 실체와 형태, 만들기와 삶의 상호작용 또한 건축이 지닌 매력의 하나이기도 하다.

이탈리아의 건축가 지오 폰티는 "매혹, 쓸모없는 것, 하지만 빵처럼 불가결한 것"이라고 말했다. 그의 말은 우리 모두가 동화의 나라에 살아야 한다는 의미가 아니다. 그가 사용한 이탈리아 단어, 인칸토incanto는 마법이라는 뜻과 함께 매력과 품위라는 뜻도 있다. 그는 지어진 공간에서 일어나는 일상적인 거주의 시학을 표현하고 있는 것이다. 그것이 메디치 가나 소수 지배층들의 호사에 대한 표현으로만 받아들여져서는 안 된다. 그의 말은 이어진다. "오늘 저희에게 일용할 매혹을 주소서"•

건축은 패션, 요리, 혹은 사랑처럼, 존재에 필수적인 무언가를 공들여 만들어내는 일이다. 다른 것들이 옷과 음식, 번식의 기회를 마련하는 동안, 건축은 안식처를 꾸민다. 그저 꾸밈에 불과하다 하더

• Da nobis hodie incantum quotidianum. 주기도문에서 '오늘 저희에게 일용할 양식을 주시고'를 변형하였다.

라도, 사람은 건축 없이는 살아갈 수 없다. 도시에는 기능적으로 완벽하지 않은 건물들이 너무나도 많다. 하지만 그것은 오히려 꿈과 노력의 산물일 수 있으며, 공식적인 목표와 항상 어긋나는 예산이나 계획의 결과물일 수도 있다. 이런 작업 중에는 그 자체로 정당화하기 어려운 것들도 있다. 하지만 만약 그런 것들이 하나도 없다면, 그런 도시는 더 이상 살만한 곳이 아닐 것이다.

| 참고문헌 |

다음 목록은 이 책을 쓰는데 유용했던 자료들이다. 이 책에 나온 사람, 장소, 생각에 대해 더 알고 싶다면 도움이 될 것이다

1장

· Christopher M. Davidson. *Dubai, the Vulnerability of Success*. Hurst 2008.

· Edited by Mitra Khoubrou, Ole Bouman, Rem Koolhaas – *AI Manakh*. Archis 2007.

· Edited by Todd Reisz. *AI Manakh Continued*. Archis 2010.

· Edited by Mike Davis and Daniel Bertrand Monk. *Evil Paradises: Dreamwolds of Neoliberalism*. The New Press 2007. | 《자본주의, 그들만의 파라다이스》(아카이브, 2011)

· Edited by Shumon Basar, Antonia Carver and Markus Miessen. *With/Without: Spatial Products, Practices and Politics in the Middle East*. Bidoun and Moutamarat 2007.

· Edited by Shumon Basar – *Cities From Zero*. Architectural Association 2007.

· http://www.sheikhmohammed.co.ae

· Edited by Marcelo Carvalho Ferraz. *Lina Bo Bardi*. Instituto Una Bo e P.M.Bardi 2008.

· Olivia de Oliveira. Subtle Substances. *The architecture of Lina Bo Bardi*. Romano Guerra/Gustavo Gili 2006.

· Lina Bo Bardi and Marcelo Carvalho Ferraz. *Casa de Vidro*. Instituto Lina Bo e P.M.Bardi 1999.

2장

· 'In Georgia, a Megamansion is Finally Sold'. Katharine Q. Seelye. http://www.nytimes.com/2010/08/22/us/22house.html

· http://deangardens.com

· *A New Description of Sir John Soane's Museum*. Sir John Soane's Museum 1988.
· John Summerson and others. *John Soane*. Academy Editions 1983.
· John Summerson. 'Sir John Soane and the Furniture of Death', essay in *The Unromantic Castle*. Thames and Hudson 1990.
· Louis Aragon. *Paris Peasant*, trans. Simon Watson Taylor. Picador 1980.
· Francesco Careri. *Walkscapes: Walking as an aesthetic practice*. Gustavo Gili 2009.
· Bruce Chatwin. *The Songlines*. Picador 1988. | 《송라인》(현암사, 2012)
· *Journeys: how travelling fruit, ideas and buildings rearrange our environment* - Canadian Centre for Architecture/Actar 2010.
· Robert Mellin. *Tilting: house launching, slide hauling, potato trenching, and other tales from a Newfoundland fishing village*. Princeton Architectural Press 2003.
· John Berger. *And Our Faces, My Heart, Brief As Photos*. Bloomsbury 2005. | 《그리고 사진처럼 덧없는 우리들의 얼굴, 내 가슴》(열화당, 2004)
· Jonathan Raban. *Soft City*. Picador 2008.
· F. H. W. Sheppard (general editor) - *Survey of London*: volume 37: Northern Kensington. English Heritage 1973.
· Nicholas Fox Weber. *Le Corbusier: a life*. Knopf 2008.

3장

· *Richard Rogers + Architects: from the house to the city*. Fiell 2010
· Stewart Brand. *How Buildings Learn*. Viking 1994.
· Stewart Brand. *How Buildings Learn* (revised 1997 UK edition).
· Deborah Howard. *The Architectural History of Venice*. Yale University Press 2002.
· Alexei Tarkhanov and Sergei Kavtaradze. *Architecture of the Stalin Era*. Rizzoli 1992.
· Charles Jencks. *The Language of Post-Modern Architecture*. Academy 1977.
· Karsten Harries. *Bavarian Rococo Church: Between Faith and Aestheticism*. Yale University Press 1983.
· Walter Benjamin. *Illuminations: essays and reflections*. *Pimlico* 1999. | 《발터 벤야민의 문예이론》(민음사, 1992) 외

· John Ruskin. *The Seven Lamps of Architecture*. Dover Architecture 1989. | 《건축의 일곱 등불》(마로니에북스, 2012)

· John Ruskin. *The Stones of Venice*. Edited by J. G. Links. Da Capo Press 2003. | 《베네치아의 돌》(예경, 2006)

4장

· Vivant Denon. *No Tomorrow*. New York Review of Books 2009.

· Jean-François de Bastide. *The Little House: an architectural seduction*. Princeton Architectural Press 1995.

· Misty Keasler (photographer), with Rod Slemmons and Natsuo Kimiro. *Love Hotels: the hidden fantasy rooms of Japan*. Chronicle Books 2006.

· www.deansameshima.com

· Dan Cruickshank. *The Secret History of Georgian London: how the wages of sin shaped the capital*. Random House 2009.

· Steen Eiler Rasmussen. *London, the Unique City*. The MIT Press 1982.

· Susannah Lessard. *The Architect of Desire: beauty and danger in the Stanford White family*. The Dial Press 1996

· Adolf Loos. 'Ladies' Fashion' in *Spoken Into the Void: Collected Essays 1897-1900*. The MIT Press 1987.

· Adolf Loos. 'Ornament and Crime' in *The Architecture of Adolf Loos*. Arts Council 1985. | 《아돌프 로스의 건축예술》(안그라픽스, 2014)

· Adolf Loos - *works in the Czech lands*. City of Prague Museum and KANT Publishers 2009.

· Claire Beck Loos. *Adolf Loos: a private portrait*. Doppel House Press 2011.

· Hal Foster. *Prosthetic Gods*. The MIT Press 2004.

· Anne Anlin Cheng. *Second Skin: Josephine Baker and the modern surface*. Oxford University Press 2011.

· Leon Battista Alberti, trans. Joseph Rykwert, Neil Leach, Robert Tavernor. *On the Art of Building in Ten Books*. The MIT press 1988.

· Leon Battista Alberti, trans. Renée Neu Watkins. *The Family in Renaissance Florence*. Waveland Press 1994.

· Anthony Grafton. *Leon Battista Alberti*. Penguin 2001.

· Edited by Beatriz Colomina. *Sexuality and Space*. Princeton Papers on Architecture 1992.

· *Le Corbusier. Modulor 2*. Birkhauser 2000.

· Aaron Betsky. *Building Sex: men, women, architecture and the construction of sexuality*. Morrow 1995.

· Aaron Betsky. *Queer Space*. Morrow 1997.

5장

· *Museu de Arte de São Paulo*. Instituto Lina Bo e P. M. Bardi 1997.

· Jonathan Aitken. *Nazarbayev and the Making of Modern Kazakhastan*. Continuum Trade Publishing 2009.

· Deyan Sudjic. *Norman Foster: A Life in Architecture*. Weidenfeld and Nicolson 2010.

· Deyan Sudjic. *The Edifice Complex: how the rich and powerful shape the world*. Penguin 2005. | 《거대 건축이라는 욕망》(작가정신, 2011)

· Franz Schulze. *Mies can der Rohe: a critical biography*. The University of Chicago Press 1985.

· Susannah Lessard (4장 참조)

· Samuel G. White. *The Houses of McKim Mead & White*. Thames and Hudson 1998.

· Henry James. *The American Scene*. Penguin 1994.

· Adolf Loos. 'The Poor Little Rich Man', in *Spoken Into the Void* (4장 참조).

· Louis Aragon (2장 참조).

· Edited by Bruno Reichlin and Letizia Tedeschi. *Luigi Moretti: razionalismo e trasgressivita tra barocco e informale*. Electra 2010.

· Anna Minton. *Ground Control*. Penguin 2012.

6장

· Aaron Betsky. *Zaha Hadid: the complete buildings and projects*. Thames and Hudson 1998.

· *Zaha Hadid Complete Works*. Thames and Hudson 2004.

· Brendan Gill. *Many Masks: a life of Frank Lloyd Wright*. Da Capo 1998.

· Gijs van Hensbergen. *Gaudí. the biography*. Harper Collins 2001.

· S. Frederick Starr. *Melnikov: Solo Architect in Mass Society*. Princeton University Press 1981.

· Francesco Dal Co and Kurt W. Forster. *Frank O. Ghery: the complete works*. The Monacelli Press 1998.

· Suketu Mehta. *Maximum City: Bombay lost and found*. Headline/Review 2004.

· *Alejandro Aravena: the forces in architecture*. Toto 2011.

· Mike Davis and Daniel Bertrand Monk (1장 참조)

· Mike Davis. *Planet of Slums*. Verso 2007. | 《슬럼, 지구를 뒤덮다》(돌베개, 2007)

· Richard Rogers, edited by Philip Gumuchdjian. *Cities for a Small Planet*. Faber and Faber 1997. | 《도시 르네상스》(이후, 2004)

· http://www.onehydepark.com

7장

· Minoru Yamasaki. *A Life in Architecture*. Weatherhill 1979.

· Charles Jencks. *Le Corbusier and the Tragic View of Architecture*. Penguin 1987.

· Edited by Kristin Feireiss (editor). *Architecture in Times of Need*. Prestel 2009.

· Philip Nobel. *Sixteen Acres: the rebuilding of the World Trade Center site*. Granta 2005.

· Paul Goldberger. *Up From Zero: politics, architecture and the rebuilding of New York*. Random House 2005.

· Daniel Libeskind. *Breaking Ground: adventures in life and architecture*. John Murray 2004. | 《낙천주의 예술가》(마음산책, 2006)

· Michael Sorkin. *All Over the Map: writings on buildings and cities*. Verso 2011.

· http://www.renewnyc.com

8장

· Joshua David and Robert Hammond. *High Line: the inside story of New York's park in the sky*. Farrar, Straus and Giroux 2011. | 《하이라인 스토리》(푸른숲, 2014)

· John Freeman Gill. 'The Charming Gadfly who saved the High Line'.

http"//www.nytimes.com/2007/05/13/nyregion/thecity/130ble.htm

· Diane Cardwell. 'Once at Cotillions, Now Reshaping the Cityscape'. http://www.nytimes.com/2007/01/1S/nyregionI1Samanda.htm

· Adolf Loos. 'Architecture', essay in *The Architecture of Adolf Loos*. Arts Council 1985. | 《아돌프 로스의 건축예술》(안그라픽스, 2014)

· James Stevens Curl. *Death and Architecture*. Sutton 2002.

· Le Corbusier. *Towards an Architecture*, trans. John Goodman. Frances Lincoln 2008. | 《건축을 향하여》(동녁, 2002)

· Bruno Taut. *Alpine Architecture: a utopia*. Prestel 2004.

· Franz Schulze (5장 참조).

· Phyllis Lambert. *Mies in America*. Harry N Abrams 2001.

· Kenneth Frampton. *Modern Architecture: a critical history*. Thames and Hudson 1980.

· Nikolaus Pevsner. *An Outline of European Architecture*. Penguin 1968. | 《유럽 건축사 개관》(태림문화사, 1993)

· David Coke and Alan Borg. *Vauxhall Gardens: a hIstory*. Yale University Press 2011.

· Mary Beard. *The Parthenon*. Profile 2002.

· R. Buckminster Fuller, James Meller. *Buckminster Fuller Reader*. Penguin 1972.

· Martin Pawley. *Buckminster Fuller*. Trefoil 1990.

· Virginia Ponciroli (editor). *Katsura Imperial Villa*. Electra 2005.

· Kazuyo Sejima + Ryue Nishizawa SANAA. *21st Century Museum of Contemporary Art*, Kanazawa. Orpheus 2005.

· http://www.cineroleum.co.uk/

9장

· *Citadela da Liberdade*. SESC São Paulo/lnstituto Lina Bo e P.M.Bardi 1999.

· Stuart Brand (3장 참조).

· Nikolaus Pevsner. *Pioneers of Modern Design*. Penguin 1960. | 《모던 디자인의 선구자들》(비즈앤비즈, 2013)

· Rem Koolhaas. *Delirious New York*. 010 1994.

· Edited by Michael Sorkin. *Variations on a Theme Park: the New American City and the End of Public Space*. Farrar, Strauss and Giroux 1992.

· http://www.celebration.fl.us

· Peter Katz. *The New Urbanism*. McGraw Hill 1994. | 《뉴어바니즘》(아이쌩크, 2007)

· Dieter Hassenpflug. *The Urban Code of China*. Birkhause 2010.

· Harvard Project on the City. *Great Leap Forward*. Taschen 2001.

· http://www.nytimes.com/2011/07/13/arts/design/koolhaass-cctv-building-fits-beijing-as-city-of-the-future.html

· Hans Ulrich Obrist. *Ai Weiwei Speaks*. Penguin 2011. | 《아이웨이웨이》(미메시스, 2011)

· Ian Buruma. 'Don't be fooled - China is not squeaky clean'. http://www.guardian.co.uk/world/2002/jul/30/china.features11

10장

· Oscar Niemeyer. *The Curves of Time: the Memoirs of Oscar Niemeyer*. Phaidon 2000.

· Edited by Paul Andreas and Ingeborg Flagge. *Oscar Niemeyer: a Legend of Modernism*. Birkhauser 2003.

· Regina Rheda. *First World Third Class, and Other Tales of the Global Mix*. University of Texas 2005.

· Gio Ponti. *In Praise of Architecture*. F. W. Dodge Corporation 1960. | 《건축예찬》(열화당, 2000)

감사의 글

아래 언급한 이들은, 자신들은 모르고 있을 수도 있지만, 여러 가지 방식으로 저자에게 영감과 정보, 가르침과 도움, 그리고 사랑, 몇몇은 유전자까지 제공해 주었다. 그들이 없었다면 이 책은 나올 수 없었을 것이다.
폴 배걸리와 크리스 도일, 스튜어트 윌슨, 윌프 디키를 비롯한 피카도르 출판사의 모든 직원들, 데이비드 바스, 노이미 블래거, 리나 보 바르디 재단, 런던 주재 브라질 대사관, 피터 칼, 클리멘타인 세실, 알레산드라 치안체타, 앨런 콜럼, 건축 및 건축환경 위원회, 짐 코건, 집필 장소를 제공해준 크리어 리스고와 케이트 리스고, 제인 퍼거슨, 자하 하디드 건축사무소, 앤드루 히고트, 나이젤 허길, 타히야 유르딘, 앤드류 키드, 데인스 래스던, 라울 유스테 로레스, 앤 무어, 찰스 무어, 샬럿 무어, 헬레나 무어, 리차드 무어, 스텔라 무어, 이레나 머리, 제라드 오캐롤, OMA, 조너던 펙, 프레드 스코트, SESC, 존 손 경 박물관, 제인 서던, 캐롤라인 스틸, 드얀 수직, 건축재단, 리지 트레이프, 달리보 베슬리, 에스터 춤스테크

그림 출처

14, 15쪽 Courtesy of Kerzner International, WATG and Atlantis, The Palm, Dubai **20쪽 위** ⓒ Belhane Mapping **아래** ⓒ David Pearson / Alamy **24–25, 31, 83, 87, 103, 108, 113, 115, 116, 125, 130–131, 137, 185, 186, 190, 200, 219, 307, 312, 373, 414, 416, 444, 447, 487, 489쪽** ⓒ Rowan Moore **42–43쪽** ⓒ Instituto Lina Bo e P.M. Bardi, São Paulo, Brazil & Rowan Moore **48쪽** ⓒ Instituto Lina Bo e P.M. Bardi, São Paulo, Brazil **58쪽** By kind permission of Larry A. Dean **65쪽** ⓒ Sir John Soane's Museum **68쪽** ⓒ Sir John Soane's Museum / Richard Bryant / Arcaid.co.uk **75쪽 위** Courtesy of Maritime History Archive / Memorial University of Newfoundland, Canada **아래** Courtesy of OMA Archive **88쪽 위** ⓒ Popperfoto / Getty Images **아래** ⓒ Rowan Moore **93쪽** ⓒ FLC/ADAGP, Paris and DACS, London 2012 **106쪽** Courtesy of MIT Museum, Massachusetts **107쪽** Courtesy of Massachusetts Institute of Technology. Photograph ⓒ Christopher Harting **119쪽 위** ⓒ Bibliothèque Nationale de France **아래** Private collection **132쪽** ⓒ Cormac Kinsella 2012 **158쪽** ⓒ Misty Keasler **162쪽** Courtesy of Peres Projects, Berlin **168쪽** ⓒ Guildhall Library, City of London / Bridgeman Art Library **173쪽 위** ⓒ Wallace Collection / Bridgeman Art Library **아래** ⓒ Leeds Museums and Galleries (City Art Gallery) / Bridgeman Art Library **173쪽** ⓒ Musee de la Ville de Paris, Musee Carnavalet, Paris/Bridgeman Art Library **174쪽** ⓒ Museum of London / Bridgeman Art Library **178쪽 위 왼쪽** ⓒ Bettmann/Corbis **위 오른쪽** ⓒ The Art Archive/Alamy **아래** ⓒ Bettmann/Corbis **181쪽 위 왼쪽** Private collection, courtesy of Neue Galerie

New York. 2012. ⓒ Neue Galerie New York / Art Resource / Scala, Florence **위 오른쪽** ⓒ Roger Viollet / Getty Images **아래** ⓒ Albertina, Vienna **196쪽** ⓒ Alinari / Bridgeman Art Library **199쪽** ⓒ The Stapleton Collection/Bridgeman Art Library **207쪽** ⓒ Instituto Lina Bo e P.M. Bardi, São Paulo, Brazil and AE(Agência Estado) / Lew Parella **209쪽** ⓒ David R Frazier Photolibrary, Inc./Alamy **212쪽** ⓒ Instituto Lina Bo e P.M. Bardi, São Paulo, Brazil & AE(Agência Estado) / Itamar Miranda **211쪽** ⓒ Instituto Lina Bo e P.M. Bardi, São Paulo, Brazil and AE(Agência Estado) **216쪽** ⓒ Instituto Lina Bo e P.M. Bardi, São Paulo, Brazil & Paolo Gasparini **224쪽 위** ⓒ Rowan Moore **아래** ⓒ 2012 Jonathan Wallen **225쪽** ⓒ 2012 Jonathan Wallen **234쪽** ⓒ Hemis.fr / SuperStock **237쪽** ⓒ Bibliothèque Nationale de France / Bridgeman Art Library **238쪽** ⓒ Gavin Hellier / Robert Harding World Imagery / Corbis **241쪽 위** ⓒ Robert Doisneau / Gamma-Rapho via Getty Images **아래** ⓒ Rowan Moore **253쪽** Courtesy of Carte Moretti, Archivio centrale dello Stato, Roma **263쪽 위** Courtesy of Zaha Hadid Architect, Photograph by Steve Double **아래** Courtesy of Zaha Hadid Architects **268쪽** Courtesy of Zaha Hadid Architects **275쪽 위** ⓒ Rowan Moore 아래 Courtesy of Zaha Hadid Architects **283쪽 위** Private collection **아래** ⓒ Rowan Moore **286쪽 위** ⓒ Tadeuz Jalocha. Courtesy of Elemental Chile **아래** ⓒ Cristobal Palma. Courtesy of Elemental Chile **297쪽** Courtesy of Andrew Beard Architect Ltd. **320쪽** ⓒ Hans Namuth / Science Photo Library **325쪽 위** ⓒ Richard Waite / Arcaid / Corbis **아래** ⓒ Heritage Images / Corbis **336쪽** 위 Photography Collection, Miriam and Ira D. Wallach Division of Art, Prints and Photographs, The New York Public Library, Astor, Lenox and Tilden Foundations **아래** ⓒ Hulton Archive / Getty Images / J Byrnes **335쪽** ⓒ Nox/Lars Spuybroek, "obliqueWTC", design for a new World Trade Center, October 2001 **345쪽** Courtesy of THINK Design **350쪽** ⓒ Archimation **354쪽** Courtesy of Silverstein Properties, Inc. / dbox **359쪽** ⓒ John Hicks / Corbis **379쪽 위** ⓒ Rowan Moore 아래 Private collection **383쪽** ⓒ 2007 J. Paul Getty Trust **385쪽** Private collection **389쪽** ⓒ DACS 2012. Photograph ⓒ John Miller / Hedrich Blessing / Arcaid.co.uk **394쪽** ⓒ Universal Images Group / SuperStock **396쪽** ⓒ Bettmann / Corbis **405쪽** ⓒ Werner Forman/Arcaid.co.uk **409쪽** ⓒ The Art Archive / Alamy **418쪽** ⓒ Zander Olsen **426쪽** ⓒ Instituto Lina Bo e P.M. Bardi, São Paulo, Brazil **428, 430–431, 434쪽** Courtesy of SESC Pompéia. ⓒ Rowan Moore **439쪽** ⓒ Bettmann / Corbis **441쪽 위** ⓒ Underwood & Underwood / Corbis **아래** ⓒ Rowan Moore **454쪽** ⓒ Ryan Pyle / Corbis **456쪽** ⓒ Solomon R. Guggenheim Foundation, New York. Photograph ⓒ Rowan Moore **460쪽 위** Photograph by Lydia Gould. Courtesy of OMA **아래** Courtesy of Herzog & de Meuron Basel. Photograph ⓒ Christian Richters **462–463쪽** Courtesy of Herzog & de Meuron Basel. Photograph by ⓒ Rowan Moore **471쪽** Courtesy of OMA **472쪽 위** Courtesy of OMA. Photograph ⓒ Philippe Ruault **아래** ⓒ OMA. Photograph by Jim Gourley **493쪽** Courtesy of SESC Pompéia. ⓒ Rowan Moore

찾아보기

ㅇ

ㅈ

ㅊ

ㅎ